« Quand je reçus ce livre et que Stephen M. R. Covey me demanda de le lire et de lui faire mes commentaires, ma première impulsion fut, 'je n'ai pas le temps.' Cependant, en lisant la préface, puis les premiers chapitres, je n'ai pu le déposer. C'est exactement ce dont les dirigeants d'entreprise ont besoin aujourd'hui. Ce livre va à la racine du comportement éthique et de l'intégrité et de la manière dont la 'confiance' est le facteur le plus crucial pour des dirigeants et des organisations efficaces. L'auteur discute avec clarté et perspicacité de la façon d'instaurer la confiance par le caractère et la compétence et de comment les dirigeants et organisations 'de confiance' font les choses mieux, plus vite, et à moindre coût. Tout le monde devrait prendre le temps de lire ce livre. »

—**Nolan D. Archibald**, Président et PDG, Black & Decker Corporation

« Covey se concentre brillamment sur ce fondement négligé du capitalisme démocratique – la confiance. Tout comme l'air que nous respirons, trop souvent nous prenons cet intangible crucial pour acquis. Comme Covey le montre clairement, nous le faisons en fin de compte à notre propre péril en tant que compétiteurs. »

—**Steve Forbes**, Président et PDG, Forbes

« Ce livre peut changer des vies en ce qui a trait à l'instauration de relations de confiance personnelles et professionnelles. Covey nous aide à comprendre comment cultiver et inspirer une confiance immédiate à chaque rencontre, ce qui constitue le fondement de la réussite vraie et durable dans la vie. Une lecture très intéressante et instructive. »

—**Larry King**

LA VITESSE

DE LA

CONFIANCE

LE FACTEUR QUI CHANGE TOUT

STEPHEN M.R. COVEY
REBECCA R. MERRILL

Mango Publishing
CORAL GABLES

Édition originale
THE SPEED OF TRUST
Par Simon & Schuster, New York

Pour la traduction française:
© CoveyLink, 2018

Mise à jour de la traduction : Logan Masterworks

À mon épouse, Jeri,
Pour ses constants encouragements,
Sa formidable gentillesse,
Et son abondante confiance.

POURQUOI UNE MISE À JOUR

Le contenu de cette édition mise à jour est pratiquement le même que celui de la première édition. L'expérience a montré que les notions inculquées dans ce livre importent aujourd'hui plus que jamais (veuillez lire la Postface).

Cependant, douze ans d'expérience accumulée nous ont apporté des exemples encore plus remarquables de la façon dont les principes ont été appliqués dans un monde en rapide évolution. Notre intention en publiant cette édition mise à jour est d'offrir des renseignements beaucoup plus d'actualité tout en partageant quelques-unes des expériences de ceux qui ont découvert que réellement « La vérité change tout. »

REMERCIEMENTS

Je suis profondément reconnaissant à tous ceux qui ont contribué à la réalisation de ce livre. Porté par les contributions des autres, je me sens ramené à ma juste mesure, et mon sentiment est exactement celui qu'exprimait Albert Einstein : « Chaque jour je me souviens que ma vie intérieure et extérieure est basée sur les travaux d'autres hommes, vivants et morts, et que je dois m'employer à donner à la mesure de ce que j'ai reçu et reçois toujours. » Il en est ainsi de ce livre. Il n'aurait pu être écrit sans l'aide de nombreuses personnes auxquelles je voue une profonde gratitude.

Un merci tout particulier à la talentueuse Rebecca Merrill pour son assistance exceptionnelle à chaque étape de cette entreprise, particulièrement pour ses conseils de rédaction. Sans son aide créative, nous en serions encore à parler de ce livre au lieu de le lire.

Merci aussi :

- À Greg Link, le « Link » de CoveyLink, ami et associé prodigieux et visionnaire, pour ses idées, sa passion, son courage et son influence si remarquables.

- À Barry Rellaford, pour sa collaboration incomparable, son coaching et ses encouragements depuis le début.

- À Gary Judd, pour ses idées remarquables, son audace et sa volonté de prendre des risques.

- À David Kasperson, pour ses apports créatifs, son bon jugement, et sa capacité à tenir mon calendrier de conférencier constamment rempli.

- À Julie Judd Gillman, pour ses nombreux talents, sa bonne humeur, sa conscience professionnelle, et son esprit « je peux le faire ».

- Aux autres membres de l'équipe CoveyLink, pour leur aide, leur soutien et leurs encouragements jamais démentis : Dana Boshard, Donna Burnette, Ryan Cook, Joshua Covey, Shane Cragun, Chuck Farnsworth, Heather Goff, Dwight Hansen, John Harding, Tami Harmon, Robyn

Kaelin, Suzanne Leonard, Kendall Lyman, Todd King, Craig Pace, Candie Perkins Jeff Shumway, et Holly Whiting. Merci également à Han Stice, notre documentaliste, pour son dur travail et sa diligence, à Davia King, notre assistante, pour son aide dans les phases préparatoires et à Mary Wentz pour son travail de transcription.

- À ma sœur Cynthia Haller pour ses nombreuses contributions, particulièrement ses anecdotes et ses idées qui nous ont, j'espère, aidé à rendre ce livre plus intéressant.

- À mes sœurs Maria Cole et Catherine Sagers pour leurs idées, conseils et suggestions pour améliorer le manuscrit.

- À Pam Walsh et Kevin Cope, pour m'avoir donné le courage d'entreprendre ce projet.

- À mon premier éditeur Dominick Anfuso, pour sa foi dans cet ouvrage depuis le commencement.

- À Mon éditeur actuel, Ben Loehnen, pour sa vision affirmée, et l'équipe entière de Simon & Schuster pour leurs apports précieux.

- À nos nombreux clients qui fournissent un laboratoire permanent pour l'application et la validation des méthodes exposées dans La Vitesse de la confiance, et pour les suggestions et retours que beaucoup d'entre eux nous ont prodigués – en particulier pour les merveilleuses idées sur la « confiance intelligente » du groupe extrêmement synergique de Sundance, Beth DiPaolo, Sandy Staton et Joan Porraz.

- À beaucoup d'autres qui ont lu et révisé ce manuscrit aux différentes étapes de son élaboration, notamment Bob Allen, Paul Brockbank, Kim Capps, Jean Crowther, Tom Crum, Dave Fairbanks, Dottie Gandy, Joseph Grenny, Bob Guindon, Greg Jewkes, Eric Krueger, Annie Link, Carol Maero-Fetzer, Alex Mandossian, Will Marre, Mette Norgaard, Von Orgill, Tally Payne, Rebecca Saltman, Paul Sanders, Steve Shallenberger, Michael Simpson, James Skinner, Carolyn Strauss, Kylie Turley, Tim Welch, Tessa White et Lisa Williams. Leurs remarques ont été instructives et toujours encourageantes.

Je veux aussi exprimer ma gratitude à mes parents, Sandra et Stephen R. Covey, qui ont profondément influencé ma vie et ma pensée. Et rendre hommage aux très nombreux experts et penseurs dont quelques-uns sont référencés dans ce livre, pour leur influence sur ma pensée et l'élaboration de ce livre au cours des vingt années écoulées.

Plus important encore, je remercie Dieu pour sa bénédiction, les idées et le soutien dont il m'a gratifié tout au long de ce projet. Pour moi, Il est la source de tous les principes qui apportent joie et succès dans la vie.

SOMMAIRE

PRÉFACE

Un père peut-il « encenser » son fils tout en demeurant crédible – surtout lorsqu'il s'agit d'un livre traitant de la confiance ?

Songez-y, pourtant : à son poste de PDG de ma société, le Covey Leadership Center, Stephen a doublé les ventes et multiplié les profits par 1 200 % dans l'espace de trois ans. Durant cette période, la société a ouvert des filiales dans 40 pays et sa valeur boursière a grimpé de 2,4 à 160 millions de dollars, chiffre affiché au moment de la fusion qu'il a orchestrée avec Franklin Quest pour aboutir à la formation de FranklinCovey.

Comment tout ceci fut-il réalisé sous la houlette de Stephen ? En quelques mots : par la confiance. Grâce à son caractère et à sa compétence, Stephen sut gagner la confiance, et l'accorder aux collaborateurs de la maison. Les effets synergiques de la confiance gagnée et donnée permirent des niveaux de performance jusqu'alors inédits, et presque tous ceux ayant vécu cette période ont perçu cette transformation comme l'expérience la plus inspirante et la plus enthousiasmante de leur carrière.

Au fait, c'était Stephen, le petit garçon de 7 ans « vert et propre » que j'évoquais dans *Les 7 Habitudes des gens qui réalisent tout ce qu'ils entreprennent*. Cela vous intéressera sans doute comme moi de découvrir sa « version de l'histoire » dans ce livre. De mon point de vue, l'apprentissage de Stephen sur le moyen de garder notre jardin « vert et propre » a fixé un schéma d'excellence dont l'influence s'est fait sentir toute sa vie. Ce schéma s'est manifesté dans la façon dont il a transformé ma société, initié toute une série de projets de formation, d'expertise-conseil et de gestion avec succès et dans la rédaction ce livre – ainsi que dans tout ce qu'il a réalisé par ailleurs.

TROIS RAISONS POUR LESQUELLES J'AIME CE LIVRE

Il y a trois raisons pour lesquelles, d'après moi, ce livre deviendra un classique. D'abord, il travaille sur les racines. Deuxièmement, il se montre profond, pratique et complet. Enfin, il inspire l'espoir. Permettez-moi de développer chacun de ces points :

D'abord, ce livre *s'attaque aux racines mêmes* du problème. Henry David Thoreau disait que « pour chaque millier de personnes s'acharnant sur les feuilles du mal, il y en a une s'attaquant aux racines ». Il est facile de comprendre l'importance de s'attaquer aux racines dans d'autres domaines, par exemple la concentration des efforts sur la prévention et non sur la seule guérison des maladies ou sur la prévention du crime et non sur sa simple répression. Dans cet ouvrage, vous verrez cette méthode commencer à s'appliquer au monde des affaires, où, au lieu de s'en tenir à la simple soumission aux règles, on met l'accent sur l'éthique du caractère, la transparence des motivations et la qualité des compétences pour la production de résultats durables et supérieurs.

Cela est sans doute ironique mais, selon mon expérience du monde, la soumission aux lois du type Sarbanes-Oxley a éclipsé l'accent porté sur les facteurs soi-disant « flous », comme la confiance. Directeurs financiers et auditeurs ont remplacé dans la « salle du trône » les développeurs de talent et praticiens en ressources humaines aux ambitions stratégiques. Par ailleurs, un des sujets actuels les plus chauds est l'éthique – discussions sur l'éthique, curriculum éthique, formation à l'éthique, code éthique… Cet ouvrage montre que si l'éthique est d'une importance fondamentale, si elle est nécessaire, elle reste néanmoins tout à fait insuffisante. Il montre que le soi-disant facteur « flou » est en fait tangible, mesurable et qu'il influence tous les aspects des relations, des organisations, des marchés et de la société. La réussite financière découle de la réussite sur le marché et la réussite sur le marché traduit la réussite sur le lieu de travail. La confiance est le cœur et l'âme de tout.

Cet ouvrage va bien au-delà non seulement de mon propre travail, mais de tout ce que j'ai pu lire au sujet de la confiance. Il dépasse la question du comportement éthique dans la direction d'entreprises, va plus loin que la simple « application des règles ». Il plonge au cœur de nos « intentions » profondes et des objectifs ultimes visés par chacun de nous, et explore les « compétences » qui entraînent une solide confiance du public. Songez-y un instant : que vous définissiez la confiance comme une confiance mutuelle, une loyauté ou un comportement éthique, ou que vous pensiez aux fruits de la responsabilisation, du travail et de la synergie, la confiance demeure la racine et la source suprême de notre influence.

En lisant ce livre, vous serez amené à réfléchir en « écologiste social », vous verrez l'interdépendance de tous les paramètres et comment, en fin de compte, tout est fondé sur la confiance. Cet écrit vous propose une perspective élargie et une méthode par étapes pour transformer une culture de manque de confiance en culture de confiance optimale.

Deuxièmement, cet ouvrage présente un modèle de confiance *profond, pratique et complet*. Il offre une approche des cinq vagues de la confiance de l'intérieur vers l'extérieur. Il montre comment l'effet confiance se propage du moi vers la relation avec autrui, puis vers les relations avec tous les partenaires, et finalement vers toute la société, comme les vaguelettes créées par un caillou jeté dans l'eau. Grâce à des exemples frappants et pratiques, il montre comment ces principes s'appliquent toujours et partout, qu'il s'agisse du rapport à soi, d'une relation avec quelqu'un, du cadre d'une famille, d'une entreprise, d'une école, d'une administration, d'une unité militaire ou d'une ONG.

Enfin, ce livre respire *l'espoir*. Au fil des chapitres, vous vous sentirez de plus en plus optimiste, de plus en plus confiant : quelle que soit la situation, aussi dégradée que soit la confiance, vous pouvez devenir un agent actif dans son instauration ou sa restauration et dans la reconstruction des relations, sans que cela ne prenne nécessairement du temps. À mesure que vous découvrirez les anecdotes de Stephen, expliquant comment sortir des situations les plus compliquées, les plus toxiques, des impasses les plus onéreuses, vous sentirez la conviction et le dynamisme résultant de ses conseils. Vous serez convaincus que vous aussi avez la possibilité de réussir et de jouir d'une réussite durable.

LE FACTEUR-CLÉ DANS UNE ÉCONOMIE GLOBALE

Vu notre progrès rapide vers une réalité globale d'interdépendance et de transparence grandissantes, la confiance devient un élément plus décisif que jamais dans une carrière. Mes échanges avec les grands patrons de l'industrie du monde entier montrent avec une évidence croissante que la « vitesse de mise sur le marché » est maintenant l'arme compétitive suprême.

Une confiance dégradée entraîne des frictions – qu'elle soit causée par un comportement non éthique, ou par un comportement éthique mais incompétent (car les intentions, si bonnes soient-elles, ne peuvent jamais remplacer un mauvais jugement). Une confiance détériorée est le facteur qui alourdit le plus les coûts dans la vie et au sein des organisations – y compris les familles. Une confiance médiocre génère duplicité, intrigues politiques, conflits interpersonnels, rivalités entre services, schémas de pensée gagnant-perdant, une communication défensive et protectrice – autant de travers mettant frein à la confiance. Le manque de confiance ralentit tout : les décisions, les communications et les relations.

À l'opposé, la confiance accélère tous les processus, et comme Stephen le souligne, le plus grand facteur de création de confiance, ce sont les « résultats ». Les résultats bâtissent la loyauté envers la marque et accélèrent une culture axée sur la réussite. Si votre marque peut se prévaloir de résultats constants, cela incite non seulement les consommateurs à l'acheter en nombre croissant mais aussi à la recommander. C'est ainsi que vos clients deviennent vos promoteurs-clés, les agents les plus efficaces de votre marketing et de vos ventes. De plus, les résultats vous valent la confiance de votre personnel et celle de vos responsables. À la longue, la fiabilité de vos résultats place aussi vos fournisseurs en position de partenaires stratégiques, un élément crucial dans la nouvelle économie mondialisée basée sur la main-d'œuvre du savoir.

La confiance ressemble un peu à une nappe aquifère, énorme masse d'eau souterraine alimentant les puits. Dans les affaires comme dans la vie, ces puits sont souvent appelés innovation, équipes complémentaires, collaboration, responsabilisation, « Six Sigma » et autres expressions de la gestion de qualité totale, de la loyauté à la marque, entre autres initiatives stratégiques. Ces puits alimentent eux-mêmes les rivières et les ruisseaux des interactions humaines, du commerce et des transactions de toute sorte. Ils garantissent une qualité de vie durable à toutes les relations, en famille, entre services, au quotidien avec fournisseurs et clients, et plus généralement à toute construction apportant une contribution permanente.

LE MOT DE LA FIN

Cet ouvrage constitue une réponse compréhensible, utile et pratique à un problème brûlant dans ce nouveau « monde plat » où nous vivons désormais. Il n'est pas seulement tiré d'expériences personnelles et anecdotiques, mais il est aussi fondé sur des recherches empiriques qui montrent que la vitesse de la confiance est un paramètre mesurable au même titre que les outils fondamentaux d'analyse des organisations et des relations. C'est ce qui fait de ce paramètre un élément-clé, tangible, pratique, et également crédible.

Voir Stephen creuser si profondément, bien au-delà de mes propres réflexions, et apporter des leçons et des idées si neuves, m'a rendu très fier et reconnaissant, et m'a aussi fait prendre conscience de mes limites. Sur le besoin et le problème le plus important de la vie – la confiance –, je crois que Stephen a gravi un nouveau sommet, tant comme praticien d'un modèle qu'en tant que pionnier rigoureux et théoricien compétent.

J'espère que vous apprécierez et que vous tirerez profit de cette lecture autant que je l'ai fait.

Stephen R. Covey

LE FACTEUR QUI CHANGE TOUT

Il existe un facteur commun aux individus, aux relations, aux équipes, aux familles, aux organisations, aux nations, aux économies, et à toutes les cultures du monde. C'est en apparence une chose de peu d'importance – une chose insignifiante mais dont la suppression peut détruire le gouvernement le plus puissant, l'entreprise la plus prospère, l'économie la plus florissante, la direction la plus influente, l'amitié la plus solide, le caractère le plus fort, l'amour le plus profond.

En revanche, si elle est approfondie et exploitée au maximum, cette chose-là a le pouvoir de faciliter une réussite et une prospérité sans pareilles dans tous les aspects de la vie.

Pourtant, c'est la moins comprise, la plus négligée et la plus sous-estimée des possibilités de notre époque.

Cette petite chose, *c'est la confiance*.

La confiance exerce ses effets sur nous à chaque seconde, vingt-quatre heures sur vingt-quatre, trois cent soixante-cinq jours par an. Elle sous-tend et affecte la qualité de toute relation, de toute communication, de tout projet, de toute entreprise industrielle ou commerciale, de chacun des efforts dans lesquels nous sommes engagés. Elle modifie la qualité de chaque instant et altère la trajectoire et les résultats de tous les moments futurs de notre vie, aussi bien sur un plan personnel que professionnel.

Contrairement à ce que pensent la plupart des gens, la confiance n'est pas un facteur fuyant et insaisissable qu'on a ou qu'on n'a pas. Il s'agit au contraire d'un capital pragmatique, tangible, transformable, que l'on peut créer, beaucoup plus vite que vous ne le croyez sans doute possible.

Alors que les scandales touchant le monde de l'entreprise, les menaces terroristes, les manœuvres internes et la précarité des rapports conjugaux ont fait chuter la confiance sur presque tous les fronts, j'affirme que la capacité à instaurer, développer, accorder et restaurer la confiance est non seulement vitale pour notre bien-être personnel et interpersonnel, mais en outre nécessaire pour la direction de la nouvelle économie globale.

Je suis également convaincu que dans toute situation, rien n'est aussi rapide que la vitesse de la confiance. Et, contrairement à la croyance populaire, la confiance est un facteur que nous *pouvons* maîtriser. Vous pouvez même passer maître dans l'art de la provoquer !

PAS DE MEILLEUR ACCÉLÉRATEUR QUE LA CONFIANCE !

« La vitesse se produit quand les gens… se font vraiment confiance »
—EDWARD MARSHALL

« La vitesse est la nouvelle devise. »
—MARC BENIOFF

J e n'oublierai jamais une expérience que j'ai faite il y a quelques années, lors d'une brève mission que j'effectuais pour une grande banque d'investissement de New York. Nous venions de sortir d'une réunion très fatigante, au cours de laquelle les graves problèmes de confiance interne avaient été mis en exergue. Ces problèmes ralentissaient l'activité de l'entreprise et influaient négativement sur ses résultats. Le plus haut responsable m'avoua en privé : « Ces réunions sont improductives ; nous perdons notre temps. Je n'ai tout simplement pas confiance en Mike. Ni en Hélène. En fait, j'ai bien du mal à faire confiance à qui que ce soit dans ce groupe. »

Je répondis : « Eh bien alors, pourquoi ne pas travailler à accroître cette confiance ? »

Il se tourna vers moi et me répondit sérieusement : « Écoutez, Stephen, il faut que vous compreniez quelque chose. La confiance ne se commande pas. Si on ne l'a pas, on ne peut rien y changer. »

Je suis totalement en désaccord avec cette idée. En fait, ma vie personnelle ainsi que mon travail comme expert en gestion depuis une trentaine d'années m'ont convaincu que nous pouvons *beaucoup* changer la confiance. Nous *pouvons* l'accroître beaucoup plus vite qu'on ne pourrait le croire, et un tel comportement aura une énorme influence tant sur notre qualité de vie que sur les résultats auxquels nous parviendrons.

> « *Vous pouvez accumuler les faits et les chiffres, toutes les démonstrations en votre faveur, toutes les cautions que vous désirez, mais si vous ne suscitez pas la confiance, vous n'aboutirez à rien.* »
>
> —NIALL FITZGERALD, EX-PRÉSIDENT, UNILEVER

LES PROBLÈMES DE CONFIANCE NOUS INFLUENCENT TOUS

Quand je parle de la vitesse de la confiance à mes auditeurs un peu partout dans le monde, j'entends régulièrement frustration et découragement :

> « *Je ne supporte pas l'ambiance d'intrigue perpétuelle qui règne au travail. Je me sens sapé par mes collègues. J'ai l'impression que c'est la règle du chacun pour soi et tant pis si on piétine les autres.* »

> « *Je me suis vraiment pris de grandes claques dans le passé. Comment puis-je encore faire confiance à quelqu'un et construire une véritable relation ?* »

> « *Je travaille dans une entreprise paralysée par une bureaucratie omniprésente. L'obtention du truc le plus simple prend des lustres. J'ai besoin d'une autorisation écrite pour acheter un crayon !* »

> « *Plus mes enfants grandissent, moins ils m'écoutent. Que faire ?* »

> « *J'ai l'impression qu'au bureau, mes contributions ne sont pas vraiment reconnues et estimées à leur juste valeur.* »

« J'ai bêtement trahi la confiance d'une personne extrêmement importante pour moi. Si je pouvais revenir en arrière et prendre la bonne décision, je le ferais tout de suite. Mais c'est trop tard. Parviendrai-je à reconstruire la relation ? »

« Je marche sur des œufs au travail. Si je dis ce que je pense vraiment, je me ferai virer… ou je finirai dans un placard. »

« Mon patron nous dirige jusque dans les moindres détails, mes collègues et moi. Il nous traite comme s'il ne pouvait se fier à nous. »

« Avec tous les scandales, la corruption et les violations éthiques qu'on peut observer dans notre société, j'ai l'impression de vivre dans une sorte de monde à l'envers. Je ne sais plus ni qui ni quoi croire. »

Que faire dans ce type de situation – dans toute situation où un manque de confiance engendre stratagèmes politiques, complications bureaucratiques ou simplement retards ? L'acceptez-vous simplement comme l'inévitable prix à payer dans le monde des affaires ? Ou pouvez-vous faire quelque chose pour contrer ou même inverser ce mouvement ?

J'affirme pour ma part que vous *pouvez* faire quelque chose. En apprenant comment établir, accorder et restaurer la confiance, vous pouvez modifier de manière significative le moment présent et l'orientation de tous ceux qui suivront.

> *« La technique et la technologie sont importantes, mais le problème de la décennie, c'est d'y ajouter la confiance. »*
>
> —TOM PETERS, EXPERT EN GESTION

PARVENIR À MAÎTRISER LA CONFIANCE

Qu'est-ce que la confiance ? Plutôt que d'en donner une définition complexe, je préfère reprendre les termes de Jack Welch, ex-PDG de General Electric. Il disait simplement : « Vous la reconnaissez quand vous la ressentez. »

Autrement dit, quand il y a confiance, vous le savez parce que *vous êtes en confiance*. À l'opposé, la méfiance se traduit par toutes sortes de *soupçons*. Quand vous vous méfiez des autres, vous soupçonnez leur intégrité, leurs objectifs, leurs capacités, leurs états de service. C'est aussi simple que ça. Nous avons tous connu des expériences qui confirment la différence entre les relations bâties sur la confiance et celles qui ne le sont pas. La différence, ces expériences nous le disent, n'est pas mince – elle est même impressionnante.

Prenez maintenant quelques instants et pensez à une personne avec laquelle vous avez une relation de profonde confiance, un chef, un collègue, un client, votre mari ou votre femme, un enfant, un ami. Décrivez cette relation. À quoi ressemble-t-elle ? Quelle impression vous laisse-t-elle ? Quelle est la qualité de votre communication ? À quelle vitesse obtenez-vous ce que vous demandez ? Cette relation répond-elle à votre attente ? À quel point ?

Pensez maintenant à une personne avec laquelle vous avez au contraire une relation peu confiante. Une fois encore, cette personne peut être n'importe qui, à la maison ou au travail. Décrivez cette relation. À quoi ressemble-t-elle ? Que ressentez-vous à son égard ? Comment qualifieriez-vous la communication ? Est-elle fluide et libre… ou avez-vous le sentiment de marcher sur un champ de mines, d'être incompris ? Collaborez-vous efficacement pour l'exécution rapide du travail en cours… ou le temps qu'il faut pour s'entendre et obtenir une réalisation est-il démesurément long ? Appréciez-vous cette relation… ou bien la trouvez-vous fastidieuse, pesante, harassante ?

La différence entre une relation vraiment confiante et son contraire est bien palpable !

Prenons la communication. Dans une relation où règne la confiance, si vous prononcez une phrase qui pourrait être mal prise, votre interlocuteur comprendra quand même ce que vous voulez dire. Dans une relation où la confiance est sapée, aussi pondéré(e), aussi précis(e) que vous soyez, vous ne serez pas compris(e).

Pouvez-vous imaginer le résultat si vous étiez capable d'accroître la confiance dans les relations personnelles et professionnelles importantes de votre vie ?

> « Sans confiance, vous n'obtiendrez pas le succès. Le mot 'confiance' englobe presque tout ce vers quoi vous pouvez tendre et qui vous aidera à réussir. Nommez une seule relation qui fonctionne sans confiance – mariage, amitié, relation sociale… À long terme, c'est tout aussi vrai pour le monde des affaires, je songe surtout aux relations où l'on est en contact avec le public. »
>
> —JIM BURKE, EX-PDG DE JOHNSON & JOHNSON

L'ÉPREUVE

C'est l'une des expériences les plus formatrices que j'aie personnellement faites en matière de confiance et de la meilleure manière de l'accroître. Cela se passait il y a plusieurs années, après la fusion entre Franklin Quest et le Covey Leadership Center (aujourd'hui la FranklinCovey Company). Comme le savent tous ceux qui sont passés par une fusion ou une acquisition, ces opérations ne sont jamais faciles. La nouvelle société cumulait des atouts extraordinaires. Nous avions des équipes remarquables, des contenus superbes, des clients loyaux et des outils d'une grande efficacité. Mais le mélange des deux cultures s'est avéré un défi redoutable.

En tant que président de l'unité de formation et d'éducation, je devais me rendre à Washington pour rencontrer environ un tiers de nos consultants et leur parler de la stratégie de notre division. Mais cette réunion que j'aurais dû attendre avec impatience me nouait l'estomac.

Quelques semaines plus tôt, le nouveau PDG de la société – frustré, comme nous l'étions tous, par les problèmes et frictions énormes que cette fusion prometteuse avait entraînés – avait réuni l'ensemble des consultants de l'entreprise. Dans une tentative pour « faire sortir » les préoccupations de chacun, il avait imposé une règle : nous, les chefs de division, devions écouter, mais ne pas répondre aux propos de nos collègues. C'est ainsi que la réunion, qui devait initialement durer quatre heures, s'était transformée en « grand déballage » de dix heures. Dans ce cadre où personne n'avait le droit de rectifier, de nuancer, de justifier, de donner des informations manquantes, de prendre en compte les autres aspects des problèmes, voire de montrer les dilemmes auxquels nous étions confrontés, seul un petit pourcentage des propos tenus était vraiment pertinent. La plupart reposaient sur des malentendus, des déformations de la réalité, ou de pures et simples erreurs. Nous avions entendu beaucoup de suppositions, de soupçons, d'accusations, de frustrations. Et nous autres, responsables, avions dû accepter à contrecœur un cadre de discussion où nous étions réduits au silence.

Nous avions tenu par la suite une dizaine de réunions semblables. Cette expérience avait été très pénible et, dans ma position de responsable, je m'étais senti personnellement mis en cause. Par mon expérience de Wall Street, je savais que les fusions étaient souvent difficiles mais j'avais pensé que nous pourrions faire le nécessaire pour que celle-ci se passe bien.

Présomption optimiste ! Bien à tort, j'avais omis de me concentrer sur l'instauration de la confiance dans la nouvelle entité résultant de cette fusion. Je m'imaginais que ma réputation et ma crédibilité allaient de soi pour tout le monde. Mais ce n'était pas le cas et, si la moitié des collaborateurs me faisaient confiance, l'autre me considérait avec défiance. On retrouvait bien entendu les vieilles frontières : il y avait le clan des Covey contre celui des Franklin. Ceux du clan Covey, qui me connaissaient et avaient travaillé avec moi, considéraient mes choix, pour l'essentiel, comme sincèrement dictés par la volonté d'utiliser des critères objectifs et impartiaux en toutes circonstances, par l'ambition de faire ce que je jugeais le meilleur pour l'entreprise. À leurs yeux, je n'étais pas guidé par mon intérêt personnel, bien au contraire : ils savaient que j'étais prêt à faire de mon mieux pour les soutenir, parfois au détriment de mes propres intérêts. Ceux qui n'avaient pas travaillé avec moi ne me connaissaient pas et se défiaient de moi. Ceux-là interprétaient chaque décision dans le sens exactement opposé.

Un exemple : Un jour, nous nous étions demandé s'il fallait continuer à tenir nos programmes de formation en leadership dans un hôtel Sundance Resort. Nous avions rencontré quelques problèmes avec les équipes de Sundance, et certains chez nous estimaient que nous aurions dû chercher un nouveau cadre pour nos séminaires. Le directeur de ces programmes, lui, tenait beaucoup à continuer avec Sundance, parce que les clients adoraient cet endroit et que les chiffres étaient sans appel : notre chiffre d'affaires grimpait de 40 % quand nous organisions nos programmes là-bas, par rapport aux autres sites possibles. Je m'étais donc prononcé dans ce sens : « Puisque les chiffres sont meilleurs et que le directeur de ces programmes insiste particulièrement pour que nous continuions avec eux, nous essaierons d'améliorer notre collaboration avec Sundance. » C'était un exemple de décision parfaitement justifiée, que je pouvais espérer voir comprise par les salariés.

Erreur : ceux qui se défiaient de moi ne comprirent pas. Ils décidèrent que j'essayais de faire prévaloir mon point de vue personnel. Certains se demandèrent même si je touchais une commission occulte parce que, en tant que membre de la direction, on m'avait prié de participer comme bénévole au conseil du théâtre pour enfants de Sundance. Beaucoup s'interrogeaient sur mes mobiles profonds. Comme le niveau de confiance était très bas, l'impression était que je devais « avoir des raisons inavouées de me rendre là-bas ».

> « *Dès que les motivations de quelqu'un sont suspectées, tous ses actes sont perçus comme douteux.* »
>
> —MAHATMA GANDHI

Dans une autre situation, j'avais dû prendre la décision de muter « Ron », un cadre supérieur très talentueux. Il venait de chez Covey, et avait, au cours de la fusion, pris des positions qui avaient fini par polariser les deux camps contre lui. Pour remplacer Ron, j'avais décidé de recruter un collaborateur hors de l'entreprise, afin qu'il soit perçu comme n'étant ni « Covey », ni « Franklin ».

Quand je fis cette annonce, je pensais que les gens accueilleraient favorablement ma volonté de faire entrer de nouveaux talents. Mais chez ceux qui ne me faisaient pas confiance, aucun ne prit garde au fait que nous faisions venir quelqu'un de l'extérieur pour remplacer Ron à son poste. Tout ce qu'ils retinrent, c'est que ce dernier appartenait toujours à l'entreprise, et ils voulaient le voir partir.

À chaque fois, donc, mes actes avaient été mal interprétés et mes motivations mises en cause, alors même que j'avais pris soin d'impliquer les deux « camps » Covey et Franklin dans ma prise de décision. Comme vous pouvez l'imaginer, ceux qui ne connaissaient nullement mes états de service et mes résultats présumaient simplement que j'occupais un poste de direction parce que j'étais le fils de Stephen R. Covey et que je n'avais aucune crédibilité personnelle.

Conséquence de tous ces malentendus, je dus prendre mes décisions beaucoup plus lentement. Il me fallut anticiper la manière dont chacune d'elles serait interprétée par chacun des camps. Je commençai à peser les risques, à examiner les différents cas de figure possibles, je mis la main dans l'engrenage d'un jeu politique que je n'avais jamais joué auparavant, que je n'avais *jamais eu* à jouer parce qu'il était contraire à mon caractère.

En réfléchissant à tout ce qui s'était produit, j'en vins à comprendre que si je ne prenais pas les problèmes à bras-le-corps, la situation se perpétuerait et risquait même d'empirer. Chacune de mes décisions allait être passée au crible et suspectée d'arrière-pensées cachées. Obtenir le moindre changement allait m'obliger à déplacer des montagnes. Je faisais face à une surenchère bureaucratique, politicienne et à une démotivation croissante. Tout cela était en train de coûter beaucoup de temps, d'énergie et donc d'argent. Le prix devenait lourd.

De plus, pensai-je alors, compte tenu de la mauvaise tournure que prenait la situation, qu'avais-je à perdre ?

Si bien que, arrivé ce jour-là à ma réunion de Washington, je dis en substance : « Écoutez, nous sommes réunis ici pour discuter stratégie. Et si c'est de cela que vous voulez parler, c'est de cela que nous allons parler. Mais si vous préférez aborder les problèmes de la fusion, si c'est ce qui vous préoccupe vraiment, nous allons parler de la fusion. Je suis disposé à aborder toutes les questions difficiles que vous vous posez : Qui reste et qui part ? Qui prend quelles décisions ? Sur quels critères ? Pourquoi ne sommes-nous pas mieux informés ? Pourquoi devrions-nous faire confiance à ceux qui prennent les décisions ? Et pourquoi devrions-nous vous faire confiance à vous, Stephen, pour prendre certaines de ces décisions ? »

Au début, mes interlocuteurs furent stupéfaits que j'aborde ces problèmes difficiles, y compris la perception qu'ils avaient de moi. Beaucoup se demandaient aussi quels étaient mes véritables objectifs. Mais ils se rendirent compte rapidement que je ne cachais rien. Que j'étais transparent et sincère. Ils comprirent que je désirais vraiment trouver une solution à nos problèmes. À mesure que la réunion avançait, ils réalisèrent que je n'avais pas d'intentions cachées mais que j'essayais simplement de trouver une issue positive pour l'entreprise.

Cette réunion d'une heure qui devait aborder les questions stratégiques dura finalement une journée entière et on y examina toutes les questions qui fâchaient. Quels immeubles allaient être attribués à quelles équipes ? Quelles indemnisations étaient prévues pour ceux qui partaient ? Quelles techniques de vente allions-nous utiliser ? Avez-vous vraiment les compétences requises pour prendre certaines de ces décisions, Stephen ? Quel est votre historique de performances ? Quels sont vos critères ?

Je reconnus ouvertement la complexité des problèmes à résoudre. Je leur exposai franchement les arguments qui avaient justifié mes décisions et le mécanisme de la prise de décision lui-même. Je mis sur table toutes les données dont je disposais et, quand je ne pouvais pas leur révéler ces informations, j'expliquais pourquoi. J'écoutai et je cherchai à comprendre leurs inquiétudes. À partir de leurs demandes, je pris plusieurs engagements d'améliorations concrètes.

À la fin de cette journée, un vent d'espoir soufflait et une certaine excitation était perceptible. L'un des participants me confia que j'avais en un jour réussi ce que j'avais raté depuis plusieurs mois : instaurer un socle de confiance minimal. Mais surtout, je compris que c'était un nouveau départ, la reconnaissance de la valeur d'une communication transparente. Je compris aussi cependant que le véritable test serait la façon dont j'allais gérer le suivi de cette réunion. En tout cas, désormais, mes interlocuteurs me jaugeaient d'un regard neuf ; ils ne me voyaient plus à travers les lunettes déformantes de la méfiance.

Tous les collaborateurs furent bientôt au courant des résultats de cette réunion et, dans les mois suivants, je la renouvelai avec les autres consultants et obtins les mêmes résultats. Je suivis cette méthode avec les autres divisions et, en un très court laps de temps, nous pûmes rétablir la confiance avec l'intégralité du personnel de la société. Dans mon service à lui seul, le retour à la confiance eut des effets spectaculaires : la vitesse augmenta, les coûts chutèrent et les résultats s'améliorèrent dans tous les domaines.

Je suis heureux d'attester que les dirigeants de FranklinCovey parvinrent à apaiser les remous provoqués par la fusion et que la société se porte aujourd'hui très bien. En ce qui me concerne, toute cette expérience m'a aidé à comprendre le phénomène de la confiance beaucoup plus clairement que je ne le pouvais auparavant, quand la confiance était au beau fixe et que tout fonctionnait très bien.

Primo, j'ai appris que j'avais été bien présomptueux. Je présumais que les gens avaient confiance en moi, alors que ce n'était pas vrai du tout. Je supposais qu'ils connaissaient mes antécédents et ceux du Covey Leadership Center, ce qui n'était pas correct non plus. Je pensais que, parce que je saisissais à bras-le-corps les problèmes délicats dans mes réunions avec les responsables des services et que je prenais des décisions fondées sur des critères objectifs, mes méthodes étaient connues des autres collaborateurs, mais il n'en était rien.

Je me suis aussi rendu compte que j'avais été naïf sur le plan politique. Oui, j'avais fait des erreurs, mais pas de celles dont j'étais accusé. Ma faute la plus importante était de ne pas m'être montré plus proactif dans l'instauration et l'accroissement de la confiance. Et de ce fait, j'avais pu mesurer très concrètement les conséquences graves, tant sur le plan économique que sur le plan social, d'un niveau de confiance médiocre.

Finalement, j'ai compris que la confiance change vraiment tout. Une fois que vous l'avez créée – une confiance authentique basée sur le caractère et la compétence –, presque tout le reste en découle naturellement.

UNE CRISE DE CONFIANCE

Nul besoin de chercher loin pour comprendre que nous avons un problème de confiance aigu à résoudre. Il suffit de considérer quelques-uns des titres des grands quotidiens :

- « Le nouveau credo des salariés : confiance zéro »
- « Les entreprises pressées de rebâtir la confiance »
- « Trahis des deux côtés »
- « 20 traders de la Bourse de New York mis en examen »
- « L'éthique doit être renforcée pour reconstruire la confiance »
- « Les relations s'effritent alors que la confiance se meurt »
- « À qui faites-vous confiance aujourd'hui ? »

Ces gros titres révèlent une vérité incontournable : jamais la confiance n'a été aussi dégradée qu'aujourd'hui. La méfiance a contaminé tous les niveaux de notre société, les places financières, les entreprises, les relations avec les autres, la vie personnelle. Elle alimente des soupçons et un cynisme qui s'autoentretiennent, ce qui entraîne un engrenage négatif et coûteux.

Prenons la société en général. La confiance dans presque toutes nos grandes institutions (gouvernement, médias, monde des affaires, services de santé, églises, partis politiques, etc.) est nettement inférieure à ce qu'elle était il y a une vingtaine d'années – et, dans bien des cas, elle n'a jamais été aussi basse. Par exemple, différents sondages effectués aux environs de 2018 montrent qu'aux Etats-Unis, seulement 32 % des interrogés ont tendance à faire confiance aux médias (une baisse par rapport à 72 % en 1976), seulement 18 % font confiance au gouvernement, et seulement 21 % font confiance aux grandes entreprises.

Peut-être même plus révélatrice est la perte de confiance d'une personne à l'autre. L'Enquête sociale générale révèle que seulement 31 % des Américains pensent qu'ils peuvent faire confiance aux autres, une baisse par rapport à 48 % il y a trois décennies. Les données du World Values Survey montrent que la plupart des pays latino-américains et africains sont en-dessous de 20 %, avec quelques pays en-dessous de 10 %. Il y a quatre décennies en Grande-Bretagne, 60 % de la population pensait qu'elle pouvait faire confiance aux autres ; aujourd'hui, seuls 29 % le pensent.

La « bonne » nouvelle de cette étude – relativement parlant – est que 68 % des Scandinaves (le Danemark, la Suède, et la Norvège) et 68 % des habitants des Pays-Bas pensent qu'ils peuvent faire confiance aux autres, ce qui indique qu'il existe des sociétés à confiance supérieure. Et le chiffre pour les Pays-Bas a augmenté de 23 points de pourcentage absolu en une période de cinq ans, ce qui démontre qu'il est possible d'accroître la confiance sociétale.

> « Le bien-être d'une nation, aussi bien que sa capacité à rivaliser, dépend d'une caractéristique culturelle unique et omniprésente : le niveau de confiance inhérent à la société. »
>
> —FRANCIS FUKUYAMA, AGRÉGÉ SUPÉRIEUR À STANDFORD

Au niveau de l'entreprise, la confiance a aussi considérablement décru. Voici les résultats d'autres enquêtes :

- seuls 45 % des salariés ont confiance dans leur direction ;
- seuls 18 % des salariés estiment que leurs dirigeants agissent avec honnêteté et intégrité (seuls 13 % pour les dirigeants au sein du gouvernement) ;
- au cours des douze derniers mois, 76 % des salariés ont observé sur leur lieu de travail des conduites illégales ou contraires à l'éthique, conduites qui, si elles étaient connues du public, affecteraient gravement sa confiance.

Et qu'en est-il de la confiance dans les relations personnelles ? Si elle varie naturellement suivant les relations, la confiance s'avère un problème majeur pour la plupart des gens, au moins dans certaines relations (et trop souvent dans des relations très importantes, avec un chef, leur patron, un collègue, leur conjoint ou l'un de leurs enfants.)

Voici d'autres éléments d'appréciation :

- la raison n° 1 pour laquelle les gens donnent leur démission est leur mauvaise relation avec leur patron
- un mariage sur deux se termine par un divorce.

Les relations de tous ordres sont construites et soudées par la confiance. Elles peuvent aussi être brisées et détruites par une confiance dégradée. Essayez d'imaginer une relation importante sans confiance. En fait, un bas niveau de confiance est la définition même d'une mauvaise relation.

Examinons maintenant la confiance au niveau individuel. Et par exemple ces pourcentages d'étudiants qui reconnaissent avoir triché pour augmenter leurs chances d'être admis dans un troisième cycle universitaire.

- Étudiants en arts et lettres : 43 %

- Étudiants en sciences de l'éducation : 52 %

- Étudiants en médecine : 63 %

- Étudiants en droit : 63 %

- Étudiants en gestion : 75 %

Que ressentez-vous à l'idée qu'il y a plus de 50% de chance que le chirurgien qui va vous opérer a peut-être triché pour obtenir son diplôme ? Ou 75% de chance que l'entreprise dans laquelle vous allez travailler est dirigée par quelqu'un pour qui l'honnêteté n'est pas une qualité indispensable ?

Récemment, quand j'ai présenté ces résultats à un groupe d'avocats, ils ont été tout heureux de découvrir que leur corporation n'était pas la pire ! Et ils se sont moqués de moi parce qu'avec mon MBA en gestion, j'appartenais au plus mauvais groupe ! (J'ai aggravé les choses en leur révélant que, selon le même sondage, 76 % de ces étudiants prévoyaient de présenter des profits « gonflés » en minimisant les dépenses, et que, d'autre part, les détenus condamnés à des peines de prison simples obtenaient à peu près les mêmes résultats que ces étudiants dans leurs examens sur les dilemmes éthiques.)

La crise de confiance n'est-elle pas avérée ?

La société, les entreprises et les relations humaines en général sont touchées, mais il existe une dimension encore plus fondamentale et puissante : la confiance en soi. Nous prenons souvent des engagements envers nous-mêmes – nous nous fixons des objectifs, nous prenons des résolutions de nouvel an – et nous ne les tenons pas. Le résultat, c'est que nous finissons par ressentir que nous ne pouvons pas nous fier entièrement à nous-mêmes. Si nous ne pouvons pas nous fier à nous-mêmes, comment parviendrons-nous à faire confiance aux autres ? Cette incohérence intime est souvent la source de nos soupçons envers autrui. Comme mon père le disait souvent, nous nous jugeons nous-mêmes sur nos intentions tandis que nous jugeons les autres sur leur comportement. C'est pourquoi, comme nous le verrons plus loin, une des manières les plus rapides le restaurer la confiance consiste à prendre et à tenir des engagements – même modestes – envers nous-mêmes et envers les autres.

Nous vivons incontestablement une crise de confiance. Elle nous affecte à tous les niveaux – social, institutionnel, professionnel, relationnel et personnel – et elle prend la forme d'un cercle vicieux. Si nombre d'entre nous nous montrons sans doute assez résistants à ces nouvelles violations de confiance, à ces scandales financiers et industriels, nous avons chaque fois un peu plus de peine à nous en remettre. Nous finissons par nous demander ce qui nous attend encore. Le soupçon se généralise dans les rapports sociaux. Nous avons tendance à projeter sur la plupart des gens des comportements heureusement encore marginaux et nous le payons cher.

L'ÉCONOMIE DE LA CONFIANCE

Un cynique pourrait objecter : « Et alors ? La confiance est-elle vraiment autre chose qu'une qualité certes sympathique, mais secondaire ? Peut-on réellement prouver le caractère économique décisif de la confiance ? » J'ai l'intention, dans cet ouvrage, de répondre à ces questions de manière détaillée, en démontrant clairement l'importance de la confiance pour le dynamisme de l'économie.

Voici une formule simple qui vous permettra de changer de point de vue sur la confiance : vous allez cesser de la considérer comme une variable intangible et non quantifiable. La confiance est tangible et quantifiable. La formule suivante est basée sur une idée décisive : la confiance affecte toujours deux facteurs, la vitesse et le coût. Quand la confiance baisse, la vitesse baisse également et le coût augmente.

$$\downarrow \text{Confiance} = \downarrow \text{Vitesse} \uparrow \text{Coût}$$

Quand la confiance augmente, la vitesse augmente aussi et les coûts décroissent.

$$\uparrow \text{Confiance} = \uparrow \text{Vitesse} \downarrow \text{Coût}$$

C'est aussi simple, aussi réel, aussi prévisible que ça, comme le démontrent les exemples suivants.

Juste après les attentats du 11 septembre 2001, notre confiance dans la sécurité des vols aux États-Unis a spectaculairement chuté. Nous avons découvert que des terroristes étaient décidés à nous frapper au cœur et que nos procédures de sécurité n'étaient pas aussi rigoureuses qu'elles auraient dû l'être.

Avant le 11 septembre, j'avais l'habitude d'arriver à l'aéroport environ une demi-heure avant le décollage et je passais rapidement les contrôles de sécurité. Mais, après les attentats, des procédures plus contraignantes ont été imposées pour accroître la sécurité et la confiance sur les vols. Ces procédures ont certes eu l'effet désiré, mais mes voyages sont aujourd'hui plus longs et plus coûteux qu'avant. Pour un vol sur les lignes intérieures, j'arrive en général une heure et demie avant, et deux ou trois heures plus tôt pour un vol international, du simple fait des contrôles de sécurité. Je paie aussi sur chaque billet que j'achète une taxe de sécurité, consécutive aux attentats. Preuve que, quand la confiance chute, la vitesse chute également et que le coût augmente.

Récemment, je décollai d'une grande ville située dans une région à haut risque du Moyen-Orient. Pour des raisons géopolitiques, la confiance dans ce secteur est extrêmement basse. Je dus me présenter à l'aéroport quatre heures avant le départ du vol. Je franchis plusieurs portiques et ma valise fut fouillée à plusieurs reprises par différents agents. Et tous les autres passagers furent traités de la même façon.

Il est certain que des mesures de sécurité exceptionnelles étaient nécessaires et, dans ce cas, j'étais content qu'elles soient appliquées. Mais cela ne change rien au fond du problème : parce que la confiance manquait, la vitesse diminuait et le coût s'élevait.

> « *Notre méfiance nous revient très cher.* »
>
> —RALPH WALDO EMERSON

Prenons un autre exemple : la loi Sarbanes-Oxley. Cette loi a été adoptée aux États-Unis en réaction à une série de scandales ayant eu lieu coup sur coup. Si cette loi a peut-être empêché les marchés financiers de perdre confiance et ont même au contraire accru celle-ci, il est tout aussi clair qu'elle a eu un coût substantiel. Demandez à n'importe quel PDG ou directeur financier d'une entreprise soumise aux procédures instituées par cette loi, le retard qu'implique leur strict respect, ainsi que les coûts supplémentaires qu'elle entraîne. Les chiffres sont énormes sur ces deux plans. En fait, une étude récente chiffre ces coûts (et ce n'est qu'une évaluation partielle) à 35 milliards de dollars – 28 fois plus que les estimations de la SEC, l'organisme de contrôle des marchés financiers. Certains diront que la loi Dodd-Frank, passée à la suite de la crise financière internationale, a eu des conséquences similaires. Ces réglementations et ces procédures ont été rendues obligatoires par la chute de la confiance ; il s'agit donc d'un pis-aller lent et cher. Une fois encore, nous en revenons à notre axiome principal : quand la confiance baisse, la vitesse diminue et le coût augmente.

> « *Quand vous transgressez les grandes lois, vous n'obtenez pas la liberté ; vous n'obtenez même pas l'anarchie. Vous obtenez les petites lois.* »
>
> —G. K. CHESTERTON, ÉCRIVAIN BRITANNIQUE

À l'opposé, quand la confiance est élevée, la vitesse augmente et le coût diminue. Prenez l'exemple de Warren Buffett, le PDG de Berkshire Hathaway (l'un des dirigeants d'entreprise les plus estimés au monde). Il a réalisé voici plusieurs années une importante acquisition, rachetant à Wal-Mart la société McLane Distribution (qui valait alors 23 milliards de dollars). Entreprises toutes deux cotées en Bourse, aussi bien Berkshire Hathaway que Wal-Mart sont soumises à une longue série de contrôles de la part des autorités. Une fusion de cette importance prend généralement plusieurs mois et coûte des millions de dollars en conseillers juridiques, auditeurs et comptables, chargés de vérifier et de valider toutes sortes d'informations. Mais, en l'occurrence, les deux parties ayant entièrement confiance l'une dans l'autre, les détails de la transaction ont été arrêtés au cours d'une réunion de deux heures conclue par une poignée de main. En moins d'un mois, tout était finalisé.

Dans la lettre bilan qui accompagnait son rapport annuel, Warren Buffett écrivait : « Nous n'avons pas eu recours à la due diligence (audit préalable). Nous savions que tous les détails correspondraient exactement à ce que Wal-Mart nous avait annoncé – et tel fut le cas. » Imaginez : un délai de moins d'un mois, au lieu de six mois, voire plus, et pas de coût de due diligence (au lieu des millions habituellement dépensés !) Confiance élevée, vitesse élevée, coût minimal.

> « *Dans l'avenir ce ne sera pas le gros poisson avalant le petit. Ce sera le plus rapide avalant le lent.* »
>
> —KLAUS SCHWAB, FONDATEUR ET PDG, FORUM ÉCONOMIQUE MONDIALE

Prenons l'exemple d'un autre dirigeant légendaire, Herb Kelleher, ex-PDG de Southwest Airlines. Dans leur ouvrage intitulé *Executive EQ*, Cooper et Sawaf rapportent une anecdote remarquable : un jour, alors qu'il traversait le hall d'entrée, Gary Barron, alors vice-président de l'énorme filiale de Southwest chargée de l'entretien (qui valait, à l'époque, 700 millions de dollars), présenta à Kelleher un mémo de trois pages qui se concluait par une proposition de réorganisation massive. Kelleher lut le mémo sur place, posa une question à laquelle Barron répondit qu'il partageait son souci et qu'il y veillerait personnellement.

Kelleher répondit alors : « Dans ce cas, je suis tout à fait d'accord. Vous avez mon feu vert. »

L'échange avait duré quatre minutes.

Kelleher était un dirigeant estimé de ses collaborateurs, mais lui-même savait qu'il pouvait leur faire confiance. Il se fiait au caractère et à la compétence de Barron. Et, parce qu'il était persuadé que son collaborateur savait ce qu'il faisait, l'entreprise a pu progresser à une vitesse incroyable.

Voici un autre exemple à une échelle beaucoup plus réduite. « Jim », un marchand ambulant new-yorkais, avait installé à un coin de rue d'un quartier d'affaires un petit étal où il vendait des beignets aux salariés des immeubles de bureaux voisins. À l'heure du petit déjeuner et aux heures de repas, de longues files d'attente se formaient devant son étal. Jim remarqua que l'attente décourageait de nombreux clients, qui partaient se sustenter ailleurs. Il remarqua aussi que, comme il était seul, le temps passé à rendre la monnaie aux clients était le principal obstacle qui l'empêchait de vendre un plus grand nombre de cafés et de beignets.

Finalement, Jim posa un petit panier sur le côté de son stand, rempli de billets et de pièces, et il décida de faire confiance à ses clients pour se rendre eux-mêmes leur monnaie. On aurait pu craindre que les clients fassent des erreurs, ou subtilisent au passage quelques pièces de trop, mais c'est le contraire que découvrit Jim : la plupart des clients réagirent avec une honnêteté absolue, lui laissant souvent de très confortables pourboires. Il put donc servir deux fois plus de clients, parce qu'il n'avait pas à rendre la monnaie. De plus, il découvrit que ses clients appréciaient sa confiance et qu'il les fidélisait mieux. En leur montrant sa confiance, Jim réussit à doubler ses revenus sans ajouter le moindre coût supplémentaire.

Une fois encore, quand la confiance manque, la vitesse diminue et le coût augmente. Quand la confiance est élevée, la vitesse augmente et le coût chute.

> « *Les valeurs transcendantes comme la confiance et l'intégrité se traduisent littéralement par des recettes, des profits et de la prospérité.* »
>
> —PATRICIA ABURDENE, AUTEUR DE
> *CONSCIOUS MONEY*

Un jour, alors que j'expliquais ce concept à des participants d'un séminaire, un directeur financier jonglant avec les chiffres à longueur de temps vint me voir :

« C'est fascinant, me dit-il, j'ai toujours considéré la confiance comme quelque chose de très agréable, mais jamais, jamais, je n'ai pensé à son impact sur l'économie et la vitesse. Maintenant que vous l'avez démontré, je découvre son effet dans tous les problèmes que j'examine. Par exemple, nous avons un fournisseur en qui nous avons toute confiance. Tout va vite avec ce groupe et la relation est facile, sans heurts, sans efforts. Mais, avec un autre fournisseur, la confiance est très limitée. La moindre chose prend un temps fou et cette relation nous coûte beaucoup d'efforts. Elle nous coûte aussi de l'argent – trop d'argent ! »

Ce directeur financier était stupéfait de réaliser l'importance de ce concept, qui lui manquait. Il avait beau avoir une grande maîtrise des chiffres, il n'avait jamais pensé à évaluer la confiance, ce qu'elle rapporte comme ce qu'elle coûte. Une fois ce facteur intégré, tout a soudain pris un sens nouveau. Il a aussitôt compris que, dans son entreprise, la confiance jouait un rôle crucial à tous les niveaux. Et la perception de la relation entre confiance, vitesse et coût allait s'avérer un outil efficace pour revoir en profondeur le fonctionnement de l'entreprise et tenter d'accroître significativement ses profits.

Je connais des entreprises leaders dans leur domaine qui posent à leurs salariés cette question simple dans leurs processus d'évaluation formels à 360 degrés : « *Faites-vous confiance à votre patron ?* » Ces sociétés ont appris que la réponse à cette simple question est celle qui permet le mieux d'anticiper les performances des équipes et de l'entreprise, plus que n'importe quelle autre question de leur enquête.

Une fois que vous comprenez vraiment l'impact mesurable, économique de la confiance, vous avez l'impression de chausser une nouvelle paire de lunettes. Où que vous regardiez, vous voyez son effet – au travail, à la maison, dans toutes vos relations, dans tous vos efforts. Vous commencez à percevoir l'énorme différence que des relations de grande confiance peuvent entraîner dans tous les aspects de la vie.

LA TAXE CONFIANCE

L'impact pratique très tangible de l'économie de la confiance se mesure dans beaucoup de relations, dans nombre d'interactions, où nous payons une taxe masquée de manque de confiance sans même nous en apercevoir !

Un été il y a plusieurs années, mon fils Stephen, qui venait d'avoir 16 ans, décrocha son premier emploi. Il était tout excité. Il allait gérer une petite boutique de crèmes glacées.

Les deux premières semaines se passèrent bien et il était tout excité en recevant son premier chèque. Il déchira l'enveloppe et jeta un regard plein d'espoir sur le chèque. Soudain, il fronça les sourcils. « Papa, me lança-t-il, ils se sont trompés ! »

Il me tendit la lettre qui accompagnait le chèque : « Regarde, ils se sont trompés dans leurs calculs !

– Que veux-tu dire ? lui demandai-je en jetant un coup d'œil sur le papier.

– Regarde ici, me dit-il en pointant sur un chiffre. Je suis censé gagner huit dollars de l'heure. J'ai travaillé quarante heures. Ça devrait faire 320 dollars, non ? »

Je vérifiai la lettre et il avait incontestablement travaillé quarante heures, mais le chèque n'était que de 260 dollars.

Je répondis :

« C'est vrai, Stephen. Mais regarde un peu plus haut, le décompte avec le détail. Tu vois ces mots : 'impôt fédéral' ?

– Quoi ? rétorqua-t-il d'un ton incrédule. Tu veux dire que je paie des taxes ?

– Mais oui, mon garçon. Et ce n'est pas tout. Regarde là : taxe régionale, taxe de sécurité sociale, assurance santé pour les retraités...

– Mais, papa, je ne suis même pas concerné par Medicare !

– Non, Stephen, tu ne l'es pas, rétorquai-je. Mais ton grand-père l'est ! Bienvenue dans le monde réel. »

Il est clair que personne n'aime payer des taxes. Mais nous le faisons parce qu'ils servent une grande cause sociale et parce que c'est la loi. Mais quelle serait la situation si vous ne saviez même pas que vous payez des taxes ? Si elles étaient cachées, si elles vous étaient soustraites sans même que vous en ayez conscience ?

Et que penseriez-vous en découvrant que ces taxes sont complètement inutiles, un gâchis, qu'elles partent en fumée sans rien apporter à personne ?

Malheureusement, les taxes « manque de confiance » n'apparaissent pas sur votre relevé d'imposition sous l'intitulé « surcoût d'une confiance médiocre ». Mais le simple fait qu'elles soient masquées ne signifie pas qu'elles n'existent pas. Quand vous savez où et quoi chercher, vous pouvez repérer ces taxes un peu partout, dans les relations professionnelles comme dans les relations personnelles. Elles sont quantifiables. Et elles sont souvent extrêmement élevées.

> *« La méfiance double le coût des affaires. »*
>
> —PROFESSEUR JOHN WHITNEY, COLUMBIA
> BUSINESS SCHOOL

Vous avez sans aucun doute vu cette taxe opérer à de nombreuses reprises – peut-être dans des conversations où vous savez que votre patron, votre fils(fille) adolescent(e), ou quelqu'un d'autre ne tient compte que des deux tiers ou des trois quarts de ce que vous dites : il y a une perte sèche de 20, 30 %, voire plus. C'est ce dont j'ai pu faire l'expérience très concrète lors de la fusion FranklinCovey. Si vous y songez, vous avez sans doute déjà joué vous-même le rôle de celui qui prélève la taxe : vous faisiez le tri dans ce que vous entendiez parce que vous n'aviez pas confiance.

Dans certaines situations, vous avez peut-être même dû payer un « impôt sur la succession » quand vous avez dû occuper le poste d'une personne qui n'avait pas su gagner la confiance de son entourage. Quand vous entamez une nouvelle relation personnelle ou professionnelle, ou quand vous prenez la tête d'une entreprise dominée par une méfiance générale, il est possible que vous soyez taxé à 30, 40, 50 %, ou plus encore pour quelque chose dont vous n'êtes en rien responsable ! J'ai récemment consulté une haute responsable qui se plaignait que celui qu'elle remplaçait avait détruit la confiance au sein de l'entreprise de manière si spectaculaire que ses collègues l'écoutaient d'une oreille défiante, alors qu'elle venait à peine d'arriver dans l'entreprise.

Le célèbre écrivain Francis Fukuyama a déclaré : « Une méfiance qui a contaminé toute la société [...] impose une sorte de taxe sur toutes les formes d'activité économique, taxe que les sociétés à confiance élevée n'ont pas à payer. » J'affirme que cette taxe « manque de confiance » ne se limite pas à l'activité économique mais qu'elle est perceptible dans tous les secteurs, dans toutes les relations, dans chaque interaction, dans toutes les communications, dans chacune de nos décisions, bref dans tous les aspects de la vie.

LES DIVIDENDES DE LA CONFIANCE

Je crois aussi que, de même que la taxe créée par un manque de confiance est tangible, mesurable et très élevée, les *dividendes* d'une confiance élevée sont eux aussi tangibles, quantifiables et incroyablement élevés. Il suffit de penser à la finalisation très rapide de l'acquisition de McLane par Warren Buffet ; ou encore à la vitesse à laquelle la proposition de réorganisation massive de Gary Barron a été acceptée ; sans oublier l'exemple du doublement des recettes de Jim, le marchand ambulant de beignets et de café. Songez à la rapidité de la communication dans vos propres relations, personnelles ou professionnelles, quand la confiance règne.

Quand la confiance est élevée, les dividendes que vous percevez sont multipliés et votre entreprise ou votre vie en bénéficient à tous les niveaux. Une confiance élevée est comme le levain grâce auquel le pain double de volume. Dans une entreprise, une confiance élevée améliore matériellement la communication, la collaboration, l'exécution, l'innovation, la stratégie, l'engagement, les partenariats et les relations avec tous les partenaires. Dans votre vie personnelle, une confiance élevée améliore nettement votre enthousiasme, votre énergie, votre passion, votre créativité et votre joie dans vos relations avec la famille, les amis et la communauté. De toute évidence, les dividendes ne se limitent pas à une augmentation de la vitesse et de la rentabilité. Ils se trouvent aussi dans une satisfaction accrue et une meilleure qualité de vie.

LA VARIABLE CACHÉE

Un jour, je louai les services d'un guide pour m'emmener pêcher à la mouche dans le Montana. Alors que je contemplais la rivière qu'il avait choisie, il me lança : « Dites-moi ce que vous voyez. » Je lui répondis simplement que je voyais une belle rivière et les rayons du soleil se reflétant à la surface de l'eau. Il me demanda si je voyais des poissons. Je lui répondis que non. Alors, mon guide me tendit des lunettes à verres polarisants. « Chaussez-les », me pria-t-il. Soudain, tout me parut spectaculairement différent. En regardant la rivière, je découvris que je voyais maintenant *à travers* la surface de l'eau. Et je voyais des poissons... une foule de poissons ! Mon excitation grimpa en flèche. Je découvrais soudain d'énormes possibilités que je n'avais pas réalisées jusque-là. En réalité, ces poissons étaient déjà là, mais il avait fallu que je mette les lunettes pour les voir.

De même, pour la plupart des gens, la confiance est invisible. Ils n'ont aucune idée de son importance, de son omniprésence dans toutes les relations, les entreprises, les interactions, à chaque moment de la vie. Mais une fois qu'ils ont chaussé les « lunettes de la confiance » et qu'ils découvrent ce qui se passe sous la surface, ils détiennent la clé qui va améliorer aussitôt leur efficacité dans tous les domaines.

Haute ou basse, la confiance est la « variable cachée » de l'équation qui décide du succès d'une entreprise. L'équation de base en gestion est :

$$S \times E = R$$

(Stratégie multipliée par Exécution = Résultats)

Mais il existe une variable cachée dans cette équation : la confiance – qu'il s'agisse de la taxe sur un manque de confiance, qui fait chuter le résultat, ou des dividendes sur une confiance élevée qui au contraire, la fait grimper.

$$(S \times E)T = R$$

([Stratégie multipliée par Exécution] multipliée par Confiance = Résultats)

Vous pouvez avoir une bonne stratégie et une bonne exécution (10 sur une échelle de 1 à 10), mais obtenir des résultats médiocres à cause d'un manque de confiance. Ou alors une confiance élevée peut multiplier vos performances et entraîner une synergie dans laquelle le tout dépassera la somme des parties.

Voici un tableau qui vous fera comprendre cette idée :

Stratégie	x	Exécution	=	Résultat	Taxe ou dividende	=	Résultat net
10	x	10	=	100	- Taxe 40 %	=	60
10	x	10	=	100	- Taxe 10 %	=	90
10	x	10	=	100	+ Dividende 20 %	=	120

Une entreprise peut avoir une excellente stratégie et une excellente capacité d'exécution mais avec un résultat net blêmi par un taxe de basse confiance ou multiplié par un dividende de confiance élevée. Comme le disait Robert Shaw, un éminent spécialiste de cette question : « Par-dessus tout, la réussite dans les affaires suppose deux choses : une stratégie compétitive gagnante et une exécution impeccable dans l'entreprise. La méfiance est l'ennemie de ces deux facteurs. »

Ma thèse est que, même si une confiance élevée ne suffira sans doute pas à sauver une stratégie médiocre, un manque de confiance fera presque toujours capoter une bonne stratégie.

Peut-être l'impact de cette « variable cachée » constitue-t-il le meilleur argument économique en faveur de la confiance. The Great Place to Work Institute collabore régulièrement avec le magazine *Fortune* pour publier une liste des « 100 meilleures entreprises pour lesquelles travailler. » Leurs recherches révèlent que « la confiance entre directeurs et salariés est la caractéristique principale définissant les meilleurs lieux de travail, » et que la confiance constitue presque deux-tiers de leurs critères. En bref, ces entreprises dépassent « le rendement annualisé moyen du S&P 500 par un facteur de trois. » De même, une étude effectuée par Watson Wyatt montre que le rendement total pour les actionnaires d'une organisation de haute confiance est presque trois fois plus élevé que le rendement dans les organisations de peu de confiance.

La propriété multiplicative de la confiance élevée peut aussi être observée dans le secteur social. Une étude en milieu scolaire menée par le professeur Tony Bryk, de l'université Stanford, montre que les écoles à haut niveau de confiance ont trois fois plus de chances d'améliorer les résultats de leurs élèves aux tests que les écoles à bas niveau de confiance. À un niveau personnel, les individus à haut niveau de confiance ont des chances supérieures d'être promus, de décrocher une rémunération élevée, de profiter des meilleures occasions, et d'avoir des relations plus épanouissantes et plus joyeuses.

Une des raisons pour lesquelles la variable cachée de la confiance est si incontournable dans le monde actuel, c'est que nous sommes entrés dans une économie globale basée sur la *compétence* des acteurs de cette économie. Comme Thomas Friedman, éditorialiste au *New York Times*, le note dans *La Terre est plate*, cette nouvelle économie « plate » est centrée sur le partenariat et les relations. Et, pour ces deux composantes, la confiance est un enjeu vital. Comme le rappelle Friedman :

« Sans confiance, il n'y a pas de société ouverte, parce qu'il n'y a jamais assez de policiers pour assurer la surveillance des ouvertures. Sans confiance, il ne peut non plus y avoir de monde plat parce que c'est la confiance qui nous permet d'abattre les murs, d'arracher les barrières et d'éliminer les frictions aux frontières. La confiance est essentielle dans un monde plat. »

C'est pourquoi je l'affirme encore : *la capacité d'établir, d'accroître, d'accorder et de restaurer **la** confiance avec toutes les parties prenantes, clients, partenaires en affaires, investisseurs ou collègues, est la compétence-clé pour les dirigeants de la nouvelle économie globale.*

Plus loin, je résume l'impact des taxes et dividendes sur la confiance, dans les entreprises comme dans les relations personnelles. En examinant ce récapitulatif, je vous suggère de vous poser une question : mon entreprise paie-t-elle une taxe confiance ou perçoit-elle des dividendes ? Et moi, suis-je pour elle plutôt une taxe ou un dividende ?

Songez aussi à vos relations, aussi bien dans le travail qu'en dehors. Demandez-vous où s'inscrivent ces relations dans ce récapitulatif. Et où pouvez-vous concentrer vos efforts pour effectuer les progrès les plus importants.

RECAPITULATIF DES TAXES ET DIVIDENDES

Taxe de 80 % (confiance inexistante)

Dans l'entreprise...	Dans les relations personnelles...
• Environnement dysfonctionnel et culture toxique (guérilla ouverte, sabotage, récriminations, poursuites judiciaires, comportements criminels) • Actionnaires militants • Microgestion intensive • Hiérarchie omniprésente • Procédures de rétorsion et punitions	• Relations dysfonctionnelles • Confrontations aigres et coléreuses ou repli sur soi froid et amer • Posture défensive et recours aux arguments juridiques (« On se verra au tribunal ») • L'entourage est étiqueté : d'un côté les amis, de l'autre les ennemis. • Mauvais traitements verbaux, émotionnels et/ou physiques

Taxe de 60 % (confiance très basse)

Dans l'entreprise...	Dans les relations personnelles...
• Environnement malsain • Salariés et actionnaires profondément insatisfaits • Atmosphère très politisée avec camps et partisans très définis • Gaspillage de temps passé à défendre positions et décisions. • Bureaucratie et microgestion pénibles	• Comportements hostiles (cris, reproches, accusations, insultes) • Communication réservée • Inquiétudes et soupçons permanents • Erreurs enregistrées et utilisées comme armes • Les véritables problèmes ne remontent jamais à la surface et ne sont jamais traités en profondeur

Taxe de 40 % (confiance basse)

Dans l'entreprise...	Dans les relations personnelles...
• Tendance des salariés à systématiquement « ouvrir le parapluie » • Objectifs dissimulés • Actionnaires militants • Camps nettement définis avec amis et ennemis • Nombreux salariés et actionnaires insatisfaits • Bureaucratie et redondance dans les méthodes et les structures	• Rapports fatigants et relations moroses • Les preuves des faiblesses et erreurs du parti adverse sont soigneusement notées. • Doutes sur la fiabilité et l'engagement des autres. • Objectifs inavoués • Rétention d'informations (livrées à contrecœur)

Taxe de 20 % (problèmes de confiance)

Dans l'entreprise...	Dans les relations personnelles...
• Quelques règles et procédures bureaucratiques • Hiérarchie trop présente • Processus de décision ralentis • Méthodes et structures inadaptées • Mécontentement de certains salariés et actionnaires	• Malentendus réguliers • Préoccupations concernant intention et motivation • Relations internes caractérisées par des tensions • Communication teintée de peur, d'incertitudes, de doutes et d'inquiétudes • Énergie gaspillée à maintenir (au lieu d'améliorer) les relations

Ni taxe ni dividende (la confiance n'est pas un problème)

Dans l'entreprise...	Dans les relations personnelles...
• Environnement sain • Bonne communication • Méthodes et structures adaptées • Peu d'intrigues	• Communications saines, cordiales, polies • Concentration sur une collaboration fluide et efficace • Tolérance et acceptation mutuelles • Absence d'inquiétudes

Dividende de 20 % (la confiance est un actif tangible)

Dans l'entreprise...	Dans les relations personnelles...
• Concentration sur le travail • Collaboration et exécution efficaces • Relations de partenariat positives avec salariés et actionnaires • Méthodes et structures efficaces • Créativité et innovation fortes	• Relations étroites, chaleureuses, véritable coopération • Concentration sur la recherche des forces chez les autres et leur effet de levier • Communication inspirante et positive • Les erreurs sont comprises comme des occasions d'apprendre et rapidement pardonnées. • Énergie et personnes positives

Dividende de 40 % (situation de confiance maximale)

Dans l'entreprise...	Dans les relations personnelles...
• Collaboration et partenariat d'excellente qualité • Communication d'une fluidité parfaite • Communication positive et transparente avec les salariés et toutes les parties concernées • Systèmes et structures en parfaite harmonie • Innovation, engagement, confiance et loyauté optimaux	• Véritable joie dans les relations familiales et amicales caractérisées par le souci et l'amour de l'autre • Communication libre et sans effort • Travail en commun inspirant et caractérisé par la concentration sur l'objectif, la créativité et l'enthousiasme. • Relations complètement ouvertes et transparentes • La synergie des relations est particulièrement impressionnante

À la lumière de ce récapitulatif, je vous suggère maintenant d'examiner un projet quelconque auquel vous devez vous consacrer. Disons que vous avez besoin de former une équipe pour finaliser ce projet en six semaines. Demandez-vous : Quel est le niveau de confiance dans cette culture ? Est-ce que je paie une taxe ou est-ce que je perçois un dividende ? Et de quel pourcentage ? Quel impact va-t-il avoir sur la vitesse et le coût, ainsi que sur ma capacité à réaliser effectivement ce projet ?

Demandez-vous ensuite ce qui se passerait si vous étiez capable de modifier ce pourcentage. Si vous parveniez à transformer cette taxe de 20 % en dividende du même montant, quelle différence cela ferait-il dans votre capacité de mener à bien votre projet ?

Analysez vos relations personnelles ou avec votre famille. Pouvez-vous y évaluer le niveau de confiance ? Quel impact a-t-elle sur votre qualité de vie, la vôtre comme celle de votre entourage ? Et si vous pouviez transformer cette taxe en dividende, quelle différence cela ferait-il ?

IDÉES REÇUES SUR LA CONFIANCE

Des exemples comme ceux de l'acquisition McLane, de la décision de réorganisation Kelleher, et quelques autres mentionnés plus haut nous permettent déjà de mettre sérieusement en doute quelques-unes des idées reçues qui nous empêchent de percevoir les dividendes d'une confiance élevée.

Selon l'une de ces idées reçues, la confiance serait une notion comportementale floue, donc non quantifiable, non mesurable. Comme j'espère que vous l'avez maintenant compris, il n'en est rien. La confiance est sans aucun doute un paramètre tangible, quantifiable, mesurable. Elle touche aussi bien la vitesse que le coût, deux paramètres quantifiables. Changer le niveau de confiance dans une relation, une équipe ou une entreprise, a un impact spectaculaire sur les facteurs temps et argent, ainsi que sur la qualité et la valeur.

Autre idée reçue : la confiance serait lente. Si la restauration de la confiance peut prendre un certain temps, l'instaurer et l'accorder peut être assez rapide et, une fois établie, la confiance va considérablement accélérer tous les processus. Nul besoin d'analyser longtemps les exemples que j'ai donnés ou même la vitesse à laquelle vous communiquez et obtenez l'exécution du travail pour constater que vraiment, rien n'est plus rapide que la vitesse de la confiance.

Voici un tableau qui énumère ces idées reçues et quelques autres mythes empêchant de comprendre et d'agir efficacement sur ces problèmes de confiance, et leur oppose les découvertes que j'ai faites.

IDÉE REÇUE	RÉALITÉ
La confiance est un paramètre flou.	La confiance est une réalité tangible et quantifiable. Elle affecte la vitesse et le coût de manière mesurable.
La confiance est lente.	Rien n'est aussi rapide que la vitesse de la confiance.
L'intégrité est le seul socle possible de la confiance.	La confiance résulte à la fois du caractère (qui comprend l'intégrité) et de la compétence.
Soit vous possédez la confiance, soit vous ne la possédez pas.	La confiance peut être créée et détruite.
Une fois perdue, la confiance ne peut être restaurée.	Bien que ce soit difficile, dans la plupart des cas, la confiance perdue peut être restaurée.
La confiance ne s'enseigne pas.	La confiance peut être efficacement enseignée et peut devenir un avantage stratégique et un levier.
Faire confiance aux autres est trop risqué.	Ne pas faire confiance aux autres, c'est prendre un risque encore plus grand.
La confiance ne s'instaure que de face-à-face	La confiance peut s'établir entre les membres d'une équipe virtuelle et au sein d'un environnement digital.
La confiance s'instaure avec une seule personne à la fois.	Instaurer la confiance avec une personne, c'est l'instaurer avec beaucoup d'autres.

L'idée reçue la plus insidieuse de toutes est sans doute celle qu'exprimait un des plus hauts responsables de la banque d'investissement où j'ai brièvement travaillé à New York : « Soit la confiance est là, soit elle est absente, et aucun effort n'y changera rien. »

Tout au contraire, en matière de confiance, *les efforts paient* ! Je suis expert en gestion depuis 30 ans. J'ai bâti et dirigé des entreprises, constitué des équipes, rapporté à des conseils d'administration, obtenu des résultats tangibles, et je me suis battu pour dépasser les objectifs fixés. J'ai aussi été consultant pour des dizaines d'entreprises connues, dont beaucoup avaient de bonnes stratégies et de bonnes capacités d'exécution, mais ne parvenaient pas à atteindre leurs objectifs, sans être capables d'expliquer pourquoi. Je suis un mari, un père de famille, le membre d'une famille étendue très nombreuse, au sein de laquelle j'ai été confronté à des relations très diverses. J'ai été conseil au sein de communautés dont les membres, parfois des familles entières, venaient discuter avec moi de problèmes de confiance complexes. Et, dans cette série d'expériences que j'ai faites, je n'ai jamais vu d'exception à l'axiome fondamental de ce livre : en matière de confiance, *les efforts paient*... et sans doute *beaucoup* plus vite que vous ne le pensez !

Une fois encore, j'affirme que rien n'est aussi rapide que la vitesse de la confiance. Rien n'est aussi épanouissant qu'une relation de confiance. Rien n'est aussi inspirant que la confiance accordée par autrui. Dans l'entreprise, rien n'est aussi profitable que la confiance. Rien n'est plus attractif qu'une réputation de fiabilité.

La confiance est donc vraiment le paramètre qui change tout. Et il n'a jamais été aussi urgent que dans la nouvelle économie globale d'aujourd'hui d'établir, de restaurer et d'accroître la confiance à tous les niveaux.

Que ce soit dans votre vie personnelle ou professionnelle, je vous promets que le défi d'augmenter la confiance *fera* une énorme différence.

LES EFFORTS PAIENT !

> *« La confiance doit être la valeur la plus importante*
> *dans votre entreprise. Si elle ne l'est pas, vous allez*
> *droit vers le malheur. »*
> —MARC BENIOFF, FONDATEUR ET PDG,
> SALESFORCE

Si vous avez lu les ouvrages de mon père, Stephen R. Covey, et notamment *Les 7 Habitudes de ceux qui réalisent tout ce qu'ils entreprennent*, vous vous rappelez peut-être l'anecdote qu'il raconte au sujet de son fils, à qui il demande d'entretenir le jardin. Mon père utilise cette histoire pour illustrer les notions d'autonomie et de responsabilité d'un jeune enfant.

Comme le fils dans cette histoire, c'est moi, je voudrais vous livrer ma version de l'histoire ! C'est vrai que cette expérience m'a appris les notions d'autonomie et de responsabilité, mais j'ai aussi appris quelque chose qui m'est apparu avec le temps plus important encore, une révélation qui a eu un effet décisif sur ma vie entière.

J'avais 7 ans et mon père voulait me confier la responsabilité du jardin. Il me dit : « Mon petit, voici le jardin et voici ton travail : il doit être vert et propre. Maintenant, voici ce que j'entends par là. »

Il se dirigea vers la haie et, désignant du doigt le jardin du voisin, me lança : « Voilà ce que j'entends par vert. » (Il ne pouvait prendre notre jardin comme exemple parce que, sous sa supervision, le gazon était plutôt jaunâtre.) Il poursuivit :

« Tu t'y prends comme tu veux, mais je veux un jardin vert émeraude. Choisis le meilleur moyen, sauf la peinture. Tu peux te servir du système d'arrosage, déverser des seaux d'eau, même cracher dessus si tu veux, c'est toi qui décides. Tout ce que je veux, c'est qu'il soit vert émeraude. »

Puis il reprit : « Et voici ce que j'entends par propre. » Il prit deux sacs en papier et, ensemble, nous ramassâmes toutes les saletés, brindilles, papiers et autres, qui traînaient sur la moitié de la pelouse afin que je puisse voir la différence. Une fois encore, il m'expliqua que la façon de procéder me regardait, l'important c'était que la pelouse soit « propre ».

Puis mon père ajouta quelque chose de très profond. Il me dit : « Maintenant, il faut que tu comprennes qu'à partir du moment où tu te charges de ce travail, je ne m'en occuperai plus. C'est ton boulot. Cette tâche, je te la confie. Dans 'confier', il y a 'confiance'. Je te fais confiance : tu accompliras cette besogne. » Il m'expliqua comment il contrôlerait mon travail : nous ferions le tour du jardin ensemble deux fois par semaine, pour que je lui fasse un compte rendu de la situation. Il m'assura qu'il était disposé à m'aider quand je lui demanderais, mais il me répéta que c'était vraiment mon travail, que je serais mon propre patron et que je serais seul juge de ma réussite.

C'est ainsi que j'héritai de l'entretien de la pelouse. Apparemment, pendant quatre ou cinq jours, je ne fis rien. C'était les grosses chaleurs de l'été et l'herbe se desséchait rapidement. Les restes d'un barbecue organisé quelques jours auparavant parsemaient la pelouse. Jamais le jardin n'avait eu l'air aussi négligé ! Mon père avait envie de me réprimander vertement et de reprendre les choses en main, mais il s'y refusa afin d'éviter de violer le contrat que nous avions passé.

Si bien que, quand le moment de rendre des comptes fut venu, mon père me dit : « Alors mon petit, comment va le jardin ? »

Je répondis : « Très bien, papa. »

Puis il demanda : « Puis-je faire quelque chose pour t'aider ? »

Je dis : « Non, non, tout va bien. »

Il enchaîna : « OK, on va faire le tour du jardin ensemble, comme prévu. »

En déambulant dans le jardin avec mon père, je commençai à réaliser qu'il n'était ni « vert », ni « propre ». La couleur de l'herbe virait au marron clair, et la pelouse était couverte de saletés. Selon mon père, mon menton commença à trembler, j'éclatai en sanglots et geignis :

« Mais papa, c'est si difficile !

– Qu'est-ce qui est si difficile ? rétorqua-t-il. Tu n'as strictement rien fait ! »

Après un instant de silence, il demanda : « Veux-tu que je t'aide ? »

Me souvenant que cette proposition d'aide faisait partie de notre contrat initial et voyant poindre une lueur d'espoir, je répondis oui aussitôt.

Il s'enquit : « Que veux-tu que je fasse ? »

Je jetai un regard sur le jardin : « Tu m'aiderais à ramasser ces saletés, là-bas ? »

Il accepta. Nous allâmes donc chercher deux sacs à l'intérieur et il m'aida à ramasser les détritus, exactement comme il me l'avait promis.

Depuis ce jour, je pris la responsabilité du jardin… et il resta vert émeraude et propre.

Comme je l'ai dit, mon père utilise cette histoire comme exemple de délégation de responsabilité ou d'accord gagnant-gagnant. Mais le garçonnet de 7 ans que j'étais était encore trop jeune pour comprendre ce que signifiaient ces grands mots. Le principal souvenir que m'a laissé cette expérience est celui-ci : *On m'a fait confiance* ! J'étais trop jeune pour penser argent ou statut social, donc ces idées n'auraient pu me motiver. Ce qui me motivait en revanche, c'était la confiance de mon père. Je voulais me montrer à la hauteur. Mon père m'avait fait confiance, cela m'inspirait et m'insufflait un sens des responsabilités et d'intégrité qui m'a accompagné toute ma vie.

> *« Peu de choses peuvent aider un individu autant que de lui confier une responsabilité et de lui faire comprendre que vous avez confiance en lui. »*
>
> —BOOKER T. WASHINGTON

COMMENT FONCTIONNE LA CONFIANCE

Comme je l'ai appris ce jour-là avec mon père (et comme la vie s'est chargée de me le rappeler de mille façons différentes depuis), la confiance est une des plus puissantes formes de motivation et d'inspiration. Tout être humain attend qu'on lui fasse confiance. Et chacun de nous répond positivement aux marques de confiance. La confiance nous donne des ailes. Quelle que soit notre situation, nous devons exceller dans l'établissement, l'accroissement et la restauration de la confiance. Il ne s'agit pas ici de maîtriser une technique de manipulation, mais, de la façon la plus efficace, d'instaurer une relation avec les autres, de collaborer avec eux et d'obtenir des résultats.

Pour atteindre un tel objectif, il nous faut d'abord comprendre comment fonctionne la confiance.

Dans mes séminaires, je demande souvent aux participants de se poser la question : « À qui faites-vous confiance ? » Tirez la réponse de votre expérience. À qui faites-*vous* confiance ? Un ami, un collègue de travail, votre patron, votre conjoint, un parent, un enfant ? Et pourquoi lui faites-vous confiance ? Qu'est-ce qui, dans cette relation particulière, vous inspire confiance ?

Maintenant, posez-vous une autre question, encore plus dérangeante : Qui vous fait confiance ? Les membres de votre famille ? Quelqu'un que vous venez de rencontrer ? Une personne que vous connaissez depuis longtemps ? Qu'est-ce qui chez vous inspire confiance aux autres ?

Pour la plupart, la confiance est fonction du caractère : mérite notre confiance celui qui est bon, sincère, qui montre des qualités morales, de l'intégrité. Et le caractère est bien sûr absolument essentiel. Mais comme je l'ai suggéré dans le chapitre précédent, s'imaginer que la confiance est basée sur *le caractère seul* est une illusion.

La confiance résulte de deux paramètres : le caractère et la *compétence*. Le caractère comprend l'intégrité, la motivation, l'intention envers les autres. La compétence inclut les capacités, le savoir-faire, les résultats actuels et passés. Caractère et compétence sont tous deux vitaux.

L'éthique devient un sujet de préoccupation de plus en plus central dans notre société, et la moralité individuelle est perçue comme une condition sine qua non pour jouer un rôle dans la nouvelle économie globale. Pourtant, l'autre aspect souvent ignoré de la confiance, la compétence, est tout aussi importante. Vous pouvez être convaincu qu'une personne est sincère, voire honnête, mais vous ne lui ferez pas entièrement confiance si elle n'obtient pas de résultats. Et l'inverse est vrai. Une personne peut cumuler des compétences et des talents hors du commun, d'excellents états de service, mais si elle n'est pas honnête, vous ne lui accorderez pas votre confiance. Ainsi, je peux faire confiance aux qualités morales d'une personne, assez pour lui donner mes enfants à garder quand je dois m'absenter de chez moi. Pour autant, je ne lui déléguerai pas une tâche professionnelle, parce qu'elle ne possède pas les compétences nécessaires. À *contrario*, je peux faire confiance à un collègue pour s'acquitter d'une mission mais je ne lui laisserai jamais mes enfants à garder, non parce qu'il n'est pas honnête ou capable, mais parce qu'il ne possède pas les qualités d'attention et de tendresse nécessaires à cette tâche.

Si nous avons donc spontanément tendance à associer la confiance au caractère, il est crucial que nous comprenions que la compétence est tout aussi importante. Pensez-y : on fait confiance à ceux qui obtiennent des résultats. On confie les nouvelles formations aux formateurs les plus compétents. Les projets ou les équipes de vente les plus prometteurs sont confiés à ceux qui se sont distingués dans le passé. Reconnaître le rôle de la compétence nous aide à identifier et à nommer des problèmes de confiance sous-jacents que nous serions sans cela incapables de pointer du doigt. Pour un dirigeant d'entreprise, la notion de compétence est celle qui permet de baser sa confiance sur des critères pragmatiques et tangibles.

Voici une autre façon d'envisager les choses : la préoccupation croissante envers l'éthique a été une bonne chose pour notre société. L'éthique (une composante du caractère) est l'un des fondements de la confiance, mais elle reste en elle-même insuffisante. Pas de confiance sans éthique, mais il peut y avoir éthique sans confiance. La confiance, qui englobe l'éthique, reste la plus importante des deux.

Après avoir présenté La Vitesse de la confiance lors d'un récent séminaire, j'ai discuté avec le chef des ventes d'un grand laboratoire pharmaceutique qui m'a dit : « *Merci* d'avoir insisté sur ce que je n'arrête pas de répéter à mon groupe : que les résultats sont vitaux pour établir la confiance et que nous devons dépasser notre chiffre d'affaires chaque mois. Quand nous atteignons nos objectifs, l'entreprise nous fait confiance, nos collègues nous font confiance…. tout le monde nous fait confiance. Si nous n'y parvenons pas, nous perdons la confiance et le soutien budgétaire qui va avec. C'est aussi simple que ça. »

Une fois encore, caractère et compétence sont tous deux nécessaires. Le caractère est, en toutes circonstances, nécessaire à la confiance. La compétence est fonction de la situation ; elle dépend de ce qu'exigent les circonstances. Mon épouse, Jeri, a récemment dû subir une intervention chirurgicale. Notre relation est des plus heureuses, elle me fait confiance et je le lui rends bien. Mais quand elle a dû se faire opérer, ce n'est évidemment pas à moi qu'elle a demandé de le faire, car je n'ai pas les compétences et le savoir-faire nécessaires. Elle s'est adressée à un expert.

Une fois que vous serez convaincu que le caractère et la compétence sont tous deux vitaux pour la confiance, vous verrez que la combinaison de ces deux paramètres se reflète dans l'approche de leaders et de spécialistes et ce dans tous les domaines. Ils utilisent peut-être d'autres mots pour exprimer cette idée, mais si vous savez voir au-delà de leurs mots, ce que vous voyez apparaître, c'est une combinaison caractère/compétence.

Prenez les exemples suivants :

- Jim Collins – dans *De la performance à l'excellence* – évoque un dirigeant de niveau 5 doté d'une « extrême humilité personnelle » (caractère) et d'une « intense volonté professionnelle » (compétence). Dans *Built to Last*, il parle de la nécessité de « préserver l'essentiel » (caractère) et de « stimuler le progrès » (compétence).

- Warren Buffett, PDG de Berkshire Hathaway, place en tête des qualités qu'il recherche chez ses collaborateurs l' « intégrité » (caractère) et l' « intelligence » (compétence).

- Cheryl Bachelder – ancien PDG de Popeye's – encourage chez un dirigeant « le service désintéressé des autres » (caractère) allié à « l'obtention de résultats supérieurs » (compétence).

- Ram Charan, auteur de nombreux ouvrages et consultant pour quelques-uns des PDG les plus prospères d'Amérique, insiste sur la nécessité d'être à la fois un « meneur d'hommes » (caractère) et un « leader dans son domaine » (compétence).

- Saj-Nicole Joni – experte reconnue en confiance – souligne l'importance de la « confiance personnelle » (caractère) et de la « confiance dans l'expertise » (compétence).

- Gino Wickman – expert entrepreneur et auteur de Traction – décrit l'importance de mettre la « bonne personne » (caractère) à la « bonne place » (compétence).

- Le Bureau d'éthique commerciale (Better Business Bureau, BBB) souligne deux dimensions de l'évaluation : l'intégrité (caractère) et le rendement (compétence).

- La théorie du leadership se focalise sur ce qu'est un dirigeant (caractère) et *ce qu'il fait* (compétence).

- La modélisation des performances identifie les paramètres initiaux qu'elle divise en « attributs » (caractère) et « compétences » (compétence).

- La théorie éthique parle de combiner « justice » (caractère) et « justesse » (compétence).

• Les approches centrées sur la prise de décision soulignent l'équilibre
  entre le « cœur » (caractère) et la « tête » (compétence).

Cette liste pourrait se prolonger indéfiniment, et l'on verrait se confirmer
l'importance de la combinaison caractère/compétence comme socle de la
réussite et de l'autorité du dirigeant d'entreprise. Sur un plan personnel, vous
trouverez peut-être utile de renforcer ces deux dimensions dans votre esprit en
employant un petit truc mnémotechnique que nous utilisons en famille. Nous
avons deux valeurs familiales très importantes pour nous, et auxquelles nous
revenons toujours. Pour aider mes jeunes enfants à se rappeler, j'ai choisi un
exemple sonore et percutant : « Pensez au son de deux tambours de bongo :
bam-bam ! *bam-bam* ! », leur ai-je dit en martelant des bongos imaginaires pour
leur inculquer ces deux valeurs.

Quelque temps plus tard, nous avons dû affronter un problème familial
très difficile. Nous étions tous rassemblés autour de la table familiale à nous
demander comment nous allions bien pouvoir le régler. Et j'ai demandé à chacun
de mes enfants : « Que devrions-nous faire, d'après vous ? »

Soudain, mon petit garçon de 6 ans m'a regardé et s'est mis à jouer du
« bongo » sur le coin de la table. Il m'a dit en substance : « C'est ce que tu
nous as appris, papa ; revenons à nos valeurs. C'est comme ça qu'on arrivera à
régler le problème. » Et c'est bien ce qui s'est passé.

Depuis que je travaille sur ce thème de la confiance, ces deux notions-clés ne
cessent de battre à mes oreilles sur un rythme de bongo : « caractère-compétence,
caractère-compétence… » Le rythme syncopé du bongo m'aide à me rappeler
que le caractère ne suffit pas, quoiqu'il représente clairement une fondation. La
confiance résulte à parts égales du caractère et de la compétence. Qu'il s'agisse
du salon familial ou de la salle du conseil d'administration, si vous constatez un
échec de leadership, il s'agit toujours d'un échec de l'un ou de l'autre.

LES 5 VAGUES DE LA CONFIANCE

Il y a quelques années, quelques-uns de mes associés et moi avons collaboré
avec un petit groupe de cadres d'une grande multinationale. Voici quelle fut
leur réaction initiale : « Nous *adorons* ce séminaire sur le leadership ! Il est
parfait. Mais nos responsables ne comprennent pas ces problèmes. Ce sont
eux qui auraient vraiment besoin de le suivre. »

Quelque temps après, nous présentâmes notre méthode aux responsables en question. Leur réaction fut : « Nous sommes totalement d'accord avec tout ce que vous dites. Cette approche est géniale ! Le seul problème, c'est que les gens qui auraient vraiment besoin de l'entendre, ce sont nos patrons. »

Quand nous fîmes notre présentation devant les patrons de cette multinationale, quel fut le son de cloche ? Le même ! « Nous sommes totalement convaincus par vos idées ! Elles sont très justes et très utiles. Mais ce sont nos homologues des cinq divisions qui ne comprennent pas ces enjeux. Ce sont eux qui auraient besoin de vous écouter. »

Leurs homologues nous renvoyèrent sur la direction générale. La direction fit remonter le problème au PDG, lequel, quand nous eûmes l'occasion d'en discuter avec lui, nous lança : « Votre approche est excellente, mais je suis impuissant. Je ne peux rien faire. C'est au conseil d'administration que revient la décision. » Je suis sûr que si nous étions allés présenter nos idées au CA, on nous aurait répondu que le problème venait de la Bourse !

Comme mon père le répète si justement : « Quand vous pensez que le problème vient *d'ailleurs*, c'est justement *cette* pensée qui est le problème ! »

Comme nous l'avons finalement expliqué aux différents collaborateurs, à tous les niveaux de cette grande firme, le chef de service, le chef de division, le PDG, le conseil d'administration, votre épouse, vos enfants, vos amis, vos associés ont peut-être *tous* des problèmes de confiance (entre autres). *Mais cela ne signifie pas que vous êtes impuissant.* En fait, vous n'avez sans doute pas idée du pouvoir que vous avez de changer le niveau de confiance dans toutes vos relations, si vous savez comment travailler « de l'intérieur vers l'extérieur ».

La clé, c'est de comprendre et d'apprendre à surfer sur ce que j'ai appelé les « cinq vagues de la confiance ». Ce modèle dérive de l'image d'une ondulation à la surface de l'eau. La photo ci-dessous illustre graphiquement l'interdépendance des niveaux de confiance et la façon dont elle se propage de l'intérieur vers l'extérieur. Elle définit les cinq niveaux ou contextes où nous instaurons la confiance. Elle forme aussi la structure qui va nous permettre, dans les trois chapitres suivants, de comprendre le fonctionnement de la confiance et de la rendre opératoire.

Nous analyserons chacune de ces vagues en profondeur, mais j'aimerais vous présenter rapidement les cinq vagues afin que vous ayez une vue d'ensemble qui vous aidera à mieux comprendre chacune d'elles.

LA CONFIANCE **EN SOI**
LA CONFIANCE **RELATIONNELLE**
LA CONFIANCE **ORGANISATIONNELLE**
LA CONFIANCE **DU MARCHÉ**
LA CONFIANCE **SOCIÉTALE**

LA PREMIÈRE VAGUE : LA CONFIANCE EN SOI

La première vague concerne la confiance que nous avons en nous-mêmes – dans notre aptitude à fixer et à atteindre des objectifs, à tenir des engagements, à mettre en accord nos paroles et nos actes – ainsi que la confiance dans notre capacité d'inspirer confiance aux autres. L'idée est de devenir pour nous-mêmes comme pour autrui une personne digne de confiance. Le principe-clé qui sous-tend cette vague est la *crédibilité*, de la racine latine *credere*, « croire ». Dans cette première vague, nous explorerons les « 4 noyaux de la crédibilité », et nous discuterons des façons d'accroître notre crédibilité afin d'instaurer solidement notre confiance en nous et notre crédibilité aux yeux des autres. Le résultat final d'un caractère et d'une compétence de haut niveau sont la crédibilité, le jugement et l'influence.

LA DEUXIÈME VAGUE : LA CONFIANCE RELATIONNELLE

La deuxième vague, la confiance relationnelle, concerne la manière d'instaurer et de développer le « compte confiance » que nous accordent les autres. Le principe-clé qui sous-tend cette vague est *un comportement cohérent*, et dans ce chapitre, nous évoquerons 13 comportements communs aux leaders qui inspirent une confiance élevée à travers le monde. Ces comportements sont basés sur les principes qui gouvernent la confiance dans les relations. Ils résultent d'une observation attentive de l'expérience et sont validés par les études. Le point le plus encourageant est que ces 13 comportements peuvent être appris et appliqués par tout individu à n'importe quel niveau dans toute organisation, y compris la famille. Le bilan, c'est une aptitude bien meilleure à susciter la confiance avec l'entourage – la clé de relations et de résultats bien meilleurs.

LA TROISIÈME VAGUE : LA CONFIANCE ORGANISATIONNELLE

La troisième vague, la confiance organisationnelle, montre comment les leaders peuvent susciter la confiance dans différents types d'organisations : entreprises, administrations, institutions scolaires, mais aussi ONG ou secteur associatif, équipes ou groupes plus restreints, sans oublier la famille. S'il vous est arrivé de travailler avec des gens en qui vous aviez confiance – mais au sein d'une organisation en laquelle vous n'aviez pas confiance – ou dans un cadre professionnel où les méthodes et les structures encourageaient la méfiance, vous reconnaîtrez aisément la nature essentielle de la troisième vague. Le principe-clé qui sous-tend celle-ci, *l'alignement*, aide les leaders à créer des structures, des méthodes et des symboles de confiance organisationnelle qui diminuent ou éliminent sept des taxes confiance les plus insidieuses et onéreuses et engendrent sept énormes dividendes organisationnels.

LA QUATRIÈME VAGUE : LA CONFIANCE DU MARCHÉ

La quatrième vague, la confiance du marché, est le niveau auquel presque tout le monde comprend clairement l'impact de la confiance. Le principe sous-jacent à cette vague est la *réputation*. C'est l'image de marque (celle de votre entreprise, mais aussi la vôtre) qui reflète la confiance des clients, des investisseurs et des autres acteurs du marché envers vous. Chacun sait que l'image de marque influe en profondeur sur le comportement et la loyauté du client. Une image de marque qui inspire une confiance élevée entraîne des ventes plus élevées, un bouche-à-oreille plus dynamique, des réflexes de confiance quand l'image est ternie, une fidélité accrue. Ces réflexions vous aideront non seulement à améliorer votre propre image de marque et votre réputation individuelle, mais aussi à améliorer l'image de votre entreprise et sa réputation sur le marché.

LA CINQUIÈME VAGUE : LA CONFIANCE SOCIÉTALE

La cinquième vague, la confiance sociétale, concerne la création de valeur pour les autres et pour la société en général. Le principe qui sous-tend cette vague est la *contribution*. En contribuant ou en « donnant en retour », nous contrebalançons la suspicion, le cynisme et les diverses taxes de manque de confiance dont nous héritons dans notre société. Nous donnons aussi envie aux autres de créer de la valeur et d'apporter leur contribution.

Selon notre rôle et notre responsabilité, nous avons plus ou moins d'influence en passant d'une vague à l'autre. Ce qui est sûr, cependant, c'est que nous avons tous une influence énorme sur les deux premières vagues et c'est par là que nous devons commencer. En avançant dans le livre, il deviendra clair qu'on peut faire remonter la confiance au plan sociétal (cinquième vague) à des problèmes rencontrés au plan individuel (première vague) et que les problèmes de confiance individuels se multiplient de façon exponentielle à mesure que nous franchissons les vagues successives. Ainsi, les questions de confiance qui se posaient d'abord au niveau individuel avec certains patrons d'Enron ont eu des répercussions au niveau de leurs relations et de l'entreprise et ont fini par gagner le marché et la société dans son ensemble. Et l'effet boule de neige n'a cessé de s'amplifier pour devenir finalement l'un des déclics qui ont entraîné une réforme importante (la loi Sarbanes-Oxley). D'où l'importance de toujours commencer par la première vague, c'est-à-dire par nous-même.

> *« Hier j'étais intelligent, donc je voulais changer le monde. Aujourd'hui je suis sage, donc je me change moi-même. »*
>
> —RUMI, POÈTE PERSE DU 13EME SIÈCLE

Le chapitre final se demande comment inspirer confiance. Pour y arriver, nous devons apprendre comment accorder la « confiance intelligente » – comment éviter la confiance aveugle d'une part et la suspicion (ou défiance) de l'autre et comment découvrir ce « point d'appui » où l'extension de la confiance engendre de grands dividendes pour tout le monde. Il s'agit aussi de savoir restaurer la confiance quand elle est compromise et d'augmenter votre aptitude à cette dernière. Si faire confiance à autrui est risqué, il est beaucoup plus risqué de ne pas accorder sa confiance. Savoir où et comment accorder la confiance intelligente vous permettra de trouver un point d'appui et d'exercer un formidable effet de levier, et vous obtiendrez des résultats à une vitesse accrue et pour un coût bien moindre. Plus important encore peut-être, cette confiance inspirera et libérera ceux à qui vous l'accorderez.

RESTAURER LA CONFIANCE

Avant de commencer notre examen des cinq vagues, je voudrais revenir sur un point important et réaffirmer qu'il est non seulement possible de bâtir la confiance mais aussi de la restaurer. De toute évidence, il existe des circonstances dans lesquelles la confiance a été irréversiblement détériorée, ou dans lesquelles ceux qui nous l'ont retirée ne veulent pas nous donner la possibilité de la restaurer. Mais je suis convaincu que, pour la plupart d'entre nous, ces circonstances sont rares et que notre capacité à restaurer la confiance est beaucoup plus grande que nous ne le pensons.

> « Le meilleur moment pour planter un arbre, c'était il y a vingt ans. Sinon, c'est aujourd'hui. »
>
> —PROVERBE CHINOIS

Prenons l'exemple de « Tom », qui avait travaillé dans une grande société de promotion immobilière pendant de nombreuses années pour devenir, un beau jour, associé de la firme. Le marché immobilier se mit à baisser et une brouille opposa les associés. Après de nombreuses disputes, Tom quitta la société. Il poursuivit ses anciens partenaires devant la justice, ce à quoi ces derniers répliquèrent par un procès. En tant qu'associé, Tom avait des intérêts économiques dans des dizaines d'immeubles. Si étrange que cela paraisse, après plusieurs années, le litige, encore au stade de l'instruction, était loin ravoir été tranché par le tribunal.

Finalement, Tom décida qu'il devait y avoir une meilleure méthode. Il appela « Chris », son ex-associé, toujours à la tête de la société, et lui proposa : « Discutons, juste nous deux, sans les avocats. » Tom et Chris avaient été associés longtemps, mais ces années de conflit avaient détruit leur confiance mutuelle. Chris accepta tout de même de rencontrer Tom. Ce dernier essaya sincèrement de comprendre le point de vue de Chris. Il l'écouta et tenta de résumer son intervention telle qu'il l'avait comprise. Chris, qui se sentait compris, accepta à son tour d'écouter Tom.

Au fil de ce dialogue, la confiance qui avait jadis régné entre les deux associés en affaires resurgit. Ces hommes que les circonstances avaient opposés retrouvèrent leur ancienne complicité et, au terme de cette soirée, parvinrent à se mettre d'accord sur un compromis qui mettait fin à leur litige.

La volonté de dialogue et d'écoute sans arrière-pensée, sans rancœur, s'avéra payante : ils trouvèrent une solution qu'ils appliquèrent en un mois. Ils mirent fin au ressentiment, aux frustrations, aux pertes de temps et d'argent qui avaient été leur lot quotidien durant les années de bagarre judiciaire qui venaient de s'écouler.

> *« Alors que les chefs d'entreprise ont du pain sur la planche pour restaurer la confiance, les études démontrent très clairement une chose : les Américains attendent de leurs PDG qu'ils prennent l'initiative, qu'ils s'engagent clairement à bâtir la confiance, à rendre des comptes et qu'ils montrent dans leur gestion un comportement conforme à leur engagement. »*
>
> —RICH JERNSTEDT, EX-PDG DE GOLIN HARRIS

Prenons maintenant un autre exemple, celui de la relation entre John Adams et Thomas Jefferson, deux grands hommes d'État américains. Ces hommes furent respectivement « la voix » et « la plume » de la déclaration d'indépendance, et ils œuvrèrent sans relâche pour obtenir l'indépendance du pays vis-à-vis de la Grande-Bretagne. Devenus tous deux ambassadeurs à Paris entre les révolutions américaines et françaises – alors qu'aucun d'eux ne savait quel sort attendait les États-Unis et la France, ni eux-mêmes – ils devinrent exceptionnellement proches. Jefferson fit figure de second père pour le fils d'Adams, John Quincy, et il faisait l'objet d'une ardente admiration de l'épouse d'Adams, Abigail, qui en parlait comme « un des meilleurs êtres sur cette terre ».

Mais voilà qu'à leur retour aux États-Unis, ces deux hommes adoptèrent des visions politiques divergentes, et leur amitié en souffrit. Selon la loi de l'époque, quand Adams – un fédéraliste – fut élu deuxième président des États-Unis, Jefferson – un républicain – devint vice-président par défaut, car il totalisait le plus grand nombre de voix après Adams.

Adams escomptait de son vice-président un soutien et une amitié identiques à ceux que lui-même avait manifestés envers George Washington quand il était son vice-président. Mais il estima, au contraire, le comportement de Jefferson déloyal, extrêmement partisan et animé par l'ambition politique. Vers la fin de la présidence Adams, la relation des deux ex-amis débordait de rancœur et d'amertume.

Des années plus tard, leur ami commun, le docteur Benjamin Rush (l'un des signataires de la déclaration d'indépendance) encouragea Adams à tendre le « rameau d'olivier de la paix » à Jefferson. Adams déféra à sa requête et envoya un message de bonne année à Jefferson, lui souhaitant santé et bonheur. Ce dernier répondit aussitôt, ravi à la perspective de cette amitié revivifiée. Il écrivit : « Une lettre de vous rappelle à mon esprit des souvenirs très chers. Elle m'a reporté à l'époque où, cernés par les difficultés et les dangers, nous étions des collaborateurs attelés à la même cause, luttant pour le bien le plus précieux pour l'homme, son droit de se gouverner lui-même. »

Adams écrivit alors à leur ami commun Rush : « Votre rêve s'est réalisé… Vous avez réussi un miracle ! Vous avez scellé la paix entre des puissances qui n'ont jamais été en guerre. » Plus tard, quand Adams lut lors d'une réunion familiale une lettre de Jefferson, on lui demanda comment il pouvait être en aussi bons termes avec un homme dont il avait essuyé autant d'avanies. Il répliqua :

> « *Je ne crois pas que M. Jefferson m'ait jamais haï. Au contraire, je pense qu'il a toujours eu de l'amitié pour moi… Un jour, il a voulu être président des États-Unis et je représentais un obstacle. Il a alors fait tout ce qu'il pouvait pour me renverser. Mais si je devais lui chercher querelle pour cela, je devrais me quereller avec tous les hommes que j'ai rencontrés au cours de ma vie. C'est la nature humaine… Je pardonne à tous mes ennemis et j'espère qu'ils trouveront le pardon au ciel. M. Jefferson et moi avons vieilli et nous sommes retirés des affaires publiques. Nous avons donc renoué notre ancienne amitié dans les mêmes termes.* »

Adams et Jefferson purent goûter une riche et satisfaisante amitié et s'écrire encore pendant quatorze ans avant de décéder tous les deux, étonnamment, le même jour : le 4 juillet 1826, jour du 50ème anniversaire de la déclaration américaine d'indépendance. Parmi les mots inoubliables d'Adams à Jefferson, citons-en un : « Tant que je respire, je serai votre ami. »

VOIR/PARLER/SE COMPORTER

L'objectif de ce livre est de vous permettre de *voir*, de *parler* et de vous *comporter* de manière à établir la confiance ; ces trois dimensions sont toutes vitales.

Vous rappelez-vous l'histoire de ce guide de pêche du Montana qui m'avait prêté des lunettes pour voir les poissons sous la surface de l'eau ? Ce livre vous donnera une paire de « lunettes pour la confiance », avec lesquelles vous *verrez* la confiance d'une manière complètement différente, et impressionnante – des lunettes qui vous feront découvrir des possibilités inaperçues et vous permettront d'accroître la confiance et ses dividendes à tous les niveaux.

Il vous donnera aussi un langage pour *parler* de confiance. Parfois vous savez que telle personne ne vous inspire pas confiance ou qu'elle n'a pas confiance en vous, mais vous ne pouvez expliquer pourquoi et vous ne savez comment améliorer la situation. Ce livre va vous permettre de formuler les problèmes que vous étiez jusque-là incapables de voir et il vous donnera les termes adéquats pour le faire, pour définir ces problèmes, pour en parler et pour les résoudre.

Enfin, ce livre va vous aider à développer les *comportements* qui vous permettront d'établir et de faire croître la confiance – en particulier les 13 comportements des leaders et des personnes qui à travers le monde jouissent d'une confiance élevée. En étudiant ces comportements et en reconnaissant leur impact, vous comprendrez comment vous devez vous conduire afin de construire rapidement une confiance durable.

On a beaucoup parlé de l'importance du changement des paradigmes dans les modifications du comportement – en d'autres termes : changer votre façon de voir modifiera automatiquement ce que vous faites et les résultats que vous obtiendrez. Et je suis d'accord pour dire qu'une nouvelle façon de voir, un changement de paradigme, a un énorme impact sur notre façon d'agir comme sur les résultats.

Cependant, d'un point de vue pragmatique, je suis tout aussi convaincu que parler et se comporter différemment peuvent aussi avoir un impact très important sur la façon de voir et sur les résultats que vous obtenez. L'action de servir quelqu'un, par exemple, peut rapidement vous amener à voir cette personne différemment et même à éprouver un amour et une compassion que vous n'aviez jamais ressentis jusque-là. J'appelle cela un *changement de comportement*. Changer notre comportement amène un changement dans notre façon de voir le monde. Je suis aussi convaincu du pouvoir d'un *changement de langage*. La façon dont nous parlons de ce qui nous entoure peut créer un changement dans nos façons de voir et de se comporter, ainsi que dans la façon dont les autres nous voient.

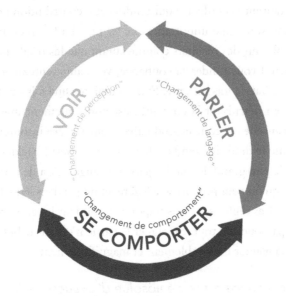

Ces trois dimensions sont clairement interdépendantes et, quand vous changez un aspect de l'une d'elles, il se répercute dans les deux autres. Pour cette raison, ce livre se focalisera sur Voir, Parler et Se Comporter afin que vous ne maîtrisiez pas seulement les paradigmes mais aussi le langage et les comportements nécessaires pour instaurer et développer la confiance.[1]

LA MISE EN PRATIQUE

En comprenant la Vitesse de la confiance, quelques-uns des problèmes que pose la confiance à tous les niveaux et la façon dont elle fonctionne, nous sommes maintenant prêts à prendre les mesures concrètes qui vont permettre la fondation, la restauration et l'extension de celle-ci. En lisant les chapitres suivants, gardez à l'esprit que vous avez un pouvoir d'influence dans le cadre professionnel ou familial, quel que soit votre rôle.

Vous êtes le décisionnaire, même si c'est seulement pour vous.

---

1   Pour regarder une vidéo brève sur le sujet Voir/Parler/Agir, visitez le www.
    speedoftrust.com/book-promises.

Avec le temps, j'en suis venu à cette définition simple du leadership : *Le leadership, c'est l'art d'obtenir des résultats d'une façon qui inspire confiance.* C'est l'art d'optimiser votre contribution actuelle et aussi bien votre contribution future en instaurant la confiance qui rendra cette contribution possible.

Les moyens sont aussi importants que les fins. La façon dont vous vous y prenez pour obtenir des résultats compte autant que les résultats eux-mêmes, parce que quand vous fondez la confiance, vous augmentez votre capacité à obtenir des résultats la fois suivante. Et il y a toujours une fois suivante. Obtenir des résultats en détruisant la confiance est non seulement une démarche à courte vue mais elle est contre-productive : elle s'avère insoutenable dans le temps. Comme le disait le grand explorateur sir Ernest Shackleton : « La vie est pour moi le plus grand de tous les jeux. Le danger, c'est de la traiter comme un jeu trivial, qu'on peut prendre à la légère, et un jeu dans lequel les règles ne comptent pas. Les règles sont très importantes. Il faut jouer en respectant les règles ou ne pas jouer du tout. Et gagner la partie n'est pas le but essentiel. Le but, c'est de la gagner honorablement et magnifiquement. »

> « La confiance est la clé absolue d'un succès à long terme. »
>
> —JIM BURKE, EX-PDG DE JOHNSON & JOHNSON

Je vous invite à utiliser à fond les réflexions qui suivent. Posez-vous les questions dérangeantes. Prenez les problèmes les plus ardus à bras-le-corps. À mesure que je me focalisais sur la confiance dans ma vie personnelle ainsi qu'avec des milliers de gens et des centaines d'entreprises à travers le monde, je suis devenu de plus en plus convaincu que cette approche est basée sur des principes vérifiables, universels et apportant des résultats positifs. Je puis vous assurer sans l'ombre d'une hésitation qu'en appliquant ces principes dans votre vie, vous en constaterez les bénéfices immédiatement. Vous construirez une capacité à long terme. Vous bâtirez des relations plus fortes, plus durables. Vous verrez vos résultats s'améliorer. Vous aurez plus d'occasions, plus d'influence et plus de plaisir. Vous apprendrez comment fonder, faire croître, restaurer et accorder ce paramètre unique qui va spectaculairement métamorphoser votre existence : la confiance.

LA PREMIÈRE VAGUE : LA CONFIANCE EN SOI

LE PRINCIPE DE CRÉDIBILITÉ

LA CONFIANCE **EN SOI**
LA CONFIANCE **RELATIONNELLE**
LA CONFIANCE **ORGANISATIONNELLE**
LA CONFIANCE **DU MARCHÉ**
LA CONFIANCE **SOCIÉTALE**

Ce schéma des cinq vagues de la confiance symbolise la façon dont la confiance opère dans notre vie. Elle commence avec chacun de nous, au niveau individuel, se propage à nos relations, s'étend à notre cadre professionnel, aux relations professionnelles hors entreprise et jusque dans nos relations sociales en général. Elle reflète la force de l'approche de « l'intérieur vers l'extérieur » : pour construire la confiance avec les autres, nous devons commencer par nous-mêmes.

Dans la Première vague – la Confiance en soi

– nous apprenons le principe fondamental nous permettant d'établir et de maintenir la confiance à tous les niveaux. Ce principe est la crédibilité. C'est le moment où nous nous demandons, Suis-je crédible ? Va-t-on me croire ? Suis-je quelqu'un à qui on (moi-même y compris) peut faire confiance ?

La bonne nouvelle est que nous pouvons accroître notre crédibilité, et l'accroître rapidement, surtout si nous comprenons les quatre éléments clé, ou quatre « bases » fondamentales. Deux de ces bases ont rapport au caractère ; deux avec la compétence. Ce qui donne à la confiance un avantage plus ferme, plus pragmatique, c'est reconnaître que la compétence est aussi vitale à la confiance que le caractère, et qu'il est de la mesure de nos capacités de créer ou de changer notre caractère tout autant que notre compétence.

En développant ces quatre bases, nous accroissons notre crédibilité personnelle. Nous avons alors la fondation sur laquelle nous pouvons instaurer et maintenir la confiance, quelle que soit la relation dans notre vie.

LES 4 NOYAUX DE LA CRÉDIBILITÉ

« La crédibilité est la monnaie du dirigeant. Avec elle,
il ou elle est solvable ; sans elle, il ou elle fait faillite. »
—JOHN MAXWELL

Imaginez que vous vous trouviez à la barre d'un tribunal. Vous avez été appelé pour témoigner comme expert et l'avocat de la partie civile essaie de convaincre le jury que vous êtes un témoin crédible. Que va-t-il essayer de prouver ?

Que vous êtes une personne intègre, que vous êtes honnête et cohérent, que vous avez la réputation d'être sincère et que vous ne mentirez pas.

Que vos intentions sont irréprochables, que vous n'essayez pas de tromper ou de protéger quiconque, que vous n'avez pas de motivation ou d'objectif caché risquant de fausser votre témoignage.

Que vos références sont excellentes, que vous possédez une telle expertise, des connaissances, un savoir-faire, bref, des compétentes dans le domaine dans lequel vous êtes appelé à témoigner.

Que vous pouvez faire état de performances dignes de ce nom, que vous avez fait la preuve de vos capacités à plusieurs reprises dans le passé, que vous avez obtenu des résultats et qu'il y a donc de bonnes raisons de croire vos arguments dignes de foi.

Maintenant, c'est au tour de l'avocat de la défense de se lever, et de tenter de convaincre le jury que vous n'êtes *pas* crédible. Il va donc prendre l'exact contre-pied des arguments de l'accusation.

Peut-être va-t-il affirmer que vous manquez d'intégrité, que vous êtes malhonnête, que vous avez menti dans le passé, que vous êtes un(e) drôle(le) ou que vous avez un travers, un défaut qui jettera le discrédit sur votre témoignage. Ou bien encore que vous avez une idée derrière la tête, un but secret, une raison quelconque d'infléchir votre témoignage pour complaire à l'accusation. Il pourra aussi essayer de montrer que vos références sont douteuses et que vous n'êtes pas qualifié pour témoigner dans le domaine qui intéresse la cour. Ou que vos résultats passés sont médiocres, lacunaires, bref, que vous n'avez guère brillé dans votre domaine ni démontré votre capacité à analyser correctement les faits qui vous étaient soumis.

Mes amis juristes l'affirment, tout se ramène en fin de compte à ces quatre points : votre intégrité, votre intention, vos capacités et vos résultats. Votre crédibilité – d'expert, de personne, de dirigeant, de membre d'une famille, de représentant d'une entreprise – dépend de ces quatre facteurs. Et cette crédibilité serait vitale dans ce dossier, en particulier s'il n'existe pas de preuve physique irréfutable, car alors le verdict se fonderait sur la crédibilité des témoignages invoqués. Dans de telles affaires, c'est la crédibilité des témoins qui décide pour l'essentiel de l'issue du procès.

Dans un procès récent qui s'est fondé sur des témoignages plutôt que sur des preuves tangibles, l'avocat de la défense a demandé au juge de tenir une audience préliminaire pour « déterminer si le témoin à charge était assez crédible pour fournir un témoignage fiable ».

Devant un tribunal comme dans la vie, beaucoup de choses dépendent de ce simple fait : va-t-on vous croire ou non ? Par exemple, durant l'enquête gouvernementale de 2005 portant sur la transaction entre la compagnie d'assurance AIG et General Re (appartenant à une filiale de Berkshire Hataway, le groupe de Warren Buffett), la réputation morale, l'intégrité reconnue de Buffett lui donnait clairement le bénéfice du doute, avant même que les détails précis de la transaction aient été livrés aux experts. Un professeur d'éthique de la Wharton Business School disait d'ailleurs : « Étant donné ses antécédents, je serais enclin à lui accorder le bénéfice du doute. » Un autre PDG remarquait : « Voici quelqu'un dont les affaires sont assez prospères et transparentes pour avoir été examinées à la loupe. Il n'a pas seulement une réputation mais des références et des résultats tangibles. » Buffett a bien sûr été blanchi de tout soupçon de malversation, mais il n'a en outre jamais eu à souffrir de la contagion du soupçon, parce que sa crédibilité était irréprochable.

> *« Perdez l'argent de la firme et je comprendrai ; perdez une parcelle de sa réputation et je serai sans merci. »*
>
> —WARREN BUFFETT

ÊTRE CRÉDIBLE POUR VOUS-MÊME ET POUR LES AUTRES

La première vague de confiance – la confiance en soi – repose entièrement sur la crédibilité, c'est-à-dire sur la capacité à développer l'intégrité, l'intention, les capacités et les résultats qui vous rendront crédible à vos propres yeux comme aux yeux des autres. Et, en l'occurrence, tout se ramène à deux questions centrales :

1. Me fais-je confiance à moi-même ?
2. Suis-je quelqu'un en qui les autres peuvent avoir confiance ?

En ce qui concerne la confiance en soi, elle commence souvent par les petites choses. Je me rappelle une période extrêmement occupée de ma vie où, pour finir un projet, je me couchai chaque soir vers 2 ou 3 heures du matin pendant près de cinq mois. J'étais éveillé le matin par mon réveil (très tôt afin de pouvoir faire ma gym matinale). Je tendais la main vers le réveil, pressais le bouton et me rendormais. Comme je dormais très peu, je justifiais ce comportement en me disant que j'avais plus besoin de sommeil que d'exercice physique.

Après avoir poursuivi ce manège un certain temps, je me suis mis à réfléchir. Pourquoi régler le réveil sur une heure si matinale ? Je risquais de ne pas me lever pour faire ma gym quand la sonnerie se déclencherait. Pourquoi me mettre dans une telle situation ? Non seulement cette habitude affaiblissait ma confiance en moi, mais je connaissais d'avance le résultat. Quand je réglais le réveil, je ne croyais pas un instant que j'allais me réveiller ; je savais au contraire que je me trouverais de bonnes raisons de ne pas le faire. Cette histoire de réveil était devenue une plaisanterie.

Finalement, je changeai de tactique. Je décidai qu'au lieu de reporter le choix au moment de la sonnerie matinale, je prendrais ma décision la veille et que je réglerais mon réveil en fonction de d'heure à laquelle j'avais vraiment choisi de me réveiller. Et à l'heure dite, si je décidais de me réveiller tôt, je me lèverais et je m'astreindrais à mes exercices de gym, même si j'avais peu dormi. Mais parfois, je me réveillerais plus tard, parce que j'aurais décidé que j'avais vraiment besoin de dormir. Quel que soit mon choix au moment de régler le réveil, je voulais que l'engagement pris soit clair – et respecté avec intégrité. Faute de quoi je continuerais à perdre confiance dans ma capacité à faire ce à quoi je m'étais personnellement engagé. Cet exemple peut certes sembler assez insignifiant, mais les résultats de ce changement de comportement, en termes de développement de ma confiance en moi, ont été très significatifs.

Les recherches ont montré que nombre d'entre nous ne réalisons pas les objectifs que nous nous sommes fixés ou ne tenons pas les promesses que nous nous faisons à nous-mêmes. Ainsi, alors que la moitié des Nord-Américains adoptent de nouvelles résolutions à l'occasion de la nouvelle année, les sondages révèlent que seuls 8 % d'entre eux parviennent à les tenir.

Qu'arrive-t-il quand cela se répète régulièrement ? Quel est l'impact de cet échec répété sur notre capacité à agir et tenir nos engagements envers nous-mêmes ? Cela sape notre confiance. Non seulement nous perdons confiance en notre aptitude à tenir nos engagements mais nous échouons à projeter la force de caractère personnelle qui inspire confiance. Nous pouvons essayer de puiser cette force dans notre position ou chez un associé mais elle n'est pas réelle, ce n'est pas la nôtre... et les autres le savent. Et que nous en soyons conscients ou non, cela affecte notre crédibilité.

Bien que nous le sachions tous intuitivement, les études montrent que la confiance en soi affecte les performances. C'est l'une des raisons pour lesquelles Jack Welch, ex-PDG de General Electric a toujours ressenti si fortement que « construire la confiance en soi chez les autres constitue une part énorme du travail d'un dirigeant ».

Le manque de confiance sape également notre capacité à nous fier aux autres. Écoutons le cardinal de Retz : « Un homme qui ne se fie pas à lui-même ne se fie véritablement à personne. »

La bonne nouvelle dans tout cela, c'est qu'à chaque fois que nous prenons un engagement et tenons cette promesse, ou que nous nous fixons un objectif important et l'atteignons, nous gagnons en crédibilité. Plus nous le faisons, plus nous devenons confiants dans le fait que nous *pouvons le faire*, que nous le *ferons*. Et plus nous nous fions à nous-mêmes.

> *« La confiance en soi est le premier secret du succès…*
> *l'essence de l'héroïsme. »*
>
> —RALPH WALDO EMERSON

Être quelqu'un en qui les autres peuvent avoir confiance… À ce sujet, j'aimerais vous raconter une expérience vécue par mon père il y a quelques années dans un magasin de vêtements au Canada. Le gérant du magasin lui donnait conseil, assisté en cela par un vendeur débutant. Comme mon père envisageait d'acheter un manteau assez cher, il mentionna le fait qu'il allait devoir y ajouter une taxe sur les articles importés en passant la douane américaine.

« Ne vous en faites pas pour cette taxe, fit le gérant avec un petit sourire entendu. Vous n'avez qu'à le porter !

– Quoi ? s'exclama mon père.

– Portez le manteau sur vous, répéta le directeur, et vous n'aurez pas à payer la taxe.

– Mais je dois remplir un formulaire, s'exclama mon père. Je dois déclarer les marchandises que j'ai achetées et que je rapporte aux États-Unis.

– Ne le déclarez pas, portez-le sur vous, c'est tout, répéta encore le gérant. Oubliez la taxe. »

Mon père garda le silence un moment puis il répliqua : « Écoutez, franchement, ce à quoi je pense, ce n'est pas tant d'avoir à payer la taxe qu'à ce jeune vendeur que vous formez. Il vous observe, il apprend son métier. Que va-t-il penser quand vous allez signer son chèque de commission ? Quelle confiance peut-il avoir en vous en vous entendant tenir ce genre de propos ? »

Vous devinez la raison pour laquelle les salariés ne font pas confiance à leurs patrons ? La plupart du temps, ce ne sont pas les malversations gravissimes, les transgressions de l'éthique à grande échelle qui balaient la confiance d'une entreprise. Ce sont les petits détails, une petite faute, un acte malhonnête de temps à autre qui affaiblissent et minent peu à peu la crédibilité.

> *« Celui qui se soucie peu de la vérité dans les affaires*
> *minimes n'est pas digne de confiance dans les affaires*
> *importantes. »*
>
> —ALBERT EINSTEIN

Quelle influence ces « écarts » continuels ont-ils sur l'efficacité d'une entreprise ? Sur la satisfaction des salariés au travail ? Sur leur conduite ? Sur le bilan ? Quel prix paiera l'entreprise au final ? Et quel sera l'impact sur la vitesse d'exécution ?

A l'inverse, qu'arrive-t-il quand vous donnez aux gens un chef crédible auquel ils peuvent se fier ? Je vais vous raconter l'histoire de Wally Thiim. Peu avant la campagne « Tempête du désert » pour libérer le Koweït, en 1990, Thiim fut nommé commandant d'un bataillon de cavalerie de 2.000 hommes à Fort Wood, Texas. Cette unité avait la pire réputation là-bas. Mais en peu de temps, sous son commandement, elle accomplit des progrès étonnants, dépassant les autres unités et obtenant un score si élevé aux tests de performance militaire que le colonel Tommy Franks, commandant la division, la proposa pour le titre de meilleure unité de l'armée.

Quand ses hommes furent déployés en Arabie Saoudite, avant de partir à la bataille, Thiim leur demanda de pointer spontanément du doigt ceux à qui ils feraient confiance pour les commander dans une situation de péril maximal. Ils désignèrent unanimement les officiers qui avaient fait d'eux la meilleure unité de l'armée à Fort Hood. La crédibilité des officiers avait été démontrée. Ils étaient clairement dignes de confiance.

> *« Vous ne pouvez empêcher une catastrophe majeure, mais vous pouvez construire une entreprise qui soit prête à la bataille, qui jouisse d'un moral élevé, qui sache quel comportement adopter, qui ait confiance en elle et où les gens se fassent confiance. Dans la formation militaire, la première règle est d'inspirer aux soldats confiance en leurs officiers, parce que sans cette confiance, ils ne se battront pas. »*
>
> —PETER DRUCKER

Une amie me parlait récemment de la façon dont l'idée de donner aux gens quelqu'un en qui ils peuvent avoir confiance l'avait influencée dans sa vie familiale. Voici ce qu'elle me disait :

« Il y a des années, alors que j'étais une jeune mère, j'ai lu un article intitulé 'Votre jeune enfant peut-il vous faire confiance ?'. L'auteur y disait que beaucoup

de parents ont tendance à répéter souvent 'non !' à un jeune enfant au lieu de s'assurer qu'il obéit à la première injonction. Le résultat, c'est que les enfants apprennent qu'en insistant assez, ils finissent en général par lasser la résistance parentale et par obtenir gain de cause. La leçon qu'ils en retiennent, c'est que quand l'adulte dit non, il n'y a pas de raison de le prendre au sérieux.

Cet auteur suggérait des moyens efficaces de remédier à cette incompréhension pour construire la confiance. Par exemple, si vous dites 'non' à un petit enfant et qu'il n'obéit pas, vous allez le chercher et l'éloignez sur-le-champ de ce qu'il était en train de faire.

Cette idée a eu un impact très positif sur la façon dont j'ai traité mes enfants depuis leur plus jeune âge. Cela prend beaucoup de temps et d'efforts. Il faut se donner complètement et rester constamment vigilant. Mais les bénéfices engrangés sont à la hauteur de ces efforts. Au lieu de perdre du temps à vous répéter sans arrêt, vous donnez la consigne une seule fois. Et votre enfant intègre rapidement que vous pensez ce que vous dites. »

Dans nombre de familles actuelles, on peut observer aujourd'hui la situation exactement inverse. On voit des parents qui donnent des consignes à leurs enfants et se désintéressent de leur application alors même que ces consignes sont ignorées. On voit des enfants qui n'en font qu'à leur tête parce que leurs parents sont si occupés par leurs activités ou leurs conversations avec d'autres adultes qu'ils ne leur prêtent aucune attention. Et l'on peut constater les résultats sur des adolescents qui essaient sans cesse de repousser les limites et ne tiennent aucun compte des interdits parentaux. Certes, les adolescents doivent affronter de multiples problèmes et sont très influencés par les jeunes gens de leur âge. Mais je suis convaincu que la construction d'une confiance profonde dans la relation a une influence importante sur la satisfaction des parents comme des enfants durant ces années difficiles, ainsi que sur la formation du caractère de ces enfants comme sur le type de parents, de salariés, de citoyens qu'ils deviendront.

Une étude publiée par une importante société d'expertise-conseil a montré que la construction de la crédibilité personnelle était placée au deuxième rang des qualités attendues d'un dirigeant d'entreprise. Il est intéressant de noter que la Harvard Business School demande à ceux qui écrivent des lettres de recommandation pour ses futurs étudiants de se prononcer sur trois points décisifs. Voici comment, dans sa brochure, la grande école évoque l'un de ces points :

« La Harvard Business School est dédiée à la formation de dirigeants d'entreprise exceptionnels capables d'inspirer confiance aux autres. Merci de commenter sur le comportement du candidat (respect des autres, honnêteté, intégrité, sens des responsabilités) dans votre institution et au sein de la communauté. [Prière de mettre l'accent sur ces éléments] »

N'oubliez jamais que la crédibilité est un facteur sur lequel nous pouvons agir. Nous pouvons choisir d'augmenter la confiance en soi qui jaillit de l'intérieur et affecte tous les aspects de notre vie, comme de celle des autres, d'ailleurs.

QUELLE EST VOTRE CRÉDIBILITÉ ?

Dans nos programmes clients sur site, nous proposons souvent un exercice préliminaire, en tête à tête avec les participants individuels. Nous leur donnons des cartes à l'effigie des personnes avec lesquelles elles travaillent et leur demandons de les répartir rapidement en deux tas :

1. Les personnes auxquelles je fais plutôt confiance.
2. Les personnes dont j'aurais tendance à me défier.

Si nous avons affaire à quelqu'un qui vient d'intégrer l'entreprise, nous lui offrons une troisième possibilité : « Je ne connais pas assez bien cette personne pour déterminer si je lui fais confiance ou non. »

Il est toujours intéressant de voir à quel point les intéressés prennent leur décision rapidement. En découvrant chaque photo, la plupart d'entre eux éprouvent un sentiment immédiat de confiance ou de méfiance qu'il est facile à détecter. Il est aussi intéressant de noter que, dans la plupart des cas, ce sont les mêmes qui inspirent la confiance ou au contraire la méfiance.

Pensez aux gens que vous connaissez, un par un. Dans lequel des deux tas placeriez-vous immédiatement leur photo ? Et pourquoi ?

Et maintenant les questions les plus difficiles : Si votre photo figurait parmi un groupe de cartes-photos distribuées aux gens qui vous connaissent, dans laquelle des piles mettraient-ils votre photo ? Et pourquoi ?

Comme je l'ai dit au début de ce chapitre, les facteurs qui engendrent la crédibilité sont au nombre de quatre. Mais avant de continuer, peut-être cela vous intéressera-t-il de vous soumettre au questionnaire d'autoanalyse suivant, qui vous aidera à évaluer où vous vous situez sous l'angle de ces quatre facteurs.

Je vous préviens dès à présent que ces questions sont exigeantes.

Elles demandent une introspection sincère et une évaluation en profondeur. Mais je vous encourage à remplir ce questionnaire et à être complètement honnête envers vous-même. Cela vous aidera à comprendre les éléments de base de la crédibilité personnelle, à énumérer les points sur lesquels vous pouvez être déficient et à concentrer vos efforts sur les aspects de votre caractère où ils seront les plus rentables. Le simple fait de répondre honnêtement à ces questions vous aidera à accroître votre confiance en vous.

En lisant chaque paire d'affirmations opposées, cochez le chiffre de 1 à 5 correspondant à la place que vous vous attribuez sur le barème : 1 signifie que vous vous identifiez avec le jugement indiqué à gauche ; 5 signifie que vous vous sentez plus proche du jugement énoncé à droite. 2, 3, 4 correspondent aux positions intermédiaires.

PREMIÈRE PARTIE

Je justifie parfois des « mensonges bien intentionnés », je décris des personnes ou des situations de manière fausse, ou je « déforme » la vérité pour obtenir les résultats que je souhaite.	1 2 3 4 5	À tous les niveaux, je suis complètement honnête dans mes rapports avec les autres.
Parfois, il arrive qu'il y ait discordance entre ce que je pense et ce que je dis ou entre mes actions et mes valeurs.	1 2 3 4 5	Ce que je dis et fais reflète ce que je pense et ressens vraiment. Mes paroles et mes actes coïncident.
Je ne suis pas complètement clair(e) sur mes valeurs. Il m'est difficile de défendre mes positions quand les autres sont en désaccord avec moi.	1 2 3 4 5	Je suis clair(e) sur mes valeurs et je n'hésite pas à les défendre courageusement.
Il est difficile pour moi de reconnaître que quelqu'un d'autre a raison, ou que je dois tenir compte d'informations supplémentaires qui me feraient changer d'avis.	1 2 3 4 5	Je suis sincèrement ouvert(e) à la possibilité d'apprendre de nouvelles idées qui puissent m'aider à repenser certains problèmes ou à redéfinir certaines valeurs.
J'ai beaucoup de mal à poser et à atteindre les objectifs personnels que je me fixe	1 2 3 4 5	Je suis capable de fixer et d'atteindre sans faillir des engagements que je prends envers moi-même comme envers les autres.

TOTAL PREMIÈRE PARTIE : _____ (maximum 25)

DEUXIÈME PARTIE

Je ne me soucie pas tellement des autres, sauf des êtres qui me sont très proches. Il m'est difficile de me sentir concerné(e) par des soucis étrangers à mes propres problèmes.	1 2 3 4 5	Je me préoccupe sincèrement des autres et me sens profondément concerné(e) par leur bien-être.
Je ne réfléchis pas beaucoup aux raisons de mes actes. J'ai rarement (peut-être jamais) essayé d'engager un profond travail intérieur pour améliorer mes motivations.	1 2 3 4 5	Je suis très conscient(e) de mes motivations et je les peaufine pour m'assurer que je fais les bonnes choses pour les justes raisons.
Dans mes relations avec les autres, je me concentre en général sur l'obtention de ce que je désire.	1 2 3 4 5	Je cherche toujours des solutions qui permettent de satisfaire tout le monde.
D'après mon comportement, la plupart des gens ne sont pas forcément enclins à penser que j'ai agi au mieux de leurs intérêts.	1 2 3 4 5	Les autres peuvent clairement comprendre, d'après mes actes, que j'agis au mieux de leurs intérêts.
Tout au fond de moi, j'estime que si quelqu'un d'autre obtient quelque chose (des biens, des occasions, de la considération), cela signifie que c'est autant de moins pour moi.	1 2 3 4 5	Je crois sincèrement qu'il y a largement assez de tout le nécessaire pour satisfaire les besoins de chacun.

TOTAL DEUXIÈME PARTIE : _____ (maximum 25)

TROISIÈME PARTIE

J'ai le sentiment de ne pas vraiment utiliser mon potentiel dans mon travail actuel.	1 2 3 4 5	L'adéquation est parfaite entre mes talents et mes possibilités dans le travail que je fais.
Je n'ai pas acquis les connaissances ou pleinement développé les capacités dont j'ai besoin pour être vraiment efficace au travail.	1 2 3 4 5	J'ai acquis les connaissances et je maîtrise les savoir-faire nécessaires à mon travail.
Je prends rarement le temps d'améliorer mes connaissances et les capacités requises par mon travail ou n'importe quel autre secteur de ma vie.	1 2 3 4 5	Je ne cesse d'améliorer mes connaissances et les capacités nécessaires dans tous les secteurs importants de ma vie.
Je ne suis pas sûr(e) de vraiment connaître mes forces. Je suis plus centré(e) sur l'amélioration de mes points faibles.	1 2 3 4 5	J'ai identifié mes forces et mon but ultime consiste à les utiliser efficacement.
Pour le moment, je ne sais pas grand-chose sur la meilleure façon de bâtir la confiance.	1 2 3 4 5	Je sais comment bâtir efficacement, faire croître, développer et restaurer la confiance, et je travaille consciemment à la développer.

TOTAL TROISIÈME PARTIE : _____ (maximum 25)

QUATRIÈME PARTIE

Mes états de service ne sont pas très brillants et mon CV n'a vraiment rien de renversant.	1 2 3 4 5	La liste de mes performances passées inspire clairement la confiance aux autres dans les résultats que j'obtiendrai.
Je concentre mes efforts sur l'exécution de ce qu'on m'a demandé.	1 2 3 4 5	J'axe mes efforts sur l'obtention de résultats et non sur le simple fait d'agir.
Quand il faut faire état de mes performances professionnelles, soit je ne dis rien (pour ne pas avoir l'air de me vanter), soit j'en dis trop et je rebute les autres.	1 2 3 4 5	Je sais décrire de façon appropriée mes performances professionnelles d'une façon qui inspire confiance.
Je suis souvent incapable de finir ce que j'ai commencé.	1 2 3 4 5	Sauf rares exceptions, si je commence quelque chose, je le finis.
La façon dont j'obtiens des résultats ne m'importe guère du moment que je les obtiens.	1 2 3 4 5	Les résultats que j'obtiens, je les obtiens par des moyens qui inspirent confiance.

TOTAL QUATRIÈME PARTIE : _____ (maximum 25)

TOTAL DU QUESTIONNAIRE : _____ (maximum 100)

Maintenant, jetez un coup d'œil à votre score. Si votre total est compris entre 90 et 100, votre crédibilité personnelle est élevée. Vous faites preuve d'autant de caractère que de compétence. On peut supposer que vous savez ce qui est important pour vous et que vous êtes capable de le traduire en actes dans votre vie quotidienne. Vous vous souciez des autres. Vous êtes conscient de vos capacités, vous les développez et les utilisez efficacement pour obtenir des résultats positifs. Par conséquent, vous avez confiance en vous et les gens ont eux aussi tendance à vous faire confiance.

Si votre score est compris entre 70 et 90, il se peut que vous soyez un peu défaillant dans votre crédibilité, ce qui peut se manifester par une confiance en vous insuffisante ou par une certaine difficulté à inspirer confiance aux autres.

Si votre score est inférieur ou égal à 70, vous souffrez sans doute d'un problème de crédibilité plus grave. Peut-être sera-t-il alors judicieux d'analyser soigneusement les domaines spécifiques dans lesquels vous vous êtes attribué des notes médiocres. À mesure que nous avancerons dans ce chapitre, vous allez découvrir des méthodes spécifiques pour progresser dans ces domaines.

LES 4 NOYAUX

Chaque partie du questionnaire correspond à l'un des « 4 noyaux de la crédibilité ». Ce sont les éléments fondamentaux qui vous rendent crédible, aussi bien à vos propres yeux qu'à ceux des autres. Ce sont les mêmes qui démontreraient ou détruiraient votre crédibilité si vous étiez convoqué pour témoigner devant un tribunal à titre d'expert. Les deux premiers noyaux concernent le caractère, les deux derniers, la compétence. Et tous les quatre sont nécessaires à la confiance en soi.

NOYAU 1 : L'INTÉGRITÉ

Le premier noyau concerne les problèmes d'*intégrité*. C'est ce à quoi pensent la plupart des gens quand ils s'interrogent sur la confiance. Pour beaucoup, « intégrité » signifie essentiellement « honnêteté ». Mais si l'intégrité inclut l'honnêteté, son sens est beaucoup plus large. C'est la cohérence intérieure, l'accord entre les paroles et les actes. C'est le fait d'être conséquent, intérieurement et extérieurement. C'est le courage d'agir en accord avec ses valeurs et ses convictions. Il est intéressant de noter que ce sont les manquements à l'intégrité qui ébranlent le plus la confiance.

NOYAU 2 : L'INTENTION

Le deuxième noyau concerne les problèmes d'*intention*, c'est-à-dire tout ce qui concerne nos motivations, nos objectifs, et le comportement qui en découle. La confiance grandit quand nos motivations sont nettes et fondées sur l'intérêt mutuel – en d'autres termes, quand nous nous soucions sincèrement non seulement de nous-mêmes mais aussi des gens avec qui nous interagissons, que nous dirigeons ou que nous servons. Quand nous soupçonnons une arrière-pensée chez quelqu'un ou quand nous ne croyons pas qu'il agît au mieux de nos intérêts, nous nous mettons à soupçonner tous ses actes et propos.

Aussi bien l'intégrité que l'intention sont des aspects du caractère.

> *« Votre caractère se révèle non pas par le nombre de personnes puissantes que vous impressionnez, mais par la manière dont vous traitez ceux qui n'ont pas le pouvoir. »*
>
> —ADAM GRANT, PROFESSEUR À WHARTON
> ET AUTEUR

NOYAU 3 : LES CAPACITÉS

Le troisième principe concerne les problèmes de *capacités*. Ce sont les aptitudes que nous possédons et qui inspirent confiance : nos talents, attitudes, savoir-faire, connaissances et notre style. Ce sont les moyens que nous utilisons pour produire des résultats. Un médecin de famille peut posséder une certaine intégrité et ses motivations peuvent être bonnes, mais s'il n'est pas formé et expérimenté dans certaines spécialités (la chirurgie du cerveau par exemple), il manquera sans doute de crédibilité dans ces domaines. Les capacités concernent aussi notre aptitude à établir, développer, accorder et restaurer la confiance.

NOYAU 4 : LES RÉSULTATS

Le quatrième noyau concerne les problèmes de *résultats*. Il nous renvoie donc à nos états de service, nos performances, notre capacité à optimiser une situation donnée. Si nous n'accomplissons pas ce qu'on attend de nous, notre crédibilité en est réduite d'autant. À l'inverse, quand nous obtenons les résultats promis, nous acquérons une réputation positive d'excellence, de productivité… et notre réputation nous précède.

Les capacités et les résultats sont des problèmes de *compétence*.

> *« Un bon dirigeant n'est sans doute pas différent d'une culture à l'autre, en ce sens qu'un bon responsable doit avoir de la crédibilité. C'est quelque chose que l'on*

> impose... *par la façon dont on se conduit soi-même et*
> *par les résultats qu'on a obtenus.* »
>
> —DOCTEUR VICTOR K. FUNG, PDG, LI & FUNG

Comme je l'ai dit, chacun de ces axes est vital pour la crédibilité, non seulement devant un tribunal mais dans toute situation. Par exemple, vous pouvez rencontrer une personne qui possède une grande intégrité, une bonne intention et peut se prévaloir de résultats formidables. Mais si elle n'a pas les capacités nécessaires pour un travail particulier, vous ne lui ferez pas confiance pour exécuter ce travail. Ou bien vous pouvez rencontrer une personne qui jouit d'une grande intégrité, est extrêmement capable et a obtenu d'excellents résultats. Mais si vous sentez qu'elle ne se soucie pas vraiment de vous, de vous faire gagner dans une négociation particulière, vous ne vous fierez pas complètement à elle. Dans les chapitres suivants, nous examinerons chacun de ces noyaux en profondeur et nous verrons ce qui arrive quand l'un d'eux, en particulier, fait défaut. Nous nous demanderons aussi ce qui arrive quand on possède ce noyau mais pas les trois autres.

Dans leurs relations, beaucoup, à ce stade, ne reconnaîtront pas ces 4 noyaux vitaux de crédibilité comme appartenant à un ensemble plus large. Ils ne réaliseront pas que leur crédibilité comprend quatre dimensions et qu'on peut obtenir un score élevé dans certaines et pas dans d'autres. Ils ne verront que le résultat final : soit on est crédible, soit on ne l'est pas.

C'est l'une des raisons pour lesquelles il est si important de comprendre ces 4 noyaux. Ils vous aideront à déterminer votre propre crédibilité et à vous concentrer sur les domaines où vous devez progresser. Ils vous donneront la sagesse, celle qui vous dictera les comportements qui inspirent confiance. Et, comme nous le verrons plus loin, ils vous aideront aussi à discerner comment accorder la « confiance intelligente » aux autres.

> « *Demandez-vous... sans pitié : Est-ce que j'inspire*
> *confiance ? I-N-S-P-I-R-E-R. Grand mot. Est-ce que je*
> *dégage la confiance ? Pensez-y. Soigneusement.* »
>
> —TOM PETERS

Une façon de visualiser l'importance des 4 noyaux de la crédibilité consiste à se représenter un arbre. L'*intégrité* est pour l'essentiel sous la surface. C'est le système des racines à partir duquel croît tout le reste. *L'intention* est un peu plus visible. C'est le tronc qui sort de terre et apparaît dans le monde extérieur. Les *capacités* sont les branches. Ce sont les capacités qui nous rendent capables de produire. Les *résultats* sont les fruits, les résultats visibles, tangibles, mesurables, que les autres sont le plus à même de voir et d'évaluer.

Examiner ainsi les 4 noyaux de la crédibilité vous permettra de percevoir leur interconnexion et l'importance vitale de chacun d'eux. Cela vous aidera aussi à comprendre la crédibilité comme un paramètre vivant et croissant qui peut être cultivé. À mesure que nous examinerons ces quatre principes, nous reviendrons à cette métaphore de l'arbre pour comprendre plus spécifiquement pourquoi chacun d'eux est si important et comment il est lié aux trois autres.

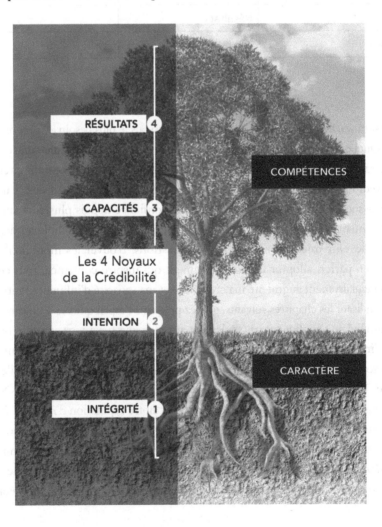

BILAN DU TEST

Une fois les 4 noyaux de la crédibilité assimilés, j'aimerais que vous reveniez aux
résultats du questionnaire (voir pages précédentes), et que vous reconsidériez
vos scores.

Partie	Noyau	Score
1	Intégrité	
2	Intention	
3	Capacités	
4	Résultats	
Total		

• • •

Où sont vos forces ? Dans quels domaines avez-vous le plus besoin de progresser ?

Quel que soit votre niveau de crédibilité actuel, je suis convaincu que ce test
va vous aider. Il vous donnera au moins le langage nécessaire pour comprendre
la crédibilité et les problèmes de confiance, en parler et agir sur eux. L'un de
mes associés, qui enseigne la vitesse de la confiance depuis plusieurs années,
me confiait récemment, « Ce n'est pas que je n'étais pas crédible au départ.
Mais devenir mieux conscient de ces questions, trouver les mots qu'il faut
pour en parler, adopter un comportement qui inspire confiance, tout cela a
spectaculairement augmenté ma crédibilité et ma capacité d'influencer autrui. »

En lisant les chapitres suivants, gardez présent à l'esprit que ces 4 noyaux de la
crédibilité ne s'appliquent pas seulement aux individus mais aussi aux entreprises.
Le directeur marketing d'une grande entreprise me confiait récemment que
son service entendait adopter ces 4 noyaux comme règles professionnelles de
base. Il ajoutait : « Nous devons être crédibles en tant qu'entreprise. Nous
devons être sûrs que nos clients comprennent notre réputation d'*intégrité*. Nous
devons affirmer notre intention de les aider à gagner. Nous devons leur montrer
nos capacités à ajouter de la valeur à leur entreprise. Nous devons obtenir des
résultats et 'performer' avec eux afin de les fidéliser. Le résultat net de tout
cela sera la crédibilité, et avec cette crédibilité, nous serons capables d'établir

et de maintenir des relations de confiance à long terme. Notre entreprise a déjà démontré que ces relations à long terme sont la clé d'une croissance de la rentabilité. »

Dans les quatre chapitres suivants, nous nous proposons d'explorer chacun des 4 noyaux en profondeur – afin de mieux comprendre en quoi ils consistent exactement, pourquoi ils sont vitaux pour la crédibilité et la confiance et comment nous pouvons les améliorer afin d'accroître la confiance à tous les niveaux, de l'intérieur. À la fin de chaque chapitre, j'énumère les trois super-accélérateurs, les trois points sur lesquels vous concentrer pour progresser encore plus vite. Je vous suggère de lire chaque chapitre pour comprendre le point de vue global, puis de revenir en arrière et d'appliquer les deux ou trois conseils qui vous feront faire sur-le-champ des progrès spectaculaires.

NOYAU 1 : L'INTÉGRITÉ
ÊTES-VOUS COHÉRENT AVEC VOUS-MÊME ?

> « *Quand je recrute des collaborateurs, je recherche trois choses. La première est l'intégrité personnelle, la deuxième, l'intelligence, et la troisième, un très haut niveau d'énergie. Si vous n'avez pas la première, les deux autres vous tueront.* »
>
> —WARREN BUFFETT, PDG,
> BERKSHIRE HATHAWAY

En huitièmes de finale des Internationaux de tennis de Rome, en 2005, le champion de tennis Andy Roddick était opposé à l'Espagnol Fernando Verdasco. Balle de match en faveur de Roddick. Quand Verdasco servit pour la deuxième fois, le juge de ligne annonça la balle « dehors » et la foule commença à applaudir Roddick. Verdasco s'avança vers le filet pour lui serrer la main comme si le match était fini.

Mais Andy Roddick contesta le point : il déclara que la balle était bonne et attira l'attention de l'arbitre sur une légère marque, sur la ligne de fond, qui montrait que la balle avait atterri *en deçà* et non pas *au-delà* de la ligne. Surpris, l'arbitre accepta la démonstration de Roddick et accorda le point à Verdasco.

Le public était stupéfait. Dans un match où les joueurs ne sont plus tenus à une intégrité particulière puisque c'est l'arbitre qui a le dernier mot, Roddick avait contesté une décision qui lui était favorable. Il en paya le prix, puisqu'il perdit ce match.

Pourtant, si Roddick perdit le match ce jour-là, il gagna quelque dose de beaucoup plus important : la crédibilité. Comment cet étalage d'intégrité lui donna-t-il de la crédibilité ? Posez-vous la question : comment l'arbitre réagira-t-il la prochaine fois qu'Andy Roddick contestera une décision ? Il accueillera celle-ci avec le plus grand respect. Sa réputation est maintenant établie, sa crédibilité le précède.

Autre question : quel regard pensez-vous qu'Andy Roddick porte sur lui-même ? Qu'aurait-il ressenti s'il avait choisi d'accepter ce point victorieux en sachant que cette balle, en réalité, n'était pas dehors ?

Le comportement d'Andy Roddick sur le court ce jour-là symbolise désormais pour moi ce que j'appelle « le choix de Roddick » : affirmer son intégrité même quand cela a un coût. Il illustre la relation claire qui unit intégrité, crédibilité et confiance, aussi bien avec les autres qu'avec soi-même.

> « *L'intégrité vraie est de faire ce qui est bien, tout en sachant que personne ne saura si vous l'avez fait ou non.* »
>
> —OPRAH WINFREY

Pour utiliser la métaphore de l'arbre, l'intégrité est la racine. Même si elle se trouve sous terre et est la plupart du temps invisible, elle est absolument vitale à l'alimentation, à la force, à la stabilité et à la croissance de l'arbre entier. Nous avons tous connu des gens doués d'énormes capacités, qui alignent de brillants résultats et qui, parfois avec de bonnes intentions, se montrent malheureusement malhonnêtes ou peu scrupuleux. C'est la mentalité selon laquelle « la fin justifie les moyens ». Elle conduit à la manipulation, à la tromperie, à l'escroquerie, au vol, aux scandales, et aux trahisons qui détruisent les mariages et les relations de tous ordres. Pour revenir à la métaphore du témoin expert, comment une personne peut-elle être considérée comme crédible si la partie adverse peut prouver qu'elle a manqué d'intégrité ?

D'autre part, posséder l'intégrité, être un « type bien », voire d'une honnêteté exemplaire, sans les trois autres principes est en fin de compte inutile. Dans notre métaphore de l'arbre, la personne en question ressemble à une souche – ça ne sert pas à grand-chose. On peut lui faire confiance pour garder un secret, mais vous ne lui ferez pas confiance pour s'acquitter d'une tâche importante. Elle est honnête, mais c'est loin de suffire.

Encore une fois, les 4 noyaux sont vitaux pour la crédibilité et la confiance.

LE PROBLÈME AVEC LA RENAISSANCE DE L'ÉTHIQUE

Mais alors comment définir l'intégrité ? Aujourd'hui, pour beaucoup, l'intégrité c'est l'éthique. Peut-être les récents scandales à répétition ayant frappé de grandes entreprises ont-ils provoqué une renaissance de l'éthique – ce serait leur seule conséquence positive. Et la plupart des gens conviennent que le défaut d'éthique dans le monde actuel entraîne une méfiance généralisée.

Le problème des entreprises cependant, c'est que nombre de solutions « éthiques » mettent au premier plan l'*obéissance*. C'est là une définition de l'éthique qui n'a rien à voir avec l'intégrité ou une moralité authentique, mais relève d'une notion diluée, dévaluée de l'intégrité qui signifie essentiellement « suivez les règles ». La formation éthique est donc souvent centrée exclusivement sur la conformité aux codes d'entreprise ou aux règles et aux lois étatiques, mais pas sur la volonté de clarifier les valeurs ou d'encourager la fidélité à ces valeurs et à des principes immuables.

Le résultat, c'est que les entreprises ont mis au point de volumineux codes de conduite. De plus, leurs salariés peuvent faire preuve de duplicité ou même de brutalité dans leur traitement des autres, mais, à moins d'être pris en flagrant délit de falsification de notes de frais ou d'infraction avérée à une règle de ce genre, tant qu'ils obtiennent des résultats, la plupart des entreprises se gardent bien de les sanctionner.

> *« Les règles ne peuvent remplacer le caractère. »*
>
> —ALAN GREENSPAN, EX-PRÉSIDENT DE LA BANQUE CENTRALE DES ÉTATS-UNIS

Comme nous le verrons plus loin avec la troisième vague – la confiance organisationnelle –, les problèmes auxquels nous sommes aujourd'hui confrontés dans l'entreprise ne peuvent plus être résolus par une approche du type « suivez les règles » – un simple réflexe d'obéissance. Comme Chris Bauer, psychologue et formateur en éthique d'entreprise, le remarquait :

> *« Le véritable problème, ici, ce n'est pas le renforcement des lois ou les contraintes réglementaires. Il s'agit d'une question psychologique – celle de l'absence de valeurs essentielles, et d'une confusion sur l'action juste. Je vois beaucoup d'entreprises annoncer qu'elles vont durcir leurs règles. Je n'en entends pas beaucoup nous dire qu'elles vont travailler à clarifier au maximum leurs valeurs et à former leurs salariés sur la façon dont ces valeurs se traduisent dans le comportement de tous les jours. »*

Ce n'est que dans la mesure où l'entreprise se concentre sur la confiance et l'intégrité – sur la cohérence morale plutôt que sur la soumission – qu'elle sera réellement capable de promouvoir une crédibilité et une confiance institutionnelles véritables. Comme l'expliquait Albert Camus, l'intégrité n'a pas besoin de règles.

DÉFINIR L'INTÉGRITÉ

Pour la plupart des gens, l'intégrité se ramène à l'honnêteté. Même si on n'en est pas toujours conscient, l'honnêteté ne se limite pas à dire la vérité, mais elle implique aussi de laisser l'impression juste. Il est possible de dire la vérité en laissant une mauvaise impression. Mais l'honnêteté n'y trouve pas son compte.

> *« J'espère avoir assez de fermeté et de vertu pour conserver ce que je considère le plus enviable des titres, le caractère d'un homme honnête. »*
>
> —GEORGE WASHINGTON

La plupart des dirigeants d'entreprise se définiraient comme honnêtes et pourtant, les recherches montrent que la plupart des salariés ne croient pas que leur direction soit honnête ou communique honnêtement. L'écrivaine anglaise Marie Louise Ramé disait : « J'ai rencontré des centaines de gredins, mais pas un seul qui se considérait comme tel. » Son point de vue est exposé avec humour dans le film *Pirates des Caraïbes* par le capitaine Jack Sparrow, qui proclame : « Je suis malhonnête, et vous pouvez toujours avoir confiance dans un malhonnête homme pour se montrer malhonnête… honnêtement. Ce sont des gens honnêtes dont vous devez vous méfier, parce qu'on ne peut jamais prédire à quel moment ils vont faire quelque chose d'incroyablement…stupide. »

L'intégrité comprend sans aucun doute l'honnêteté – dire la vérité et laisser la juste impression. Mais trois autres qualités sont tout aussi vitales.

La cohérence. Le mot « intégrité » vient de la même racine latine que les mots « intégré » et « intégral ». Une personne a de l'intégrité quand il n'existe pas de fossé entre son comportement et son intention profonde – quand elle est entièrement, sans décalage, la même à l'intérieur et à l'extérieur. J'appelle cette qualité la cohérence. Et c'est cette cohérence et non la soumission qui créera finalement la crédibilité et la confiance.

Les êtres cohérents agissent toujours en accord avec leurs valeurs et leurs croyances les plus profondes. Ils « font ce qu'ils disent ». Quand ils savent qu'ils doivent agir d'une certaine façon, ils le font. Ils ne se laissent pas guider par des influences extérieures, l'opinion des autres ou la pression des circonstances. La voix qu'ils écoutent et à laquelle ils obéissent est la voix silencieuse de leur conscience.

Un grand exemple de cohérence morale nous est offert par le Mahatma Gandhi. Un jour, Gandhi dut prononcer un discours devant les députés britanniques. Il parla deux heures d'affilée, sans utiliser la moindre note et, au terme de cette allocution, son auditoire a priori hostile l'ovationnait debout. Peu après, les journalistes, stupéfaits d'avoir vu le Mahatma tenir son public sous le charme si longtemps sans notes, interrogèrent son secrétaire Mahadev Desai, lequel répondit :

> « Ce que Gandhi pense, ce qu'il ressent, ce qu'il dit et ce qu'il fait sont la même chose. Il n'a pas besoin de notes… Vous et moi, nous pensons une chose, en sentons une autre, en disons une troisième et en faisons une quatrième, c'est pourquoi nous avons besoin de notes et de dossiers pour nous rappeler le tout. »

Gandhi n'était pas seulement cohérent avec lui-même, mais aussi avec les principes pour lesquels il se battait. Non seulement il avait des racines, mais il avait aussi un accès direct à la source profonde des principes moraux éternels qui guident la vie des hommes.

> « *Ma vie est un tout indivisible et toutes mes activités se confondent en une seule... Ma vie est mon message.* »
>
> —MAHATMA GANDHI

En s'appuyant sur la force de tels principes et en mettant sa vie totalement en harmonie avec eux, Gandhi est parvenu à produire des résultats étonnamment positifs en Inde et dans le monde, bien qu'il n'ait jamais occupé de position officielle ou dirigé un parti.

Quand vous montrez une congruence avec votre système de croyances et de principes, vous inspirez confiance aussi bien dans vos relations personnelles que professionnelles. Les autres vous voient fort, solide et fiable. Ils sentent que toute votre vie est guidée par des principes qui vont à coup sûr amener des résultats positifs et conforter leur confiance en vous.

L'humilité. L'intégrité comprend aussi l'humilité. En effectuant de recherches pour son ouvrage *De la performance à l'excellence*, le célèbre expert en gestion Jim Collins analysa le cas des bonnes entreprises devenues des entreprises exceptionnelles, pour comprendre la raison de leur extraordinaire réussite. Il découvrit deux éléments qui l'étonnèrent :

Le leadership est décisif. Malgré son désir de l'ignorer dans sa recherche, les données ont clairement démontré son importance. Comme il l'a observé, « toutes les entreprises qui sont passées de la performance à l'excellence avaient un niveau de leadership de niveau 5 au moment de la transition » ;

Ce qui caractérise le niveau 5 du leadership. Voici ce que dit Collins :

« Nous avons été surpris, voire choqués, de découvrir le type de direction requis pour transformer une bonne entreprise en grande entreprise. Comparés aux PDG de hautes notoriétés qui font les gros titres et deviennent des célébrités, les dirigeants qui transforment le bon en excellent ressemblent à des Martiens. Effacés, peu bavards, réservés, voire timides, *ces dirigeants présentent un mélange paradoxal d'humilité personnelle et de volonté professionnelle.* Ils évoquent plus Lincoln ou Socrate que Patton ou César. »

Mais comment l'humilité se manifeste-t-elle dans la direction d'entreprise ou dans la vie ? Une personne humble est plus concernée par *ce qui est juste* que par *le fait* d'être juste, par l'*action* qui va découler des bonnes idées que par le fait *d'avoir* ces idées, par la perspective d'*embrasser* de nouvelles vérités que par la volonté de *défendre* des positions périmées, par l'envie de *construire une* équipe que par celle d'*exalter l'ego*, par la volonté de *reconnaître les contributions des autres* que par celle d'être reconnu pour *ses propres contributions*.

Être humble ne signifie pas être faible, réservé ni effacé. Cela signifie reconnaître les principes et les faire passer avant son propre ego. Cela signifie les défendre fermement, même devant une opposition. On peut être humble et se montrer un négociateur tenace capable de conclure des transactions difficiles. On peut être humble et s'exprimer fermement et clairement quand on est confronté à des tensions dans ses relations personnelles. Mais les humbles ne se laissent pas conduire par l'arrogance, la forfanterie, la manipulation, la volonté de damer le pion à leur interlocuteur. Ils reconnaissent les principes intemporels qui gouvernent les communautés et les relations humaines et ils s'efforcent d'agir en accord avec ces principes. Ils ne laissent pas leur ego leur dicter sa loi.

Les personnes humbles comprennent aussi clairement qu'elles ne sont pas seules mais qu'elles doivent leur situation aux générations précédentes et qu'elles dépendent des autres pour avancer. Comme les Alcooliques anonymes et autres organisations semblables ne manquent pas de le souligner, pour être capable d'affronter certains de nos défis les plus difficiles, il faut avoir la sagesse et l'humilité d'accepter le fait que certains objectifs restent hors de portée sans l'aide d'autrui.

Les contraires de l'humilité sont l'arrogance et l'orgueil. C'est le fait de faire prévaloir son ego, de le placer au-dessus des principes et des autres.

Le courage. L'intégrité englobe aussi le courage de l'acte juste, même quand il est difficile. C'est le genre de courage dont a fait preuve Andy Roddick aux Internationaux d'Italie, ou qu'ont montré Sherron Watkins, Cynthia Cooper et Coleen Rowley, trois femmes courageuses qui ont su tirer le signal d'alarme pour dénoncer les agissements néfastes de leur hiérarchie. Elles ont reçu en 2002 le titre de « personne de l'année » décerné par le magazine Time.

Le spectacle de ce courage dans notre entourage nous incite tous à nous montrer plus courageux. J'ai récemment lu le témoignage d'une femme concernant son mari, un étudiant en médecine qui a su faire preuve d'un rare courage lors d'un examen. Voici ce qu'elle raconte :

> « *La compétition est très serrée pour intégrer les écoles de médecine, et le désir de réussir aux examens soumet les candidats à une forte pression. Mon mari*

avait travaillé dur pendant ses études et passait son premier examen. Le système en vigueur dans cette école reposait sur la confiance et le sens de l'honneur. Si bien que le jour de l'épreuve, le professeur quitta la salle après avoir distribué les sujets. Il ne fallut que quelques minutes pour que les étudiants commencent à sortir des 'antisèches' de leur poche ou de leur sac. Mon mari se souvient que son cœur s'est mis à battre à tout rompre quand il a réalisé qu'il aurait bien du mal à l'emporter sur ces tricheurs. À ce moment, au fond de la salle, un grand type maigre s'est levé et a déclaré : 'J'ai quitté ma petite ville, j'ai installé ma femme et mes trois petits bébés dans une mansarde et j'ai travaillé très dur pour pouvoir entrer dans cette école. Alors le premier d'entre vous qui triche, je le dénonce, et vous pouvez me croire, je le ferai !' Ils l'ont cru. Tout penauds, les tricheurs ont fait disparaître leurs antisèches aussi rapidement qu'elles étaient apparues. Ce garçon a imposé une norme de conduite à toute la classe et aucune promotion n'avait jamais eu autant de diplômés. »

L'homme qui s'est levé au fond de la salle ce jour-là est devenu un médecin respecté. Ce qu'il a fait n'était ni confortable ni facile. Mais il a montré le genre de courage qu'exige l'intégrité – le genre de courage qui affirme des principes moraux valables en toutes circonstances, qui élève les autres et améliore la vie de tous. Nous dépendons tous, après tout, de la compétence et du savoir-faire d'un médecin quand notre santé et notre vie sont en jeu.

> « Le courage est la première des qualités humaines parce que c'est une qualité qui garantit toutes les autres. »
>
> —WINSTON CHURCHILL

Quand vous songez à des personnes que vous estimez intègres, reconnaissez-vous ces qualités à l'œuvre dans leur vie ? Sans aucun doute, elles sont honnêtes. Mais sont-elles aussi cohérentes avec elles-mêmes, humbles et courageuses ? Selon vous, quel effet leur intégrité a-t-elle sur la façon dont elles se considèrent ? Quel effet leur intégrité a-t-elle sur ce que vous éprouvez à leur égard ? Sont-elles crédibles à vos yeux ? Leur faites-vous confiance ?

Nous pouvons certes tous progresser, d'une manière ou d'une autre, dans chacun de ces domaines. En agissant ainsi, nous pouvons aussi améliorer notre propre crédibilité et, en fin de compte, accroître la vitesse et abaisser le coût de tout ce que nous faisons.

COMMENT AMÉLIORER VOTRE INTÉGRITÉ ?

Comment faire pour améliorer notre intégrité ?

D'abord, nous devons estimer notre degré d'intégrité actuel. À stade, il vous sera sans doute utile de vous poser les questions suivantes, en reprenant le questionnaire d'autoévaluation :

- Est-ce que j'essaie vraiment de me montrer honnête dans tous rapports avec les autres ?
- Suis-je l'exemple type de celui(celle) qui « fait ce qu'il(elle) dit » ?
- Suis-je clair(e) sur mes valeurs ? Suis-je à l'aise quand je dois les défendre ?
- Suis-je ouvert(e) à la possibilité d'apprendre de nouvelles vérités qui pourraient me conduire à réexaminer certaines positions, voire à redéfinir mes valeurs ?
- Suis-je capable de montrer de la persévérance dans les engagements que je prends vis-à-vis de moi-même, de les tenir ?

Je vous engage à réfléchir sérieusement à ces questions et à leur apporter des réponses sincères. Vous voudrez peut-être faire ce que nous faisons dans nos ateliers « Vitesse de la confiance » : demander leur avis sur chacun de ces points à votre patron, vos collègues, vos clients, à des membres de votre famille. Nous sommes tous aveugles sur certains de nos traits de caractère et nous avons tendance à surestimer ou à sous-estimer nos forces et nos faiblesses.

De plus, j'aimerais vous indiquer trois « accélérateurs » très puissants qui vous aideront beaucoup à améliorer votre intégrité.

1. PRENDRE ET TENIR VOS ENGAGEMENTS VIS-À-VIS DE VOUS-MÊME

La façon la plus rapide d'améliorer votre intégrité, c'est d'apprendre à prendre et à respecter des engagements vis-à-vis de vous-même. Dans la deuxième vague – la confiance relationnelle –, nous parlerons de l'importance de prendre et de respecter ses engagements envers autrui, mais il vous sera impossible de réussir dans cet aspect si vous n'avez pas au préalable appris à tenir les engagements que vous prenez envers vous-même.

Dans la légende familiale figure en bonne place l'histoire de mon arrière-grand-père Stephen Mack Covey et de la façon dont il créa la chaîne d'hôtels Little America. Alors qu'il était berger dans les années 1890, il fut pris dans une tempête une nuit d'hiver au beau milieu du Wyoming. La bourrasque faisait rage avec des vents soufflant à 80 kilomètres/heure et des températures qui avaient plongé à moins 20. La situation devint si critique qu'il était persuadé qu'il n'y survivrait pas. Il s'accroupit et se jura alors à lui-même et à Dieu : s'il parvenait à survivre à la tempête, il construirait un abri pour les autres à cet endroit même dans ce lieu obscur et désert, en gage de reconnaissance.

Finalement, il survécut à la tempête, et, bien que cela ait pris quelque temps, il construisit un jour cet « abri » à l'endroit où avait passé cette terrible nuit, au beau milieu de nulle part. Aujourd'hui, il ne s'y trouve qu'une station-service et le motel tentaculaire Little America. Mais la ville de Little America, au Wyoming, figure maintenant sur les cartes et elle est devenue un site touristique apprécié. Elle fut aussi le point de départ d'une extraordinaire réussite dans les affaires. Avant sa mort, mon arrière-grand-père avait fondé plusieurs affaires régionales prospères, hôtels, résidences, sociétés pétrolières et services financiers.

Évidemment, il aurait été on ne peut plus simple pour quelqu'un qui aurait vécu son expérience de dire : « Ce serait ridicule de construire un motel ici, au milieu de nulle part ! » Personne n'était au courant de cet engagement en dehors de mon arrière-grand-père et de Dieu. Stephen Mack Covey s'était fait une promesse sérieuse à lui-même et il l'a tenue. Et la force de cet engagement fut telle qu'il eut une influence profonde sur ses descendants, notamment sur moi.

Plus j'accumule de l'expérience, aussi bien personnelle que professionnelle, plus je suis convaincu de l'importance de savoir prendre et respecter des engagements vis-à-vis de soi-même. Il peut s'agir de promesses importantes, comme celle de mon arrière-grand-père, ou d'engagements plus modestes, même infimes, comme de se lever quand le réveil sonne, de manger léger, de parler respectueusement aux autres, y compris lorsque leur comportement à votre égard vous irrite. Chaque fois que nous prenons un engagement – grand ou petit – envers nous-mêmes et que nous le tenons, notre confiance en nous croît d'autant. Nous construisons des réserves. Nous accroissons notre capacité à prendre et à tenir des promesses plus importantes, envers nous-mêmes comme envers autrui.

Vous vous demandez comment vous pourriez améliorer cette capacité de tenir les promesses que vous faites ? Laissez-moi vous donner quelques recommandations importantes :

Primo, ne prenez pas trop d'engagements. Sinon, vous courez à l'échec. Sachez faire la différence entre une direction, un objectif et un engagement véritable. Quand vous prenez un engagement envers vous-même, faites-le en comprenant clairement que vous avez votre intégrité dans la balance.

Secundo, traitez une promesse que vous vous faites avec autant de respect que s'il s'agissait d'une promesse faite à autrui. Qu'il s'agisse d'un engagement sur une durée (un rendez-vous avec vous-même pour votre jogging, pour lire ou dormir) ou un engagement à vous concentrer sur des priorités, traitez cette promesse – et vous-même – avec respect.

Tertio, ne prenez pas d'engagements à la légère. J'ai appris cette leçon à mes dépens, un jour que nous avions une discussion familiale sur la santé et la diététique. La nouvelle année approchait et, au cours de la discussion, nous décidâmes que nous devions tous boire plus d'eau et moins de sodas. Je me laissai prendre dans une surenchère de bonnes intentions, et plein de forfanterie (sans la moindre humilité), je lançai : « Je vais vous dire ce que je vais faire. Je vais prendre l'engagement vis-à-vis de moi-même de ne boire que de l'eau pendant toute l'année ! Pas de sodas, pas de jus de fruits, rien que de l'eau ! » Eh bien, c'était stupide et j'ai amèrement regretté cette promesse. Je la tins mais ce fut dur. Après cette expérience, j'ai appris à me montrer plus prudent sur les engagements que je prends et à m'assurer qu'ils sont fondés sur l'humilité et non sur l'orgueil.

Enfin, vous devez comprendre que lorsqu'il devient difficile de tenir vos promesses, vous avez le choix entre deux solutions : changer votre comportement pour respecter votre engagement, ou alors déprécier vos valeurs pour les accorder à votre conduite. La première renforcera votre intégrité. La seconde la diminuera et sapera votre confiance dans votre capacité à prendre et à tenir des engagements. De plus, cet accroc dans vos valeurs, si modeste soit-il, entraînera un changement de trajectoire qui creusera, au bout du chemin, un écart important avec la destination que vous désirez atteindre.

Je vous encourage donc à apprendre à prendre et à respecter les engagements vis-à-vis de vous-même avec sagesse. Il n'existe pas de moyen plus rapide de bâtir la confiance en soi.

2. DÉFENDRE CE À QUOI L'ON CROIT

Le PDG d'American Express, Ken Chenault, a rédigé un livre destiné à tous ses salariés et intitulé *Le Chapitre suivant (Un guide du nouvel American Express)*. Ce livre esquisse les contours de ce que l'entreprise va devenir dans le futur et des moyens qu'elle compte mettre en œuvre pour y arriver. Voici l'un des paragraphes-clés de ce livre :

> « ***Défendez vos valeurs.*** *Certaines valeurs ne peuvent être quantifiées. La réussite à tout prix n'a pas de sens. Il faut gagner de la bonne façon, c'est cela qui importe... Nous devons aussi démontrer par nos actes que nous défendons les bons principes – la priorité du service à la clientèle, la qualité, l'intégrité, le travail d'équipe, le respect des autres, un civisme exemplaire, la volonté de gagner, la responsabilité personnelle et tant d'autres choses.* »

S'il s'agit de montrer de l'intégrité, de la cohérence morale, vous devez partir d'un principe essentiel auquel vous serez fidèle. Comment vous appuyer sur votre caractère fondamental si vous ne savez pas ce qui le constitue ? Vous devez donc vous appuyer sur un socle, un ensemble de valeurs clairement identifiées. Vous devez savoir quelles valeurs sont les vôtres et les défendre afin que les autres le sachent aussi.

> « *La personne que vous êtes, vos valeurs, vos croyances... constituent votre ancre, votre étoile du nord. Vous ne les trouverez pas dans un livre. Vous les trouverez dans votre âme.* »
>
> —ANNE MULCAHY, EX-PDG, XEROX

Un grand exemple d'intégrité, aussi bien dans le respect d'un engagement que dans la défense de ses principes, nous est offert par Jon Huntsman, ex-président de Huntsman Chemical. Comme il le raconte dans son ouvrage *Winners Never Cheat*, après de longues négociations, Huntsman accepta de vendre 40 % d'une division de son entreprise à Great Lakes Chemical. Une simple poignée de main avec Emerson Kampen, alors PDG de Great Lakes, scella cet accord de 54 millions de dollars.

Mais les responsables de Great Lakes perdirent du temps dans la préparation du protocole d'accord. Dans les six mois et demi qu'il leur fallut pour le rédiger, les prix des matières premières avaient beaucoup baissé, les profits de Huntsman, triplé, et ses marges n'avaient jamais été aussi importantes. Les parts de l'entreprise vendues à Great Lakes valaient de ce fait 250 millions de dollars et non plus 54.

Le contrat de vente n'ayant pas encore été signé, Kampen appela Huntsman et lui expliqua que, s'il avait le sentiment qu'il ne lui revenait pas de combler entièrement l'écart entre la valeur initiale et la valeur actuelle, il était disposé à prendre en charge la moitié de cette hausse. Il offrit donc de couper la poire en deux. Mais Huntsman refusa. Ils s'étaient mis d'accord sur un prix de 54 millions de dollars et il entendait s'en tenir là.

Kampen rétorqua : « Mais vous vous lésez vous-même ! »

À quoi Huntsman répondit : « Négociez pour votre entreprise, Emerson, et laissez-moi négocier pour la mienne. »

Kampen fut si impressionné par cette preuve d'intégrité que, alors que Huntsman et lui n'avaient jamais été proches, il demanda par testament à ce que Huntsman soit l'une des deux personnes qui prennent la parole à ses obsèques.

Évidemment, Jon Huntsman avait des valeurs à défendre. Comme il l'a écrit au sujet de cette expérience : « Même si j'avais pu contraindre Great Lakes à payer 200 millions de dollars supplémentaires pour ces parts de mon entreprise, je n'ai jamais eu à me battre avec ma conscience ni éprouvé le moindre regret. Ma parole m'engageait totalement. »

Jon Huntsman savait ce qui était important pour lui. Ses valeurs étaient claires. Il n'eut pas à lutter quand les circonstances les mirent au défi. Et bien sûr, sa façon de les défendre inspirait confiance.

> *« Il n'est pas difficile de prendre des décisions quand vous êtes au clair sur vos valeurs. »*
>
> —ROY DISNEY, EX-VICE-PRÉSIDENT DE WALT
> DISNEY COMPANY

Une excellente façon d'identifier les valeurs que vous voulez défendre est de vous soumettre à un processus de clarification de celles-ci. Je ne connais rien de plus valable à cet égard que la rédaction d'un cahier des charges ou d'un credo, qu'il soit personnel, familial ou organisationnel. Formuler par écrit les valeurs que vous entendez défendre ; vivre en accord avec ce credo vous apportera de grands dividendes dans votre quête de la crédibilité et de la confiance.

3. SOYEZ OUVERT

Il vous est certainement arrivé de rencontrer des personnes que vous jugiez étroites d'esprit ou arrogantes, des êtres qui ne vous écoutent pas vraiment parce qu'ils sont convaincus de déjà savoir tout ce que vous pourriez dire. Des gens qui refusent de nouvelles façons de voir les choses parce qu'ils sont convaincus que leur façon de penser est la seule juste. Ou qui, ayant regardé la vérité en face, la rejetteront, parce qu'ils ne veulent pas accepter la possibilité qu'il y ait une réalité, une idée, un principe qui leur échappe. Comment une pareille suffisance, une telle dilatation de l'ego affectent-elles votre perception de leur crédibilité ? Et votre volonté d'accroître la confiance ?

L'ouverture est primordiale pour l'intégrité. Elle demande à la fois de l'humilité et du courage. L'humilité pour reconnaître qu'il existe peut-être des principes dont vous n'êtes pas conscient, et le courage de les suivre une fois que vous les avez découverts. Dans l'histoire, la plupart des grandes mutations de la pensée scientifique ont suscité des ruptures avec la pensée traditionnelle, et ont nécessité cette forme d'humilité et de courage.

Une bonne façon d'accroître l'intégrité est donc de travailler à se montrer ouvert. Prenons le cas d'Anouar el-Sadate, le troisième président de la République d'Égypte, qui gouverna ce pays de 1970 jusqu'à son assassinat, en 1981. Élevé dans une culture fortement anti-israélienne et dirigeant le gouvernement d'une nation qui ne l'était pas moins, Sadate montra néanmoins une remarquable ouverture en poursuivant une politique de paix quand la voix de sa conscience l'y incita. Malgré les insultes de ses voisins arabes, il resta fidèle aux conclusions qu'il avait tirées d'une période de sa vie passée derrière les barreaux de la prison centrale du Caire : « Celui qui ne peut changer l'étoffe même de sa pensée ne sera jamais capable de changer la réalité, et ne fera donc jamais aucun progrès. » Il fit le voyage d'Israël, rencontra le premier ministre israélien Menachem Begin et prononça un discours devant la Knesset. Après quoi il se rendit aux États-Unis, où de nouveau il rencontra Begin puis le président américain Jimmy Carter. Leurs discussions débouchèrent sur les accords du Camp David, pour lesquels Begin et Sadate reçurent conjointement le prix Nobel de la paix.

Il y a plusieurs années, mon père et moi eûmes le privilège de déjeuner avec Jehan Sadate, la veuve du président égyptien, et nous l'écoutâmes. Ce dont je me souviens le mieux dans le portrait qu'elle traça de son mari, c'est sa volonté d'ouverture, sa capacité à remettre en question ses certitudes les mieux ancrées.

Des êtres comme Anouar el-Sadate ou Nelson Mandela, l'ex-président d'Afrique du Sud, ou encore Mikhaïl Gorbatchev, qui dirigea l'ex-Union soviétique, interprètent sur la grande scène du drame planétaire le thème même que nous répétons dans nos relations avec nos collègues, les membres de notre famille et nos amis. L'ouverture inspire crédibilité et confiance ; la fermeture suscite au contraire suspicion et défiance.

À mesure que vous évaluez votre propre ouverture, posez-vous les questions suivantes :

- Suis-je convaincu(e) que ma vision du monde est absolument exacte et complète ou suis-je honnêtement disposé(e) à écouter et tenir compte d'idées et de points de vue nouveaux ?

- Suis-je prêt(e) à examiner sérieusement des points de vue différents du mien (de mon patron, d'un collègue, d'un client, de mon(ma) conjoint(e), de mes enfants...) et, le cas échéant, à modifier ma façon de penser ?

- Suis-je capable d'admettre qu'il existe des principes que je n'ai pas encore découverts ? Suis-je déterminé(e) à vivre en harmonie avec ces principes, même si cela suppose de développer de nouveaux schémas et de nouvelles habitudes de pensée ?

- L'idée d'un apprentissage perpétuel me semble-t-elle valable, et l'ai-je mise en pratique dans ma vie ?

Plus vous êtes ouvert aux nouvelles idées et possibilités, plus vous créez un dividende de confiance. Moins vous l'êtes et plus vous entamez la confiance existante et freinez vos performances actuelles et à venir.

L'IMPACT SUR LA VITESSE ET LE COÛT

> *« L'avidité détruit la richesse. La confiance et l'intégrité,*
> *au contraire, alimentent la prospérité. »*
>
> —PATRICIA ABURDENE, AUTEUR DE
> *CONSCIOUS MONEY*

Ces « accélérateurs » – prendre et tenir des engagements vis-à-vis de vous-même, défendre vos principes et être ouvert – vous aideront à accroître votre intégrité. Ils augmenteront aussi la vitesse et réduiront le coût de tous vos actes importants. Et vous serez d'autant plus capable de transformer les taxes de confiance en dividendes de confiance dans tous les secteurs de votre vie.

Plus grande est votre intégrité – plus honnête, cohérent, humble, et courageux vous vous montrez – plus vous serez crédible et plus vous inspirerez confiance. Plus vous serez en mesure de transformer la taxe confiance en dividendes de confiance dans chacune des dimensions de votre vie.

NOYAU 2 : L'INTENTION
QUEL EST VOTRE PROGRAMME ?

*« Selon la loi, un homme est coupable quand il viole
les droits d'un autre. Selon l'éthique, il est coupable dès
qu'il y songe. »*
—EMMANUEL KANT

J'espère que mes parents me pardonneront de vous raconter cette histoire amusante qui les concerne, mais elle va m'aider à démontrer ce que je veux dire.

Il y a plusieurs années, Stephen et Sandra Covey, mon père et ma mère, revenaient de leur fermette dans le Montana. Ils étaient très fatigués l'un et l'autre, ayant passé la matinée à faire de la motoneige avec les plus jeunes membres de la famille. Stephen se sentant trop épuisé pour conduire, Sandra prit le volant tandis qu'il s'allongeait à l'arrière et s'endormait instantanément.

Deux heures plus tard, Sandra, qui sentait une douce torpeur la gagner, s'arrêta au bord de la route et réveilla Stephen, lui expliquant que c'était à elle de s'étendre à l'arrière pour dormir. Ils ouvrirent les portières et sortirent pour échanger leurs places. Stephen se glissa sur le siège conducteur. Sandra, au moment où elle allait ouvrir la porte arrière, se rappela que leur nouvelle voiture possédait un bouton magique qui permettait de lever ou d'abaisser le châssis à volonté. À cause de son genou, qui est faible, elle demanda à Stephen :

« S'il te plaît, abaisse la voiture afin que je puisse monter facilement », et elle referma la portière pour qu'il puisse le faire.

Presque aussitôt, quelle ne fut la surprise de Sandra de voir la voiture démarrer et s'éloigner rapidement. Croyant que Stephen faisait semblant de l'abandonner (une hypothèse plausible, étant donné son sens de l'humour), elle se mit à courir derrière la voiture. Mais celle-ci accéléra et ma mère se retrouva toute seule au bord de l'autoroute.

Comme c'était l'hiver, qu'elle n'avait pas de manteau et qu'elle était en collants, Sandra estima que le moment était mal choisi pour ce genre de blague – Stephen allait vraiment l'entendre quand il reviendrait ! Mais après avoir passé dix minutes sur le bas-côté à geler, elle arriva à la conclusion que son époux devait avoir pensé qu'elle était montée dans la voiture et s'était endormie à l'arrière.

Apparemment, Stephen n'avait pas entendu Sandra lui demander d'abaisser la voiture et, en entendant la portière claquer, avait supposé qu'elle était montée. Sachant à quel point elle était fatiguée, il se dit qu'elle s'était aussitôt endormie comme l'y invitaient couvertures et oreillers. Comme Sandra adore multiplier les pauses toilettes et grignotage, Stephen se dit que, s'il restait parfaitement silencieux, elle dormirait sans doute tout le long du chemin et qu'ils ne mettraient pas trop de temps à faire la route.

Heureusement pour elle, la chance voulut que le conducteur d'une voiture qui passait à ce moment-là la repérât seule au bord de la route au moment où la voiture s'éloignait. Convaincu de faire son devoir civique, il appela la police de l'autoroute et raconta qu'il venait juste de voir un homme abandonner une femme sur le bas-côté.

Peu après, une voiture de patrouille s'arrêtait à côté de Sandra et le policier lui demandait ce qui s'était passé.

« Mon mari m'a laissée ici, mais je ne crois pas qu'il s'en soit rendu compte ! » fit-elle.

Soupçonnant un mauvais traitement, le policier insista :

« Vous vous êtes disputés, madame ? Pourquoi est-il parti en vous abandonnant au bord de la route ?

– Je suis sûre qu'il me croit en train de dormir sur la banquette arrière.

– Il croit que vous êtes sur la banquette arrière de sa voiture ? Ne trouvez-vous pas étrange qu'il n'ait pas remarqué votre absence ?

– Non, je suis sûre qu'il me croit profondément endormie.

– Quel est votre nom ?

– Sandra Covey. »

Il y eut un long silence.

« Êtes-vous parente de Stephen Covey, l'écrivain ? J'ai assisté l'un de ses séminaires un jour.

– C'est mon mari, c'est lui qui vient de me laisser au bord de la route. »

Tandis que la conversation se poursuivait, Sandra se souvint que Stephen avait son téléphone portable sur lui, si bien qu'ils l'appelèrent.

« M. Covey, police de la route, arrêtez-vous immédiatement et faites-moi connaître l'endroit exact où vous vous trouvez. »

Interloqué de découvrir que la police possédait son numéro de portable, et se demandant s'il avait commis un excès de vitesse, il répondit : « Très bien, monsieur l'agent, je crois que je suis du côté d'Idaho Falls, mais je ne sais pas exactement où parce que je me suis réveillé il y a un quart d'heure. Jusque-là, c'était ma femme qui conduisait. Je vais lui demander où nous sommes. »

Et il cria vers la banquette arrière : « Sandra ! Sandra, réveille-toi ! Il y a un policier au téléphone qui voudrait savoir où nous sommes exactement. »

« M. Covey ! M. Covey ! répliqua le policier à haute voix dans le téléphone. Votre femme n'est pas avec vous !

– Elle dort sur la banquette arrière, rétorqua Stephen sur un ton impatient. Une minute, je vais m'arrêter et la réveiller. »

Stephen s'arrêta donc et se mit à inspecter la banquette arrière. Puis il se mit à fourrager frénétiquement sous les couvertures et les oreillers. Sandra n'était pas là…

« Ma femme a disparu ! s'écria-t-il.

– Elle est à côté de moi, M. Covey, répliqua le policier.

– À côté de vous ? Et comment est-elle arrivée là ?

– Vous l'avez abandonnée sur le bord de la route, il y a un petit moment.

– Quoi ? répondit-il, incrédule. Vous voulez dire qu'elle n'est pas montée dans la voiture ? Je n'arrive pas à le croire ! Je me demandais pourquoi elle était aussi silencieuse ! »

La voiture de patrouille ne tarda pas à retrouver Stephen et ils éclatèrent tous de rire en reconstituant le fil des événements. Stephen conclut : « Mes enfants ne me croiront jamais quand je leur raconterai celle-là. »

Le policier répondit : « Et moi donc ! Attendez que je la raconte aux collègues… C'est la meilleure de l'année. »

L'IMPORTANCE DE L'INTENTION

Maintenant, posez-vous la question : si vous aviez assisté à cette scène, comment auriez-vous évalué l'*intention* de Stephen ?

Sandra pensa d'abord qu'il avait décidé de lui faire une plaisanterie en faisant semblant de l'abandonner. Pourquoi ? Parce qu'il a un sacré sens de l'humour et qu'il est coutumier de ce genre de facéties. Pourtant, une fois qu'elle eut compris ce qui s'était produit, elle en déduit que Stephen n'avait pas réalisé qu'elle était restée sur la route et que son intention, en ne lui parlant pas, avait été de la laisser dormir. Pourquoi ? Parce qu'elle connaissait son caractère. Elle savait qu'il voulait lui faire plaisir, l'avait laissé dormir par affection et ne l'aurait jamais sciemment abandonnée au bord d'une route la nuit en plein hiver.

L'automobiliste qui prévint la police, de son côté, ne connaissait pas Stephen et pensa évidemment que son intention était d'abandonner Sandra. Pourquoi ? Qui sait ? Peut-être avait-il connu cette expérience de l'abandon dans sa propre vie. Ou peut-être y avait-il été sensibilisé (comme la plupart d'entre nous) pas notre culture sociale, où ce type de comportements et de mauvais traitements au sein des couples est monnaie courante.

Le policier soupçonna d'abord qu'il y avait derrière tout ça une mauvaise intention. Pourquoi ? Sans doute parce qu'il avait connu beaucoup de situations de ce genre dans le cadre de son travail, et c'est à travers les lunettes de cette expérience qu'il interpréta d'abord les événements.

Quelle était l'intention réelle de Stephen ? Il n'avait évidemment pas l'intention de laisser Sandra mourir de froid sur le bord de l'autoroute. Sa seule intention en gardant le silence était de la laisser se reposer. Mais, comme il l'a lui-même reconnu, il voulait arriver chez lui aussi vite que possible et il savait que, s'il la réveillait, il lui faudrait s'arrêter à plusieurs reprises sur la route.

Cette expérience nous rappelle certaines des questions importantes qui sont en jeu quand nous parlons d'intention :

- L'intention est importante.
- Elle s'enracine dans le caractère.
- Si nous avons tendance à nous juger sur nos intentions, nous avons tendance à juger les autres sur leurs actes.
- Nous avons aussi tendance à juger les intentions des autres à partir de nos expériences et de nos schémas personnels.

- Notre perception de l'intention a un énorme impact sur la confiance.

- C'est souvent à cause des conclusions qu'ils tirent de nos actes que les gens se méfient de nous.

- Il est important pour nous d'influencer activement les conclusions des autres en « affichant nos intentions ».

L'IMPACT DE L'INTENTION SUR LA CONFIANCE

Le Barème de confiance Eldelman publie une étude annuelle comparant les degrés de confiance des différents peuples de la terre envers diverses institutions, grandes entreprises locales, gouvernements et multinationales. Bien que les résultats varient souvent d'une année à l'autre, et d'un pays à l'autre, devinez qui obtient les meilleurs résultats chaque année depuis la première parution de cette étude ? Ce sont les ONG, les organisations non gouvernementales qui s'efforcent de résoudre les problèmes de société, santé, droits de l'homme, malnutrition et environnement.

Dans le Gallup et autres sondages comparant le niveau de confiance au sein de différentes professions, qui, selon vous, obtient les scores les plus bas ? Les politiciens.

D'où vient cette distorsion ? Pourquoi notre confiance dans les ONG est-elle si grande et notre confiance dans les politiques, si basse ? Songez aux 4 noyaux de la crédibilité. Pour la plupart, aussi bien les ONG que les politiciens possèdent de solides compétences. Ils peuvent se prévaloir de résultats incontestables. L'intégrité peut parfois représenter un problème pour certains politiciens (leurs adversaires ou les médias pourront en tout cas la mettre en doute).

Mais j'affirme que le principal responsable, et de loin, de cet écart entre nos perceptions des ONG et des politiciens est le problème de l'*intention* – soit l'intention réelle, soit l'intention déclarée, soit l'intention qu'on attribue aux personnes en question. Quelles sont leurs motivations, quel est leur programme ? Prennent-elles vraiment à cœur les intérêts de toutes les parties concernées ? Sont-elles avant tout préoccupées du pouvoir politique, de leur parti, de leur propre ego ou du profit personnel à tirer d'une situation donnée ?

Avec les ONG, les motivations sont généralement honorables et claires. Le programme consiste à accomplir un objectif ou une mission spécifique pour le bien commun. On prête plus volontiers aux politiciens l'intention d'œuvrer dans leur propre intérêt ou celui de leur parti que pour l'ensemble de la communauté.

L'impact des questions d'intention sur la confiance est énorme. Il y a quelque temps, un traducteur de CNN retranscrit de façon erronée un mot d'un discours du président iranien Mahmoud Ahmadinejad. Au lieu du développement de « *technologies* nucléaires », il mit dans la bouche du président iranien l'expression « développement d'*armes* nucléaires ». Dans le contexte déjà extrêmement tendu qui entoure la question du nucléaire en Iran, la réaction des autorités de Téhéran ne se fit pas attendre, et les collaborateurs de CNN basés en Iran furent aussitôt chassés du pays. Hossein Shariatmadari, rédacteur en chef du journal *Kayhan*, affirma alors : « *La distorsion était délibérée*, avec le but de contrer l'influence des propos du président sur l'opinion publique. »

Remarquez la focalisation immédiate sur la motivation ou l'intention supposée, sa dénonciation… et le résultat. CNN dut s'excuser publiquement pour pouvoir revenir en Iran. Mais, dans ce cas comme dans des dizaines d'autres chaque jour, si nous avons des yeux pour voir, l'impact énorme des problèmes d'intention crève littéralement les yeux, justement.

Pour en revenir à notre métaphore du « témoin cité comme expert », un des principaux efforts de la partie adverse consisterait à discréditer un témoin en stigmatisant ses intentions : pourquoi cette personne livre-t-elle ce témoignage ? Que va-t-elle en tirer ? Y a-t-il conflit d'intérêts ? N'est-elle pas rémunérée par l'entreprise en faveur de laquelle elle témoigne ? Si l'avocat qui met en cause ce témoin parvient à mettre en doute son intention, son témoignage perdra de sa force.

L'interprétation de l'intention est encore plus importante pour l'accusé – en fait, un problème central. « Quel était le mobile de cette personne pour commettre un tel crime ? » Dans la plupart des procès, l'identification de l'intention ou du mobile est un facteur déterminant.

Comme l'illustre la métaphore de l'arbre, l'intention est représentée par le tronc, en partie souterrain et donc invisible et en partie visible au-dessus du sol. Si nos motivations et nos plans sont profondément enfouis dans notre cœur et notre esprit, ils deviennent visibles dans nos comportements et quand nous les exprimons.

Comme tous les autres principes, l'intention est vitale pour la confiance. Une personne intègre, compétente et qui obtient des résultats, mais dont l'intention n'est pas clairement affirmée, verra ses motivations profondes suspectées. Peut-être veut-elle réussir mais aux dépens des autres ? Ses collègues le sentiront et ils seront alors réticents à accorder toute leur confiance. À l'inverse, une personne dont l'intention est bonne mais qui serait dépourvue des trois autres noyaux (intégrité, compétence et résultats) serait une personne impliquée mais malhonnête ou lâche, sans talents ni savoir-faire et qui aurait encore à faire ses preuves. Encore une fois, les 4 noyaux sont vitaux.

Nous allons donc examiner cette question de l'intention. Mais auparavant, voici quelques questions que vous vous posez peut-être :

- M'arrive-t-il souvent de n'écouter que d'une oreille les propos de quelqu'un parce que je soupçonne ses intentions ?
- Dans mon entreprise, à combien se monte le déficit imputable à la défiance des salariés envers la direction ? Quel est l'impact sur la vitesse et le coût ?
- Dans mon équipe, quel est le déficit lié aux procès d'intention réciproques ?
- Et moi, qu'est-ce que je perds exactement quand les autres mettent en doute mon intention ?
- Que puis-je faire pour améliorer et mieux communiquer mon intention ?

Ces questions vous aideront à préparer votre esprit et votre cœur pour l'examen de l'intention et de la façon dont nous pouvons l'améliorer.

QU'EST-CE QUE L' « INTENTION » ?

Le dictionnaire définit l'intention comme un « plan », la volonté d'atteindre un but. Je suis convaincu que toute discussion de l'intention restera incomplète si nous n'abordons pas trois thèmes : la motivation, le plan et le comportement.

La motivation. La motivation est votre raison de faire quelque chose. C'est le « pourquoi » qui motive le « quoi ».

La motivation qui inspire la plus grande confiance est une implication authentique, qui fait qu'on se soucie des autres, qu'on est concerné par les objectifs, par la qualité de ce que l'on fait, par la société dans son ensemble. Pensez-y : allez-vous faire confiance à quelqu'un qui montre une totale insensibilité envers son travail ou encore envers les principes et les valeurs qui vous importent, bref qui se montre profondément indifférent à tout ce qui vous est cher ?

> *« Comment pouvez-vous développer la confiance ? C'est simple : montrez un souci sincère de leur bien-être. La confiance viendra. »*
>
> —LE DALAI LAMA

La confiance que nous avons dans nos semblables, les institutions ou les entreprises, vient en partie de ce que nous leur prêtons de bons sentiments. Je me souviens, étant enfant, quand mes parents me punissaient pour une bêtise ou une autre, ils le faisaient toujours avec amour. Je n'aimais pas la sanction. Souvent, je la détestais. Mais je ne me suis jamais dit que mes parents me punissaient par manque d'amour pour moi. Je savais que je pouvais en toutes circonstances compter sur cet amour.

Les entrepreneurs du monde entier ont compris l'importance de la bienveillance, du souci de l'autre. Combien de publicités avez-vous vues qui communiquent, par des mots ou par des associations visuelles, des messages du type : « Le client passe avant tout », « La qualité est notre souci n° 1 », « L'environnement, notre objectif n° 1 », etc. Les entreprises espèrent qu'en communiquant cette image responsable et attentive, elles inspireront confiance – et que vous achèterez leurs produits et services.

On a écrit beaucoup de choses récemment sur la façon dont la bienveillance et le souci des autres permettent d'améliorer les performances. Des livres tels que *The Art of Caring Leadership* (« Être un dirigeant à visage humain »), *Give and Take* (« Donnant, Donnant ») ou *Leaders Eat Last* (« Les dirigeants passent à table en dernier ») valident clairement la forte relation qui existe entre souci de l'autre et performance. L'ex-dirigeant de Yahoo, Tim Sanders, dans son livre *Love is the Killer App* (« L'Amour, le logiciel le plus performant »), parle en termes très concrets de l'amour et il montre en quoi amour et compassion peuvent se traduire par des comportements spécifiques qui bénéficient à l'entreprise et à tous ceux qui y travaillent. Je maintiens que cette indéniable connexion entre souci de l'autre et performance est importante parce que la bienveillance et le souci de l'autre engendrent la confiance.

Il est clair que la motivation importe : dans la construction de la crédibilité et de la confiance, l'attention à l'autre est beaucoup plus efficace que bien d'autres qualités. Mais que se passe-t-il quand c'est l'inverse que vous éprouvez – de l'indifférence ? Si votre motivation réelle se résume au profit, à l'accumulation ou à la reconnaissance personnelle ? Si vos clients ou vos salariés ne vous inspirent que du dédain ? Devez-vous quand même essayer de les convaincre qu'ils comptent pour vous ?

Si vous ne vous souciez nullement d'eux – et que vous n'avez pas l'intention de changer –, pourquoi pas ? Mais vous devez comprendre *qu'il faudra en assumer les conséquences sous forme de taxe* ! Tout ce que vous direz ou ferez prendra plus de temps et coûtera plus cher parce que vous ne gagnerez pas la crédibilité et la confiance qu'entraîne une véritable attention aux autres. Vous estimez peut-être vos résultats satisfaisants, mais posez-vous une question plus importante : « Qu'est-ce que j'y perds ? »

Vous devez aussi comprendre que, si vous agissez comme si les autres comptaient pour vous, alors que ce n'est pas le cas, au final – si ce n'est pas très rapidement – il y aura un « retour de bâton » et le déficit sera alors encore pire. La taxe liée à la duplicité est en fait la plus lourde de toutes, surtout quand cette duplicité concerne la motivation.

> « La seule chose qui soit pire qu'un président ou un PDG qui n'éprouve qu'indifférence pour ses salariés, c'est un PDG qui fait semblant de s'en soucier. Rien de plus facile à démasquer qu'un imposteur. Il se fait repérer à tous les coups. Les gens devinent que l'on se fiche pas mal d'eux, et pire, qu'en le cachant on les prend pour des imbéciles. »
>
> —JIMMY JOHNSON, EX-ENTRAÎNEUR DES DALLAS COWBOYS ET DES MIAMI DOLPHINS

Donc, si vos collègues ou vos subordonnés vous indiffèrent, et que vous n'avez pas l'intention de changer, vous avez en général tout intérêt à ne pas le cacher et à accepter le prix à payer. Autre possibilité : vous êtes indifférent au bien-être des autres mais *vous voudriez sincèrement changer*. Il y a alors très clairement des moyens d'améliorer vos motivations et votre intention. J'aborderai cette question dans la dernière partie de ce chapitre.

Le plan d'action. Le plan d'action découle de la motivation. C'est ce que vous projetez de faire ou d'encourager sur la base de votre motivation.

Le plan d'action qui inspire en général la plus grande confiance est fondé sur le bénéfice mutuel : vouloir vraiment le meilleur pour toutes les personnes concernées. Cela ne consiste pas seulement à vous soucier des autres, mais aussi à souhaiter sincèrement leur réussite. Certes, vous cherchez à réussir vous-même, c'est naturel, souhaitable et prévisible. Mais vous souhaitez aussi le succès de tous vos partenaires. Reconnaissant que la vie repose sur l'interdépendance, vous cherchez des solutions qui construisent la confiance et bénéficient à tous. J'aime ce qu'en dit Adam Grant, un professeur de Wharton : « J'aimerais redéfinir le succès : ce n'est pas seulement ce que vous accomplissez ; c'est également ce que vous aidez les autres à accomplir. »

> *« Après avoir passé de nombreuses années à tenter de définir les fondements de la confiance, je suis arrivé à la conviction qui si deux personnes parvenaient à se dire deux choses l'une à l'autre en les pensant, alors on poserait les bases d'une confiance réelle. Ces deux choses sont : 'Je ne te veux pas de mal' d'une part et, d'autre part, 'Je recherche ce qui est le mieux pour toi'. »*
>
> —JIM MEEHAN, PSYCHOLOGUE ET
> POÈTE BRITANNIQUE

L'opposé d'un plan visant des bénéfices mutuels est un plan centré sur le seul intérêt personnel : « Je veux réussir, point. » Si tel est votre plan d'action, vous obtiendrez peut-être des résultats. Mais demandez-vous une chose : sont-ce les meilleurs résultats possibles que j'obtiendrai ? Et ces résultats, pourrai-je les maintenir sur la durée ? La réponse à ces deux questions est non. Tôt ou tard, il y aura un très lourd prix à payer. Et votre approche ne sera pas durable. Au lieu de construire des passerelles de crédibilité et de confiance, vous créez des barrages de suspicion et de méfiance.

Laissez-moi vous raconter l'expérience de Shea Homes, un remarquable exemple des dividendes qu'on peut retirer d'un programme sincère de bénéfices mutuels. Dans l'industrie de la construction, qui repose presque toujours sur une compétition féroce (paradigme gagnant/perdant) entre contractants et sous-traitants, Shea Homes a décidé de promouvoir un modèle différent. Elle a obtenu entre autres nombreuses concessions que les industriels rebaptisent leurs sous-traitants « partenaires commerciaux » et présentent en toute transparence à leurs partenaires leurs financements des projets communs. Leur axiome de départ était le suivant : « Nous voulons gagner mais nous voulons aussi que vous gagniez. Et ensemble, nous pourrons mieux aider nos clients à gagner. Comment faire pour que cela fonctionne ? »

Rien de plus opposé à une telle démarche que l'approche compétitive classique ; c'est le jour et la nuit. Et les résultats atteints reflètent d'énormes dividendes de confiance mesurables sur presque tous les paramètres : le nombre de jours nécessaires pour construire des bâtiments a été réduit, les coûts ont baissé, les problèmes de qualité ont diminué, la satisfaction des clients a augmenté ainsi que leurs recommandations positives. Leur chiffre d'affaires s'est amélioré. Leurs partenaires ont gagné plus d'argent. Les clients sont plus heureux. Bref, tout le monde y a gagné.

L'exemple de Shea Homes montre clairement l'impact sur la confiance d'un plan d'action de bénéfices mutuels. Il montre aussi l'importance d'un plan d'action *ouvert* et non pas *secret* ou *fermé*. Vous avez probablement vécu des dizaines, sinon des centaines de réunions ou de relations où vous aviez l'impression que les gens n'étaient pas honnêtes avec vous sur ce qu'ils voulaient ou tentaient réellement d'accomplir. En d'autres termes, ils opéraient en dissimulant leur plan d'action. Vous en soupçonniez très probablement certains aspects et vous en éprouviez d'autant plus de défiance, de suspicion et de vigilance. Pensez au prix qu'il a finalement fallu payer. Songez à l'impact sur la vitesse et le coût ; aux dividendes que tous auraient pu partager, sans ces multiples inquiétudes sur les motivations secrètes ou les arrière-pensées, si tous les plans d'action avaient été clairement avoués et surtout si l'objectif principal avait consisté à travailler dans l'intérêt de tous les partenaires…

Le comportement. Le comportement est le paramètre par excellence reflétant la motivation et le plan d'action. *Agir dans le meilleur intérêt des autres, tel est le comportement susceptible de créer la crédibilité et d'inspirer confiance.* Quand nous agissons ainsi, nous démontrons clairement notre souci des autres et notre volonté de dégager des bénéfices mutuels. Et c'est là le point essentiel. Il est aisé de dire qu'on prend à cœur quelque chose ou quelqu'un et « je veux que vous réussissiez », mais seul notre comportement véritable montre que nous pensons vraiment ce que nous disons.

> « Le prix réel de l'aptitude à diriger est la disposition
> à placer les besoins des autres avant les vôtres. Les

> *grands dirigeants se soucient réellement de ceux qu'ils ont le privilège de diriger et comprennent que le coût réel du privilège de dirigeant vient au prix de l'intérêt personnel. »*
>
> —GEORGE J. FLYNN, LIEUTENANT GENERAL, CORPS DES MARINES AMERICAINS (RET.)

Voici un excellent exemple de comportement montrant un réel souci de l'autre et inspirant confiance. C'est celui de Howard Schultz, fondateur et ex-président de Starbucks.

Il y a plusieurs années, trois salariés de Starbucks sont tués durant une tentative de hold-up dans un magasin Starbucks de Washington. En apprenant la nouvelle, Howard Schultz saute dans le premier avion pour la capitale fédérale. Il passe une semaine entière sur place, collabore avec la police, réconforte les familles des victimes et rencontre ses salariés. Il assiste aux obsèques des victimes. Mais il fait beaucoup plus en annonçant qu'il versera tous les profits futurs de ce magasin à des « organisations travaillant pour les droits des victimes et la prévention de la violence ».

En montrant un si profond attachement à ces trois salariés, Howard Schultz a prouvé aux milliers de salariés de Starbucks et à leurs familles qu'il tenait à eux. Et le message est passé. Personne n'a eu le moindre doute sur ce qu'il éprouvait alors. Ils ont pensé : « S'il fait ça pour ces gens et leurs familles, il le ferait pour moi. Je suis fier de travailler pour cette entreprise. »

Détournant pour la bonne cause le célèbre adage de la mafia (« Punissez-en un, vous en ferez obéir des dizaines »), Schultz a fait la preuve qu'en montrant une profonde sollicitude pour ces hommes et ces femmes plongés dans le malheur, il envoyait un signal à toute l'entreprise. Et ceux qui travaillent pour sa société ont retourné la gentillesse qu'on leur a prodiguée dans la façon dont ils traitent leurs clients, avec pour résultat ce que Schultz a appelé « un salarié de plus haute qualité, un salarié qui s'implique davantage ». C'est l'une des raisons pour lesquelles Starbucks a une culture aussi forte, affiche de telles performances et figure dans le magazine *Fortune* au top 10 des Entreprises les plus admirables du monde.

Malheureusement, ce comportement exceptionnel n'est pas la norme. Dans nombre d'entreprises, le message transmis par le comportement des dirigeants n'est pas « nous nous soucions de vous », mais « vous êtes consommable et remplaçable. Tout ce qui compte, c'est le profit. » En fait les recherches ont montré que :

- seuls 29 % des salariés estiment que leur direction prend à cœur le développement de leurs compétences ;

- seuls 42 % pensent que leur direction éprouve un quelconque attachement envers eux.

Quel type d'impact cette croyance a-t-elle sur la confiance ainsi que sur la vitesse et le coût nécessaires à ces entreprises pour produire les services ou les biens qu'elles vendent ?

Agir dans l'intérêt bien compris des autres est par excellence un comportement qui découle d'un véritable souci d'autrui et d'un plan d'action axé sur un bénéfice mutuel. Cependant, il y a des moments où un comportement de persuasion n'est, en réalité, qu'un acte de duplicité ou de tromperie. C'est le bluff du « je me soucie de toi » chez celui qui éprouve une indifférence totale mais veut projeter l'image du dévouement. N'oubliez pas que *le véritable comportement en l'occurrence est la tromperie*, et ce bluff finit presque toujours par se trahir. La duplicité ne fait pas de vieux os, et les dégâts qu'elle entraîne pour la crédibilité de quelqu'un – et donc aussi pour la confiance qu'il inspire – sont immenses.

L'ADMINISTRATEUR DE CONFIANCE

Quand nous pensons que les autres agissent vraiment au mieux de nos intérêts, nous avons tendance à leur faire confiance. Quand nous estimons qu'ils n'agissent pas au mieux de nos intérêts, nous ne nous fions pas à eux.

C'est aussi simple que ça.

Songez au fidéicommissaire. Un fidéicommissaire est une personne de confiance à qui est confiée l'autorité légale de gérer l'argent ou les biens de quelqu'un d'autre. La norme en matière de fiducie, c'est que l'administrateur, ce fidéicommissaire, agit au mieux des intérêts de la ou des personne(s) qu'il représente. En latin, *fiducia* signifie « confiance » – il s'agit donc d'un individu en qui on a placé sa confiance. C'est ce que j'appelle le « standard du fidéicommissaire » : agir au mieux des intérêts des autres.

Songez au problème des syndicats. Les syndicats sont une réalité dans beaucoup d'entreprises et ils comportent des aspects positifs. Les syndicats représentent de braves gens et ils jouent souvent un rôle-clé dans les grandes entreprises telles que Southwest, Toyota, Boyd's Coffee, et Boeing.

Mais la raison fondamentale pour laquelle (surtout aux États-Unis) la plupart des syndicats se sont constitués, c'est que les salariés ne font *pas* confiance à leur direction pour agir au mieux de leurs intérêts. En d'autres termes, les salariés estiment qu'ils doivent s'organiser pour défendre leurs intérêts parce que leur direction ne le fera pas. Le syndicalisme est donc par excellence un fruit de la méfiance, dans lequel la norme de l'administrateur de confiance n'est ni respectée, ni même perçue comme telle.

> *« Je crois que toute bonne entreprise doit avoir [...] une relation de partenariat véritable avec ses salariés. Vous devez travailler au mieux de leurs intérêts [...] et finalement l'entreprise en profitera. »*
>
> —SAM WALTON, FONDATEUR, WAL-MART ET
> SAM'S CLUB

QUAND LA BONNE INTENTION EST MAL EXÉCUTÉE

Il est important de garder présent à l'esprit que parfois, malheureusement, un comportement inadapté peut relever d'une bonne intention mal appliquée. Ce fut certainement le cas ce jour où mon père abandonna ma mère toute seule sur le bas-côté de la route ! Son intention était bonne mais l'application ne fut pas à la hauteur...

N'oublions pas que nous sommes en général jugés – et que nous-mêmes jugeons – d'après nos façons d'agir. Nous devons donc faire tout notre possible pour que notre comportement reflète bien nos motivations et nos projets réels.

Nous devons aussi nous montrer prudents sur la façon dont nous jugeons les autres. J'ai un ami qui, au volant, critique toujours très sévèrement les conducteurs aux comportements « inappropriés » (comme ceux qui lui font une queue de poisson, par exemple). Son épouse suggère toujours d'autres possibilités : « Peut-être doit-il se rendre à l'hôpital ? », ou « Peut-être est-il en retard pour aller chercher sa petite fille à l'école ? », ou encore « Peut-être que son chien est mort... ». Comme le disait l'écrivain J. M. Barrie : « N'imputez jamais à un adversaire [*ni à qui que ce soit, ajouterais-je*] des mobiles moins nobles que les vôtres. »

Il faut selon moi veiller aussi à ne pas interpréter les intentions des autres en projetant les vôtres sur leur conduite – et n'oubliez pas que les autres sont souvent tentés, eux aussi, d'interpréter vos propres actes de cette façon. Comme votre expérience vous le montrera sans aucun doute (et comme je l'ai découvert personnellement et profondément lors de l'expérience de fusion FranklinCovey, il y a quelques années), aucun de nous n'apprécie qu'on lui prête injustement des intentions négatives. Une fois encore, nous avons tendance à juger les autres sur leurs actes et à nous juger nous-même sur nos intentions. Dans presque toutes les situations, nous ferions bien de reconnaître la possibilité, voire la probabilité, d'une bonne intention chez autrui... parfois en dépit même de sa conduite.

En choisissant de regarder par-delà le comportement des autres, (surtout des adolescents ou des collègues perturbés) et en affirmant notre confiance dans le caractère positif de leurs intentions, nous les aidons à donner le meilleur d'eux-mêmes. Notre propre comportement exprime alors la noblesse de nos mobiles et le caractère affectueux de notre intention.

COMMENT AMÉLIORER SON INTENTION

L'intention est fondamentalement une affaire de cœur. C'est un sentiment qu'on ne peut simuler, en tout cas pas longtemps. Mais on peut sans aucun doute y travailler et l'améliorer.

Chez certaines personnes, l'intention est vraiment médiocre. Quoiqu'elles n'en soient pas conscientes et ne l'admettent pas volontiers, elles placent la recherche de leur seul profit, d'un statut social, de richesses, au-dessus des autres, au-dessus des principes, au-dessus de tout.

D'autres au contraire ont une bonne intention. Elles veulent sincèrement agir justement et recherchent le bien-être des autres, mais l'expression ou l'exécution de leur intention est insuffisante.

Même si nous n'en prenons pas conscience, la plupart d'entre nous ont de nets progrès à faire dans ces domaines. Soyons vraiment honnêtes et reconnaissons que nos mobiles ne sont pas toujours parfaitement purs. Il nous arrive d'aborder des situations avec des arrière-pensées, mêmes anodines, qui nous empêchent d'être totalement transparents avec les autres. Dans certaines de nos conduites, nous pouvons manquer de bienveillance, d'ouverture et de souci des autres.

Quelles que soient nos insuffisances à cet égard, nous en payons le prix sur les plans personnel et professionnel.

La difficulté consiste alors à améliorer l'intention. Pour ce faire, voici les trois meilleurs accélérateurs à utiliser :

1. EXAMINEZ ET AFFINEZ VOS MOTIVATIONS

Il est dans la nature humaine de présumer que nous avons de bonnes intentions, ou au moins des intentions défendables. Il arrive que nos intentions soient vraiment bonnes. Il arrive aussi que, pour les justifier, nous soyons conduits à rationaliser (au moyen de « mensonges rationnels »). Nous parvenons ainsi à convaincre autrui, et parfois à nous persuader nous-mêmes. Dans ces conditions, comment faire pour connaître réellement nos motivations, nos véritables raisons d'agir et de changer ce qui doit l'être ?

Une bonne façon d'y arriver consiste à se poser régulièrement des questions intimes comme celles-ci :

- *Dans une interaction avec un enfant,* mes actes sont-ils motivés par un souci et un amour sincères ? Suis-je vraiment en train d'agir au mieux des intérêts de cet enfant ? Suis-je assez humble pour reconnaître que je me trompe quand c'est le cas ? Ou bien est-ce que j'essaie seulement d'imposer ma volonté à cet enfant ?

- *Dans une interaction avec mon compagnon/ma compagne,* suis-je réellement à l'écoute de ce qu'il ou elle souhaite me faire comprendre ? Suis-je vraiment ouvert à son influence ? Suis-je capable de comprendre l'origine de ses arguments ? Ou bien suis-je centré(e) sur l'exposé de mon point de vue, la supériorité de mes arguments, le seul fait d'imposer ma volonté ?

- *Dans une interaction avec une équipe,* suis-je capable de discerner et de reconnaître assez vite la contribution de chacun des membres de l'équipe ? Suis-je concentré(e) sur la réussite de l'équipe tout entière ou suis-je obsédé(e) par ma seule réussite, mon rôle de star, le fait d'être reconnu(e), et moi seul(e), pour mes idées ?

- *Dans une transaction professionnelle,* est-ce que je veux vraiment le meilleur pour les deux parties ? Est-ce que je comprends vraiment ce qui va constituer une « réussite » pour mon ou ma partenaire dans cette transaction ? Ai-je réfléchi et suis-je capable de dire en quoi consisterait une « réussite » pour moi ? Suis-je ouvert(e) à la synergie, à des options auxquelles je n'avais pas songé ? Ou est-ce que je ne vise qu'une réussite personnelle, indifférent(e) au sort de mon ou ma partenaire ?

Dans ma vie personnelle, plus j'ai eu de relations avec les autres dans tous les domaines de la vie, famille, amis, travail, église, et associations de bénévoles, plus j'ai compris l'importance d'examiner régulièrement mes motivations. Comme j'ai eu l'occasion de parler devant des groupes, dans mon église par exemple, j'ai fini par comprendre l'importance de me demander sans cesse : est-ce que je cherche à faire du bien ou à impressionner ? Cette question m'aide à rester focalisé sur mon objectif et à m'exprimer avec une ouverture et une intégrité plus grandes.

Une autre bonne façon d'examiner vos motivations consiste à reprendre et à adapter les « cinq pourquoi » – une technique de résolution de problèmes popularisée dans les années 1970 par le constructeur automobile Toyota. L'idée simple des dirigeants de la firme était de prendre le problème par son aboutissement pour remonter ensuite via une série de « pourquoi », jusqu'à la cause première. Ce processus fonctionne très bien pour découvrir l'intention véritable.

Par exemple, supposons que vous vous sentiez sous-estimé, que vous ne soyez pas apprécié à votre juste valeur et qu'en général contrarié par votre situation professionnelle actuelle, vous demandiez à votre patron de le voir pour lui en parler. Vous poser les cinq questions « pourquoi ? » avant cette réunion influera beaucoup sur son contenu et ses résultats :

1. Ce sentiment de ne pas être apprécié et estimé à ma juste valeur, pourquoi est-ce que je l'éprouve ? *Parce que je pense que mon entourage ne reconnaît pas l'excellent travail que je fais.*

2. Pourquoi suis-je convaincu qu'on méconnaît mon excellent travail ? *Parce que les chefs semblent totalement concentrés sur les « nouvelles recrues prometteuses ».*

3. Et qu'est-ce qui me fait penser qu'ils sont concentrés sur ces « nouvelles recrues prometteuses » ? *Le fait que Sarah ait eu une promotion la semaine dernière alors que c'est moi qui aurais dû l'avoir !*

4. Pourquoi, selon moi, Sarah a-t-elle été promue plutôt que moi ? *Je ne sais pas. Peut-être est-ce de cela que je veux vraiment parler avec mon patron.*

5. Pourquoi veux-je en parler à mon patron ? *Eh bien, je suppose que mon intention originale était de me plaindre, de montrer mon irritation au sujet de la promotion de Sarah. Mais je suppose que ce que je veux vraiment, c'est comprendre ce que je peux faire pour ajouter de la valeur à l'entreprise, de telle sorte que, lorsqu'on envisagera de nouvelles promotions, mon cas sera pris au sérieux.*

En général, après cinq « pourquoi », vous êtes arrivés à la véritable intention, ou vous en êtes tout près. Une fois découvert le véritable « pourquoi », vous pouvez décider si vous êtes satisfait de votre intention ou si vous voulez la changer. La clé est simple : si votre intention est basée sur des principes (le souci d'autrui, la volonté d'apporter votre contribution, la recherche d'un bénéfice mutuel, la volonté d'agir au mieux des intérêts d'autrui), elle vous apportera des dividendes de confiance. Si ce n'est pas le cas, vous allez en payer le prix.

Donc, si vous devez perfectionner ou renforcer votre intention, je vous suggère quelques pistes :

1. Assurez-vous que vous avez identifié les principes qui vous apporteront les résultats que vous recherchez ;
2. Reconnaissez que vous pourriez avoir besoin d'aide pour créer ce profond changement intérieur et recherchez cette aide. Certains d'entre vous suivront des modèles, liront des biographies d'êtres exemplaires par leur altruisme ou s'inventeront un régime quotidien de pensées inspirantes et bienveillantes qu'on peut trouver dans la littérature spirituelle de toutes les époques. D'autres rechercheront une aide auprès de guides attentifs, s'adonneront peut-être à la méditation ou à la prière. En tout cas, au minimum, et avant de solliciter une quelconque aide extérieure, cette évolution exigera l'assistance constante de votre propre conscience. Écouter et répondre à cette voix intime de la conscience nous conduit tous à des motivations plus hautes et à une intention plus claire.
3. Un conseil : conduisez-vous dès maintenant comme la personne que vous voulez devenir. Le comportement n'est pas seulement la résultante de la motivation et du projet, c'est aussi un outil importun pour améliorer l'intention. Par exemple, si vous n'êtes pas dès maintenant une personne qui se soucie beaucoup des autres, mais que vous avez le désir d'en devenir une, alors agissez conformément à ce désir.

Conduisez-vous de façon bienveillante. Prouvez cette bienveillance par des actes. En agissant – avec le désir de changer –, nous nous recréons meilleurs que nous ne l'étions.

2. AFFIRMEZ VOTRE INTENTION

Récemment, un homme me demandait comment il pouvait communiquer de la façon la plus efficace les points forts et les résultats de son entreprise à de futurs clients sans paraître arrogant ni fanfaron et sans les rebuter (ce qui lui était déjà arrivé). Je lui ai dit : « Affirmez votre intention. Faites savoir à vos clients pourquoi vous leur exposez vos points forts et résultats. Ce n'est pas pour vous mettre en valeur, mais pour gagner leur confiance que vous présentez les atouts et les performances qui vous mettent en position de leur apporter ce qu'ils attendent. »

Affirmer votre intention et exprimer votre plan d'action et vos motivations peut être très efficace, surtout si votre comportement est mal compris ou mal interprété. C'est aussi un excellent moyen d'établir la confiance dans de nouvelles relations.

Doug Conant, ex-PDG des soupes Campbell, me disait il y a quelque temps que quand il commence à travailler avec de nouveaux collaborateurs ou partenaires en affaires, dès le tout début, il leur explique comment il fonctionne afin que ces personnes sachent à quoi s'attendre. Il leur annonce clairement qu'il doit commencer par construire une relation de confiance avec eux et qu'il entend leur inspirer cette confiance. Il leur demande de le juger sur ses actes. De plus, Doug estime qu'affirmer son intention permet non seulement de construire la confiance mais lui impose aussi une responsabilité plus grande, celle de faire concorder ses actes et ses paroles.

Si, en affirmant votre intention, vous accroissez la confiance, c'est surtout parce qu'alors vous signalez votre comportement : vous faites savoir aux autres ce à quoi ils doivent s'attendre, de sorte qu'ils puissent le reconnaître, le comprendre et l'accepter quand ils le voient. Leur réaction ressemble alors beaucoup à ce qui arrive quand on achète une nouvelle voiture et qu'on se met soudain à remarquer le même modèle un peu partout sur la route. Ce n'est pas que ce modèle est soudain plus répandu, c'est qu'on a une bonne raison de le remarquer.

Attention, cependant : quand vous affirmez votre intention, assurez-vous toujours que vous êtes honnête et que vous pensez ce que vous dites. Agir autrement trahirait de la duplicité et affaiblirait la confiance. Vous souhaitez aussi vous assurer qu'elle n'est pas seulement égocentrique. Examiner la façon dont vous devez vous y prendre pour affirmer votre intention va vous aider à l'améliorer.

3. CHOISISSEZ L'ABONDANCE

L'abondance, cela signifie être persuadé qu'il y en a assez pour tout le monde. Son contraire, la rareté, signifie que la quantité de biens disponibles est limitée et que si autrui s'en empare, on n'aura rien. Tandis que la rareté peut être une réalité dans certains domaines (comme les sports de compétition ou certains systèmes de sélection universitaires), dans la plupart des domaines importants de la vie, l'amour, le succès, l'énergie, les résultats et la confiance, l'abondance n'est pas seulement une réalité, elle exerce une puissante attraction et elle génère encore plus d'abondance.

Selon l'ex-économiste de l'université de New York Paul Zane Pilzer, l'« alchimie économique » est dérivée de principes d'abondance – non de rareté – et la technologie nous a libérés du jeu à somme nulle de l'économie traditionnelle pour nous ouvrir au nouveau monde de l'abondance illimitée.

Mais le point important à comprendre est celui-ci : *l'abondance est un choix* !

Je suis personnellement convaincu que, quelle que soit notre situation économique, l'abondance est un choix que chacun de nous peut faire. Ce n'est pas le privilège exclusif des nantis. Je connais des gens riches qui sont très parcimonieux et des personnes beaucoup moins fortunées qui expriment au contraire cet esprit d'abondance.

> *« La mesure de votre vie ne sera pas dans ce que vous aurez accumulé mais dans ce que vous aurez sacrifié. »*
>
> —DR. WAYNE DYER, *LE POUVOIR DE L'INTENTION*

Dans le chapitre précédent, je vous ai parlé de Jon Huntsman Sr., ex-PDG de Huntsman Chemical), qui avait tenu une promesse scellée d'une poignée de main au prix de dizaines de millions de dollars. Huntsman est l'un des êtres les plus imprégnés de cet esprit d'abondance et l'un des plus grands philanthropes au monde. C'est aussi une des personnes les plus riches de la planète (sa valeur nette s'élevant à plus de 1,2 milliards de dollars à sa mort, même après s'être débarrassé de presque tout son argent). Mais le point qui mérite d'être noté, c'est qu'il avait décidé d'être abondant avec les autres et de partager quand il était pauvre. L'une des raisons de son succès fut sa décision – et les actes suivirent – d'être abondant, alors même qu'il n'avait encore aucune raison économique de l'être. Du vivant de Jon Huntsman Sr., son fils Peter, qui dirige aujourd'hui Huntsman Chemical, ironisait : « Tout nos efforts consistent à faire de l'argent plus vite que papa ne le dépense ! »

L'abondance est donc d'abord un état d'esprit, une manière d'être et de se comporter. C'est aussi un élément fondateur dans l'amélioration de l'intention, qui nous rendra plus plausible, plus crédible aux yeux des autres.

Mais comment créer l'abondance ?

D'abord, comme pour les autres accélérateurs de ce chapitre, je vous suggère d'examiner vos modes de pensée actuels. Posez-vous les questions suivantes :

• Au beau milieu d'une négociation, suis-je enclin(e) à vraiment croire qu'il est possible d'en sortir avec une solution avantageuse pour les deux partenaires, ou bien est-ce qu'au fond de moi, je suis convaincu(e) que l'autre ne peut enregistrer de bénéfices qu'à mon désavantage ?

• Quand je me trouve dans une réunion et que des idées sont échangées, est-ce que je crois vraiment qu'il y a assez de crédit et de reconnaissance pour tout le monde ou bien est-ce que j'ai le sentiment que quelqu'un va « emporter le morceau » et que je dois faire en sorte que ce quelqu'un, ce soit moi ?

• Ai-je la conviction que, lorsque je distribue de l'amour autour de moi, mes réserves d'amour vont s'en trouver augmentées ou au contraire diminuées ?

• Suis-je convaincu(e) de pouvoir laisser s'exprimer des points de vue différents du mien… tout en restant attaché(e) au mien ?

• Suis-je persuadé(e) que, quelle que soit ma situation matérielle et financière, je peux partager avec les autres et leur offrir des bienfaits ?

Des questions comme celles-ci vous aideront à explorer votre état d'esprit profond : êtes-vous plutôt du côté des abondants ou des parcimonieux ? Si tel est le cas, quel que soit votre degré de parcimonie, commencer par la reconnaître est un préalable au développement de l'esprit d'abondance.

Une fois encore, les grands modèles vous aideront. Certains exemples semblent tout naturellement voués à l'abondance. Mère Teresa a passé sa vie entière à soulager les déshérités. Bill et Melinda Gates et Warren Buffet ont créé « The Giving Pledge » (Promesse de Don), une invitation ouverte à tous les milliardaires désireux de déclarer publiquement leur intention de donner la majorité de leur fortune à une cause charitable au cours de leurs vies ou à leur décès. 175 individus ont déjà pris cet engagement. Dans notre environnement immédiat, nous voyons nombre d'instituteurs et de professeurs s'employer à élever l'âme de nos enfants par leur compétence, leur dévouement et leur croyance dans leurs élèves. Et des bénévoles consacrent leur temps et leur énergie à créer et à animer des centres d'alphabétisation, des clubs sportifs, des associations d'aide aux personnes âgées, etc.

Certains modèles nous montrent clairement que, quelle que soit notre expérience passée, même si notre enfance a été douloureuse et violentée, nous pouvons nous « reprogrammer » pour créer de l'abondance dans notre vie et dans la vie des autres. Songez à Oprah Winfrey, qui a été élevée dans le Mississippi par ses grands-parents et maltraitée par l'un de ses proches quand elle était petite. Elle a choisi de recadrer son passé et de le surmonter. Comme elle le dit elle-même :

> *« Je ne me vois pas comme une pauvre fille du ghetto défavorisée qui s'en est sortie. Je me vois comme une personne qui depuis toute petite savait qu'elle était responsable d'elle-même et devait faire ce qu'il fallait pour s'en sortir. »*

Depuis son premier job dans les médias, où elle gagnait 100 dollars par semaine, Oprah a créé de l'abondance pour elle-même et pour les autres et elle est devenue l'une des personnes les plus riches, les plus influentes et les plus généreuses de notre époque. Sa générosité se traduit avec éclat dans les causes et les projets charitables qu'elle soutient, trop nombreux pour qu'on les mentionne tous. Je tiens quand même à citer son engagement personnel en Afrique du Sud. Il y a plusieurs années – malgré une chute temporaire dans les taux d'audience – Oprah a transformé la nature de son émission qui, au lieu d'être un « talk-show » parmi d'autres, est devenue une émission qui se distingue d'une manière extrêmement positive. Après s'être demandé si elle allait ou non l'arrêter, elle a conclu une émission particulièrement inspirante par ce commentaire : « Voilà qui vaut la peine de rester sur les ondes. »

Comme le remarquait la célèbre psychologue et auteure Laura Schlessinger dans son livre *Mauvaise enfance, Bonne vie : Comment grandir et s'épanouir malgré une enfance malheureuse* :

> « *Vous ne devriez pas vous satisfaire de la condition de victime ou de survivant. Efforcez-vous de devenir un conquérant. Il y a une extraordinaire qualité de caractère qui conduit quelqu'un à vouloir conquérir plutôt qu'à survivre. J'espère que vous découvrirez cette qualité en vous-même.* »

Les modèles, les guides spirituels ou intellectuels inspirés, ou encore des thérapeutes comme le docteur Schlessinger nous le rappellent tous avec force : nous avons le pouvoir de changer les plus profonds paramètres de notre caractère, ceux qui conditionnent notre crédibilité, laquelle est la condition sine qua non de la confiance. Nous pouvons améliorer notre intégrité.

Nous pouvons améliorer notre intention. Et sans doute plus vite que nous ne le pensons.

NOYAU 3 : CAPACITÉS
ÊTES-VOUS PERTINENT ?

> *« Les [êtres] capables nous inspirent. »*
> —SAMAVEDA (TEXTE SACRÉ HINDOU)

D ans ce chapitre, nous allons passer des principes de crédibilité centrés sur le caractère aux principes centrés sur la compétence. La première dimension de la compétence est constituée par les *capacités* : les talents, savoir-faire, connaissances et aptitudes que nous possédons et qui nous rendent capables d'excellentes performances.

Pour revenir à la métaphore de l'arbre, les capacités sont les branches qui produisent les fruits, les résultats. En ce qui concerne notre exemple de l'expert appelé à témoigner, les capacités sont une nécessité aveuglante. Qui prêterait la moindre attention à un prétendu « expert » qui n'aurait pas la moindre compétence dans son domaine d'expertise supposé ?

Mon père raconte une expérience qu'il a faite il y a quelques années, lors d'une présentation à des généraux d'une armée de l'air d'un petit pays. Il a questionné l'un d'eux sur l'efficacité de leur système d'évaluation où ce sont les pilotes eux-mêmes qui sont chargés de noter les compétences de leurs pairs. Il voulait savoir comment éviter la tentation du « renvoi d'ascenseur » automatique : les pilotes s'attribueraient mutuellement des évaluations favorables pour être sûrs de décrocher leur promotion. La question laissa le général interloqué. Il répondit en substance : « Ne saisissez-vous pas que nous sommes entourés d'ennemis de tous côtés et que notre survie en tant que nation dépend de nos capacités ? Dans notre armée, il ne viendrait à l'idée de personne de déformer la réalité en évaluant l'un de ses collègues. »

Comme le montre clairement cette expérience, les compétences sont cruciales pour forger la crédibilité, aussi bien au niveau personnel que dans un cadre institutionnel. Nos compétences inspirent confiance aux autres, surtout quand ce sont spécifiquement celles qui sont requises pour accomplir la tâche dont nous sommes chargés. Nos capacités nous donnent aussi la confiance nécessaire pour réaliser ce qui doit l'être.

Songez à la différence entre un enfant qui a appris à jouer d'un instrument de musique ou qui excelle dans un sport, à jouer la comédie ou bien dans l'une des matières enseignées à l'école, et un autre enfant qui ne fait rien de son temps. Pensez à la différence en termes de confiance et de discipline, non seulement parce que le premier accomplit avec aisance ce qu'il a appris à faire, mais aussi à la différence dans sa capacité à apprendre dans tous les domaines de la vie. Songez à la confiance qu'il inspirera à ses employeurs potentiels quand il atteindra l'âge adulte. Même si le travail qui lui est proposé ne requiert pas les talents et savoir-faire qu'il a acquis, ses employeurs reconnaîtront son désir et sa capacité de développer ses compétences, comme son itinéraire l'aura prouvé. Quand il fera des études supérieures, créera une famille, construira une carrière, occupera des postes à responsabilité, ses capacités – ainsi que le désir et la capacité de les développer – constitueront un énorme facteur de développement de la confiance et elles auront un impact extrêmement positif, spectaculaire, sur toute sa vie.

Les êtres capables sont crédibles. Ils inspirent confiance. C'est aussi simple que cela. Vous pouvez cumuler les trois autres principes – l'intégrité, une intention bonne et de bons résultats – dans votre passé. Mais au final – surtout dans une économie centrée sur des compétences qui ne cessent d'évoluer –, si vous ne disposez pas des capacités ordinairement requises, si vous n'êtes pas pertinent, votre crédibilité sera nulle. Vous paierez la taxe de l'incompétence, vous ne percevrez pas les dividendes de la confiance.

Prenons l'exemple de quelqu'un qui cumule les trois autres principes – sans les capacités : c'est une personne honnête, bienveillante et qui obtient les résultats nécessaires pour être promue à un niveau de responsabilités plus élevé pour lequel elle ne dispose pas des compétences nécessaires. C'est le principe de Peter[2] en action : la promotion au-delà du niveau de compétence réelle. Si la personne en question se contente de mettre en œuvre les connaissances et l'expérience qui l'ont amenée à sa position actuelle, si elle ne s'efforce pas d'apprendre, de mûrir et de développer des compétences nouvelles, elle n'aura pas le bagage nécessaire pour réussir à son nouveau poste. Elle ressemblera à un médecin de famille à qui l'on demanderait de s'improviser chirurgien du cerveau. Si excellent généraliste soit-elle, il lui manquera les capacités requises pour réussir dans sa nouvelle mission.

À l'inverse, vous pourriez posséder d'immenses capacités, mais manquer de l'intégrité, de l'intention ou des résultats requis. Par exemple, vous pourriez disposer d'un énorme potentiel sans jamais parvenir à le traduire en résultats, si bien qu'il demeurerait éternellement à l'état de potentiel. Ou bien vous pourriez employer votre grande intelligence et vos talents à accomplir des objectifs indignes de vous ou à atteindre ces mêmes objectifs par des moyens indignes de vous. Le fait de couper les capacités des racines morales qui doivent les rayer ouvre la voie à la corruption et à la manipulation. Loin de construire la crédibilité, une tel comportement ne fera que détruire la confiance.

Une fois encore, les 4 noyaux sont inséparables. Et les capacités sont particulièrement importantes dans l'économie actuelle, qui change rapidement, où les progrès technologiques et la globalisation périment des compétences bien plus vite qu'autrefois. La demi-vie de nos connaissances et de nos savoir-faire est plus courte qu'elle ne l'a jamais été et, du jour au lendemain, un cadre très compétent et qui pouvait même se prévaloir de bons résultats dans le monde d'hier se révélera très vite dépassé dans le monde actuel.

> *« Si on ne les cultive pas, les connaissances et les savoir-faire, comme tous les actifs, perdent de leur valeur étonnamment vite. »*
>
> —DAVID MAISTER, AUTEUR ET CONSULTANT EN GESTION

Le principal message, ici, aussi bien pour les individus que pour les entreprises, c'est que, pour rester crédible dans le monde actuel, nous devons constamment améliorer nos compétences. J'ai un collègue qui soutient qu'il est vital de se

---

2   « Tout salarié tend à s'élever à son niveau d'incompétence. »

« réinventer soi-même » tous les trois ans, de relever significativement ses connaissances et ses compétences afin de rester compétent et d'être capable d'apporter de nouvelles contributions dans un monde en constante évolution. Cette réinvention tous les trois ans peut être importante pour les entreprises aussi. Comme l'affirme le manuel de l'American Express, *Next Chapter*, « la réinvention est la clé de la longévité ». Elle n'a sans doute jamais été plus vitale que dans l'économie globale d'aujourd'hui, où de nouveaux concurrents apparaissent sans crier gare et où la technologie peut invalider du jour au lendemain une stratégie autrefois payante.

Voici les questions que vous devriez vous poser en examinant le troisième noyau, les capacités :

- Quelles sont les capacités qui me rendent crédible et inspirent confiance aux autres ?

- Quelle expérience ai-je ou n'ai-je pas fait dans le développement de mes capacités et qui conditionne le degré de confiance que j'ai en moi-même ?

- Quel impact ont des facteurs comme la technologie et la globalisation sur la pertinence de mes capacités actuelles ?

- Quels sont mon comportement et mon approche à l'égard de l'amélioration de mes capacités actuelles et la possibilité d'en acquérir de nouvelles ?

Dans la première partie de ce chapitre, nous jetterons un coup d'œil à ce que nous appellerons nos « aptitudes techniques », ces compétences spécifiques à notre travail ou à notre situation ou encore à la tâche particulière que nous devons accomplir. Dans la dernière partie, nous nous concentrerons sur la capacité, qui est vitale en toute situation : l'aptitude à établir, accorder, transmettre et restaurer la confiance, que j'appellerai « capacité de confiance ».

T.A.S.C.S

Les cinq facettes de cette capacité sont les suivantes :

Talents ;

Attitudes ;

Savoir-faire ;

Connaissances ;

Style.

Les *talents* sont nos dons et nos forces naturelles. Les *attitudes* représentent nos schèmes comportementaux, nos manières de voir et nos manières d'être. Les *savoir-faire* sont nos compétences majeures, les domaines dans lesquels nous excellons. Les *connaissances* représentent nos acquis, notre faculté d'intuition, notre compréhension et notre clairvoyance. Le *style* représente notre approche et notre personnalité dans ce qu'ils ont de singulier.

Ces paramètres constituent donc ce que nous appelons nos capacités. Ce sont les moyens que nous utilisons pour produire des résultats. Les décomposer en leurs éléments permet de les explorer plus en profondeur, chacun séparément et aussi dans leur interdépendance. Voici quelques questions à considérer :

TALENTS : Quelles sont mes forces ou mes talents uniques ? Comment puis-je employer au mieux ces talents ? Comment puis-je les optimiser ? Quels talents pourrais-je acquérir que je ne possède pas encore ?

> « Le véritable bonheur implique d'utiliser à fond son pouvoir et ses talents. »
>
> —JOHN GARDNER, AUTEUR D'*EXCELLENCE* ET DE *SELF-RENEWAL*

Les *talents* sont des qualités innées. J'ai un collègue qui a le talent de savoir parler en public. L'expérience, que beaucoup trouvent stressante, est pour Barry aussi électrisante que vivifiante. Il a une aptitude naturelle à nouer des liens, à rendre l'apprentissage amusant et à communiquer ses idées aux autres. Ses compétences et ses connaissances lui sont évidemment précieuses, mais ce qui est au cœur de son aptitude et de sa passion, c'est le talent.

Une autre collègue, Christi, avait une certaine expérience dans la conduite d'une activité indépendante à domicile, mais elle recherchait un travail où elle puisse pleinement donner la mesure de ses talents uniques. En travaillant avec un coach qui aide les gens à découvrir leurs talents, elle découvrit qu'elle était une organisatrice-née, et elle se lança sur cette piste. Aujourd'hui, Christi est présidente de la filiale régionale de l'Association nationale des organisateurs professionnels et elle dirige une entreprise d'organisation pour les particuliers et les entreprises. Christi attribue sa réussite non tant à son dur labeur qu'à son talent et à sa passion. Comme elle le dit elle-même : « Je n'arrive pas à croire que je suis payée pour faire ça ! »

Quand nous pensons à nos talents, nous devons comprendre que nous possédons des talents dont nous ne sommes pas conscients. Peut-être n'avons-nous jamais sérieusement réfléchi à la question ou peut-être avons-nous laissé le soin de définir nos talents aux exigences de notre travail ou aux hasards de la vie, aux autres. Nous engager dans un profond processus introspectif et personnel d'identification de nos talents peut nous réserver des surprises et nous ouvrir des pistes excitantes.

Il peut être utile de réfléchir à la célèbre parabole des talents :

Avant de partir en voyage, un homme confie ses biens à ses serviteurs. À l'un d'eux, il donne cinq talents (il s'agit d'une somme d'argent). À un autre, il donne deux talents. À un troisième, il ne confit qu'un seul talent. Pendant son absence, les domestiques qui ont reçu cinq et deux talents font fructifier leur argent et doublent leur pécule. Le serviteur qui n'a reçu qu'un seul talent, craignant de le perdre, va l'enterrer dans un champ. Le maître à son retour s'enquiert de ce qu'est devenu son capital, félicite les deux serviteurs qui l'ont fait fructifier et leur annonce qu'ayant montré leur loyauté dans cette circonstance, il se fiera entièrement à eux pour ses affaires les plus importantes. Quand le troisième serviteur explique au maître qu'il a enterré son talent de crainte de le perdre, le maître le réprimande et l'appelle « serviteur stérile ». Il reprend son talent, le donne au serviteur qui a multiplié par deux ses cinq talents et chasse le serviteur inefficace.

Quels que soient les autres sens profonds de cette parabole, elle nous rappelle avec pertinence l'importance de développer les talents que nous avons reçus et la crédibilité et la confiance que nous créons quand nous nous y consacrons. Car en fin de compte, nos performances professionnelles et nos contributions les plus remarquables découlent de nos talents.

ATTITUDES : Quelles sont mes attitudes envers le travail, la vie, l'apprentissage ? Envers moi-même, mes capacités et mes occasions d'apporter ma contribution ? Y a-t-il des attitudes et des schèmes plus productifs que je pourrais adopter et qui m'aideraient à obtenir de meilleurs résultats ?

En ce qui concerne les attitudes, songez à l'extraordinaire façon dont Eugene O'Kelly, l'ex-PDG de KPMG, choisit de considérer les cent derniers jours de sa vie. Il apprit à 53 ans, qu'atteint d'un cancer du cerveau incurable, il lui restait trois mois à vivre. La façon dont il approcha sa mort imminente est un exemple de courage et d'inspiration qu'il décrit dans son livre, *Chasing daylight : How My Forthcoming Death Transformed My Life*. Il écrit ainsi :

« Ce fut un don du ciel. J'appris qu'il me restait trois mois à livre... Le verdict qui est tombé la dernière semaine de mai 2005... s'est transformé en don. Honnêtement... En bref, je me suis efforcé de répondre à deux questions : La dernière partie de la vie doit-elle être la pire ? Non. Peut-elle être une expérience constructive – peut-être la meilleure partie de la vie ? Oui. C'est ainsi que j'ai répondu respectivement à ces deux questions. Et j'ai pu voir la fin s'approcher alors que j'étais resté mentalement lucide (la plupart du temps) et physiquement en forme (ou à peu près), avec mes proches à mes côtés. Comme je l'ai dit : un don du ciel. »

O'Kelly est mort le 10 septembre 2005, mais non sans avoir pu résoudre « en beauté » ses relations personnelles et faire l'expérience d'une abondance de ce qu'il a appelé des « moments parfaits » et des « jours parfaits ».

Demandez-vous quelle différence les attitudes suivantes entraîneront dans votre appréciation personnelle de la vie et votre capacité à donner le meilleur de vous-même :

Je *dois* aller travailler.	OU	Je suis vraiment ravi d'aller travailler là où je pourrai utiliser mes talents et mes compétences pour apporter ma contribution et ajouter de la valeur.

Je travaille comme un fou et ne vis que pour les week-ends. J'attends avec impatience ma retraite, moment où je réal- iserai enfin toutes mes vraies envies.	OU	J'ai une vie équilibrée où le tra- vail, les loisirs et des relations sociales épanouies jouent leur rôle respectif. J'espère garder cet équilibre tout au long de ma vie.
Mon partenaire ne satisfait pas les attentes dans cette relation.	OU	Que puis-je faire pour aider mon partenaire à être heureux et épanoui ?
J'attends avec impatience que mes enfants soient adultes.	OU	J'apprécie chaque jour passé avec nos enfants parce que je sais que nous construisons des relations profondes qui du- reront toute notre vie.

Comme aux différences que ces attitudes pourraient entraîner dans notre vie, songez à la différence que cela entraînera avec le temps pour vos enfants. Que se passera-t-il s'ils grandissent en entendant tout le temps des commentaires comme ceux de la colonne de gauche ? Qu'est-ce que ça changera dans leur vie s'ils entendent des commentaires comme ceux de la colonne de droite ?

Une attitude dont, à mon sens, nous devons tout particulièrement nous méfier, est ce que j'appellerai la mentalité « c'est mon droit » : « Je suis le ou la responsable, j'occupe telle position, alors j'ai le droit de me la couler douce pendant que les autres se coltinent le boulot. » Cette attitude a tôt fait de faire blêmir la crédibilité et de démolir la confiance. Quand le patron « se la coule douce », la compétence de ses subordonnés ne tarde pas à dépasser rapidement la sienne, ce qui entraîne de vives tensions qui poussent souvent le patron en question sur une pente de médiocrité contagieuse. Comme le disait Steve Jobs, l'ex-PDG d'Apple et Pixar, on a alors des cadres de direction de deuxième catégorie qui engagent des cadres de troisième catégorie, et ces cadres-là engagent à leur tour des subordonnés de quatrième catégorie.

N'oubliez pas que des responsables de haut niveau (qui n'ont pas cette mentalité de tire-au-flanc) engageront des cadres de direction de première catégorie, ce qui donnera à l'entreprise de meilleures compétences, une meilleure crédibilité, une confiance accrue et des résultats incomparables. Cette pratique illustre une philosophie de la gestion que mettent en œuvre de nombreux responsables de premier plan : entourez-vous toujours de collaborateurs encore plus talentueux et compétents que vous. Il faut une immense confiance en soi pour agir ainsi, une confiance enracinée dans une haute intégrité, une intention positive et une volonté d'amélioration continuelle – mais les résultats sont au rendez-vous.

> **COMPÉTENCES** : Quelles sont actuellement mes compétences ? De quelles compétences aurai-je besoin dans le futur que je ne possède pas aujourd'hui ? Jusqu'à quel point suis-je engagé(e) dans un constant progrès de mes compétences ?

La superstar du NBA LeBron James est un exemple excellent du pouvoir de l'amélioration par le perfectionnement et le développement continuels des compétences. Alors que pour le joueur de NBA moyen la fleur de l'âge se situe dans la vingtaine avec un déclin souvent rapide lorsqu'il atteint les 30 ans, James – maintenant dans la mi-trentaine – démontre clairement que ce n'est pas seulement son talent phénoménal qui le distingue de presque tous les autres joueurs ; c'est également son engagement et son investissement dans son amélioration et le développement de ses compétences.

Étant donné qu'il est classé parmi les quelques meilleurs joueurs professionnels de basket-ball de tous les temps et se trouve être un grand favori pour le Panthéon, vous devez vous demander pourquoi James veut-il continuer à améliorer son jeu. Pour lui, c'est le désir d'être le meilleur, et l'accroissement continuel de ses compétences est une voie claire vers l'atteinte d'une grandeur légendaire. Pour atteindre son but, il prend un soin exceptionnel de son corps. Hors saison, il fait de l'exercice et s'entraîne parfois jusqu'à trois fois par jour. Pendant son entraînement d'été, il se concentre sur le perfectionnement et l'expansion de son répertoire de compétences : le renforcement de son panier à trois points, la pratique de passes décisives, l'amélioration de son choix de tir, et le développement d'autres dimensions de son jeu.

Au moment où j'écris ceci, James en est à sa 15ème année de basket-ball professionnel et ne montre guère de signes de ralentissement. Le plus stupéfiant, c'est qu'avec l'âge, son jeu s'est en fait amélioré. L'entraîneur de Duke, Mike Krzyzewski, qui avait entraîné LeBron aux Jeux olympiques, l'exprime ainsi : « Ce que j'aime chez LeBron, c'est qu'il passe sa vie à apprendre. Il continue de vouloir en apprendre plus sur son art. »

LeBron James démontre le genre d'engagement au perfectionnement de son art qui se révèle vital au succès de tout un chacun dans l'économie perturbatrice et changeante d'aujourd'hui. À moins d'être continuellement en train d'améliorer ses compétences, on devient rapidement désuet. Et quand on est désuet, on n'est plus crédible. Et sans crédibilité, on ne peut maintenir la confiance – ce qui affectera radicalement la vitesse comme le coût.

> « La séparation du talent et de la compétence est l'un des concepts les plus mal compris pour ceux qui essaient d'exceller, qui rêvent, qui veulent accomplir des choses. Le talent, vous l'avez naturellement. La compétence se développe par des heures et des heures de pratique. »
>
> —WILL SMITH, ACTEUR

En ce qui concerne les compétences, un point auquel il faut veiller est ce que l'auteur Jim Collins appelle « la malédiction de la compétence ». C'est l'idée que nous pouvons devenir bons dans une activité pour laquelle nous n'avons pas de véritable talent ou qui ne nous passionne guère. Comme mon père le disait souvent, « vos compétences actuelles peuvent correspondre ou non à vos talents naturels ». Nous devons nous assurer que les compétences que nous développons ne nous limitent et ne nous définissent pas. Au bout du compte, le talent s'avère une ressource plus féconde que les compétences.

CONNAISSANCES : Quel est mon niveau actuel de connaissance dans mon domaine spécifique ? Quels efforts fais-je pour rester au niveau, quels sont les autres champs de compétences que j'approfondis ?

> « L'éducation est l'arme la plus puissante pour changer le monde. »
>
> —NELSON MANDELA

Je n'oublierai jamais ce qu'un PDG m'a dit sur le risque d'investir dans une formation ciblée pour les salariés de son entreprise. À quelqu'un qui lui demandait un jour : « Que ferez-vous si une fois formés, vos salariés quittent l'entreprise ? », il répondit : « Que ferai-je si nous ne formons personne et qu'ils restent ? »

Il est clair que la formation est vitale dans l'économie mondialisée d'aujourd'hui, où le stock d'informations produit dans le monde double tous les deux ans. Une façon d'accélérer le rythme d'apprentissage, aussi bien au niveau individuel qu'institutionnel, consiste à apprendre avec l'intention d'enseigner aux autres ce que vous apprenez. Comme l'observait Peter Drucker : « C'est quand ils enseignent que les travailleurs intellectuels et ceux qui travaillent dans le tertiaire apprennent le plus. » Quand les responsables savent maîtriser occasions et processus afin que les salariés d'une entreprise enseignent à leurs collègues ce qu'ils ont appris, l'apprentissage individuel et collectif et le transfert de connaissances font des progrès spectaculaires. Le coaching, l'expertise-conseil et d'autres processus d'enseignement peuvent faciliter un tel apprentissage, et pour nombre d'individus qui ont découvert la dynamique d'un tel processus, enseigner ce que l'on a appris devient une nouvelle façon de vivre.

Ce point est parfaitement illustré par une histoire que raconte Marion D. Hanks à propos d'une Londonienne, une Mme Tout-le-monde. Après une conférence donnée par l'éminent naturaliste Louis Agassiz, elle prit la parole pour se plaindre qu'elle n'avait jamais eu l'occasion d'apprendre. En réponse, il lui demanda ce qu'elle faisait. Elle répondit qu'elle aidait sa sœur à tenir une pension de famille, et qu'elle passait le plus clair de son temps à éplucher des pommes de terre et à émincer des oignons.

Il lui demanda alors :

« Madame, où vous tenez-vous quand vous accomplissez ces tâches intéressantes mais quelque peu répétitives ?

– Sur la dernière marche de l'escalier de la cuisine.

– Et vos pieds, sur quoi sont-ils posés ?

– Sur des briques vernissées.

– Qu'est-ce qu'une brique vernissée ?

– Je ne sais pas, monsieur.

– Depuis combien de temps êtes-vous assise à cette place ?

– Quinze ans.

– Madame, voici ma carte de visite, reprit le docteur Agassiz. Auriez-vous la bonté de m'écrire une lettre concernant la nature de la brique vernissée ? »

Elle le prit au mot. Elle regarda dans un dictionnaire, puis dans une encyclopédie, où elle découvrit qu'une brique vernissée est faite de kaolin vitrifié et de silicate d'alumine hydraté. Ne comprenant pas le sens de ces termes, elle poursuivit ses recherches. Elle fréquenta les musées, se mit à étudier la géologie, se rendit dans une unité de production de briques et apprit tout ce qui concernait plus de 120 modèles différents de briques et de carreaux. Puis elle écrivit un traité de 36 pages sur le sujet de la brique vernissée qu'elle envoya au docteur Agassiz.

Il répondit en lui offrant un chèque de 250 dollars en échange de l'autorisation de publier son article, puis il lui demanda :

« Qu'y avait-il sous ces briques ?

– Des fourmis.

– Je voudrais en savoir plus sur ces fourmis », répondit-il.

Elle commença alors à se renseigner en détail sur les fourmis, finit par écrire 360 pages sur le sujet et envoya son manuscrit au docteur Agassiz. Il le publia et, avec ses droits d'auteur, elle put s'offrir des voyages dans des pays qu'elle avait toujours voulu découvrir.

Hanks commente cette expérience en posant cette question :

> « En entendant cette histoire, ressentez-vous intensément que nous sommes tous assis sur des morceaux de kaolin vernissé et de silicate d'alumine hydraté – et qu'en dessous, il y a des fourmis ? Lord Chesterton disait : 'Il n'y a pas de choses inintéressantes. Il n'y a que des gens blasés.' »

STYLE : Quelle est l'efficacité de mon style actuel dans l'approche des problèmes et des possibilités et dans mes rapports avec les autres ? Cette approche facilite-t-elle ou empêche-t-elle l'accomplissement de ce qui doit être fait ? Que puis-je faire pour améliorer l'exécution de mon travail ?

> « On trouve des dirigeants de toutes sortes, aux styles et aux qualités très diverses. Certains sont réservés, d'autres sont d'intarissables grandes gueules. Certains puisent leur énergie dans leur éloquence, d'autres, dans leur jugement, d'autres enfin dans le courage. »
>
> —JOHN GARDNER, AUTEUR D'*EXCELLENCE* ET DE *SELF-RENEWAL*

À l'apogée du premier boum d'Internet, à la fin des années 1990, Candice Carpenter, ex-PDG d'iVillage, instaura un style de direction qu'elle baptisa « mentoring radical », une approche de la formation des jeunes recrues de l'entreprise, très ferme et pleine de bon sens. Selon un article paru dans *Fast Company* à l'époque, Carpenter aimait se comparer, elle et son associée Nancy Evans, à des « sergents instructeurs qui dirigent un camp d'entraînement pour futurs dirigeants ».

> « *À intervalles réguliers, Carpenter et Evans choisissent une nouvelle étoile montante à former. Aux déjeuners succèdent les réunions en tête à tête, sans oublier d'occasionnels coups de fil tard la nuit. Le plus important, elles donnent leur avis au nouveau venu – franchement, sans prendre de gants, avec une honnêteté brutale : 'les gens ne grandissent pas si on les traite trop doucement.'* »

À l'opposé d'une telle attitude, on trouve le style de John Mackey, fondateur et PDG de Whole Foods, la plus grande chaîne de magasins alimentaires bio des États-Unis et qui fait aujourd'hui partie d'Amazon.

Selon *Fast Company*, Mackey travaille en tenue de randonneur : short et chaussures de marche. Il conclut toutes les réunions par des « appréciations », des commentaires agréables adressés aux collaborateurs présents. Il poste lui-même la paie de tous ses salariés. Il prend ses décisions par un vote à la majorité (y compris les décisions concernant les nouvelles embauches) et il outrepasse rarement les décisions majoritaires.

> « *[John Mackey] ne se contente pas de déléguer ; en fait, il peut même sembler parfois timide envers son entreprise. Alors qu'on lui demandait comment 140 caissiers pouvaient fonctionner en équipe [...], il prit l'air d'un anthropologue à qui un étudiant venait juste de poser une question extraordinaire.*
> *'Cela ne me semble pas un problème, dit-il. Une équipe de cette taille pourrait sembler contraire aux règles opérationnelles de base. Mais pour tout vous dire, je n'ai pas la moindre idée de la façon dont ils ont résolu ce problème. Ce n'est plus mon travail. Mais appelez-les et demandez-leur. Je vous garantis qu'ils ont trouvé une solution. Je serais curieux de la connaître.'* »

Candice Carpenter et John Mackey ont de toute évidence des « styles » totalement différents, mais tous deux ont très efficacement su forger crédibilité et confiance.

Il existe clairement une large palette de styles efficaces. La difficulté consiste à trouver le style approprié pour la plus grande efficacité dans la tâche à accomplir. Les problèmes surviennent quand un « style » s'avère un obstacle et suscite de la méfiance. Par exemple, il y a quelques années, Al Dunlap, surnommé « Al la tronçonneuse » par certains et « Rambo en costume trois-pièces » par d'autres, attira l'attention de Wall Street par sa méthode en « coups de sabre ». Il dégraissa la structure et renvoya la moitié des salariés. Pendant un moment, il fut considéré comme un héros par quelques-uns, à Wall Street, mais jamais par la majorité des gens. Son « style » – obtenir des résultats à court terme par des moyens qui détruisent la confiance – détruisit aussi toute viabilité à long terme ainsi que le moral des salariés.

PRENDRE APPUI SUR LES T.A.S.C.S.

L'objectif est de développer talents, attitudes, savoir-faire, connaissances et style (TASCS) et de les adapter aux tâches à accomplir : créer la meilleure adéquation possible entre nos dons naturels, nos passions, nos compétences, nos connaissances et notre style, d'une part et, d'autre part, l'occasion d'accroître la valeur, d'apporter notre contribution, d'exceller.

Selon l'institut de sondages Gallup, dans les grandes entreprises où ont été menées les enquêtes, seuls 20 % des salariés ont le sentiment de donner toute leur mesure dans leur travail quotidien. Sur dix salariés interrogés, huit ont donc le sentiment de ne pas occuper le bon poste.

Dans son ouvrage *De la performance à l'excellence*, Jim Collins évoque ces entreprises prospères qui, point décisif, ont su embarquer « les bonnes personnes dans le bateau », mais aussi placer les « bonnes personnes aux bons postes ». Un dirigeant d'entreprise souhaite recruter des collaborateurs compétents, mais il veut aussi créer la juste adéquation entre les capacités spécifiques d'une personne et le travail qu'on lui demande d'effectuer.

Les entreprises sont de plus en plus conscientes de l'importance du principe de Peter. Les entreprises intelligentes développent la modélisation des compétences, la formation et le coaching pour s'assurer que ceux qui sont promus possèdent bien les TASCS qui leur permettront d'instaurer la crédibilité nécessaire à leur réussite.

Au niveau individuel, le problème, c'est que beaucoup de salariés n'ont pas intégré la nécessité de progresser sans cesse. Si bien qu'ils travaillent dans une entreprise – dans laquelle ils sont entrés il y a peut-être dix ou quinze ans – mais, au lieu d'avoir quinze ans d'expérience, ils n'ont en fait qu'une année d'expérience répétée quinze fois ! Ils ne s'adaptent pas aux changements qu'exige la nouvelle économie globale. Ils ne développent donc pas la crédibilité que leur procurerait une confiance accrue et de nouvelles possibilités. Ils deviennent souvent obsolètes. Ils sont dépassés par l'évolution de leur entreprise et/ou du marché.

Cette constatation est tout aussi vraie pour les sociétés qui se contentent de vivre sur leurs lauriers et sont incapables de répondre aux besoins et aux défis de la nouvelle économie globale. Si ces sociétés ne sont pas engagées dans un progrès continuel et, dans certains cas, radical, elles risquent de devenir incompétentes et obsolètes. Elles illustrent la vérité de cette remarque du grand historien Arnold Toynbee : « Rien n'échoue aussi facilement que la réussite. » En d'autres termes, ces gens continuent de faire les choses qui leur ont réussi dans le marché d'hier, mais ces mêmes choses ne créent pas le succès dans l'économie globale d'aujourd'hui.

> « Peut-être que vous n'aimez pas le changement, mais vous aimerez encore moins l'incompétence. »
>
> —GÉNÉRAL ERIC SHINSEKI, EX-CHEF D'*ÉTAT-MAJOR DE L'*ARMÉE AMÉRICAINE

Les entreprises qui investissent dans la formation continue, la croissance, celles qui savent évoluer et se réinventer, racontent une toute autre histoire. Elles sont attentives aux clients et aux marchés, et pivotent rapidement pour adapter leurs offres aux besoins changeants des clients.

Prenons Netflix. L'entreprise fut fondée en 1997 par les ingénieurs en logiciel Reed Hastings et Marc Randolph, qui commencèrent par expérimenter avec un nouveau support pour films – les DVD. Ils achetèrent un CD usagé et l'expédièrent par la poste chez Hastings pour voir si un disque pouvait être sans danger envoyé par la poste. Lorsqu'il arriva sans problème, ils surent qu'ils avaient fait un grand pas en avant.

Hastings et Randolph lancèrent le premier service de location de DVD par la poste puis continuèrent à travailler continuellement afin d'apporter de petites améliorations à leur modèle d'entreprise et au service offert. Dans les deux ans qui suivirent ils commencèrent à offrir un service d'abonné permettant aux clients de louer autant de films qu'ils le souhaitaient chaque mois. Grâce à ce modèle, Netflix s'accrut pour passer de 700.000 abonnés en 2002 à 5 millions en 2006.

À mesure que la technologie et les clients continuèrent à évoluer, Netflix évolua avec eux. En 2007, l'entreprise créait un service différent du DVD par la poste, utilisant une nouvelle plate-forme technologique qui rendait possible la diffusion en continu de films sur Internet.

Netflix continua d'évoluer et élargit sa portée au-delà des États-Unis au point où quel que soit le coin du monde où l'on désirait accéder à Netflix il était possible de le faire. Le nombre global d'abonnés a depuis lors atteint plus de 118 millions dans plus de 190 pays.

L'importance de la concordance des TASCS peut être facilement observée en comparant ce que Netflix a accompli par rapport à son compétiteur le plus important à l'époque – Blockbuster Video – qui n'a pas réussi. En 2000, Netflix proposa à Blockbuster de devenir sa filière de distribution en ligne. Blockbuster choisit de passer sur l'offre. Beaucoup plus tard Blockbuster essaya de rivaliser en ligne, mais il était trop tard. Son modèle d'entreprise reposait sur les magasins physiques – et, pour beaucoup, sur les frais de retard facturés à leurs clients – et il n'avait pas été disposé à modifier son modèle d'entreprise en magasin ni à sacrifier les profits de ces frais de retard. Par conséquent, il rata une immense fenêtre d'opportunité et fut, à la place, sérieusement chamboulé par Netflix. D'un sommet de 9.000 magasins en 2004, Blockbuster Video tomba en faillite en 2010, et les quelques magasins qui ont survécu ne sont plus que des franchises traditionnelles.

Dans l'économie globale d'aujourd'hui, la volonté et l'habitude de progresser continuellement forment l'un des premiers critères distinctifs des entreprises qui savent rester en prise sur le marché et prospèrent, à l'inverse de celles qui sont dépassées et périclitent.

> « L'entreprise contente d'elle est une entreprise morte. Le succès, aujourd'hui, requiert l'agilité et le dynamisme de constamment repenser, consolider, réagir et réinventer. »
>
> —BILL GATES, FONDATEUR DE MICROSOFT

COMMENT DÉVELOPPER VOS CAPACITÉS

En travaillant avec des clients, j'ai réfléchi à quelques méthodes pour accroître la crédibilité en augmentant les capacités. Mes trois accélérateurs les plus efficaces sont les suivants :

1. GÉREZ AVEC VOS FORCES (ET VOTRE OBJECTIF)

L'idée ici est simplement d'identifier vos forces (talents, attitudes, savoir-faire, connaissances et style), puis de vous focaliser sur vos qualités propres, de les développer, d'en tirer le maximum.

Peter Drucker encourage les dirigeants à « nourrir leurs opportunités et à affamer les problèmes ». Dans la même veine, je prétends que nous devons « nourrir les forces et affamer les faiblesses ». Non que nous ignorions nos faiblesses, mais plutôt que nous les neutralisions en collaborant efficacement avec les autres afin de compenser nos faiblesses par leurs forces. Cela revient à s'assurer que chacun sur le bateau occupe le poste qui lui convient.

Michael Jordan, l'extraordinaire champion de basket, offre l'exemple célèbre d'un homme qui a su s'appuyer sur ses forces. Un bon jour, il décida de laisser en plan sa carrière de basketteur autrement brillante pour jouer au base-ball, un sport qu'il avait toujours aimé et dans lequel il voulait prouver qu'il pouvait jouer à un haut niveau. Mais voilà, le meilleur joueur de basket du monde s'avéra un médiocre joueur de base-ball. Jordan décida donc de revenir au basket, où il gagna trois autres championnats, en plus des trois déjà remportés auparavant. Il optimisa ses forces. Si bien que sa carrière fut plus brillante et plus satisfaisante encore, et qu'il put apporter une contribution unanimement reconnue au monde du basket et du sport en général.

Pour prendre un exemple dans mon univers professionnel, j'ai connu un vendeur qui était le « Michael Jordan » des vendeurs. Il était fantastique : ses chiffres étaient mirobolants et il était parfait avec les clients. C'était vraiment une star. Mais cet homme ne voulait pas être vendeur, il voulait diriger le marketing et les ventes de la société. Finalement, il me persuada de lui confier ce poste, malgré le fait qu'il avait occupé ce même poste dans deux autres sociétés et avait échoué. Il était médiocre au mieux – Michael Jordan jouant au base-ball – et je lui offris de le reprendre dans les ventes. Mais il ne voulut pas y retourner.

Cet homme est devenu pour moi un exemple flagrant du déficit individuel et organisationnel qu'engendre le refus de s'appuyer sur ses forces.

Il est important de comprendre qu'il y a des moments où la force de l'objectif peut l'emporter sur les forces personnelles. Il peut s'agir d'un but que nous fixe notre conscience ou que nous éprouvons un irrésistible besoin de poursuivre. Et nous n'avons peut-être pas développé les forces TASCS dont nous avons besoin pour y arriver.

Dans ma vie personnelle, j'ai trouvé une grande satisfaction à apprendre et à rechercher des occasions d'apporter ma contribution dans des domaines où il me semblait disposer de quelques atouts personnels : mes forces spécifiques. Mais j'ai aussi ressenti une excitation et un plaisir à répondre à une voix intérieure qui m'a poussé parfois vers des territoires inexplorés, me forçant – parfois même de façon inconfortable – à me découvrir de nouvelles forces ou à me construire de nouvelles compétences pour résoudre les problèmes à affronter.

2. RESTEZ EN PRISE SUR LA RÉALITÉ

Pendant des années, les gens ont reconnu la valeur d'un diplôme obtenu en quatre ans, mais le diplôme qui permet de réussir dans l'économie actuelle demande quarante ans de travail. Celui que vous obtiendrez en quatre ans vous apprendra sans doute à lire, à écrire, à penser et à raisonner, mais son objectif principal est de vous préparer à un apprentissage de longue durée.

Je connais un homme extraordinaire qui pendant quatre ans s'est levé très tôt chaque matin pour consacrer deux heures de son temps à la lecture. Son but était d'apprendre tout ce qu'il pouvait sur le comportement et le développement de l'entreprise, sur le comportement humain, sur le management et la bonne gestion. Il y est arrivé. Je l'ai vu décupler ses compétences. Il n'a cessé de se voir confier des responsabilités de plus en plus grandes. Élever son niveau de compétences au niveau de sa promotion – c'est ce que j'appelle le principe de Peter en action, mais à l'envers !

Pour en revenir à l'exemple de Netflix gardant sa pertinence, il aurait été facile pour l'entreprise de s'en tenir à son modèle initial du DVD par la poste au lieu de s'adapter à un modèle de diffusion en continu, puisque le changement allait sûrement cannibaliser ce qui était alors son activité principale. Après tout, l'entreprise avait déjà éminemment réussi et s'imposait clairement comme le leader du marché. Mais au lieu de cela elle était implacablement déterminée à s'améliorer, à s'adapter, et à demeurer pertinente. Elle se chamboula elle-même avant d'être chamboulée par d'autres. Non seulement cela accrut-il sa pertinence sur le marché ; cela lui permit également d'augmenter de façon spectaculaire le nombre de ses abonnés et d'améliorer son rendement.

> *« J'apprends toujours et je travaille à la marge de mon ignorance. »*
>
> —HARVEY GOLUB, EX-PDG D'AMERICAN EXPRESS

3. SACHEZ OÙ VOUS ALLEZ

Dans une conversation avec Jack Trout, stratège et expert en marketing, je lui ai demandé de définir la qualité essentielle du bon dirigeant. Je n'oublierai jamais sa réponse simple et catégorique : « Au bout du compte, les gens suivent ceux qui savent où ils vont. »

> *« C'est une chose terrible de regarder par-dessus votre épaule quand vous essayez de mener des hommes, et de ne voir personne. »*
>
> —FRANKLIN DELANO ROOSEVELT

Je me souviens, il y a des années, du moment où mon père a décidé d'abandonner son poste de professeur d'université pour fonder sa propre société de formation et de d'expertise-conseil à l'âge de 50 ans. Beaucoup de ses amis l'ont mis en garde, estimant cette décision insensée. Sa vie d'universitaire était confortable et plaisante. En plus de ses cours, il pouvait prodiguer ses conseils aux entreprises. Mais mon père avait une vision claire et arrêtée de ce qu'il voulait faire, une vision de la contribution d'un autre genre qu'il pensait pouvoir apporter si seulement il avait sa société à lui. Il a donc osé le saut... et les autres ont suivi. Et ensemble, ils ont finalement bâti le Covey Leadership Center, devenu ensuite FranklinCovey – désormais l'une des plus grandes et des plus influentes sociétés de développement du leadership au monde.

Savoir où vous allez et montrer la capacité d'atteindre ce but est une autre façon de démontrer votre compétence. Et cette compétence, couplée à votre caractère, fera de vous un dirigeant crédible que les autres suivront, non parce qu'ils y seront forcés mais par ce qu'ils en auront envie.

> « Les gens que vous dirigez veulent savoir où ils vont. »
>
> —CHRISTOPHER GALVIN, EX-PDG DE MOTOROLA

APTITUDES À FORGER LA CONFIANCE

Comme je l'ai mentionné plus haut, bien que le caractère soit constant, la compétence – la plupart du temps – est pour l'essentiel situationnelle. Elle dépend de ce que les circonstances requièrent.

Cependant, il y a quelques domaines de compétences qui sont vitaux en toute situation et les « aptitudes à forger la confiance » figurent en haut de la liste. C'est le sujet essentiel de cet ouvrage, votre capacité à établir, faire croître, propager et restaurer la confiance. J'irai jusqu'à dire que vos capacités techniques sont terriblement grevées – au point d'être parfois réduites à l'impuissance – si vos aptitudes à forger la confiance ne suivent pas. Et pour cette raison, j'affirme une fois encore que *la confiance est non seulement vitale à la réussite individuelle, mais qu'elle est la compétence-clé pour tout dirigeant de la nouvelle économie globale.*

J'admets certes l'importance évidente des capacités techniques pour inspirer confiance, mais je suis convaincu que l'idée la plus importante que vous pourrez retenir de ce chapitre, c'est l'importance suprême des aptitudes à susciter la confiance. Pour avoir une meilleure prise sur ces aptitudes, reprenez une fois encore nos cinq atouts majeurs (TASCS) – talents, aptitudes, compétences, connaissances et style – et essayez d'évaluer comment vous pouvez travailler à créer le progrès le plus efficace dans les aptitudes à susciter la confiance.

Posez-vous les questions suivantes :

- Puis-je évaluer mon *talent* inné à forger la confiance ? Des qualités comme l'intégrité et la bonne intention me viennent-elles naturellement ? Est-ce que je recherche naturellement le bénéfice mutuel ? Est-ce que je sais et fais spontanément des choses qui inspirent confiance ?

- Quelles sont mes *attitudes* dans ce domaine ? Est-ce que je reconnais et respecte le besoin de confiance ? Est-ce que j'approche les problèmes, est-ce que j'essaie de m'acquitter des tâches qui me sont assignées d'une façon qui construit la confiance ?

- Ai-je des *savoir-faire* spécifiques pour construire la confiance ? Est-ce que mes attitudes dans les rapports avec les autres tendent à renforcer la confiance ?

- Quelle *connaissance* et quelle compréhension ai-je sur l'établissement, l'accroissement, l'extension et la restauration de la confiance ?

- Mon *style* dans l'action et l'interaction est-il de ceux qui inspirent confiance ? Mon style est-il de ceux qui étendent la confiance aux autres ?

Le meilleur « accélérateur » auquel je puisse penser pour améliorer les aptitudes à la confiance est de vous immerger dans le contenu de ce livre. À mesure que vous apprendrez à instaurer, accroître, propager et restaurer la confiance depuis votre intériorité, vous serez étonné de la crédibilité que cela vous donnera, de la confiance que vous éprouverez et des résultats que vous obtiendrez dans tous les domaines de la vie.[3]

---

3   Pour accéder la vidéo expliquant pourquoi la confiance est la Compétence #1 du Leadership, visitez www.speedoftrust.com/book-promises.

NOYAU 4 : LES RÉSULTATS
QUEL EST VOTRE BILAN PERSONNEL ?

> *« Vous ne pouvez créer une culture de forte confiance si les performances ne suivent pas. »*
> —CRAIG WEATHERUP, EX-PDG DE PEPSICO

En décembre 1994, on me demanda d'occuper le poste de PDG du Covey Leadership Center. Dès la première semaine, j'eus un rendez-vous difficile avec la banque. La bonne nouvelle, c'était que l'entreprise avait très bien su créer de la valeur pour les clients, comme le prouvait notre croissance. La mauvaise était que nous n'avions pas encore mis au point notre *business model*, notre « modèle économique », comme le montraient nos bas bénéfices et notre trésorerie insuffisante.

Malgré son grand capital intellectuel, quelques collaborateurs d'exception et sa croissance impressionnante, la société était financièrement aux abois. Nous avions accumulé onze années de marge brute négative. Nous ne disposions pas d'apport de capitaux extérieurs, nos marges étaient médiocres et notre compte en banque, à sec. Nous dépensions un argent que nos clients nous devaient mais n'avaient pas encore payé et nos lignes de crédit étaient épuisées. La balance des passifs et actifs nets de l'entreprise était de 223 contre 1 ! Notre développement était en train de nous couler et la confiance de la banque à notre égard était pratiquement nulle. Elle exigeait que nous fournissions des garanties personnelles et elle était même en train de se demander si elle n'allait pas tout simplement nous couper les vivres.

Heureusement pour nous et pour nos clients, elle n'en a rien fait.

Deux ans et demi après cette réunion, nous avions mis au point un modèle économique viable qui nous a permis d'accroître la valeur de la société de 2,4 millions à 160 millions de dollars. Nous avions multiplié nos profits par 1 200 %. Nous avions réduit le délai de paiement moyen de nos clients de 87 à 48 jours. Et notre balance dettes/actifs nets était passée de 223 à moins de 2 contre 1. Non seulement nous croissions rapidement, mais nous étions aussi extrêmement rentables.

Un des aspects les plus intéressants de cette expérience fut de découvrir l'effet de ces résultats sur notre relation avec nos banquiers. En nous voyant progresser pas à pas pendant ces deux ans et demi, produire, dépasser nos prévisions, accroître nos marges et approvisionner notre trésorerie comme nous avions promis de le faire, nous avons pu voir croître leur confiance en nous. Ils se sont mis à nous considérer comme un risque qui valait la peine. Ils ont significativement accru notre ligne de crédit, et cela à plusieurs reprises. Ils voulaient soutenir notre croissance.

Qu'est-ce qui leur a inspiré une si grande confiance ? Les résultats !

LES RÉSULTATS COMPTENT !

Les résultats comptent ! Ils comptent pour votre crédibilité. Ils comptent pour votre capacité à établir et à maintenir la confiance avec les autres. Selon les termes de Jack Welch, en annonçant des résultats, on se pose aussitôt en exemple de performance, d'excellence. Le prestige suit. Sans les résultats, vous n'avez tout simplement pas le même prestige.

Pour revenir une fois de plus à la métaphore de l'arbre, les résultats sont les fruits, les conséquences tangibles et mesurables que concourent à produire racines, tronc et branches. Si vous avez intégré les trois autres noyaux, mais que vous n'obtenez pas les résultats, votre arbre est stérile. Vous serez incapable de susciter la crédibilité, si solides soient les trois autres paramètres. Et vous n'inspirez pas la confiance parce que l'arbre ne produit pas ce qu'il est censé produire.

Revenons à l'idée de notre expert témoin devant un tribunal. Il pourra être considéré comme une personne honnête sans arrière-pensée et bardé des recommandations nécessaires. Mais s'il ne peut présenter un historique de performances solide, sa crédibilité sera remise en question et la portée de son témoignage en sera nettement affaiblie.

Conclusion : sans résultats, vous n'avez pas la crédibilité. C'est ce que dit le vieux proverbe texan « *all hat no cattle* » (« que de la poudre aux yeux »), ou le dicton californien « *all show and no go* » (« beaucoup de promesses, pas d'actes »). Les gens n'ont pas confiance en vous parce que vos actions ne se traduisent pas dans la réalité. Et dans ce domaine, il n'y a pas de demi-mesures : soit vous produisez, soit vous n'y arrivez pas. Vous pouvez avoir des excuses : vous pouvez même avoir de bonnes raisons. Mais en fin de compte, si les résultats ne sont pas au rendez-vous, vous n'aurez ni la crédibilité ni la confiance. C'est aussi simple et aussi dur que ça.

D'autre part, si vous obtenez des résultats mais que vous violez l'un des trois autres principes – vous arrivez à faire votre chiffre mais aux dépens de l'intégrité, ou vos gains se traduisent par des pertes pour les autres –, votre production ne sera pas durable, ni ses fruits satisfaisants. Ils auront mauvais goût, ils sentiront mauvais, s'ils semblent bons extérieurement, ils seront pourris à l'intérieur et ne créeront pas une crédibilité et une confiance à long terme. Vous ne pouvez tout simplement pas produire de bons fruits à long terme si vos résultats ne sont pas ancrés dans ces principes fondamentaux.

Ces questions posent d'énormes problèmes aux entreprises aujourd'hui. Que faire de quelqu'un qui obtient des résultats mais an enfreignant les valeurs de l'entreprise ? L'approche de General Electric illustre la dynamique qui conjugue « obtenir des résultats » et « vivre en accord avec les valeurs ». Elle énumère quatre possibilités. Les deux premières sont faciles à traiter : la première catégorie de collaborateurs est celle qui obtient des résultats dans le respect des valeurs de l'entreprise : ils sont encouragés et promus. Guère d'hésitation non plus avec une autre catégorie de salariés qui n'obtiennent pas de résultats et ne respectent pas les valeurs en question : ils sont congédiés.

Ce sont les deux autres catégories qui sont plus difficiles à traiter. Ceux qui respectent les valeurs mais obtiennent des résultats médiocres peuvent souvent être formés, coachés ou mutés à un autre poste. S'ils ne s'améliorent pas, il sera sans doute nécessaire de s'en séparer. Le problème le plus redoutable est posé par ceux qui obtiennent d'excellents résultats mais en trahissant les valeurs collectives. Ils atteignent l'objectif fixé mais en défiant ouvertement les normes de comportement édictées par l'entreprise. Selon GE, ces collaborateurs doivent apprendre à opérer dans le respect des valeurs communes ou être invités à partir, et ce malgré leurs performances. Les garder tels qu'ils sont est non seulement insoutenable sur le long terme, mais aussi néfaste pour l'entreprise et détruit la crédibilité et la confiance.

Peter Aceto, ancien PDG de Tangerine – une entreprise canadienne de service bancaire électronique – l'exprime ainsi :

> *« Je suis d'accord en principe avec l'adage 'Embauche lentement et licencie rapidement'. J'ai commis ces deux erreurs, embauché trop rapidement et licencié trop lentement, en partie parce que je crois que les gens veulent briller, et que si on leur en accorde la chance ils s'amélioreront. Il y a une façon plus facile de le voir – en décomposant tout en deux qualités : être bon à son travail et être bon à s'assimiler dans la culture. Les gens qui se débrouillent bien dans les deux domaines réussiront. Les gens qui donnent de bons rendements mais se soucient peu de la culture finiront par polluer votre lieu de travail. Les gens à rendement médiocre qui comprennent la culture peuvent être formés pour mieux faire. Et ceux à rendement médiocre et qui sont incompatibles avec la culture doivent être renvoyés urgemment. »*

Il n'y a aucun doute sur le fait que les résultats peuvent masquer toute une série de défauts. Si vous êtes un collaborateur très brillant, par exemple, la direction regardera sans doute d'un œil plus indulgent les notes de frais légèrement abusives ou non justifiées. Nous avons tous assisté à ce type de dérapage dans notre carrière, où l'on observe souvent un système « deux poids deux mesures » qui engendre un certain cynisme.

Mais au long cours, même des résultats exceptionnels ne sauraient compenser un défaut d'intégrité. À l'inverse, une profonde intégrité ne compensera nullement une absence de résultats. Une fois encore, les quatre principes sont vitaux pour la crédibilité personnelle comme pour celle de l'entreprise, qui est le socle sur lequel va s'édifier la confiance.

Avant d'explorer ce quatrième principe, posez-vous les questions suivantes :

- Quel type de résultats est-ce que j'obtiens, en général ? Ces résultats contribuent-ils à accroître ou à diminuer ma crédibilité personnelle ?

- Si j'envisageais de recruter quelqu'un, à quel point l'historique de performances et les résultats actuels de cette personne influenceraient-ils ma décision ?

- Que vaut mon historique de performances personnel ? Quel effet produirait-il sur une personne chargée de mon éventuel recrutement ?

- Suis-je capable de définir les résultats que je désire atteindre et que faire pour les atteindre ? Mes performances inspirent-elles confiance ?

RÉSULTATS PASSÉS, PRÉSENTS ET FUTURS

J'ai brièvement travaillé à Wall Street, où j'ai occupé une fonction de direction dans une entreprise publique, et les trois critères-clé d'évaluation des résultats d'une personne sont parfaits pour moi. Le premier est la performance passée – votre historique de performances, votre réputation, ce que vous avez accompli et les résultats qui constituent votre actif. Le deuxième est la performance actuelle – les résultats que vous obtenez aujourd'hui. Le troisième est la performance prévisible, future, aux yeux de ceux qui vous évaluent.

Vous voyez ces trois aspects entrer clairement en jeu quand des gens extérieurs s'intéressent de près à votre entreprise. Ils examinent l'historique de vos profits (performances passées), la multiplient par X et obtiennent une certaine valeur. Ou bien (c'est effectivement le cas à Wall Street), ils prennent les résultants prévisibles, escomptés (performances futures) puis les divisent par X pour arriver à une valeur actuelle. Ces trois aspects des résultats – passés, présents et futurs – pèsent lourd dans la détermination de la valeur d'une société.

Les critères entrent aussi en jeu avec chacun de nous. Notre crédibilité ne provient pas seulement de nos résultats passés et présents, mais aussi du degré de confiance que les autres ont dans notre aptitude à produire des résultats.

Il m'est arrivé de travailler avec une personne honnête, bourrée de talent et armée d'excellentes intentions mais qui semblait tout à fait incapable d'obtenir des résultats quels qu'ils soient. Nous faisions partie d'une équipe qui assurait par rotation le suivi des projets prioritaires. Quand une grande occasion se présenta et que le moment semblait venu pour cette personne de monter au créneau, je fus hésitant – en fait, tous les membres de l'équipe hésitaient aussi – à confier la tâche à ce collaborateur parce qu'il n'avait pas produit de résultats. En opérant la projection de son historique de performances passées sur ses performances futures prévisibles, nos avions l'impression que nous ne pouvions pas lui faire confiance pour assurer le suivi au nom de l'équipe. Par la suite, malgré ses talents, il se montra de plus en plus dépassé et quitta la société.

En revanche, quand vous vous trouvez dans une entreprise devant une personne qui s'est bâtie une réputation de super-performant(e), c'est tout une autre histoire. Songez aux entreprises de livraison d'autrefois, quand le service rendu était bon mais pas cent pour cent fiable. FedEx est arrivée avec ce slogan : « Quand il faut absolument, sans faute, que le colis arrive le lendemain ! » Ils n'ont pas seulement inventé le slogan, mais ils ont aussi inventé le service qu'il vantait. Ils ont imposé une qualité de service irréprochable, aligné des résultats. Comme l'expliquait le fondateur, Frederick Smith, « Nos pensions que nous vendions le transport de biens ; en fait, nous vendions la sérénité. » Leurs performances leur ont permis d'acquérir la crédibilité, la confiance... et les clients. Aujourd'hui, les gens sont convaincus que FedEx effectuera toute livraison sans retard, parce qu'ils en ont *l'habitude* depuis longtemps.

Nombre d'entreprises comme The Hartford utilisent leur historique de performances pour construire la confiance et solliciter de nouveaux contrats. Même les messages publicitaires du type « à votre service depuis cinquante ans » ou « fondé en 1925 » sont faits pour suggérer un historique de performances qui inspire confiance. Toutefois, l'une des plus stimulantes évolutions de la nouvelle économie globale est ce simple fait qu'une entreprise relativement nouvelle comme JetBlue a pu se constituer un brillant historique de performances en un temps très court. Fondée en 1999, JetBlue fut l'une des quelques compagnies aériennes américaines qui réalisa des profits durant la difficile période qui suivit les attentats du 11 septembre 2001 et elle est reconnue pour la qualité de son service à la clientèle. De même Google, fondée en 1998, est sans cesse reconnue comme l'une des 100 meilleures compagnies pour lesquelles travailler selon *Fortune*, l'une des meilleures marques internationales selon *Interbrand*, et l'une des compagnies les plus attirantes sur LinkedIn.

L'expérience d'une entreprise qui reprit en force alors qu'elle était à l'article de la mort confirme avec puissance un autre point – que grâce aux résultats, vous pouvez aussi restaurer la confiance plus vite que vous ne le pensez. Dans les années 90, la Apple Computer était sous pression. Elle était devenue une joueuse insignifiante dans le marché des ordinateurs personnels, confinée uniquement aux cercles éducatifs. Lorsque Steve Jobs entra dans la compagnie en tant que PDG, Apple rappela à la vie la vision sur laquelle elle avait été fondée qui était de « construire des produits absolument fabuleux » – et c'est ce qu'elle fit, construisant des produits à la conception simple et élégante et qui fonctionnaient tout simplement. L'apport de résultats (des produits fabuleux qui fonctionnaient) attira une fidélité intense des clients, et la Apple devint plus tard l'entreprise valant le plus au monde.

Conclusion : que vous ayez à restaurer la confiance ou à la bâtir, ce sont d'abord les résultats qui convertiront les incrédules.

L'impact des résultats sur la confiance se traduit dans tous les aspects de la vie :

Un ami qui partait en voyage pour quelques jours avait décidé de laisser sa maison aux bons soins de sa fille, encore adolescente, et de son petit ami. Il me disait qu'il n'éprouvait pas la moindre hésitation à agir ainsi, tout en me confiant qu'il n'aurait jamais imaginé en faire autant avec son fils encore adolescent. Pourquoi ? Sa fille et son fils étaient tous deux de « bons » enfants. Mais la fille avait fait preuve en maintes circonstances d'une maturité et d'une responsabilité que le garçon ne possédait pas. Le degré de confiance que cet homme avait en chacun de ses enfants – et donc le degré de confiance qu'il entendait accorder – était une projection des performances passées sur les résultats futurs.

« QUOI » ET « COMMENT »

En examinant vos résultats, vous devez toujours vous poser deux questions décisives : Quels résultats est-ce que j'obtiens (Le « *quoi* ») ? Et *comment* ? La plupart des gens s'arrêtent à la première question. Ils n'imaginent pas que la réponse à la deuxième risque fort d'être inquiétante pour eux.

Supposons par exemple que vous demandiez à votre équipe de « dépasser les objectifs », mais que vous provoquiez ainsi une compétition féroce entre ses membres. C'est à qui l'emportera sur les autres. Vous augmentez la pression jusqu'à ce que vos collaborateurs soient exténués et, cerise sur le gâteau, vous vous adjugez le mérite de la performance collective. Quelle va être l'attitude de vos collègues la prochaine fois que vous leur demanderez de se surpasser ? Sera-ce plus facile ou plus difficile pour vous d'obtenir des résultats ?

D'autre part, supposons que vous dépassiez les prévisions, mais en créant un esprit d'équipe axé sur l'abondance et la collaboration. Vous aidez les membres de l'équipe à coopérer afin que tout le monde réussisse, que personne ne soit surmené et chacun soit associé à la réussite finale. Quelle sera leur attitude la prochaine fois que vous les mettrez au défi de réitérer l'opération ? Peut-être pourrez-vous obtenir encore une fois des résultats exceptionnels, mais 30 % plus rapidement et plus facilement ?

Vous devez donc vous poser la question : *comment* est-ce que j'obtiens ces résultats ? Le *comment* peut vous aider à surmonter les obstacles qui vous séparent des résultats futurs, ou du moins à « mettre de l'huile dans les rouages ». Il sera beaucoup plus simple d'obtenir des résultats la prochaine fois si votre entourage professionnel vous fait confiance, s'il sait qu'il va être associé à votre succès, si vous recherchez un bénéfice mutuel et vous abstenez de toute critique injustifiée. Vos collègues voudront s'engager, vous faire part des informations qu'ils détiennent, vous aider parce que vous serez devenu crédible à leurs yeux. Ils seront convaincus que tous les membres de l'équipe se verront imputer les résultats produits.

C'est la raison pour laquelle les aptitudes à inspirer confiance, mentionnées dans le chapitre précédent, sont si importantes. Et c'est pourquoi je définis le leadership comme *l'art d'obtenir des résultats d'une façon qui inspire confiance*. Je suis convaincu qu'en ce qui concerne les résultats, le « comment » compte au moins autant que le « quoi ». Et vous pouvez l'observer à tous les niveaux – individuel, relationnel, en équipe, au sein de l'entreprise et dans les rapports sociaux.

Dans cette économie à évolution rapide, j'ai vu beaucoup de sociétés obligées de changer leur modèle d'entreprise, de réduire leurs coûts et de licencier afin de maintenir leurs marges à long terme. Certaines ont payé le prix fort d'une telle stratégie, non seulement parce qu'elles se privaient de salariés souvent performants, mais aussi parce que le sort réservé à leurs collègues démoralisait ceux qui restaient.

J'ai aussi vu dans ce type d'épreuve quelques entreprises remarquables réussir à renforcer la confiance. Dans un cas, j'ai conseillé une entreprise qui devait s'engager dans une mutation radicale et douloureuse afin de rester rentable et survivre. Après avoir effectué un certain nombre de réformes destinées à réduire les coûts, la direction avait atteint le point où, pour augmenter la rentabilité, elle devait sensiblement réduire les effectifs. Elle décida de jouer la carte de la franchise et de l'honnêteté avec le personnel. En allouant de généreuses indemnités de licenciement et en aidant les salariés licenciés à trouver du travail ailleurs, elle montra une telle volonté d'aider les partants que son attitude renforça la confiance du personnel dans la direction. Tous comprirent que les dirigeants devaient se soumettre à la réalité, mais qu'ils le faisaient en respectant certains principes et que le sort de leurs salariés leur tenait à cœur.

N'oubliez pas que les « résultats » ne peuvent toujours se mesurer en valeur monétaire. Ignorer dans les analyses la taxe ou les dividendes générés par la confiance revient à fausser les résultats. Le profit le plus important ne se trouvera peut-être pas dans la transaction ou la mutation elle-même, mais dans la crédibilité et la confiance qui naîtront à cette occasion et ouvriront la voie à des transactions plus profitables encore à l'avenir.

DÉFINIR LES RÉSULTATS

À Wall Street, j'ai appris que tout se résume aux « résultats » et que le rapport entre résultats et crédibilité est souvent brutal. Une société peut annoncer des résultats tout à fait honorables, mais s'ils sont perçus comme décevants, même si les sommes en jeu sont modiques, les résultats en question auraient tout autant pu ne pas exister. D'une certaine façon, cette défaillance est même pire qu'un résultat négatif, quand celui-ci était prévisible – car l'entreprise en question est maintenant perçue comme imprévisible.

En dehors de Wall Street, toutefois, j'ai appris que la sagesse suggère de considérer parfois les « résultats » autrement. Comme Robert Kaplan et David P. Norton l'ont mis en évidence dans leur *Tableau de bord prospectif*, multiples sont les facteurs et les mesures qui peuvent servir d'indicateurs de la durabilité de résultats financiers. Un aspect crucial à considérer est la taxe ou le dividende que nous venons d'évoquer. Il est impossible de se représenter exactement le résultat d'une initiative quelle qu'elle soit sans prendre en compte le coefficient positif ou négatif de ce paramètre.

Un autre aspect à prendre en compte est votre définition des résultats. Il est possible que vous procédiez de façon parfaitement juste sur tous les plans – vous cumulez intégrité, bonne intention et capacités, vous appliquez d'excellents principes pour atteindre de bons résultats –, il n'en reste pas moins que votre affaire peut se casser la figure, votre épouse vous quitter, vos enfants faire de mauvais choix ; vous pouvez être confronté à un raz de marée ou à un ouragan qui balaiera votre maison et tout ce pour quoi vous avez travaillé. Certains aspects de votre vie échappent tout simplement à votre contrôle, et il faut parfois définir les « résultats » autrement que vous ne l'auriez jusque-là imaginé.

C'est vrai, mon affaire traverse une mauvaise passe. Mais à cette occasion, quelles découvertes ai-je faites ? Quelles forces ai-je gagnées ? Quelle capacité accrue pourrai-je appliquer à de futurs efforts ?

C'est vrai, mon mariage a échoué. Mais si je regarde le résultat, qu'ai-je appris ?
Ai-je fait tout ce que je pouvais ? Ai-je traversé cette épreuve sans entamer
mon intégrité ? Suis-je une personne meilleure, plus forte, à cause de tout cela ?
Ai-je incarné le type de comportement que je veux voir adopté par mes enfants ?

C'est vrai, cette catastrophe a anéanti ma maison et mon affaire. Mais quelles
nouvelles possibilités ont surgi à partir de tout cela ? Existe-t-il une façon
optimale pour moi d'utiliser maintenant mes talents et capacités pour améliorer
la situation ? Quelles forces ai-je qui me permettront de travailler avec les
autres à reconstruire ?

Même quand les résultats tangibles semblent négatifs, vous pouvez encore
faire d'énormes progrès dans votre confiance en vous si vous vous définissez et
vous évaluez sur la base de ce qui dans vos résultats est positif et peut encore
beaucoup progresser :

J'ai eu pendant neuf ans l'occasion d'entraîner une équipe de football
américain, des adolescents. J'ai vu l'impact sur de jeunes garçons des idées de
leurs parents et de leurs entraîneurs, pour qui l'objectif était la victoire et elle
seule. Dans mon esprit, il y avait d'autres résultats qui, surtout à cet âge, étaient
encore plus importants. J'ai donc travaillé avec les équipes que j'entraînais sur
les six objectifs que voici :

1. se donner à fond dans le jeu ;
2. y prendre du plaisir ;
3. se montrer fair-play ;
4. être un bon coéquipier ;
5. apprendre quelque chose ;
6. gagner.

Vous remarquerez que « gagner » est le dernier objectif sur la liste. Nous avons
enregistré beaucoup de bons résultats, nous avons célébré beaucoup de bons
moments, même quand l'équipe adverse avait gagné la partie. Et ces résultats,
nous devions les célébrer car ces enfants, même quand ils perdaient, apprenaient
des choses dont ils allaient tirer profit toute leur vie.

À l'inverse, on voit des mariages ou des familles qui donnent l'impression
d'une parfaite harmonie, mais ce n'est qu'un faux-semblant. Tout comme ces
étudiants qui obtiennent toujours les meilleures notes mais qui n'ont aucune

véritable éducation. Nous devons être attentifs à ne pas devenir superficiels dans la définition ou l'évaluation des résultats, aussi bien les nôtres que ceux des autres. Et quand nous nous plaçons en position d'évaluateurs, nous devons aussi sagement projeter les performances passées sur les résultats futurs. Comme le clament les prospectus publicitaires, « en matière d'investissement, les performances passées ne garantissent nullement les résultats futurs ».

Le *Wall Street Journal* rapportait qu'un jour, David Sokol, alors PDG de MidAmerican Energy (une entreprise partiellement détenue par Berkshire Hathaway), devait rencontrer Warren Buffett, le patron de Berkshire Hathaway, pour lui apprendre une très mauvaise nouvelle : leur usine de l'Iowa venait de perdre un contrat de 360 millions de dollars. Sokol s'attendait à être congédié, mais la réaction de Warren Buffett le prit totalement au dépourvu. « David, dit celui-ci, nous faisons tous des erreurs. Si vous n'étiez pas capable de commettre des erreurs, vous seriez incapable de prendre des décisions. J'ai commis moi-même des erreurs bien plus graves. » Dix minutes plus tard, la réunion était terminée.

Dans notre vie professionnelle, dans nos relations, dans notre vie familiale, dans notre vie personnelle, il est sain de reconnaître la capacité des gens à tirer les leçons de leurs erreurs et à changer. Créer une culture qui ne prétende pas les interdire est une preuve de sagesse. Une culture transparente d'apprentissage et de croissance créera en général crédibilité et confiance, même si les résultats immédiats ne sont pas les meilleurs. L'objectif n° 1 est la croissance, et celle-ci repose sur un certain degré de risque. Prendre des décisions et lancer de nouveaux paris sur la base de performances passées revient à limiter sévèrement notre capacité à atteindre d'excellents résultats à l'avenir.

Enfin, nous devons comprendre la valeur de notre coopération dans la production de résultats qui seront peut-être d'abord attribués à d'autres que nous. La réalité veut qu'aucun résultat ne soit exclusivement imputable au travail d'un individu ; il représente les efforts de beaucoup. On peut le constater dans le monde scientifique, où la plupart des nouvelles « découvertes » découlent clairement du travail – et même parfois des erreurs – des savants d'autrefois. On peut le constater aussi dans des sports comme le basket-ball, où les statisticiens mesurent non seulement les points mais aussi les actions qui permettent aux coéquipiers de marquer des points, et dans le base-ball, où l'on prend en compte les sacrifices aussi bien que les points. Comprendre et apprécier l'importance d'un rôle de soutien dans l'obtention de résultats nous aide à mieux évaluer nos contributions spécifiques ainsi que celles des autres.

COMMUNIQUER LES RÉSULTATS

Alors que j'étais adolescent, je travaillais dans une entreprise qui avait mis en place un système de promotion fondé sur un test de compétences auquel il fallait d'abord satisfaire. Très désireux de faire mes preuves et de m'affirmer, je travaillai dur pour me préparer à ce test et je le passai avec succès dès mon premier jour dans l'entreprise. Le hasard voulut que mon premier jour soit aussi celui du nouveau patron, et tous les problèmes qu'il avait à résoudre, assez naturellement, l'empêchèrent de savoir que j'avais passé ce fameux test.

Dans les huit mois qui suivirent, quelle que soit l'excellence de mon travail, j'observai que les autres étaient promus alors que j'étais systématiquement oublié. Je me demandai pourquoi, mais ne dis rien. J'essayai simplement de travailler encore mieux. Finalement, ce patron me demanda un jour : « Stephen, je ne comprends pas. Vous êtes un excellent collaborateur. Vous vous acquittez de toutes vos tâches à la perfection. Je ne comprends pas pourquoi vous n'avez pas passé ce test qui vous permettrait de devenir chef d'équipe. »

Choqué, je me suis écrié : « Mais je l'ai passé... le jour de mon arrivée ici ! » Nous fûmes tous deux consternés de réaliser que ma situation aurait été bien différente s'il en avait été averti. J'avais obtenu des résultats, mais le fait qu'ils n'aient pas été dûment reconnus altérait sa perception de moi et ma crédibilité... et donc le niveau de confiance qu'il était disposé à m'accorder. Pourtant, une fois ces résultats reconnus et surtout combinés avec ceux que j'avais déjà obtenus au cours des derniers mois, sa perception changea complètement. Il me prodigua généreusement sa confiance et l'on me confia des tâches bien plus valorisantes.

Lorsqu'on crée de la crédibilité auprès des autres, ce ne sont pas seulement les résultats qui comptent, mais la conscience que les autres en ont. Il est donc important d'être capable de communiquer adéquatement ses résultats aux autres.

COMMENT AMÉLIORER VOS RÉSULTATS

Étant donné l'importance des résultats dans l'établissement de la crédibilité et de la confiance aussi bien avec nous-mêmes qu'avec les autres, la question se pose ainsi : comment pouvons-nous améliorer nos résultats ? À mon sens, les trois accélérateurs ci-dessous sont les plus efficaces.

1. ASSUMEZ LA RESPONSABILITÉ DE VOS RÉSULTATS

Comme mon père me l'a appris quand j'avais 7 ans, l'une des véritables clés du succès consiste à assumer la responsabilité de ses résultats – et pas seulement de ses actes. Il m'a dit qu'il me revenait de garder le jardin « vert » et « propre ». Il ne m'a pas dit que je devais arroser la pelouse deux fois par semaine, la tondre le dimanche, ou ramasser les ordures et les jeter dans la poubelle. En fait, il m'a simplement dit que je pouvais garder le jardin vert et propre de n'importe quelle manière. Mais quand je rendais des comptes sur ma gestion du jardin, je devais pouvoir m'appuyer sur des résultats tangibles.

Cette leçon a constitué le point de départ d'un apprentissage essentiel dans ma vie : il est vital d'assumer la responsabilité de résultats et pas seulement d'actes. Cette approche libère la créativité. Elle vous aide à comprendre que si vous ne pouvez obtenir de résultats d'une certaine façon, vous n'avez qu'à essayer autrement, il n'est pas question de rester assis à geindre : « Mais j'ai fait ce que tu m'as demandé de faire ! » Cette conviction m'a aidé à développer mon ingéniosité dans mon travail avec mes collègues comme avec les enfants.

Détaillons maintenant la différence entre activités et résultats :

Activités	Résultats
J'ai appelé le client.	J'ai finalisé la vente.
J'ai fait la recherche, j'ai rédigé le rapport.	J'ai obtenu la bourse.
J'ai fait mon exposé.	J'ai appris comment optimiser mes présentations.
J'ai suivi mon régime.	J'ai perdu 13 kilos.
J'ai essayé.	« On fait ou on ne fait pas ; il n'y a pas d'essai. » (maître Yoda)

La focalisation sur le résultat est une manière de penser. Elle diffère complètement d'une focalisation sur l'action. Au début de 2018, Elon Musk, PDG de SpaceX et de Tesla Motors, expédia son cabriolet décapotable Tesla personnel dans l'espace vers Mars tandis que les propulseurs d'appoint qui l'avaient aidé à échapper à la force gravitationnelle de la Terre retournaient sans accroc pour être réutilisés. Était-ce simplement un coup de publicité spectaculaire ? Non, le but de Musk était de démontrer les résultats de la technologie de fusée réutilisable que SpaceX avait développée et qui un jour serait nécessaire pour la colonisation de la planète rouge. Dans son ouvrage *Le Chaos management*, Tom Peters raconte comment Lee Iacocca, ex-PDG de Chrysler, avait décidé d'ajouter un cabriolet à sa gamme. Voici ce qu'il écrit :

> *« Suivant la procédure standard, Iacocca demanda à son ingénieur en chef de lui présenter un projet. L'ingénieur, se conformant aux normes industrielles, répondit : 'C'est d'accord. Nous pourrons vous présenter un prototype dans neuf mois.' Selon plusieurs personnes qui ont assisté à cet échange, Iacocca répondit sur un ton furieux : 'Vous ne comprenez pas. Trouvez-moi une voiture et sciez-lui son fichu toit !' »*

Iacocca obtint son prototype en un temps record et le modèle en question fut un énorme succès. Voici donc deux exemples, le baladeur et la Chrysler décapotable, où la focalisation portait clairement *non* sur les activités mais sur les résultats.

Assumer la responsabilité des résultats présente, outre une distinction claire entre activités et résultats, un autre aspect positif. Comme je l'ai déjà souligné à plusieurs reprises dans ce chapitre, *obtenir* des résultats créera crédibilité et confiance. Mais simplement *assumer la responsabilité des résultats* créera tout aussi bien crédibilité et confiance – parfois même quand les résultats ne sont pas bons… et parfois même quand vous n'en êtes pas responsable.

À ce sujet je vais vous raconter un fait divers édifiant :

En 1982, aux États-Unis, sept personnes périrent après avoir ingéré du paracétamol qui contenait en fait du cyanure. Le pays entier paniqua. Quelques augures prédirent même que Johnson & Johnson ne parviendraient plus à vendre un seul autre médicament sous leur marque. Mais Johnson & Johnson assumèrent pleinement la responsabilité de la situation. Ils alertèrent aussitôt les consommateurs, leur enjoignant de ne plus prendre leur paracétamol jusqu'à ce qu'ils aient pu déterminer l'étendue de la catastrophe. Ils rappelèrent environ 31 millions de flacons de paracétamol, pour un montant, en prix d'achat au détail, de 100 millions de dollars. Ils proposèrent d'échanger toutes les gélules de paracétamol déjà vendues contre des comprimés, ce qui leur coûta quelques millions supplémentaires. Ils nouèrent des contacts étroits avec les enquêteurs à tous les niveaux de l'entreprise, pour permettre de retrouver le responsable de cet empoisonnement et aussi pour empêcher qu'un salarié malintentionné puisse agir de la sorte. Ils offrirent une récompense de 100.000 dollars pour démasquer la personne qui avait commis ce crime. Quand ils réintroduirent leur médicament sur le marché, il était vendu dans un nouvel emballage à triple fermeture, résistant à l'adultération frauduleuse. Résultat de cette contre-offensive : ils transformèrent ce qui aurait pu ressembler à un désastre en une victoire sur le plan de la crédibilité et de la confiance du public.

Il est intéressant de noter qu'ils prirent cette décision en se fondant sur un credo rédigé au milieu des années 1940 par Robert Wood Johnson, le dirigeant de la société pendant cinquante ans. Ses valeurs étaient claires et elles préconisaient un « bénéfice mutuel ». Comme un observateur l'a noté :

> *« Johnson soulignait les responsabilités de la compagnie envers les 'consommateurs et les professionnels de la médecine qui utilisaient ses produits, ses salariés, les communautés où son personnel vivait et travaillait, et ses actionnaires'. Johnson estimait que si son entreprise restait fidèle à ses responsabilités, ses affaires prospéreraient pendant longtemps. Il avait le sentiment que son credo n'était pas seulement moral, mais commercial. »*

Et les événements lui ont donné raison. En préconisant le bénéfice mutuel et en assumant la responsabilité d'une situation catastrophique, alors même que Johnson et Johnson n'avaient pas commis de faute, la compagnie réussit à restaurer crédibilité et confiance.

Il est étonnant de vérifier l'impact de la responsabilité assumée sur la vie personnelle et familiale – quand au lieu de reprocher et d'accuser, l'un des deux partenaires dit : « Je suis désolé de ce que j'ai fait. Que puis-je faire pour améliorer la situation ? » Ou lorsqu'un parent dit : « Peut-être n'ai-je pas su me faire comprendre sur ce problème. Je vais essayer d'être plus clair. » Quand un frère et une sœur sont brouillés, l'un d'eux assume la responsabilité de cette situation et prend l'initiative de la réconciliation. Quand vous dites : « J'assume ma responsabilité pour mon rôle dans cette situation, quel qu'il soit... » ou encore « J'assume ma responsabilité d'aider à trouver une solution... », vous construisez crédibilité et confiance... et vous obtenez de meilleurs résultats dans tous les domaines de votre vie.

> « Il ne sert à rien de dire ' Nous faisons de notre mieux'.
> Vous devez réussir en prenant les mesures nécessaires. »
>
> —WINSTON CHURCHILL

2. ANTICIPEZ LE SUCCÈS

Selon la mythologie grecque, Pygmalion, roi de Chypre, sculpta une statue d'ivoire de la femme idéale, qu'il baptisa Galatée. Elle était si belle qu'il en tomba amoureux, et la déesse Aphrodite, touchée par la force de son amour, exauça son vœu de lui donner vie. Selon la légende, ils vécurent heureux pour toujours.

Ce mythe antique est devenu une métaphore qui illustre le pouvoir de l'anticipation, un phénomène souvent surnommé « effet Pygmalion », ou encore effet Galatée, prophétie autoréalisatrice, confiance, optimisme ou simplement foi du charbonnier. Le mythe a été réactualisé par la comédie musicale *My Fair Lady*, l'histoire d'un Pygmalion moderne, un professeur, qui à force d'efforts pour l'éduquer parvient à transfigurer en lady une jeune femme pauvre.

Le principe est simplement celui-ci : nous avons tendance à récolter ce que nous escomptons – aussi bien de nous-mêmes que des autres. Quand nous escomptons plus, nous avons tendance à obtenir plus, quand nous escomptons moins, nous avons tendance à obtenir moins.

Ce phénomène fut clairement démontré dans une étude réalisée en 1968 par le docteur Robert Rosenthal. Il fit croire à des enseignants que certains de leurs élèves étaient excellents, sur la base de pseudo-tests de QI, alors qu'en fait ces élèves avaient été choisis au hasard. Quand on testa ces élèves quelques mois plus tard, les étudiants appartenant au groupe témoin obtinrent de meilleurs résultats que leurs condisciples. Les attentes plus élevées des professeurs à leur égard les avaient amenés à fournir des efforts beaucoup plus importants.

Dans notre vie, le simple fait d'avoir une tournure d'esprit anticipant le succès accroît nos chances de réussir. Cela aide à obtenir de meilleurs résultats. Et de meilleurs résultats nous aident à accroître notre crédibilité et notre confiance en nous, engendrant une anticipation plus positive, et donc toujours plus de succès – on voit se mettre en place une spirale positive. C'est le paradigme de la prophétie autoréalisatrice.

Comme le remarquait Rosabeth Moss Kanter, professeur à la Harvard Business School et auteur, « la confiance consiste en attentes positives de résultats favorables… La réussite entraîne la réussite parce qu'elle entraîne la confiance à quatre niveaux. » Le premier de ces niveaux, dit-elle, est « la confiance en soi : un climat émotionnel d'espérances élevées ». Le second niveau est la « confiance mutuelle ».

Si donc vous voulez améliorer vos résultats, escomptez le succès, non seulement pour vous-même mais aussi pour votre équipe. Pas à n'importe quel prix : honorablement. Non aux dépens des autres mais en synergie avec eux. Escompter le succès d'un projet, en y incluant le succès des autres, est un facteur décisif de sa réussite.

3. FINIR FORT

Une année, mon fils Stephen, excellent joueur de football et capitaine de son équipe au lycée, décida qu'il voulait devenir basketteur. Il intégra l'équipe mais, à sa grande déception, il n'était que moyen et il passa presque toute l'année sur le banc de touche. Un mois avant la fin de la saison, il se blessa à l'épaule et le médecin lui annonça qu'il ne pourrait plus jouer cette année-là. Sa réaction, au début, fut de vouloir quitter l'équipe. Il était blessé et il n'allait de toute façon plus jouer, donc, dans son esprit, il n'avait plus de raison de rester.

Mais sa mère Jeri et moi avions une autre vision de la situation. Pour nous, un principe était en jeu. Stephen appartenait à une équipe et cette équipe n'avait pas fini sa saison. La question n'était pas de savoir s'il allait encore jouer ou non ; l'équipe avait encore besoin de son soutien.

Au début, Stephen protesta. Il avança que ce serait une perte de temps. Il tenta même une petite manœuvre destinée à nous faire craquer : « Mais papa, pendant ce temps-là, je pourrais *étudier* ! » Pourtant, au bout du compte, il céda à nos arguments et il resta dans l'équipe jusqu'à la fin de la saison. Il aida aux entraînements, soutint l'équipe. Et son entraîneur aussi bien que ses coéquipiers lui en furent très reconnaissants.

Lors de la remise de son diplôme de fin d'études secondaires, il prononça un discours dans lequel il remerciait ses entraîneurs et dit qu'en sport, il avait appris deux grandes leçons : la première était qu'il fallait travailler dur. La seconde qu'il ne fallait pas faiblir au finish. Et nous avons pu voir les résultats positifs de ces leçons dans toutes ses activités ultérieures.

En matière de résultats, c'est la fin qui compte le plus. Notre société compte, semble-t-il, de plus en plus de victimes et de démissionnaires. Le nombre de gens qui simplement démissionnent de leur travail, de pères qui abandonnent leurs enfants, aussi bien physiquement que financièrement, de couples qui divorcent et d'adolescents qui ne passent même pas leur diplôme de fin d'études secondaires indique qu'au moins dans certaines situations, quand le climat se corse, beaucoup de gens réagissent en partant. Bien sûr, il y a des circonstances dans lesquelles prendre une telle décision peut être la meilleure solution. Mais bien souvent, sans aucune raison valable, les gens n'ont tout simplement pas la motivation et l'énergie de finir fort.

Il est clair que finir en force est un antidote puissant à une culture de la démission. Mais avez-vous jamais songé à l'impact énorme qu'une telle attitude peut avoir sur la crédibilité et la confiance ?

Ma devise est celle-ci : chaque fois que c'est possible, allez jusqu'au bout et finissez en donnant le meilleur de vous-même. Un de mes collègues qui s'entraînait pour un marathon m'a fait part de cet excellent conseil entendu dans la bouche d'un grand coureur : « Quand vous sentez que vous atteignez vos limites, disait ce champion, quand vous sentez que vous allez lâcher prise, au lieu de vous obnubiler sur votre fatigue et de traîner les pieds, relevez la tête et accélérez. » Au premier abord, ce conseil pourra sembler illogique, mais à la réflexion, il est au contraire plein de sens. En accélérant, vous vous dites vraiment à vous-même que vous n'allez pas vous contenter d'être sur la ligne d'arrivée : vous allez la franchir en beauté.

RÉSUMÉ DES 4 NOYAUX

Dans ce chapitre, nous avons exploré la première vague de la confiance, qui est la confiance en soi. Nous avons examiné les 4 noyaux qui forgent la crédibilité, le caractère et la compétence nécessaires pour avoir confiance en soi et mériter la confiance d'autrui. Nous avons parlé des façons d'améliorer intégrité et intention, et évoqué les manières de bâtir la compétence en accroissant les capacités et en améliorant les résultats. Agir ainsi est le meilleur moyen de construire la crédibilité et d'inspirer confiance.

Comme je l'ai mentionné plus tôt, dans nos ateliers « vitesse de la confiance », l'un des exercices que nous pratiquons avec les participants consiste à organiser une évaluation à 360 degrés qui cumule les avis du patron, des collègues, des relations de travail ainsi que de tous ceux dont ces participants nous fournissent les noms. Ces évaluations sont rassemblées et analysées par une agence indépendante, nous ne les voyons même pas. Le lendemain, nous prenons le temps de discuter de ces résultats avec ceux qui le désirent, en présence de leurs coachs et devant le groupe.

Pour beaucoup d'entre eux, c'est une expérience très surprenante de découvrir les évaluations de leur entourage sur ces 4 noyaux.

Lors d'un récent atelier, un PDG me disait :

« Je m'attribuais de très mauvaises notes, mais j'avais le sentiment d'être excellent sur les résultats. Et voilà qu'on me dit : 'Vous ne savez pas finaliser.' Et ça m'a ouvert les yeux. Ma société obtient d'excellents résultats, mais je me suis mis à penser que si je les écoutais mieux, si je me concentrais et que j'arrêtais de me disperser dans les tâches secondaires – si j'arrêtais d'intervenir dans le travail de mes collaborateurs – vous imaginez ce que pourraient être nos résultats ! »

Un responsable d'une association de bénévoles nous confiait :

« Une des choses qui m'a vraiment choqué fut d'entendre que j'étais égoïste. J'ai pensé 'Égoïste ? Comment peut-on me qualifier d'égoïste ?' Mais en rencontrant mon coach et en discutant avec lui de certains de ces jugements, j'ai dû me rendre à l'évidence et je lui ai dit : 'Eh bien, peut-être suis-je égoïste, parce qu'au fond, mon unique préoccupation est de me faire valoir à n'importe quel prix'. Peut-être faut-il que je change cette attitude pour que mes collègues réalisent que la réussite revient à toute l'équipe. »

Ce qui est fascinant de noter, et indicateur de l'immense connaissance que les participants peuvent tirer de ce processus, est que la plupart des participants, en moyenne, classèrent leur propre crédibilité d'une note cumulative de 86,6%, alors que les gens à qui on avait demandé leur opinion classèrent ces mêmes participants à une note cumulative de 56,2%. La différence est de trente points !

Nous avons aussi accumulé des données venant de dizaines de milliers de participants pendant plusieurs années, non seulement sur la façon dont les gens perçoivent leur propre crédibilité mais aussi sur la façon dont ils voient la crédibilité de chacun d'autre dans leur équipe. Les données cumulatives ci-dessous démontrent la tendance qu'ont la plupart d'entre nous de nous juger nous-mêmes selon nos intentions et les autres selon leur comportement, et de penser que le problème est « autre part » (c'est-à-dire, ce n'est pas *mon* problème ; c'est *son* problème… ou le problème de *tous les autres*).

Que vous en soyez conscient ou non, les gens vous jugent sur ces 4 noyaux. Ils affectent votre crédibilité. Les comprendre vous aidera à évaluer vos compétences. Cela reviendra à chausser vos lunettes de confiance. Vous deviendrez capable de voir sous la surface, de distinguer précisément pourquoi vous – ou les autres – sont jugés fiables ou non. Cela vous aidera aussi à mettre le doigt sur ce que vous pouvez faire pour accroître la confiance et aussi comment vous pouvez travailler avec les autres pour les aider à accroître la confiance dans votre entreprise ou votre entourage familial.

PERCEPTIONS DE CRÉDIBILITÉ

Comment je me suis jugé(e)		Comment j'ai jugé les autres
84.25%	RÉSULTATS ④	**51.60%**
78.10%	CAPACITÉS ③	**55.22%**
	Les 4 Noyaux de la Crédibilité	
88.77%	INTENTION ②	**58.37%**
95.45%	INTÉGRITÉ ①	**59.55%**

LA DEUXIÈME VAGUE : LA CONFIANCE RELATIONNELLE

LE PRINCIPE DU COMPORTEMENT

LA CONFIANCE EN SOI
LA CONFIANCE **RELATIONNELLE**
LA CONFIANCE ORGANISATIONNELLE
LA CONFIANCE DU MARCHÉ
LA CONFIANCE SOCIÉTALE

La deuxième vague – la confiance relationnelle – est centrée de A à Z sur le comportement… la *constance* de votre comportement.

Il vous faut apprendre le type d'interactions avec autrui qui augmentent la confiance et éviter celles qui la détruisent.

Plus spécifiquement, nous allons examiner les 13 comportements communs aux leaders et aux personnes jouissant, de par le monde, de la plus haute confiance. Ces comportements recèlent un pouvoir énorme pour les raisons suivantes :

Ils sont fondés sur les principes gouvernant les relations de confiance. *(Ils ne sont pas fondés sur des recettes ou techniques, ou même sur des exercices, mais sur des principes qui ont fait leurs preuves dans toutes les cultures humaines depuis les débuts de notre histoire.)*

Ils découlent des 4 noyaux. *(Ils sont fondés sur la crédibilité personnelle – le caractère et la compétence. Ils découlent de ce que vous êtes et non de ce que vous voulez paraître.)*

Ils sont utilisables. *(Vous pouvez les mettre en pratique sur le champ.)*

Ils sont universels. *(Ils peuvent être appliquées dans toute relation – avec votre patron, vos collègues, vos associés, vos clients, votre conjoint, vos enfants, vos proches et vos amis. Ils peuvent aussi s'appliquer dans toute organisation – entreprise, administration, école, hôpital ou association, en les adaptant au besoin aux cultures spécifiques que vous rencontrerez.)*

Je vous promets que ces 13 comportements amélioreront sensiblement votre capacité à instaurer la confiance dans toutes vos relations – aussi bien personnelles que professionnelles.

LES 13 COMPORTEMENTS

« De belles paroles ne résoudront pas un problème que votre comportement a provoqué. »
—STEPHEN R. COVEY

*« Non, mais vous pouvez vous **comporter** de façon à résoudre un problème que votre comportement a créé… et souvent plus vite que vous le croyez ! »*
—STEPHEN M. R. COVEY

Quelques années après notre mariage, Jeri et moi emménageâmes à Boston, où je faisais mes études de commerce. Notre fils Stephen était âgé d'un an à l'époque. Un week-end, mes parents vinrent nous voir et nous invitèrent à dîner dans un restaurant self-service. J'étais si heureux de les voir que je me comportai, je le crains, comme un gamin. Je remplis rapidement mon assiette, m'assis avec mes parents à une table et commençai à leur parler, ignorant complètement ma femme Jeri, qui faisait encore la queue devant le buffet, essayant de remplir son assiette et celle de notre petit bébé. Elle nous rejoint finalement, mais s'occupa du bébé toute la soirée et ne dit pas grand-chose.

Quand nous fûmes rentrés à la maison, je soupirai de satisfaction et lui dis : « C'est si génial d'avoir mes parents ici, n'est-ce pas ? » Puis, je me tournai vers elle et ajoutai : « Je t'aime, ma chérie ! »

Elle répondit : « Non, tu ne m'aimes pas. »

Surpris, je répliquai : « Mais bien sûr que si ! »

Elle me lança alors :

« Non, tu ne m'aimes pas, Freddy !

– Freddy ? me suis-je alors exclamé. Comment ça, Freddy ?

– C'est ce type dans *My Fair Lady*, répondit-elle avec un certain dédain. Tu sais… celui qui parle d'amour, mais… n'agit pas ?

– Quoi ! fis-je incrédule, que veux-tu dire exactement ? »

Elle me regarda droit dans les yeux. « Quand nous étions au restaurant ce soir, tu n'as guère fait attention à moi ! J'avais le bébé et son paquet de couches dans les bras, j'essayais de prendre soin de lui, de faire en sorte qu'il ne pleure pas et ta seule préoccupation, c'était de passer un bon moment avec tes parents. Tu m'as bien laissée tomber, Freddy ! »

Cette remontrance me rappela le couplet d'une chanson qu'Elisa – l'héroïne de *My Fair Lady* – chante sur un ton assez persifleur à Freddy : « Ne me parle plus d'étoiles scintillantes ; si tu es amoureux, montre-le ! » Elisa ne voulait pas de belles paroles, elle voulait un comportement qui les prouve. Et Jeri aussi.

En songeant au déroulement de la soirée de ce point de vue, je me sentis très mal. Elle avait raison – je l'avais laissée tomber. J'aurais dû réaliser qu'elle avait besoin d'aide. Mes actes – plus encore que mes paroles – auraient dû clairement lui montrer mon amour pour elle.

> « *Les gens ne vous regardent pas parler ; ils font attention à où vous mettez les pieds.* »
>
> —ANONYME

LE COMPORTEMENT COMPTE

La vérité, c'est que dans toute relation – personnelle ou professionnelle –, ce que vous *faites* a un impact bien plus grand que tout ce que vous pouvez dire. Vous pouvez assurer quelqu'un de votre amour – mais à moins de le lui montrer par vos actes, vos paroles resteront dépourvues de sens. Vous pouvez affirmer dans une négociation que vous voulez une conclusion gagnant-gagnant – mais à moins que votre comportement montre que vous pensez vraiment ce que vous dites, vous apparaîtrez comme un menteur. Vous pouvez garantir que votre entreprise est centrée sur le client ou que vos salariés sont votre actif le plus précieux, ou encore que vous appliquerez les règles, que vous vous interdirez toute conduite contraire à l'éthique, que vous ne trahirez pas une confidence, que vous respecterez vos engagements ou fournirez des résultats. Dire tout cela *sans le faire* ne bâtira en rien la confiance ; pire, cette contradiction la détruira.

Les paroles ont leur rôle à jouer. Elles révèlent un comportement, elles indiquent une intention. Elles peuvent susciter un immense espoir. Et quand ces paroles sont suivies d'effet dans les actes, elles stimulent la confiance, parfois spectaculairement. Mais quand le comportement ne suit pas ou ne correspond pas à ce qui a été dit, les mots deviennent des ennemis.

> *« Les gens écoutent peut-être ce que vous dites mais ils croient ce que vous faites. Les valeurs sont une question de confiance. Elles doivent se refléter dans chacun de vos actes. »*
>
> —AZIM PREMJI, PRÉSIDENT, WIPRO

Ce chapitre concerne les 13 comportements communs aux leaders et aux personnes jouissant, de par le monde, de la plus haute confiance. Ces comportements sont puissants parce qu'ils sont basés sur les principes qui gouvernent les relations. Ils découlent des 4 noyaux. Tout un chacun peut les adopter. Et, comme vous le verrez, ils sont validés par les études et l'expérience.

Il ne fait pas de doute que vous pratiquez déjà certains de ces comportements et que vous en tirez les dividendes de confiance élevés qu'ils génèrent. Pour d'autres comportements, vous avez sans doute plus de difficultés et le résultat, c'est que vous payez une taxe. En lisant les quelques brefs chapitres suivants qui décrivent ces comportements, vous pourrez choisir ceux dont vous estimez qu'ils feront la différence la plus importante pour vous.

Avant de décrire ces comportements en détail, je voudrais toutefois exposer quelques idées importantes qui vous aideront à comprendre et à appliquer ces comportements dans votre situation particulière.

VOUS POUVEZ CHANGER VOTRE COMPORTEMENT

Selon certains, changer de comportement serait impossible. Mais de nombreux éléments démontrent qu'on peut le modifier, parfois de façon spectaculaire et que ce changement entraîne souvent des résultats extraordinaires.

Songez à Anouar el-Sadate, qui a si radicalement changé de comportement par rapport à Israël, qu'il a amené ce pays et l'Égypte, ennemis de longue date, à la table des négociations pour la paix. Songez à Nelson Mandela, l'ex-dirigeant de la branche armée de l'ANC qui a fini par diriger l'Afrique du Sud, après une transition dramatique, dans un esprit inégalé de non-violence, de pardon et de réconciliation. Songez au gouvernement et aux Forces armées révolutionnaires de Colombie qui, après plus de 50 ans de lutte, cherchent aujourd'hui la paix. Songez aux nombreux parents qui ont fait le choix de la rupture avec leur passé, refusant de reproduire avec leurs enfants le comportement néfaste de leurs parents et transformant ainsi un héritage de mauvais traitements en héritage d'amour. Songez à tous ceux qui parviennent à se désintoxiquer d'une addiction à l'alcool ou à la drogue. Songez enfin à votre propre vie. N'avez-vous pas fait l'expérience de choisir consciemment de modifier votre comportement – et d'y être parvenu ?

Pour l'essentiel, la différence entre ceux qui changent de comportement et ceux qui persistent dans leurs travers, c'est la volonté d'atteindre un objectif. Quand votre objectif est de parvenir à des résultats de manière à bâtir la confiance, les comportements nécessaires cessent soudain d'être juste des qualités sympathiques. Ce sont en fait de puissants outils qui vous permettront de forger des relations riches et satisfaisantes, une meilleure coopération et un épanouissement partagé et, mieux encore, vous rendront heureux.

Ces dernières années, on a beaucoup insisté sur l'importance des « changements de paradigmes », modifications des façons de voir ou de comprendre certains aspects de la réalité qui entraînent des changements de comportements significatifs. J'espère que ce livre vous aidera à opérer dans le domaine de la confiance des changements de paradigmes utiles pour votre vie.

Mais j'espère aussi qu'il vous aidera à *appliquer* d'importants « changements de *comportement* » qui modifieront vos manières de voir et de penser. Voici une anecdote que j'aime beaucoup, c'est celle d'un prêtre qui s'appelait George Crane :

Un jour, une femme vient le voir. Elle est hors d'elle : elle en veut tellement à son mari qu'elle a décidé non seulement de demander le divorce mais en plus elle veut lui en « faire baver », lui dit-elle. L'homme d'Église lui répond alors ceci : « Rentrez chez vous et agissez comme si vous aimiez vraiment votre mari. Dites-lui à quel point il compte pour vous. Louez ses bonnes actions chaque fois que vous le pourrez. Faites le contraire de ce que vous ressentez, soyez aussi gentille, attentionnée et généreuse que possible. N'épargnez aucun effort pour lui faire plaisir, pour le distraire. Faites-lui croire que vous l'aimez. Quand vous l'aurez convaincu de votre inaltérable amour, assuré que vous ne pouvez imaginer la vie sans lui, lâchez la bombe ! Dites-lui que vous demandez le divorce – il aura beaucoup du mal à s'en remettre. » La femme, jugeant ce conseil brillant, se met à essayer de convaincre son mari qu'elle l'aime profondément, sincèrement, complètement. Chaque jour, elle fait tout ce qu'elle peut pour le lui faire croire. Mais au bout de quelques semaines de ce régime, elle découvre à son grand étonnement qu'elle l'aime vraiment. Son comportement a fait renaître l'amour.

La leçon de cette histoire est la suivante : si vous ne vous montrez pas aimant maintenant – mais que vous *désirez* le devenir, alors adoptez dès maintenant le comportement que vous souhaitez acquérir. Si vous n'êtes pas quelqu'un d'honnête mais que vous *désirez* le devenir, alors conduisez-vous honnêtement. Reproduisez les actes des personnes aimantes et honnêtes. Cela prendra peut-être du temps, mais en agissant ainsi, vous êtes en mesure de vous comporter de manière à devenir la personne que vous souhaiterez être.

Exprimé autrement, la confiance *ressentie* est souvent le résultat de la confiance *instaurée*.

BÂTISSEZ VOTRE COMPTE CONFIANCE

Dans vos efforts pour acquérir un comportement qui inspire confiance, une façon utile de visualiser et d'évaluer vos efforts consiste à penser en termes de « compte confiance ». (Cette notion est semblable au « compte bancaire émotionnel » dont parle mon père dans *Les 7 Habitudes de ceux qui réalisent tout ce qu'ils entreprennent.*) Chaque comportement qui augmente la confiance correspond à un dépôt. Tout comportement qui au contraire réduit la confiance correspond à un retrait. Le solde du compte reflète le niveau de la confiance dans la relation à un moment donné.

Un des plus grands avantages de la métaphore du compte confiance, c'est qu'elle vous donne un support concret pour parler de la confiance. Autre avantage, elle vous aide à prendre conscience de plusieurs réalités importantes :

Chaque compte confiance est unique. Il existe une grande différence entre le compte confiance ouvert avec ma petite-fille de 3 ans et celui que j'ai avec ma fille de 19 ans. Ma petite-fille de 3 ans me voue une confiance inoxydable. Ma fille de 19 ans me rappelle sans cesse la phrase de Mark Twain : « Quand j'étais un gamin de 14 ans, mon père était si ignorant que je pouvais difficilement le supporter à mes côtés. Mais quand je suis arrivé à 21 ans, j'ai été étonné de constater à quel point le vieux avait appris en sept ans ! » Reconnaître la singularité de chaque relation vous aidera à gérer chaque compte plus efficacement.

Les dépôts et les retraits ne sont pas égaux, même s'ils le paraissent. Les petits détails peuvent avoir un énorme impact. Quand un ouragan frappa la côte Sud-Est des États-Unis, l'un de mes associés envoya un bref e-mail à une cliente qui avait dû évacuer sa maison située sur une île. Il lui disait qu'il espérait qu'elle se portait bien, qu'il priait pour elle et qu'il espérait lui parler dès son retour. Elle lui confia par la suite : « C'est le seul e-mail que j'ai reçu de quelqu'un d'extérieur à ma famille qui exprimait son inquiétude pour moi. Et il m'a profondément touchée. Merci. » Les mêmes petits détails mais en sens inverse, tel l'oubli de l'anniversaire d'un membre de la famille (ou pire, de votre anniversaire de mariage !), ne pas dire « merci », l'omission d'autres gestes de courtoisie ou de gentillesse peuvent entraîner d'énormes retraits, surtout avec certaines personnes – et cela est vrai pour la plupart des êtres dans la plupart des cultures.

Ce qui vaut « dépôt » pour quelqu'un n'aura pas la même valeur pour quelqu'un d'autre. Je peux croire que c'est un dépôt de vous inviter, vous et votre conjoint, au restaurant pour dîner. Mais pour vous, ce sera peut-être un retrait. Vous n'aimez pas les dîners d'affaires, vous suivez un régime ou vous avez vraiment envie de passer cette soirée-là à la maison, mais vous vous sentez obligé(e) d'accepter parce que vous ne voulez pas me vexer. Autre cas de figure : je peux penser que c'est un dépôt de vous féliciter publiquement pour une tâche dont vous vous êtes brillamment acquitté. Mais pour vous, il s'agira d'un retrait, peut-être même important – parce que vous souhaitiez que votre intervention reste anonyme. Rappelez-vous toujours : il est important de clarifier quels types de gestes seront des dépôts aux yeux de la personne avec qui vous tentez de bâtir la confiance.

Les retraits sont presque toujours plus importants que les dépôts. Comme Warren Buffett le disait : « Il faut vingt ans pour bâtir une réputation et cinq minutes pour la détruire. » Il n'est pas rare que les retraits aient un impact dix, vingt, cent fois supérieur aux dépôts, et certains sont si importants qu'ils vident le compte d'un seul coup. La confiance ressemble un peu à un grand seau qu'on remplit goutte à goutte mais qu'un seul coup de pied maladroit suffit à vider complètement... Rappelez-vous : ne renversez jamais le seau ! Vous allez commettre des erreurs, comme tout le monde, mais tâchez de ne pas faire celles qui détruisent complètement la confiance et ne ménagez pas vos efforts pour rebâtir la confiance ou pour la restaurer quand elle a été détruite.

Parfois, la façon la plus rapide de bâtir la confiance est de stopper les retraits. Quand j'ai relevé le défi de relancer le Covey Leadership Center, nous avions cinq activités différentes, dont quatre étaient rentables. La cinquième perdait de l'argent, me prenait 20 % de mon temps et ne contribuait que 2 % à notre chiffre d'affaires. Certains responsables de l'entreprise y étaient attachés, mais je compris alors que la façon la plus rapide d'améliorer nos bénéfices n'était pas de se focaliser sur l'amélioration des quatre autres, mais d'éliminer la cinquième. Nous la vendîmes donc, et cela nous soulagea beaucoup et nous permit de nous consacrer au redressement de la société et à la restauration de la confiance des banquiers et des autres partenaires impliqués. À mesure que cette expérience s'affirme, pour élever le niveau des performances (ou, dans ce cas, de la confiance), vous avez non seulement besoin de consolider les forces qui vous propulsent en avant mais il vous faut aussi supprimer celles qui vous empêchent d'avancer. Si vous ne le faites pas, cela revient à conduire une voiture avec un pied sur l'accélérateur et un autre sur la pédale de frein. Parfois, la façon la plus rapide d'obtenir des résultats consiste simplement à arrêter de freiner.

Reconnaissez que chaque relation possède deux comptes confiance. La façon dont vous percevez le niveau de la confiance dans une relation et la façon dont les autres le perçoivent peut être différent. Il est donc généralement sage de penser à toute relation en vous disant qu'il y a deux comptes et non pas un seul, et d'essayer de bien mesurer le solde sur chacun de ces comptes. Je me suis souvent dit qu'il serait utile que nous soyons équipés d'« indicateurs de niveau » un peu comme ceux qui équipent les téléphones mobiles et indiquent la qualité de la réception. Ces indicateurs de niveau afficheraient les effets de chaque interaction – dépôt, retrait et solde du compte confiance. Mais, sans cette visualisation instantanée, il vaut mieux faire un sincère effort pour comprendre ce qui entraîne un dépôt ou un retrait pour autrui et toujours essayer d'agir de façon à bâtir la confiance.

> « Il n'y a pas de faits, seulement des interprétations. »
>
> —FRIEDRICH NIETZSCHE

LES POINTS À NE PAS OUBLIER

Avant d'aborder les 13 comportements, j'aimerais attirer votre attention sur quelques idées qui vous aideront dans la compréhension et la mise en pratique :

Ces 13 comportements reposent sur une combinaison caractère/compétence. Les cinq premiers découlent du caractère, les cinq suivants de la compétence, et les trois derniers, d'un mélange à parts presque égales des deux. Ce point est important parce qu'en général, la plus rapide façon de réduire la confiance consiste à violer un comportement lié au caractère, tandis que la plus rapide manière de l'accroître consiste à faire preuve de compétence.

Comme toute bonne chose, il est possible de pousser à l'extrême n'importe lequel de ces 13 comportements. Et toute force poussée à l'extrême devient une faiblesse. En examinant chacun de ces comportements, gardez en mémoire le visuel ci-dessous. Je soulignerai les façons spécifiques d'utiliser les 4 noyaux et de renforcer votre jugement afin d'atteindre la « zone optimale » sur la courbe pour chaque comportement.

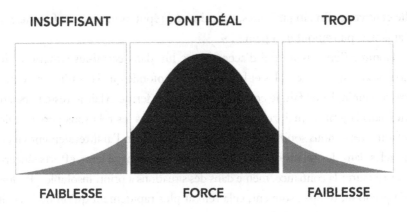

Toute force poussée à l'extrême devient une faiblesse

Ces 13 comportements concourent à créer le solde. Ainsi, « parler franchement » doit être contrebalancé par « faire preuve de respect ». En d'autres termes, la franchise ne consiste pas à jouer l'éléphant dans un magasin de porcelaine, à montrer un mépris flagrant des valeurs, des idées, des sentiments de vos interlocuteurs.

Je vous signalerai les *principes* sur lesquels chaque comportement est fondé. Je vous indiquerai aussi, dans chaque cas, le comportement *opposé* et la *contrefaçon* correspondante. Ce sont ces contraires et ces contrefaçons (souvent non reconnus) qui engendrent les plus gros retraits.[4]

En fin de chapitre, je suggérerai quelques « conseils confiance ». Vous y trouverez des idées pour renforcer vos 4 noyaux afin d'atteindre la « zone idéale » sur la courbe ainsi que quelques suggestions spécifiques sur les façons de mettre en pratique ces comportements. N'oubliez pas que c'est le comportement lui-même qui est l'objectif concret de chaque chapitre. Les suggestions de mise en pratique doivent vous permettre d'atteindre cet objectif par étapes.

PERSONNALISEZ !

Un jour, à la fin d'une de mes présentations, un homme vint me voir. Les larmes aux yeux, il me dit : « Comme je regrette de ne pas avoir entendu tout cela il y a dix ans ! Cette citation de Warren Buffett : 'Il faut vingt ans pour bâtir une réputation et cinq minutes pour la ruiner', j'ai appris à mes dépens à quel point

---

4   Pour voir les conséquences des contrefaçons sur la culture, visiter les Promesses du livre sur www.speedoftrust.com/book-promises.

elle était vraie. En cinq minutes, j'ai ruiné ma réputation avec ma femme et je n'ai jamais pu remonter la pente ! »

Comme j'en suis tombé d'accord avec lui, dans certaines situations, les retraits sont si considérables et la douleur, si profonde que la confiance ne peut être restaurée. Et de fait, le compte confiance est fermé. Mais je reste persuadé que, dans la grande majorité des cas – surtout dans les relations personnelles et familiales –, nous sommes trop prompts à renoncer. J'ai littéralement vu des miracles dans des relations où les gens n'ont pas ménagé leurs efforts sincères pour restaurer la confiance, même dans des situations a priori insolubles. Parfois, cela prend du temps ; souvent, cela réussit plus rapidement qu'on ne le croit. Dans certains cas, la confiance reconstruite est même plus grande qu'auparavant.

Je vous encourage donc à appliquer les chapitres suivants à votre situation personnelle en pensant à deux relations spécifiques – l'une professionnelle, l'autre personnelle – dont le solde du compte confiance est particulièrement bas. Les relations que vous choisirez devront être celles où vous aimeriez accroître la confiance et où, en améliorant la confiance, vous obtiendriez de bien meilleurs résultats professionnels et seriez bien plus heureux sur le plan personnel.

À la fin de ces chapitres, je vous expliquerai comment jeter un regard en arrière, identifier les deux ou trois comportements dont la modification aurait le plus grand impact sur votre vie, et mettre au point un plan concret pour opérer ce changement.

> « Depuis toujours, les seules relations valables et durables en ce monde sont celles où règne une confiance mutuelle. »
>
> —SAMUEL SMILES, AUTEUR ET
> BIOGRAPHE BRITANNIQUE

En songeant aux comportements capables de construire la confiance, gardez présent à l'esprit que toute interaction avec une personne quelle qu'elle soit est un « moment de confiance ». La façon dont vous vous comportez alors entraînera une augmentation ou une diminution de celle-ci. Et ces moments ont des effets multiples : la façon dont vous vous conduisez avec un membre de votre famille est notée par les autres membres de la famille. Votre conduite avec l'un de vos collaborateurs est dûment enregistrée par ses collègues. Votre façon de vous comporter avec un client est scrutée par les autres clients. C'est ce genre de détails qui créent la légende d'une entreprise. C'est un effet de démultiplication qui est à l'opposé du credo de la mafia : en construisant par votre comportement la confiance avec une personne, vous la bâtissez avec beaucoup d'autres.

COMPORTEMENT N° 1 : PARLEZ FRANCHEMENT

« Les gens avec qui mes rapports sont parfois difficiles sont ceux qui ont tendance à faire de la rétention d'informations. Ceux qui omettent délibérément certains aspects de la situation, qui déforment les faits. »

—SHELLEY LAZARUS, PDG ET PRÉSIDENT
DU CONSEIL, OGILVY ET MATHER

À une époque, j'avais un collègue qui ne donnait jamais sa position sur un problème jusqu'à ce que la décision soit prise et que le bien-fondé de cette décision soit validé ou non par les faits. Impossible de le prendre en défaut. Et bien entendu, une fois la décision prise, et si les résultats suivaient, il prenait le train en marche et claironnait sans vergogne qu'il avait soutenu la bonne décision depuis le départ.

Un beau jour, un très important projet fit l'objet d'une discussion entre les membres de la direction. Je savais que si nous acceptions cette proposition, soit nous réussissions un coup fantastique, soit nous courions au désastre. Comme d'habitude, ce collègue parla longuement lors de cette réunion, mais en évitant de s'engager clairement dans un sens ou dans l'autre.

Fatigué de ses dérobades permanentes, je décidai de le forcer à prendre position. Ce soir-là, je suis donc passé chez lui pour en discuter. Il savait que j'étais contre la proposition. Si bien que, quand je lui demandai de m'indiquer sa position, il me répondit : « Oh, je suis totalement contre ! »

Le lendemain, devant l'équipe de direction au complet, je lui dis : « Hier, lors de la réunion, je n'ai pas clairement compris ta position sur ce problème. Veux-tu m'éclairer sur ce point ? » Le président du CA était présent et, comme mon collègue savait que le grand chef était d'avis d'accepter la proposition, il adopta une position complètement différente de celle qu'il avait défendue devant moi la veille.

Un peu exaspéré, je répliquai : « Ce n'est pas du tout ce que tu m'as dit hier soir. Tu m'as indiqué très clairement que tu étais contre cette proposition... » Il se racla la gorge, et enchaîna après une seconde d'hésitation : « Oui, c'est en effet ce que je pensais à ce moment-là, mais après réflexion... » Il était passé maître dans l'art de l'esquive et avait décidé une fois pour toutes de souffler dans le sens du vent, surtout avec les décideurs.

DITES LA VÉRITÉ ET LAISSEZ UNE BONNE IMPRESSION

Dans votre vie personnelle ou professionnelle, vous êtes-vous trouvé dans des situations où vous souhaitiez que les gens se comportent simplement de façon honnête et franche, disent toute la vérité et rien que la vérité, bref, vous livrent le fond de leur pensée sans détour ? À ce sujet, deux questions :

Que devient la confiance quand ils ne le font pas ?

Que devient la confiance quand ils le font ?

Le franc-parler, c'est l'honnêteté en action. La franchise est basée sur quelques principes : intégrité, honnêteté, véracité. Comme je l'ai dit plus haut, cela signifie deux choses : dire la vérité et laisser une bonne impression. Ces deux facteurs sont vitaux pour construire la confiance. Il est tout à fait possible de dire la vérité tout en laissant une mauvaise impression. Faire bonne impression suppose une communication si claire qu'elle exclut tout malentendu.

> *« Ce que nous disons est vrai et compréhensible, pas seulement techniquement correct. »*
>
> —CODE DE CONDUITE DELL

Voici un bon exemple de franc-parler : un homme que je connais est le président d'une grande filiale d'une entreprise publique. Quand il doit donner un avis officiel à un collaborateur qui ne donne pas satisfaction et qui est « assis sur un siège éjectable », cet homme annonce toujours très clairement : « Voici les tâches spécifiques que vous devez accomplir et si vous ne les exécutez pas, *vous serez licencié.* » Il ne donne pas à son interlocuteur l'impression qu'il se fera taper sur les doigts ou qu'il sera transféré dans un autre service. Il lui envoie un message clair et net : s'il ne fait pas ce qu'il faut, il sera purement et simplement fichu dehors. Ce n'est pas facile à entendre, bien sûr. Mais il est beaucoup plus charitable de le signifier sans ambages que de laisser entendre qu'il existe une autre solution.

Autre exemple de franc-parler : Warren Buffett. Chaque année, il écrit une lettre de présentation du rapport annuel de son entreprise. Ses lettres décrivent la réalité telle qu'elle est vraiment, sans maquillage. C'est ainsi qu'on trouve les phrases suivantes dans ses rapports :

- *J'ai réalisé ce type d'opérations à plusieurs reprises moi-même – et, au final, mes initiatives vous ont coûté de l'argent.*

- *Je ne me suis pas très bien acquitté de ce travail l'an dernier. Mon espoir était de parvenir à réaliser plusieurs acquisitions de plusieurs milliards de dollars qui ajouteraient de nouveaux flux significatifs de gains aux nombreux autres que nous totalisons déjà. Mais je n'ai pas réussi à les finaliser.*

- *Cependant, plutôt que d'affronter la situation d'emblée, j'ai perdu plusieurs années pendant que nous essayions de vendre l'opération… J'ai failli en tergiversant.*

À l'inverse, nombre de lettres de dirigeants d'entreprises dans leur rapport annuel ressemblent plus à des présentations de communicants virtuoses destinées à donner de leur entreprise l'image la plus flatteuse possible – tout en restant dans la légalité. Quand une lettre commence par une phrase comme « 2018 a été une année de défis pour la société XYZ… », vous comprenez que l'entreprise en question a sans doute eu une mauvaise année mais qu'elle s'efforce de masquer ses difficultés. Tandis que Buffett, lui, appelle un chat un chat.

Autre exemple : Abraham Lincoln, dont la capacité à inspirer la confiance aux autres – même à ses anciens rivaux – était légendaire. Il existe sans doute plusieurs explications à ce charisme, mais l'une de ses caractéristiques les plus propres était sa méthode de communication. On le décrit souvent comme un homme qui ne « mâchait pas ses mots », autre façon de dire qu'il parlait franchement. Alors que ses adversaires ne cachaient pas leurs désaccords avec lui, jamais personne ne l'a présenté comme un hypocrite. Comme le disait Lincoln lui-même avec son humour bien à lui : « Si j'avais un double visage, montrerais-je celui-là ? »

L'*opposé* du franc-parler consiste à mentir ou à tromper. Un tel comportement entraîne un énorme déficit dans les rapports – soit aussitôt, soit le jour où la tromperie est découverte. Le scandale du Watergate[5], aux États-Unis dans les années soixante-dix, représente un excellent exemple des effets délétères du mensonge, de la tromperie et des manipulations pour masquer ses errements. Quand les gens mentent, ils détruisent la confiance. Point à la ligne. Ils font en sorte que personne ne puisse plus les prendre au mot.

> « Ce qui me contrarie ce n'est pas que tu m'aies menti, mais que je ne puisse plus te croire. »
>
> —FRIEDRICH NIETZSCHE

La plupart des gens ne mentent pas de façon flagrante, éhontée. Ils ont plutôt tendance à *simuler* le franc-parler. La stratégie de la duplicité peut recourir à différentes techniques : tourner autour du pot, pratiquer la rétention d'informations, le double langage, (la « langue fourchue »), la flatterie, adopter une position de pur opportunisme, affecter de croire quelque chose – et enfin le prototype de tous ces comportements : s'arroger le contrôle de la communication de façon à manipuler les pensées, les sentiments ou les actions d'autrui. Autre écueil de la duplicité en action : dire « techniquement » la vérité mais en laissant une mauvaise impression. Gardez-vous de dire les choses à mots couverts et de couper les cheveux en quatre. Ce type de comportement altère toujours la confiance.

L'IMPACT SUR LA VITESSE ET LE COÛT

Selon une étude de l'agence Mercer intitulée « Ce qui fonctionne », seuls 44 % des salariés considèrent que leurs managers communiquent honnêtement, ce

---

5   Le scandale commence en 1972 avec le cambriolage de locaux du Parti démocrate dans l'immeuble du Watergate à Washington, et se conclut en 1974 par la démission du président des États-Unis Richard Nixon.

qui signifie que six salariés sur dix estiment que leurs managers ne disent pas honnêtement ce qu'ils pensent.

Quel type d'impact pensez-vous qu'un tel comportement peut avoir sur la vitesse et le coût ?

À l'inverse du franc-parler, on observe dans beaucoup d'entreprises une multiplication des manipulations qui empoisonnent l'atmosphère. Ce phénomène entraîne ce que j'appelle « la taxe manipulation », et c'est l'une des principales raisons pour lesquelles la confiance est tellement dégradée dans ces entreprises. Quand les gens ne cessent de voir leurs leaders les manipuler, ils ont tendance à devenir sceptiques et cyniques, réaction similaire à celle de tant de concitoyens devant la perpétuelle duplicité de certains politiciens. Quand les gros problèmes arrivent – licenciements, restructurations, fusions –, les discours de la direction sont d'emblée décryptés avec une méfiance instinctive.

Il arrive parfois que des entreprises soient les otages d'une tendance généralisée à la manipulation et à la simulation qui ne cesse de s'aggraver. Les salariés font de la rétention d'information et « cachent leur jeu ». Une telle tendance altère la confiance et entraîne une taxe supplémentaire, avec pour résultat que les entreprises ont souvent trois réunions au lieu d'une : une pré-réunion (pour se préparer et se positionner), la réunion elle-même (où, à cause des manipulations et de l'autocensure, les vrais problèmes sont très peu abordés) et puis les réunions « après coup » (en petit comité, où les vrais problèmes sont mis sur le tapis.)

Quand une organisation est entraînée dans un engrenage de manipulation et de rétention, il faut un grand courage pour parler franchement. Peut-être vous rappelez-vous le conte de Hans Christian Andersen intitulé *Les Habits neufs de l'empereur*. L'empereur est victime de l'affabulation de deux charlatans qui lui font croire qu'ils peuvent tisser une étoffe magique qui sera invisible aux stupides et aux incompétents. Ne voulant paraître ni stupides ni déplacés dans leur fonction, tous ses sujets, et l'empereur lui-même, louent la magnificence de cette extraordinaire étoffe. Bientôt, en dépit de l'évidence, tous les sujets du roi pris au piège de la manipulation et de la flatterie se soumettent à la « ligne officielle ».

Quand l'empereur endosse finalement les « vêtements » confectionnés avec cette étoffe à l'occasion d'une grande fête, une foule nombreuse l'acclame sur son passage. Mais il se trouve finalement un enfant pour dire : « Mais il n'a pas d'habit du tout ! » Et, comme le public commence à prendre conscience de la réalité, les gens répètent à leur tour : « Mais il n'a pas d'habit du tout ! »

La leçon de l'histoire est simple : quand on trouve le courage de stopper la spirale de la manipulation pour parler franchement, il se produit d'étonnants phénomènes. La communication devient claire. Les réunions sont moins nombreuses, plus courtes et axées sur l'essentiel. La confiance croît. La vitesse aussi. Les coûts chutent.

QUAND LE FRANC-PARLER VA TROP LOIN

Comme tous les autres comportements, le franc-parler peut aller trop loin. J'ai connu un chef d'entreprise qui, au nom du franc-parler, pratiquait une communication brutale, impitoyable. Soit il refusait de reconnaître l'impact négatif que son approche avait sur les autres et la confiance, soit il le reconnaissait sans changer pour autant son comportement – et dans ce cas, son « franc-parler » révélait une profonde insuffisance.

Si le franc-parler est vital pour l'établissement de la confiance dans la plupart des situations, il doit être pondéré par le savoir-faire, le tact et un jugement sûr. Cette obligation s'est gravée en lettres indélébiles dans mon esprit un jour que notre famille était en vacances sur une plage et que j'ai décidé d'aller me baigner. Quand j'ai ôté ma chemise, ma fille de 3 ans m'a regardé et s'est exclamée : « Eh, papa ! Tu as un gros ventre ! » C'était du franc-parler, mais qui n'était malheureusement pondéré par aucun tact ni aucune autre considération.

Ces exemples simples montrent que les comportements doivent se contrebalancer les uns les autres et comment les 4 noyaux vous donnent la capacité de juger qui vous permettra de rester au sommet de la courbe. Quand vous cumulerez le courage (intégrité), une façon d'opérer qui offre un véritable bénéfice mutuel (intention), la capacité d'affronter les situations directement (capacités) tout en vous focalisant sur la construction de la confiance (résultats), vous pourrez manier le type de franchise qui fait grimper la confiance en flèche.

PARLEZ FRANCHEMENT À LA MAISON

Parler franchement est important non seulement dans la vie de l'entreprise mais aussi dans les relations personnelles et familiales. Surtout dans des relations aussi étroites, il est souvent utile de commencer toute discussion en annonçant votre intention, surtout si ce que vous allez dire ou entendre est difficile.

Parmi les bons exemples de franc-parler à la maison, on citera :

- un parent qui est direct et clair, avec le tact nécessaire, dans l'aide ou les informations qu'il apporte à son enfant, surtout quand il doit aborder des sujets difficiles comme la drogue, le choix des amis ou encore la sexualité ;

- les partenaires qui au sein du couple savent exprimer avec gentillesse mais clairement leurs pensées et leurs sentiments, et dégager des solutions où aucun des deux n'est perdant, même devant des sujets difficiles comme la discipline à imposer aux enfants, le comportement juste pour un beau-père ou une belle-mère, ou encore l'argent ;

- un membre de la famille qui prend la responsabilité de dire : « Eh, j'ai fait quelque chose et j'aimerais que tu le remarques », au lieu de se sentir rabaissé et victimisé, ou d'accuser les autres d'insensibilité ou d'indifférence.

En pensant au franc-parler, songez à la formidable différence qu'un tel comportement pourrait entraîner dans vos relations avec les êtres qui comptent le plus pour vous.

CONSEILS CONFIANCE

Quand vous allez répertorier les deux types de comportements possibles concernant la franchise, vous allez noter que ceux énumérés dans la colonne de gauche – défaut de franchise – sont souvent engendrés par des problèmes d'*intégrité* (manque de courage), d'intention (programme centré sur soi – on se soucie plus d'éviter l'inconfort que d'agir au mieux des intérêts d'autrui), de capacités (défaut de savoir-faire verbal ou relationnel en général). De toute évidence, les comportements du côté gauche ne vont pas optimiser les moments de confiance.

Mais certains comportements classés du côté droit ne le font pas non plus. C'est de ce côté qu'on trouve les exemples que j'ai mentionnés dans la section intitulée « Quand le franc-parler va trop loin ». Cela concerne aussi les couples mariés qui consultent un conseiller conjugal pour apprendre à mieux communiquer et qui en sortent encore plus agressifs qu'avant ! Ou la personne qui, sous prétexte de parler franchement, se répand en grossièretés et dénigre les autres en leur absence. Des comportements excessifs comme ceux-ci reflètent également les quatre problèmes essentiels : défaut d'humilité (*intégrité*), absence de souci de l'autre (*intention*), style dominateur (*capacités*), une certaine indifférence aux conséquences (*résultats*).

Une fois encore, la clé de l'optimisation consiste à s'assurer que chacun de ces comportements soit étroitement lié aux 4 noyaux. C'est la boussole qui optimisera votre évaluation du comportement approprié et vous permettra de bâtir la confiance. En respectant cette méthode, vous maximiserez ses dividendes.

Voici à présent quelques suggestions pour améliorer votre capacité à parler franchement :

- demandez-vous : qu'est-ce qui m'empêche de parler franc ? Est-ce la peur des conséquences ? De la douleur ? D'avoir tort ? De heurter les sentiments d'autrui ? Le désir d'être aimé(e) et admiré(e) ? Un manque de courage ? La difficulté de vivre ou de travailler dans un environnement où les gens ne parlent pas franchement ? Identifiez les dividendes de l'honnêteté et de la franchise et le coût de l'hypocrisie. Puis travaillez à renforcer vos 4 noyaux et votre capacité à parler franchement ;

- écoutez-vous parler. Au milieu d'une conversation, arrêtez-vous et demandez-vous : suis-je en train de parler franchement ou de manipuler les autres ? Si tel est le cas, demandez-vous pourquoi, reconnaissez qu'il y a un lourd prix à payer et travaillez sur l'intégrité et l'*intention* ;

- apprenez à en venir rapidement au fait. Évitez les préambules verbeux et les mises en perspective trop détaillées. Reconnaissez que dans la plupart des cas, « moins » vaut « plus ». Les avocats le savent, « un plaidoyer qui se noie dans les détails, c'est un procès perdu ». La discipline personnelle du franc-parler suppose précision, concision et refus de toute manipulation.

Bien que je n'aie pas l'intention d'énumérer tous les comportements, j'ai encore une suggestion que je crois utile de garder à l'esprit :

- impliquez les autres. Dites-leur : « J'essaie vraiment d'améliorer mon aptitude à parler franchement dans ma communication. Seriez-vous prêt(e) à m'aider en me donnant votre opinion afin que je sache si je m'en sors bien dans ma relation avec vous ? »

Le fait d'engager les autres aura deux conséquences :

D'abord, cela vous permettra de changer plus facilement. En impliquant les autres dans votre évolution, vous transformez une culture réfractaire au changement en culture qui l'encourage.

Ensuite, ça vous permettra de mieux comprendre votre situation actuelle et vos progrès. Quand il s'agit de notre comportement personnel, nous avons souvent des points aveugles, des défauts que nous ne voyons pas mais que les autres discernent. Obtenir leur opinion nous aide à détecter ces points aveugles.

Mais attention : si vous décidez d'impliquer les autres, vous devez être conscient(e) que vous relevez la barre pour vous-même. En prenant votre entourage à témoin de vos efforts d'amélioration, vous renforcez leurs attentes à votre égard. Si vous n'allez pas au bout de votre intention, au lieu de progresser, la confiance s'érodera. Si vous persévérez, en revanche, vous verrez naître une nouvelle façon, formidable, de bâtir la confiance.

RÉCAPITULATIF DU PREMIER COMPORTEMENT : PARLEZ FRANCHEMENT

Soyez honnête. Dites la vérité. Faites clairement connaître aux autres votre position. Utilisez des mots simples. Appelez un chat un chat. Faites preuve d'intégrité. Ne manipulez pas les gens, ne déformez pas les faits. Ne manipulez pas la vérité. Ne laissez pas une fausse impression.

COMPORTEMENT N° 2 : FAITES PREUVE DE RESPECT

« Vous pouvez juger le caractère d'une personne par la façon dont elle traite les gens qui ne peuvent ni l'aider ni lui nuire. »
—ANONYME

L'entreprise Synovus Financial a été nommé l'institution bancaire la plus réputée des États-Unis en 2017 – et figure en première place dans le classement du « Sondage de la réputation bancaire » réalisé par Reputation Institute. L'ex-PDG, James Blanchard, expliquait la raison principale, selon lui, pour laquelle l'entreprise – et d'autres du même type – avait réussi à s'imposer sur le marché et pourquoi ses collaborateurs étaient heureux d'y travailler :

« Il y a un dénominateur commun entre ces quelques rares entreprises qui se maintiennent au sommet. Elles atteignent et dépassent leurs objectifs. Elles réalisent leurs visions et leurs aspirations. Elles vont toujours au-delà de leurs attentes... Mais les entreprises de ce genre, solides, débordantes d'énergie, enthousiastes, mariées à la réussite, semblent partager un secret. Et très franchement, nous avons creusé la question, nous avons lu des ouvrages d'experts, nous en avons consulté, nous avons fait tout ce que nous pouvions pour essayer de trouver la

formule magique : 'Nous allons appartenir à ce très petit groupe, très fermé,
d'entreprises qui semblent promises à une réussite perpétuelle.'

   Le secret, la clé, le dénominateur commun est simplement la façon
dont vous traitez les gens. Vos semblables, les membres de votre équipe,
vos clients, vos régulateurs, le public en général, vos auditoires, les dif-
férentes communautés. Comment vous évaluez une personne, comment
vous accordez une réelle importance au facteur humain au lieu de lui
consacrer quelques phrases rapides dans le rapport d'activité annuel. »

Le comportement n° 2 consiste à *faire preuve de respect*. Il comporte deux aspects
décisifs : le premier consiste à montrer un respect fondamental dans son rapport
aux autres et le second, à faire preuve d'une authentique préoccupation à leur
égard. Dans de nombreuses cultures, en particulier orientales, ce comportement
très valorisé constitue une preuve de bonne éducation. En conséquence, le style
décontracté si répandu en Occident est souvent considéré par les Orientaux
comme désinvolte, voire discourtois. La compréhension d'une différence
culturelle comme celle-ci devient, dans l'économie globale d'aujourd'hui,
d'une importance décisive quand on cherche à bâtir des rapports de confiance.

   Faire preuve de respect, cela repose sur les principes suivants : respect,
équité, gentillesse, amour et courtoisie. Mais la clé de voûte, c'est la valeur qu'on
attache aux personnes, l'importance de chaque être humain considéré comme
appartenant à la famille humaine. Ce comportement est la règle d'or en action
– une règle reconnue par presque toutes les cultures et les religions du monde.

   Voyez les exemples suivants :

Christianisme : *« Agis avec les autres comme tu voudrais qu'ils agissent avec toi. »*

Judaïsme : *« Ce que tu détestes, ne le fais à personne. »*

Islam : *« Aucun de vous n'est croyant à moins qu'il n'aime pour son frère ce*
qu'il aime pour lui-même. »

Hindouisme : *« Ne fais rien à ton voisin que tu ne voudrais qu'il te fasse. »*

Bouddhisme : *« Ne blesse pas les autres avec ce qui te fait souffrir toi-même. »*

Sikhisme : *« Traite les autres comme tu voudrais toi-même que l'on te traite. »*

Confucianisme : *« Ce que tu ne veux pas que l'on te fasse à toi, ne le fais pas aux*
autres. »

Aristote : *« Nous devrions nous comporter avec nos amis comme nous*
souhaitons que nos amis se comportent avec nous. »

Platon : *« Puissé-je en user avec les autres comme je souhaiterais qu'ils en usent avec moi. »*

Le contraire de *faire preuve de respect* consiste à mépriser autrui. Cette absence de respect représente un énorme problème aussi bien dans les relations professionnelles que familiales. Un autre comportement négatif consiste à ne pas montrer aux autres qu'ils comptent pour vous, soit parce que vous êtes réellement indifférent, soit parce que vous ne savez pas comment exprimer votre sollicitude, ou ne prenez pas le temps de la leur montrer.

La *contrefaçon* du respect consiste à imiter le respect ou le souci, ou plus insidieusement encore, à montrer respect et souci pour ceux qui peuvent vous rendre service en omettant ceux qui ne vous seront d'aucune utilité. Cette incohérence est détectable au moyen de ce que l'on appelle la « règle du serveur ». La façon dont on traite un serveur au restaurant en dit long sur nous. Brenda Barnes, ex-PDG de Sara Lee, elle-même ex-serveuse, l'évoque sans ambages : « Le fait d'occuper le fauteuil de patron ne fait pas de moi une meilleure personne que le cariste de l'entrepôt. Si vous traitez le serveur ou un subordonné comme un moins que rien, croyez-vous qu'il va donner le meilleur de lui-même ? J'en doute fort. »

> « J'essaie de traiter les gens comme des êtres humains... S'ils savent que vous vous souciez d'eux, cela exalte ce qu'ils ont de meilleur à donner. »
>
> —SIR RICHARD BRANSON, FONDATEUR ET PDG DU GROUPE VIRGIN

J'aime particulièrement l'histoire de cette étudiante en mastère de gestion qui avait brillamment réussi son examen final jusqu'au moment où on lui posa la dernière question : « Quel est le nom de la personne qui nettoie votre dortoir ? » Elle n'en croyait pas ses oreilles. Au nom de quoi aurait-elle dû connaître la réponse à pareille question ? Et quel rapport avec son examen final ? Elle finit par demander à l'examinateur si cette question comptait vraiment pour son examen final. « Bien sûr qu'elle compte, répondit-il. La plupart d'entre vous rêvent d'être PDG, de diriger une entreprise prospère. Mais la réussite suppose un travail d'équipe. Un bon leader ne considère pas que tout lui est dû et il sait reconnaître les contributions de chacun des membres de son équipe – même de ceux qui sont chargés des tâches en apparence les plus insignifiantes. »

Dans le monde du travail, des problèmes comme la discrimination ou le harcèlement sexuel ont fait du respect l'un des thèmes centraux de l'excellence organisationnelle. Le respect d'autrui est à la fois un comportement sain et une règle de base des relations au sein de l'entreprise. L'institut The Great Place to Work (« le cadre de travail idéal »), qui s'est associé au magazine *Fortune* pour éditer la liste des 100 meilleures entreprises que nous évoquions plus haut, a fait du respect l'un des trois piliers de la confiance dans l'entreprise. L'institut de sondage Sirota Survey voit lui aussi dans le respect l'une des caractéristiques-clés des entreprises dont les salariés affichent un excellent moral et observe que, dans ces entreprises de tête (environ 10 % de l'ensemble), les salariés du bas de l'échelle sont traités à l'égal des plus hauts responsables. Nombre d'employeurs prennent des initiatives pour s'assurer que leurs salariés sont traités conformément aux règles de base du respect. Le vrai défi, bien sûr, consiste à aller au-delà de ce respect formel et à toucher le cœur et l'esprit par un respect sincère et profond.

LES PETITS DÉTAILS

Faire preuve de respect est un clair exemple de l'impact disproportionné des « petits détails » dans la construction de rapports de confiance. Je me rappelle l'impression produite sur ma secrétaire de direction, le jour où je rendis visite à sa mère à l'hôpital. Ce n'était qu'une petite chose, mais pour mon assistante, ce fut la preuve que je me souciais d'elle et elle fut très touchée par mon geste. Sa réaction fut semblable à celle de notre cliente du Texas à laquelle mon collègue avait envoyé un e-mail au lendemain du passage de l'ouragan Katrina. Comme le dit un proverbe : « Il n'y a pas de détails. »

L'une des participantes à nos ateliers, qui a travaillé comme assistante de direction pour le président d'une université pendant environ dix ans, nous a raconté l'histoire suivante :

« Un après-midi, nous préparions une grande réception donnée dans la maison du président. La remise des diplômes devait avoir lieu le lendemain et ce soir-là, nous offrions un dîner aux plus importants sponsors de l'université et un diplôme honoris causa devait être remis à un important homme d'État sud-américain.

Alors que nous dressions les tables, un livreur nous apporta de somptueux centres de table, sans doute commandés par le bureau des relations extérieures de l'université. L'épouse du président vint le trouver, visiblement gênée, et lui annonça : 'Nous avons un problème.' Elle lui tendit un tube de margarine ordinaire dans lequel avaient été fichées des violettes du jardin. Lola, leur ex-femme de ménage qui avait servi chez eux de nombreuses années, avait préparé pour l'occasion ces centres de table de son invention.

Le président jeta un coup d'œil à sa femme et répliqua : 'Non, il n'y a aucun problème. Renvoie les fleurs chez le fleuriste. Nous utiliserons les centres de table confectionnés par Lola.'

Ce fut un moment extrêmement formateur pour moi. Il m'a appris que si modeste soit la contribution à une activité ou un effort commun, elle doit être honorée et respectée. »

Pensez une seconde au réconfort que cette modeste démonstration d'affection et de respect a dû procurer à cette dame. Et songez à l'impact qu'il a eu sur les rapports de confiance que ce président d'université entretenait avec toutes les personnes impliquées : ceux qui préparaient la réception, les invités, les collaborateurs du bureau des relations extérieures et notre participante à l'atelier. Je suis sûr que tous ceux à qui elle a raconté cette histoire (à commencer par moi notamment) ont été impressionnés par ce magnifique exemple de confiance. Et ça ne s'est pas arrêté là. Après ce récit, cette femme nous a expliqué comment elle avait intégré l'apprentissage de ce moment dans son travail actuel (sans aucun rapport avec l'université) et l'effet qu'il avait eu sur ses rapports de confiance avec ses collègues.

Songez un instant au capital de confiance engendré par ce simple geste !

Il y a plusieurs années, mon équipe et moi eûmes le privilège de travailler avec l'équipe de direction de Lenovo alors qu'elle était en pleine fusion de trois cultures, ou « courants, » comme elle les appelait. Dans un geste surprenant, le fabricant d'ordinateurs chinois Legend Computers avait acheté la division PC d'IBM pour devenir un acteur international important dans le marché exigeant du matériel informatique. La nouvelle entreprise adopta le nouveau nom de Lenovo, et la nouvelle équipe de direction se composait de hauts dirigeants venant de Legend comme d'IBM, et également de plusieurs hauts placés de Dell – d'où le nom, leurs « trois courants. »

Face à toutes les difficultés habituelles aux équipes de hauts dirigeants (rivalité pour les postes, identification forte à leurs unités commerciales spécifiques respectives, et mélange disparate de cultures d'entreprises), ils faisaient également face au défi de fusionner les cultures et styles de direction « orientaux » et « occidentaux ». Il y eut beaucoup de progrès dans la relève de ces défis à mesure que les différents acteurs commencèrent à montrer du respect envers des choses en apparence insignifiantes.

Par exemple, l'anglais était presqu'immédiatement devenue la langue commerciale officielle de l'entreprise. Alors que cela rendait les choses plus faciles pour les collègues d'Occident des États-Unis et d'Europe, qui avaient l'habitude de parler rapidement en employant l'argot américain, cela créait de grandes difficultés pour certains de leurs collègues orientaux dont la maîtrise de l'anglais à l'époque était très limitée. À la suite d'encouragement et par considération, les dirigeants occidentaux se mirent à parler plus lentement à leurs homologues orientaux et à vraiment écouter afin de comprendre. Cette simple manifestation de respect fit une différence énorme dans leurs interactions tandis que les dirigeants chinois développaient leurs capacités en anglais et que les dirigeants occidentaux commençaient à comprendre la riche culture dont ils faisaient désormais partie. Cela leur apporta également des dividendes de confiance appréciables car Lenovo devint bientôt le fabricant numéro 1 de PC dans le monde et continue d'être un leader du marché international en matériel informatique et en innovation.

FAIRE PREUVE DE RESPECT DANS LES RAPPORTS FAMILIAUX

À la maison, les « détails » sont encore plus importants. Le fait de dire simplement « s'il te plaît » ou « merci », d'écouter sincèrement quelqu'un, de nettoyer un ustensile après l'avoir utilisé, de partager les restes, d'offrir des fleurs ou un autre témoignage de son amour accroît considérablement le capital de confiance familial.

Quand j'étais petit, je me rappelle que ma mère et mon père faisaient chaque jour une promenade d'une demi-heure à moto-cross dans le coin où nous habitions afin de disposer d'un moment de complète intimité pour se parler. Je me souviens aussi de la façon dont les membres de ma famille venaient vers moi et me saluaient avec chaleur et affection quand j'arrivais à la maison. Je me rappelle les jours où mon père nous demandait de nettoyer impeccablement la cuisine, le garage ou le jardin pour en faire la surprise à ma mère et comme nous prenions plaisir à lire la surprise et le contentement sur son visage. Dans mon foyer, aujourd'hui, je vois s'éclairer les yeux de notre petite fille quand son frère adolescent l'emmena faire un tour de jardin sur le quad, ou les étincelles qu'ils lancèrent quand son grand frère, invité à une dînette sur le sol de sa chambre, s'habilla en prince pour rejoindre sa « princesse ».

Je sais de première main quelle différence ces « petits détails » peuvent faire !

> « Le résultat final de la gentillesse, c'est qu'elle attire les gens vers vous. »
>
> —ANITA RODDICK, FONDATRICE DE THE BODY SHOP

Je sais aussi que des démonstrations de dédain apparemment anodines peuvent entraîner des retraits qui finissent par vider le compte confiance. Comme le soulignait une publication consacrée aux mauvais traitements :

> *« Les mauvais traitements infligés à une épouse ou à un enfant commencent par de petites choses apparemment insignifiantes : on rabaisse ses capacités et ses compétences, on multiplie les critiques, on est insultant, grossier, on refuse le dialogue, on manipule l'autre, on le culpabilise, on multiplie les promesses non tenues, on l'intimide, on le menace de violences physiques, on l'accuse sans preuve ou encore on détruit des objets qui lui appartiennent. »*

Dans notre culture populaire ou télévisuelle, chansons, livres et films reflètent souvent ces comportements irrespectueux et abusifs pour les tourner en dérision ou pour les vanter ; rien n'est plus aisé que de ne pas réagir aux effets qu'ils peuvent avoir sur les relations les plus importantes pour nous. Nous ne devons jamais oublier que, dans notre foyer, les soi-disant « détails » en bien comme en mal, sont en fait les gestes qui *comptent* le plus.

LE RÉSULTAT FINANCIER

Faire preuve de respect peut paraître à certains comme un pseudo-paramètre parce qu'il n'est pas quantifiable. J'affirme au contraire que cela a un impact absolument direct sur la confiance, et donc le résultat financier.

Revenons sur certaines des réflexions dont je vous ai fait part dans ce livre. *Comment se fait-il* que seulement 29 % des salariés estiment que leur direction se soucie de développer leurs compétences ? *Comment se fait-il* que seulement 42 % estiment que leurs chefs se soucient d'eux en général ? Dans de trop nombreux cas, bien que la direction tienne des *discours* sur la question, fondamentalement, son comportement n'exprime pas ce soi-disant respect, avec pour conséquence que les salariés ne font pas confiance à leur direction.

> « Ce qui crée la confiance, en fin de compte, c'est le respect manifeste du chef pour ses subordonnés. »
>
> —JAMES O'TOOLE, AUTEUR DE *LEADING CHANGE*

Et quel est l'impact sur la vitesse et le coût ? Quand des salariés considèrent que leur direction est totalement indifférente à leur sort, pourquoi donneraient-ils le meilleur d'eux-mêmes ? Pourquoi être innovateur ? Collaborer ? À l'inverse, ne seront-ils pas tentés d'opter rapidement pour les récriminations, la contestation, la syndicalisation, la grève ?

Du point de vue du consommateur, l'impact du respect est énorme. Il y a plusieurs années se développa une féroce compétition entre agents immobiliers pour vendre quelques propriétés de grand standing près de Park City, dans l'Utah. La parcelle de 4.000 hectares, une ferme d'élevage ovin, appartenait depuis des siècles à la même famille.

Le promoteur invita les agents immobiliers les plus en vue de Park City pour présenter le programme. Parmi eux, Tom Peek, dont la présentation ressemblait beaucoup à celles de ses collègues. Pourtant, Tom fit une chose qui le distinguait nettement de ses homologues : il envoya une lettre manuscrite de remerciements au promoteur pour l'avoir pris en considération. Le promoteur expliqua que c'était ce geste qui avait motivé son choix. Pour Tom, envoyer la lettre de remerciements était un comportement tout naturel. Il commenta : « Il est important de montrer du respect aux autres et de penser à eux quand on n'est pas là. »

Ce programme immobilier, baptisé La Colonie, est devenu la plus grande station de sports d'hiver nord-américaine avec de fastueuses demeures pouvant compter jusqu'à 10.000 mètres carrés, bâties sur des parcs d'un minimum de 4 hectares. Et Park City est devenu l'un des sites choisis pour les jeux Olympiques d'hiver 2002.

Il existe d'innombrables exemples de choix économiques fondés sur des gestes révélateurs de ce genre, parfois insignifiants en apparence. Les publicitaires le savent bien et ils essaient souvent de convaincre les consommateurs que la fabrication d'un produit particulier correspond à une manifestation de respect envers eux.

CONSEILS CONFIANCE

Si l'on place le respect au sommet de la courbe, il devient évident que les comportements situés à gauche – qui tendent vers l'indifférence – découlent souvent de problèmes d'*intégrité* (humilité insuffisante), d'*intention* (trop d'ego ; pas assez de souci de l'autre), ou de *capacités* (on ne sait pas comment exprimer le souci ou le respect). Les comportements excessifs de la droite de la courbe – surprotection, jalousie, flatterie et inquiétudes inutiles – peuvent résulter de problèmes d'*intention* (focalisation sur l'ego plus que sur l'action la plus utile à quelqu'un), de *capacités* (attitudes et style) et de *résultats* (prendre trop de responsabilités ; ne pas être sensible aux effets de son comportement).

Une fois encore, il est intéressant de noter que, dans ce cas comme pour tous les comportements, le renforcement et la synergie des 4 noyaux sont décisifs pour atteindre les meilleurs résultats.

Voici maintenant quelques idées qui pourraient vous aider à optimiser le respect :

- appliquez-vous la « règle du serveur » et demandez-vous comment vous traitez les gens au travail et chez vous ? Aimez-vous ce que vous découvrez ? Sinon, concentrez-vous sur l'amélioration de votre intention ;

- pensez aux gestes spécifiques qui montreront aux autres qu'ils comptent pour vous. Téléphonez aux gens. Écrivez des petits mots de remerciements. Témoignez votre reconnaissance. Envoyez des e-mails de sympathie. Ayez chaque jour un geste qui fera naître un sourire sur le visage de quelqu'un – même si ce quelqu'un est le vigile de l'entrée de l'immeuble où vous travaillez. Ne laissez pas se creuser un fossé entre vos sentiments envers autrui et vos actes ;

• ne considérez jamais les relations existantes comme acquises, surtout avec ceux que vous aimez, votre famille, vos amis. Évitez la tendance commune à concentrer l'énergie sur les nouvelles relations et à considérer que ceux que vous aimez n'ont aucun doute sur votre affection. Ils ont sans doute plus besoin de démonstrations d'affection que vos nouvelles relations.

RÉCAPITULATIF DU DEUXIÈME COMPORTEMENT : FAITES PREUVE DE RESPECT

Sentez-vous sincèrement concerné par les autres. Montrez-le. Respectez la dignité de chaque personne et de chaque rôle. Traitez chacun avec respect, avec désintéressement. Montrez de la gentillesse dans les détails. Ne simulez pas la sympathie. Oubliez la « rentabilité » dans vos rapports avec les autres.

COMPORTEMENT N° 3 : CRÉEZ LA TRANSPARENCE

« On ne peut gérer un secret. »
— ALAN MULLALY, ANCIEN PDG, FORD
MOTOR COMPANY

Il y a plusieurs années, alors que Donald Carty était directeur général d'American Airlines, l'entreprise dut obtenir des syndicats des concessions salariales majeures afin d'éviter la faillite et d'assurer la survie de la compagnie. Les négociations finales aboutirent à une réduction des salaires et des avantages qui représentaient 1 milliard 800 millions de dollars par an.

Or, pendant ces négociations, l'entreprise conclut avec ses six plus hauts responsables un arrangement leur accordant une prime de « fidélité » ; en outre, un fonds de garantie spécial fut créé pour payer les retraites de 45 cadres supérieurs, même en cas de faillite. Certes, rien de tout cela n'était illégal, mais cet accord n'avait pas non plus été révélé aux syndicats.

Ces à-côtés concédés aux cadres dirigeants furent divulgués dans un rapport annuel de la Sec (commission américaine des opérations boursières), sorti le jour même où les syndicats devaient ratifier les diminutions de salaires. Cette révélation les prit par surprise, réduisant à néant la confiance dont Carty bénéficiait encore non seulement auprès d'eux, mais aussi auprès de certains membres du conseil d'administration. À en croire *BusinessWeek*, « soudain, les appels de Carty à un 'sacrifice partagé' sonnaient creux », et « sa gaffe lui a coûté son job ». En effet, quelques jours plus tard, il démissionnait.

Quand Gerard Arpey arriva pour le remplacer, il se heurta d'emblée au lourd héritage de son prédécesseur. Il déclara qu'il travaillerait à « restaurer la confiance de tout le personnel ». Il préféra la franchise au mystère, la transparence aux secrets. Il créa une atmosphère d'ouverture, entreprit d'exposer toutes les questions financières aux syndicats, déclina l'augmentation que lui offrait le conseil d'administration et vendit l'onéreuse collection d'art de la société, symbole malvenu par temps de disette. Mais son geste le plus significatif fut d'impliquer directement les syndicats dans les problèmes de l'entreprise en faisant entrer leurs représentants dans les comités de direction : ainsi purent-ils constater par eux-mêmes, et depuis le même poste d'observation, les défis que la compagnie avait à relever. « Certains pensent que les syndicats sont le problème, dit-il, nous pensons au contraire qu'ils font partie de la solution. »

> « S'efforcer d'être transparent, clair et vrai. Même quand c'est difficile, surtout quand c'est difficile. »
>
> —JEAN-CYRIL SPINETTA, EX-PRÉSIDENT-DIRECTEUR GÉNÉRAL D'AIR FRANCE

Le comportement de Gerard Arpey n'était pas une façade, mais le prolongement naturel de son caractère et de sa compétence véritables (ses 4 noyaux). Pour lui, « le seul moyen de faire naître la confiance, aussi bien sur le plan professionnel que personnel, c'est de s'en montrer digne ». Et il ajoute : « J'espère appliquer cette règle dans ma vie. »

Plusieurs mois après cet épisode, je croise un pilote de la compagnie dans un ascenseur et lui pose la question suivante : « Que pensez-vous de Gerard Arpey ? »

Sans hésiter, il me répond : « C'est un homme remarquable ! J'ai confiance en lui. »

> « Une bonne réputation résulte d'une gestion transparente. »
>
> —CHARLES FOMBRUN, AUTEUR DE RÉPUTATION

Ce troisième comportement – « Créez la transparence » – est celui de l'ouverture. Il s'agit de se montrer vrai, sincère, et de dire la vérité d'une manière vérifiable par l'autre. Il repose sur les *principes* suivants : honnêteté, franchise, intégrité et authenticité. J'aime leur adjoindre celui de la lumière, car une chose transparente laisse filtrer la lumière. Et, pour reprendre l'expression de Louis Brandeis, ancien juge à la Cour suprême : « Il n'y a pas meilleur désinfectant que la lumière du soleil. » Elle purifie. Elle dissipe les ombres, chasse l'obscurité. Elle nous rend clairvoyants. Elle nous offre bien-être et confiance car nous savons que rien n'est dissimulé.

Créer la transparence a son *contraire*, à savoir cacher, escamoter, masquer, obscurcir. Concrètement, on garde pour soi, on tait, on a des secrets, on ne divulgue rien. Les intentions sont cachées, le sens est dissimulé, les objectifs sont tus. Le contraire de la transparence, c'est l'opacité, celle d'une chose imperméable à la lumière, à travers laquelle on ne voit rien.

Créer la transparence a aussi sa *contrefaçon* : l'illusion. Il s'agit alors de faire semblant, d' « avoir l'air » et non pas d' « être », de donner aux choses un aspect différent de ce qu'elles sont vraiment. L'Internet est un bon exemple tout à la fois de transparence et d'illusion. Il engendre une extraordinaire transparence, puisqu'il permet d'obtenir une information, d'accéder à la vérité. Mais l'Internet est aussi un espace dans lequel vous pouvez dialoguer tout en restant caché derrière un pseudonyme, abrité(e) derrière des faux-semblants, un espace où personne ne connaît ni votre identité ni vos intentions véritables.

COMMENT RAPIDEMENT FAIRE NAÎTRE LA CONFIANCE

De plus en plus, dans notre économie mondialisée, la transparence devient une valeur décisive des organisations bénéficiant d'un fort potentiel de confiance. Si l'on en croit le cabinet de conseil PwC, restaurer la confiance du public passe d'abord et avant tout par l'« esprit de transparence ».

En effet, en général, la transparence suscite rapidement la confiance. Exemple : une institution caritative ayant récemment connu certains problèmes a pris le chemin le plus court pour rétablir la confiance : elle a tout simplement montré aux gens où allait leur argent. Lorsqu'il y a conflit d'intérêts, le meilleur moyen de le désamorcer, c'est tout bonnement de l'aborder bille en tête, dans un esprit de totale transparence. Les entreprises transparentes communiquent constamment, et en amont, sur leurs liens, leurs intérêts, leurs conflits commerciaux ; ainsi, tout se fait toujours au vu et au su de tous, et aucun doute ne subsiste quant à leurs intentions.

Quand la confiance décline, les gens ne se fient qu'à ce qu'ils voient. S'ouvrir, c'est leur garantir qu'on n'a rien à cacher.

La manière dont Toyota travaille avec ses fournisseurs offre une excellente illustration de cette transparence. Dans le secteur automobile, où la plupart des constructeurs ne pensent qu'à obtenir des prix cassés auprès de fournisseurs à qui ils donnent leurs consignes, l'approche de Toyota fait la différence. Voici une entreprise qui s'attache à nouer des relations à long terme, aussi bien entre ses fournisseurs et elle qu'entre les fournisseurs eux-mêmes. Si la connaissance du produit relève de la propriété intellectuelle, la connaissance du processus doit, elle, être partagée au sein de la chaîne de valeur. La méthode Toyota ne pourrait fonctionner sans une totale transparence de tous les participants, et c'est cette transparence qui fonde la relation entre les fournisseurs de la firme. Comme preuve de la réussite de cette approche, Toyota tient, depuis sept ans, la première place dans le classement des Relations de travail exemplaires.

Autre bel exemple – et qui m'a personnellement valu un joli dépôt sur mon compte confiance –, une négociation menée avec le PDG d'une société qui vaut 500 millions de dollars. Lui et moi nous rencontrons afin de déterminer les grandes lignes de notre accord, mais sans le finaliser, car il nécessite la contribution et l'adhésion de ses équipes de ventes et de développement de produit, ainsi que celles de son service juridique. Je rédige donc les termes potentiels de l'accord et lui envoie par mail ce projet de contrat. Le PDG réunit ses équipes et collecte les commentaires de ses cadres décrivant leurs questions et préoccupations. Et, au lieu de me les résumer, le voilà qui me les transmet directement, *sans y changer une virgule*. Je suis stupéfait, mais cela me permet de comprendre et d'aborder les vrais problèmes, sans jouer aux devinettes. Je décide alors de leur rendre cette transparente politesse et expédie un document similaire à son équipe, avec mes commentaires sur ce qui leur pose problème. Résultat : la transaction a été plus satisfaisante pour les deux parties, et les négociations ont pris trois fois moins de temps.

En termes de rapidité et de coûts d'exécution, la transparence est une bonne affaire. Inutile de s'inquiéter d'éventuelles intentions cachées. Inutile d'anticiper le coup suivant. Inutile de perdre du temps et de l'énergie à essayer de faire semblant ou de maintenir telle approche adoptée avec tel interlocuteur.

Beaucoup d'entreprises pratiquent la transparence avec leur personnel grâce à ce qu'on appelle le « management à livre ouvert », c'est-à-dire qu'elles publient leurs bilans financiers. J'ai eu l'occasion de travailler avec un directeur financier qui considérait cette méthode comme le moyen le plus rapide de créer la confiance. « Au début, disait-il, il y a eu un certain scepticisme sur la réalité des chiffres que nous donnions. Mais nous avons persévéré et, bientôt, le résultat fut un enthousiasme palpable et une confiance énorme. Et là, l'entreprise s'est mise à faire de gros profits. »

> *« Nous avons adopté la philosophie de ne rien dissimuler à nos salariés, pas le moindre de nos problèmes. »*
>
> —ROLLIN KING, FONDATEUR DE
> SOUTHWEST AIRLINES

Créer la transparence, c'est aussi créer l'adhésion. En famille, évoquer en toute transparence les questions financières avec vos enfants, les associer à vos décisions de dépenses ne va pas seulement les aider à comprendre pourquoi il vous arrive de dire non, mais les sensibilisera à la possibilité de vous réclamer certaines choses ; désormais, plus de temps et d'énergie affective perdus avec des requêtes malvenues. Avantage supplémentaire : cette transparence leur permet de comprendre ce qu'est l'économie domestique et contribue, à mesure qu'ils grandissent, à les responsabiliser dans leurs propres dépenses.

Mais négocier dans la transparence ne signifie pas qu'on doit toujours étaler tout son jeu. Non, il s'agit juste de se montrer transparent sur ce qu'on s'efforce de réaliser en livrant les informations adéquates.

QUELQUES CONSEILS CONFIANCE

Comme tous les « comportements » évoqués dans ce livre, la transparence demande un certain dosage. Dans les entreprises publiques notamment, il est des choses qu'on ne doit légalement dévoiler à personne, si on ne les dévoile pas à tout le monde. D'autres doivent rester secrètes et ne pas être révélées. Ne divulguer ni les points confidentiels ni les conversations privées est une simple question de bon sens.

J'ai vu un jour un directeur général s'efforcer de favoriser la transparence en révélant les salaires de tout le personnel, y compris ceux des collaborateurs présents à la réunion. Celle-ci n'a pas tardé à prendre un autre tour : les gens se regardaient en se demandant pourquoi, à travail égal, certains gagnaient le double de ce qu'ils gagnaient eux-mêmes. N'étant compensée par aucun autre comportement (« Faites preuve de respect », par exemple), cette initiative provoqua un état de choc. Elle se situait à l'extrême droite de la courbe. C'était une transparence irresponsable : trop de transparence et trop vite. Le plus souvent, ce genre de comportement témoigne d'une, voire de plusieurs carences : carence en humilité (*intégrité*), en désir d'agir dans l'intérêt commun (*intention*), en aptitudes à la confiance, en compétences de base en matière de leadership (*capacités*), ou indifférence aux résultats et inaptitude à les définir correctement (*résultats*).

Maintenant, plaçons-nous à gauche de la courbe : Pourquoi limiter la transparence ? Pourquoi retenir une information ? Pourquoi ne pas mettre au moins tous ses objectifs, sinon toutes ses cartes, sur la table ? Ne pas réussir à créer la transparence est généralement signe d'un manque d'honnêteté ou de courage (*intégrité*), d'intentions cachées (*intention*) ou d'un manque d'aptitude à la confiance : incapable de percevoir l'importance de la transparence, on échoue à la créer (*capacités*).

Encore une fois, n'oubliez pas que consolider vos 4 noyaux vous maintiendra au « point idéal » sur la courbe, et que tous ces « comportements » s'équilibrent les uns les autres.

Pour créer la transparence, vous pouvez réfléchir aux quelques astuces suivantes :

- Au travail comme à la maison, posez-vous régulièrement cette question : suis-je en train de taire une info que je devrais donner ? Si la réponse est oui, demandez-vous pourquoi. Pensez à ce qu'il pourrait vous en coûter. Pensez aussi aux dividendes que vous rapporterait le fait d'agir de manière plus transparente.

- Si vous occupez un poste de décideur, évaluez la transparence de votre entreprise par rapport à ses acteurs externes ou internes. Repensez chaque situation et posez-vous la question suivante : Si nous étions plus transparents, quelle différence cela ferait-il ? Cherchez des moyens d'augmenter avec pertinence votre transparence – et soyez sûr que les dividendes ne manqueront pas de tomber !

- Si vous cogérez un budget avec quelqu'un – un conjoint, par exemple –, réfléchissez à votre transparence dans les questions d'argent. N'oubliez pas qu'elles figurent toujours en tête des motifs de divorce. Si vous n'êtes pas transparent sur vos dépenses et vos priorités financières, demandez-vous pourquoi. Consolider vos 4 noyaux ne vous aidera pas seulement à agir et dialoguer avec votre partenaire de manière plus transparente, cela vous aidera aussi à adopter une approche commune.

RÉCAPITULATIF DU TROISIÈME COMPORTEMENT : CRÉEZ LA TRANSPARENCE

Dites la vérité d'une manière vérifiable par autrui. Soyez vrai, sincère, ouvert et authentique. Péchez par excès de communication. Agissez selon le principe du « tel écran, tel écrit ». N'ayez pas d'intentions cachées. Ne dissimulez pas les informations.

COMPORTEMENT N° 4 : CORRIGEZ VOS ERREURS

« *Savoir ce qui est juste et ne pas le faire est la pire des lâchetés.* »

—CONFUCIUS

Avec mes frères, nous adorions le sport et avions un esprit de compétition très développé. Cet esprit est demeuré intact, et il y a quelques années, lors d'un match, emporté par mon enthousiasme, il me valut de gros déboires avec mon jeune neveu, Kam.

C'était le jour de la finale de basket BYU (Brigham Young University), Utah – le match le plus important de l'État. Une rivalité légendaire oppose les deux équipes, et quelles que soient les défaites et les victoires passées, elle demeure toujours aussi intense. Le mari de ma sœur ayant fait ses études à l'université d'Utah, Kam et lui sont fans de son équipe. On avait recommandé à mon neveu de modérer son enthousiasme afin de ne pas indisposer les autres membres de la famille, qui tous soutenaient BYU.

Kam contint son exaltation jusqu'à ce que, lors d'un point décisif, l'arbitre trancha en faveur d'Utah, et ce d'une manière extrêmement discutable. Alors il bondit de son siège et manifesta sa joie en agitant les bras. Quand il se rassit, je ne pus me contrôler : j'attrapai ma bouteille d'eau et la lui versai sur la tête ! À son sourire radieux succéda l'expression du choc, puis la déception, et enfin la peine. À l'évidence, il n'arrivait pas à croire que j'aie pu lui faire une chose pareille.

Tout de suite, j'eus honte et regrettai mon immaturité. Je savais que je venais d'amputer notre compte confiance. Désireux de réparer, je fis la seule chose qui me vînt à l'idée : je me confondis en excuses, achetai une boisson et demandai à Kam de *me* la lancer à la figure ! Gêné, il refusa. Il savait que je m'étais emporté, dit-il, et me pardonnait. Mais moi, je ne me pardonnais pas.

Les deux mois qui suivirent, j'appelai Kam presque chaque semaine en lui disant : « Je veux que tu le saches, je suis vraiment désolé de t'avoir versé cette bouteille sur la tête. S'il te plaît, pardonne-moi ! » Puis est arrivé un nouveau match BYU-Utah, et j'achetai deux places pour Kam et ma sœur. Cette fois, le match se déroulait à l'université d'Utah, je pris sur moi de m'asseoir dans les gradins sans vociférer. J'achetai à Kam un vêtement avec le logo Utah, et toutes les friandises qu'il avait envie de manger, en lui répétant : « Kam, je voulais juste te redire que je suis désolé d'avoir fait ça. » Le malheureux finit par me répondre : « C'est bon ! Je te pardonne, juré ! On passe l'éponge ! »

Chose intéressante, cette histoire a renforcé ma relation avec Kam. Mes excuses réitérées et mes efforts pour réparer lui ont montré à quel point je tenais à lui et à notre relation. Bonus supplémentaire : cette expérience m'a aidé à maîtriser mes accès d'humeur. Je vais toujours aux matchs, j'aime toujours voir gagner mon équipe, mais je ne perds plus mon sang-froid.

SE METTRE EN QUATRE

Le quatrième comportement, « Corrigez vos erreurs », ne se contente pas de simples excuses : non, c'est bien de réparation qu'il s'agit. De réparer pour guérir. Pour rectifier l'erreur, il faut agir, se mettre en quatre… voire ajouter un « petit plus ».

Dans le commerce, *corriger ses erreurs* s'appelle « réhabilitation du service » : on répare l'erreur commise avec le client en espérant que ce dernier sera non seulement satisfait, mais encore plus fidèle par la suite. Le « petit plus » destiné à encourager cette fidélité peut être soit une bricole (un article gratuit ou un chèque cadeau avec des excuses pour la gêne occasionnée), ou un avantage important, comme chez JetBlue, qui ne fait supporter aucun frais à ses clients pour avoir raté leur avion.

En famille ou en couple, le « petit plus » peut être une petite attention particulière exprimant l'amour : par exemple un bouquet de fleurs ou un petit-déjeuner au lit pour accompagner les excuses et le geste réparateur.

HUMILITÉ ET COURAGE, OU AMOUR-PROPRE ET ORGUEIL ?

La correction de ses erreurs repose sur les *principes* d'humilité, d'intégrité et de réparation. Son *contraire*, c'est la négation de ses torts ou leur légitimation, la rationalisation d'un comportement blâmable ou l'incapacité d'admettre une faute tant qu'on n'y est pas contraint. Dans ce cas, ce sont l'amour-propre et l'orgueil qui parlent : on est humilié par la situation, pas par sa conscience.

La correction de ses erreurs a aussi sa *contrefaçon* : la dissimulation. On masque la faute au lieu de la réparer. Cette contrefaçon crée une double taxe confiance : la première parce qu'on commet une erreur, et la seconde – beaucoup plus lourde encore – parce qu'on s'est fait prendre à essayer de la dissimuler. Tout le monde commet des erreurs. La question n'est pas de savoir si vous les commettrez, mais ce que vous en ferez. Choisirez-vous la voie de l'humilité et du courage ou celle de l'amour-propre et de l'orgueil ?

Voici quelques exemples d'individus ayant opté pour l'humilité et le courage. Il y a quelques années, le géant canadien de l'alimentation Maple Leaf Foods avait été secoué par la révélation que la bactérie listéria avait été découverte dans deux de ses produits de viande en tranches de son établissement de traitement de viande à Toronto, causant la mort d'au moins 20 personnes et rendant plusieurs centaines d'autres malades. Une tragédie de cette ampleur pourrait facilement détruire toute assurance et confiance en une entreprise. Mais dès que le problème fut découvert, le PDG Michael McCain fit prendre à la compagnie la responsabilité totale et complète du problème et redressa les torts dans la mesure du possible. Il filma un message télévisé personnel, acceptant la culpabilité, s'excusant, et exprimant sa sympathie aux victimes. Il tint une conférence de presse, dans laquelle il dit, « Le responsable, c'est nous… Cette semaine c'est nous qui avons échoué – pas les régulateurs, pas le système alimentaire canadien. J'insiste sur le fait que c'est notre responsabilité et que c'est à nous de réparer, ce que nous allons faire jusqu'au bout. » Il déclara qu'il choisissait d'ignorer les conseils de comptables et d'avocats. Son souci n'était pas l'argent ou la responsabilité légale ; c'était « notre responsabilité à offrir aux consommateurs des aliments sans danger. »

Ses mots furent rapidement confirmés par le comportement de l'entreprise. Maple Leaf rappela les produits alimentaires non seulement des deux lignes de produits contaminés, mais aussi de toutes les 191 lignes de produits venant du même l'établissement, qu'on ferma dans son ensemble. On identifia la source de la contamination, résolut le problème, accrut la sécurité et le rendement dans tout le système, puis on alla au-delà du système pour s'assurer de faire tout ce qui était possible pour aider à garantir des aliments sans danger pour tous les consommateurs – y compris une contribution importante au système national de sécurité alimentaire du Canada.

Par la suite, McCain détourna à maintes reprises l'éloge de sa personne pour sa réaction à la situation, insistant que c'était « l'équipe entière de managers dévoués et de principe, tous les 23.000 » qui « avaient agi ensemble dans la circonstance. » Il dit, « Nous serions heureux de pouvoir récupérer notre clientèle entière et nous avons bon espoir de pouvoir regagner la confiance des consommateurs, mais ce genre de chose peut rarement être décrit en termes de réussite… car il s'agit purement et simplement d'une tragédie. Je pense que la totalité des 23.000 personnes de notre organisation pense de même, mais était également résolue à réparer un mal terrible d'une manière significative. »

Pour ce qui en est de la correction des erreurs, un autre exemple d'importance concerne Oprah Winfrey et l'écrivain américain James Frey. À l'apogée de la popularité de son show, Oprah Winfrey contribua à faire figurer le livre *Mille Morceaux*, de James Frey, sur la liste des best-sellers du *New York Times*. Lorsque des voix s'élevèrent pour accuser l'auteur d'avoir enjolivé certains aspects de ces « mémoires », Oprah commença par le défendre. Mais, quand elle eut découvert la vérité, elle le fit revenir dans son émission, présenta de plates excuses à ses téléspectateurs et tança publiquement James Frey pour les avoir trahis, de même que ses lecteurs : « Je me sens flouée. Mais le pire, c'est que vous avez trahi des millions de lecteurs. » Elle reconnut aussi s'être trompée en appelant le talk-show de Larry King pour prendre la défense de l'auteur. « Je regrette ce coup de fil, a-t-elle dit. C'était une erreur : j'ai donné l'impression que la vérité importe peu, et j'en suis profondément navrée. Ce n'est pas ma façon de penser. À tous ceux qui m'ont interpellée sur cette question, je dis : 'Vous avez cent fois raison.' » Le comportement d'Oprah confirma aux gens qu'ils pouvaient avoir confiance en son intégrité et dans la sincérité de son empathie, toutes choses constituant sa marque de fabrique et ayant fait sa réputation.

Un exemple politique d'il y a plusieurs années offre une illustration particulièrement puissante de la facilité de tomber dans le piège de justifier la création d'un tort dès le début, de la douleur personnelle que cela peut causer au fautif aussi bien qu'aux victimes, et les efforts que la personne qui désire sincèrement essayer de réparer les choses peut faire pour atteindre ce but – avec les autres comme avec elle-même.

En mars 2005, Doug Wead, ancien conseiller de George W. Bush, publie une lettre d'excuses pour avoir utilisé dans un livre des propos enregistrés à l'insu du président. Wead livre le contenu de sa missive lors d'une interview télévisée avec Chris Matthews, et écrit également au rédacteur en chef de *USA Today*.

Dans cette lettre, il dit avoir commencé à enregistrer Bush en 1987, et avec son accord, avant de poursuivre comme suit :

> *« Quand nos discussions ont repris, en 1997, j'ai commencé par prendre des notes manuscrites. Dans ces conversations, de nombreuses options étaient débattues, puis écartées. Au final, je devais transmettre un message sensible à un journaliste, voire à un opposant politique. L'exactitude de la formulation était cruciale, et j'avais peur de ne pas être à la hauteur. C'est pourquoi, l'année suivante, j'ai commencé à enregistrer secrètement George W. Bush. Au début, juste pour être sûr de ne pas me tromper, de bien faire ce qu'il souhaitait. Mais c'était orgueilleux et arrogant de ma part d'imaginer que de bonnes intentions pouvaient justifier cet acte. J'enregistrais un homme sans son accord, et il est devenu président des États-Unis. Ma décision de publier ces entretiens a terriblement coûté à ma famille et profondément blessé beaucoup d'autres personnes.*
>
> *C'était une bêtise et une faute d'enregistrer M. Bush sans son autorisation. Quelles qu'aient pu être les circonstances, j'ai eu tort de communiquer une partie de ces enregistrements à mon éditeur. J'ai aussi eu tort de les communiquer partiellement à un journaliste. Je m'en suis excusé auprès du Président avant que l'histoire ne soit rendue publique, et je m'en suis encore excusé après. Bien que blessé, il a réagi avec la patience qui lui est coutumière.*
>
> *Aujourd'hui, le travail de réparation a commencé :*
> * *la promotion de mon livre est annulée ;*
> * *les droits d'auteur seront cédés à des œuvres caritatives ;*

> • *ces heures d'enregistrement, pour lesquelles on m'a offert des millions de dollars, sont désormais entre les mains du Président ;*
> • *le travail de restauration des relations, avec Dieu, avec le Président et avec mes amis, a commencé.*
>
> *Si c'était à refaire, il y a beaucoup de choses que je ferais différemment. Je ne peux pas effacer le mal que j'ai causé, mais je peux, avec l'aide de Dieu, endurer une situation que je mérite et poursuivre mon chemin. »*

Conclusion : cette histoire ne provoqua pas vraiment un énorme scandale politique, et ce en grande partie, je crois, parce que les excuses furent présentées rapidement, avec humilité et sincérité, et parce qu'elles furent suivies par des actes qui les réaffirmèrent clairement (abandon des royalties sur le livre et du profit potentiel que représentaient les cassettes).

Souvent, les anecdotes qu'on me raconte sur l'importance de réparer ses torts pour faire naître la confiance ne me sont pas relatées par ceux-là mêmes qui en sont les acteurs ; non, je les tiens de membres du personnel interrogés sur la confiance au sein de leur entreprise. Autrement dit, leurs leaders ont un comportement qui inspire la confiance, et ce comportement est devenu emblématique de l'ensemble de leur société. Voilà donc un nouvel exemple de cette progression géométrique inhérente à la vitesse de la confiance : créez la confiance avec une personne, vous la créez avec plusieurs.

Maintenant, comparons ces résultats avec ceux obtenus par des hommes ayant choisi la voie de l'amour-propre et de l'orgueil. Sur ce point, le scandale du Watergate, au début des années 1970, est exemplaire. Quand on a découvert que l'administration Nixon avait tenté d'obtenir des renseignements confidentiels au prix de manœuvres illégales, les individus compromis – y compris le Président –, loin d'endosser la responsabilité de leurs actes et de s'en excuser, se sont efforcés d'étouffer l'affaire. Résultat : une perte totale de confiance, et, menacé de destitution, Nixon fut contraint à la démission.

> « *Le Watergate ne fut pas tant une histoire de cambriolage qu'un refus de reconnaître ses erreurs, d'en endosser la responsabilité et de présenter des excuses en conséquence.* »
>
> —JOHN HUNTSMAN SR., FONDATEUR DE HUNTSMAN CHEMICAL

Dans un exemple plus récent, Martin Shkreli, le dirigeant d'une entreprise pharmaceutique qui devint « l'homme le plus haï aux Etats-Unis », gagna la réputation d'acheter les droits des médicaments génériques puis d'en augmenter considérablement les prix. Lorsque son entreprise eut acheté Daraprim – un médicament utilisé pour traiter une infection rare chez les bébés et les patients atteints de SIDA – il augmenta le prix de 5.000%.

Après un énorme tollé, Shkreli fut cité à comparaître devant la Commission de la chambre des représentants américains pour répondre à des questions sur cette augmentation de prix. Pendant l'audience il se montra sans regrets, rit des préoccupations éthiques dont on lui fit part, et refusa de répondre toute question à part la confirmation de son nom. Pendant toute la durée de cette attention médiatique et de différents procès, il ne manifesta aucun remords pour ses actes.

En août 2017, Shkreli fut reconnu coupable de deux accusations de fraude en valeur mobilière et d'une accusation de conspiration afin de commettre une fraude en valeur mobilière. Sept mois plus tard, il était condamné à sept ans de prison et à plusieurs millions de dollars d'amende. Il avait les larmes aux yeux en faisant sa déclaration, « Je voulais améliorer ma stature et ma réputation. Je suis ici du fait des erreurs grossières, stupides et négligentes que j'ai commises. » En imposant la sentence, le Juge fédéral remarqua qu'il paraissait « sincèrement regretter » à ce moment, mais citant sa « multitude de mensonges flagrants, » ajouta qu'il avait « à maintes reprises minimisé » sa conduite pendant toute la durée de la procédure.

Évidemment, Shkreli avait fait trop peu d'effort, trop tard, et avec trop de tiédeur. Il avait déjà perdu la confiance. En aucun cas il ne pourrait se tirer du problème où l'avait mené son comportement.

Vous remarquerez que, dans chacun des exemples positifs présentés ici, les gens ont été *prompts* à reconnaître leur erreur et à s'efforcer de réparer. Quand on a des torts, il suffit souvent de les admettre rapidement et de s'en excuser pour pouvoir continuer son chemin. Ce qui nuit le plus à la crédibilité et à la confiance, c'est de ne pas reconnaître ses erreurs ou d'omettre de s'en excuser. Alors le léger incident devient un gros problème et, quand on essaie d'enterrer l'affaire, c'est encore pire. Des excuses tardives sont certes préférables à pas d'excuses du tout, mais des excuses et une réparation *immédiates* font beaucoup plus pour construire et restaurer la confiance.

LE RÉSULTAT FINAL

La correction de ses erreurs a une forte incidence sur le résultat final. La plupart des compagnies d'assurance ont beau recommander aux médecins de ne pas présenter d'excuses à leurs patients en cas d'erreur médicale, ceux qui le font et se montrent respectueux et compréhensifs sont plus rarement traînés en justice que les autres. On a davantage tendance à intenter un procès lorsqu'on est furieux. Et on est furieux quand on est en droit d'attendre des excuses et qu'on n'en reçoit pas. Très souvent, des excuses sincères désarment. Les dividendes de confiance que continue de percevoir Johnson & Johnson vingt-cinq ans après avoir admis son erreur dans le scandale du Tylenol (1982) en témoignent : les « erreurs » bien réparées peuvent créer une progression géométrique de la confiance.

Même si vous vous trouvez de l'autre côté de la barrière – si c'est à vous qu'on a causé du tort –, vous pouvez faire des choses essentielles pour aider à rectifier les erreurs et restaurer la confiance. En vous montrant indulgent, par exemple, vous permettez plus facilement à l'autre de s'excuser et de réparer ses torts. En reconnaissant vos propres erreurs, vous lui offrez la liberté de faire de même, ce qui est un comportement extrêmement gratifiant et enrichissant, aussi bien dans la vie professionnelle que privée.

QUELQUES CONSEILS CONFIANCE

Si vous vous situez trop à gauche de la courbe – si vous n'êtes pas assez prompt à rectifier vos erreurs –, peut-être devez-vous travailler l'honnêteté, l'humilité ou le courage (*intégrité*), la bienveillance (*intention*), ou encore l'adéquation entre votre comportement et le résultat voulu (*résultats*). Si vous êtes trop à droite de la courbe – vous vous répandez en excuses ou vous excusez mille fois pour les mêmes choses –, peut-être vous faudra-t-il plutôt travailler la cohérence (*intégrité*), la motivation (*intention*), ou encore la capacité de jugement qu'apportent le renforcement et la fusion des 4 noyaux.

Voici maintenant quelques suggestions qui vous aideront à travailler votre aptitude à corriger vos erreurs :

- La prochaine fois que vous en commettrez une, étudiez votre réaction. Essayez-vous de faire comme si elle n'existait pas, de la justifier ou de la dissimuler ? Ou êtes-vous prompt(e) à la reconnaître et à faire votre possible pour la rectifier ? Si vous n'avez pas aujourd'hui l'humilité et le courage nécessaires pour rapidement rectifier vos erreurs, tentez de vous comporter comme la personne que vous souhaitez devenir.

- Penchez-vous sur votre passé. Y voyez-vous des torts qui n'ont pas été réparés ? Des relations en attente d'un raccommodage ou des brouilles susceptibles d'être dissipées ? Cela vous semble au-dessus de vos forces ? Croyez-moi, si s'efforcer de réparer un tort passé est douloureux, cette douleur est loin d'être aussi lancinante que celle, chronique, de la méfiance. Et le soulagement que l'on en éprouve est immense.

- La prochaine fois que l'on vous causera du tort, soyez prompt(e) à pardonner. Efforcez-vous de faciliter à l'autre l'acte de réparation. Cela l'aidera, lui ou elle, mais vous aidera aussi, vous.

RÉCAPITULATIF DU QUATRIÈME COMPORTEMENT : CORRIGEZ VOS ERREURS

Rectifiez le tir lorsque vous avez tort. Dépêchez-vous de présenter des excuses. Réparez autant que possible. Pratiquez la « réhabilitation du service ». Faites montre d'humilité. N'étouffez pas l'affaire. Ne laissez pas l'orgueil freiner la réparation.

COMPORTEMENT N° 5 : MONTREZ-VOUS LOYAL

> *« L'expérience m'a appris que les gens qui inspirent rapidement confiance, loyauté, enthousiasme et énergie sont ceux qui répercutent les honneurs reçus sur ceux qui ont vraiment fait le travail. Un chef n'a pas besoin d'honneurs… Il en a déjà plus qu'il n'en mérite. »*
>
> —ROBERT TOWNSEND, EX-PDG, AVIS

Il y a plusieurs années, dans l'entreprise où je travaillais, j'allais déjeuner presque chaque midi avec une douzaine de collègues. Une fois leur repas terminé, deux ou trois d'entre eux se levaient, quittaient la table, et aussitôt les autres se mettaient à parler d'eux. Puis deux ou trois autres se levaient encore, et c'était leur tour de se faire éreinter par le groupe. J'en arrivais à ne plus oser quitter la table, sachant qu'à la minute même où j'aurais le dos tourné, ils allaient me débiner !

Ces déjeuners illustraient le *contraire* du cinquième comportement. Leur atmosphère déloyale provoquait d'énormes retraits sur le compte confiance, et ce non seulement avec les personnes victimes des médisances, mais avec toutes les autres. Nous savions que le traitement fait aux absents indiquait clairement celui qui nous serait réservé dès que nous aurions tourné les talons. Voilà qui était peu propice à la confiance !

En revanche, se montrer loyal envers quelqu'un alimente le compte confiance aussi bien avec cette personne qu'avec les témoins de notre loyauté.

Dans le livre de John Marchica *The Accountable Organization*, Colleen Barrett, présidente et directrice opérationnelle de Southwest Airlines à l'époque, raconte comment la loyauté envers les salariés fait naître la confiance au sein d'une entreprise :

> « *Pour moi, il n'y a rien là qui ne soit très logique, mais la démarche peut parfois paraître surprenante à d'autres sociétés soucieuses du service apporté à la clientèle, et pour lesquelles le client a toujours raison. Nous ne souscrivons pas à ce point de vue. Et nous l'avons fait savoir publiquement, ce qui m'a valu quelques lettres ! Mais c'est l'un des moyens par lesquels nous gagnons la confiance de notre personnel. Je ne suis pas en train de dire que, si un salarié a commis une erreur, et suffisamment grave, il n'y aura ni sanction ni mise au point. Je dis que, si le client a tort et s'il s'est mal conduit, je vais défendre et soutenir le salarié. La chose est assez rare, mais il nous est arrivé, à l'occasion, de dire à un client, ou à une cliente, que nous ne souhaitions pas les revoir sur nos lignes.* »

Se montrer loyal ressort des *principes* d'intégrité, de loyauté, de gratitude et de considération pour autrui. Il existe plusieurs manières – petites et grandes – de se montrer loyal. Dans ce chapitre, nous nous concentrerons sur deux d'entre elles : savoir rendre à César ce qui lui appartient et… toujours parler des gens comme si on les avait devant soi.

RENDRE À CÉSAR...

Rendre à César ce qui lui appartient, c'est reconnaître les mérites de l'autre, son apport dans le résultat obtenu ; c'est aussi une manière essentielle de se montrer loyal. En reconnaissant les mérites d'autrui, on ne se contente pas d'attester la valeur de sa contribution, on crée un climat dans lequel tous se sentent encouragés à innover, collaborer, partager librement leurs idées, ce qui décuple la confiance.

Sur ce point, j'aime beaucoup la métaphore imaginée par Jim Collins, « la fenêtre et le miroir ». En gros, quand tout va bien, on doit regarder les autres et leur apport, constater leurs mérites, leur prodiguer reconnaissance, légitimation et gratitude. Mais, quand ça tourne moins rond, c'est le miroir qu'il faut regarder : on ne regarde pas les autres pour leur adresser des reproches, les accuser ; on se regarde soi-même.

Le *contraire* de reconnaître les mérites d'autrui consiste à se les attribuer. Dans l'un de nos programmes, un vendeur nous a raconté avoir trouvé un gros client : il saisit l'occasion, fit tout le travail, et, dans les dernières étapes de la négociation, sollicita l'aide de son patron. Quand le patron en question vit à quel point ce client était important, il s'adjugea l'affaire. Et, avec elle, les gratifications financières et toute la gloire. Ce qui suscita une énorme méfiance, non seulement avec le vendeur à qui il avait pris le client, mais avec toute l'équipe. Sachant qu'il était capable de recommencer, plus personne ne voulait lui demander de l'aide. Encore une fois, quand on crée (ou détruit) la confiance avec une personne, on la crée (ou détruit) avec plusieurs.

> « *Un chef instaure un climat de confiance en rendant à César ce qui lui appartient. Il ne vole jamais une idée à un collaborateur pour la présenter comme sienne.* »
>
> —JACK WELCH

Ce comportement aussi a sa *contrefaçon* : l'hypocrisie. Devant une personne, on feint de reconnaître ses mérites, mais, en son absence, on minimise sa contribution pour s'attribuer à soi-même tous les honneurs. Rarement cachée, ce genre de duplicité nuit à la confiance de tous.

Dottie Gandy, auteur d'ouvrages sur l'entreprise, souligne qu'il n'est pas seulement important de reconnaître quelqu'un pour *ce qu'il fait*, mais tout autant de le reconnaître pour *ce qu'il est*. Cette reconnaissance, on peut la manifester de diverses façons, au bureau comme à la maison : organiser une fête, créer une sorte de « mythologie » par les histoires qu'on raconte, envoyer des remerciements (lettres, cartes ou fleurs), relater cette réussite dans une newsletter diffusée dans l'entreprise ou dans le cercle familial, bref se mettre en quatre pour féliciter l'autre.

Lors de l'un de nos ateliers, un cadre supérieur nous fit part de sa méthode :

« Chaque fois que la hiérarchie sollicite la contribution de notre service, je transmets la requête aux personnes concernées. Elles me font parvenir leurs suggestions et, au lieu de les résumer ou de les retranscrire sous ma signature, je joins les mails qui m'ont été envoyés en ajoutant juste : 'Nos observations

suivent.' Ainsi, les gens sentent leur travail valorisé. Et cela crée entre mon
équipe et moi une crédibilité et une loyauté énormes : ils savent que, chaque fois
que c'est possible, ils sont reconnus, et que je rends à César ce qui est à César. »

Quelle que soit la méthode choisie, je vous garantis que reconnaître les mérites
d'autrui augmente considérablement la confiance, les résultats économiques et
comporte une foule d'autres conséquences positives – et ce à tous les niveaux.
Je vous encourage donc à le faire sans chipoter. « Rendre à César » relève du
jugement, mais rendre largement à César est le signe d'un cœur généreux.

> *« Dans la vie, on peut tout accomplir, du moment qu'on*
> *se fiche de savoir à qui reviendra la gloriole. »*
>
> —HARRY S. TRUMAN, ANCIEN PRÉSIDENT DES
> ÉTATS-UNIS

TOUJOURS PARLER DES GENS COMME SI ON LES AVAIT DEVANT SOI

Se montrer loyal, c'est aussi parler des gens comme s'ils étaient là, devant soi.
J'ai appris l'importance de ce comportement à l'issue des déjeuners évoqués
au début de ce chapitre. J'ai vu à quel point les commentaires sur les absents
finissent par entamer la confiance des présents.

En l'occurrence, on ne parlait pas des gens comme si on les avait en face,
bien au *contraire* : on les dénigrait, ou on ne les défendait pas loyalement
alors qu'ils n'étaient pas en mesure de le faire eux-mêmes. La *contrefaçon* de
ce comportement, tout aussi destructeur, c'est de flatter l'autre quand on l'a
devant soi… et de le dénigrer dès qu'il a le dos tourné. Souvent, nous ne nous
en rendons même pas compte, pas plus que nous ne nous rendons compte de
l'impact qu'ont de tels comportements sur la confiance. La directrice générale
d'un fabricant de logiciels nous a livré ses impressions, suite à quelques cuisants
retours d'un audit de confiance :

« Dans la rubrique 'commentaires', quelqu'un a écrit : 'Quand un salarié
quitte l'entreprise, évitez de le critiquer devant ceux qui restent. Ça me donne
l'impression que, quoi que je fasse pour cette société, tout sera oublié dès l'instant

où j'aurai franchi la porte, et ce, quelles que soient les circonstances.' Aïe ! Je n'avais pas du tout conscience d'agir ainsi, ni de l'impact que cela avait. Lire ces mots a été une leçon d'humilité. »

Curieusement, les gens qui critiquent ont souvent l'air de croire que cela va sceller une sorte de camaraderie confiante avec ceux qui les écoutent. Or, c'est le contraire qui se produit. Quand on critique quelqu'un, ceux qui écoutent se disent qu'on n'hésitera pas à faire de même en ce qui les concerne. Ce comportement implique donc une progression géométrique négative de la méfiance.

Prenons l'exemple inverse : ma femme Jeri dit souvent de l'une de ses amies : « J'ai une totale confiance en Karen. Je ne l'ai jamais entendue dénigrer quelqu'un. Elle s'y refuse, tout simplement. » À quoi elle ajoute : « Je sais qu'elle ne me critiquera pas non plus. »

Lors de sa nomination comme procureur général pour le district du New Jersey, Sam Alito incarna parfaitement ce comportement. Il hérita d'une affaire qui finit en eau de boudin et qu'il perdit. Vu les circonstances, il lui aurait été facile de désigner un coupable, mais, à en croire un article paru dans *USA Today*, « Alito a refusé d'incriminer son prédécesseur, qui avait porté l'affaire devant les tribunaux, pas plus que ses assistants ». Résultat : « Le nouveau procureur général a marqué des 'points énormes' auprès de son équipe ».

> *« Pour ne pas perdre les présents, sois loyal envers les absents. »*
>
> —STEPHEN R. COVEY

Je connais un homme qui a vécu une expérience similaire il y a quelques années. Il fut nommé PDG d'une entreprise de taille moyenne. Bien qu'héritant de graves problèmes dus à la gestion de son prédécesseur, il décida de ne jamais l'incriminer – ni publiquement ni en privé –, et ce en aucune circonstance. C'était une vraie gageure. Il eut à plusieurs reprises la tentation de le faire, mais il résista, et c'est ce comportement qui l'aida à créer rapidement un climat de confiance au sein de la société. Il lui permit également de nouer d'excellentes relations avec le talentueux fils de l'ancien PDG, qu'il souhaitait voir rester dans l'entreprise – et c'est ce qui se produisit, grâce au comportement plein de respect du nouveau PDG.

Il en va de même dans les relations familiales : une jeune femme de ma connaissance m'a raconté que, depuis toute petite, elle savait que ce qu'elle confiait à ses parents ne serait jamais évoqué devant un autre membre de la famille. Jamais ils n'auraient dit à son frère : « Oh ! si tu savais ce que ta sœur nous a dit l'autre jour ! » Ils n'évoquaient pas non plus avec elle les conversations qu'ils avaient avec d'autres. Cette marque de loyauté a créé entre parents et enfants des relations totalement confiantes.

Que ce soit en bien ou en mal, la manière dont nous parlons – ou pas – des autres en leur absence a un effet géométrique : elle peut bâtir ou anéantir la confiance... et très vite.

ET QUAND IL FAUT PARLER DES AUTRES ?

Mais que se passe-t-il lorsqu'on est professionnellement obligé de parler des autres ? Vous ne pouvez pas tout simplement adopter la politique de l'autruche et dire : « Je n'en parlerai à personne. » Que faire dans ce cas ?

Un ancien directeur des relations humaines nous livre son expérience :

> *« Mon job consistait à parler des gens à longueur de journée. Les chefs de service débarquaient en me disant : 'J'ai un problème avec Jim ou Lori. Qu'est-ce que je fais ?' Nous étions bien forcés de parler de la personne, et parfois, ce que nous avions à en dire n'était guère flatteur. J'ai donc été amené à me poser la question suivante : 'Comment puis-je me montrer loyal envers cette personne en son absence, tout en faisant correctement mon travail ?'*
>
> *Je finis par m'apercevoir que la différence entre loyauté et déloyauté tient à l'intention qu'on y met. Si la conversation avait pour but d'améliorer les résultats ou la relation personnelle, si elle était équitable et respectueuse de la personne, je me sentais loyal. Dans la plupart des cas, ces entretiens aboutissaient à un recentrage sur le chef de service, sur ce qu'il ou elle pouvait faire, et non sur les fautes (réelles ou imaginaires) commises par le salarié. »*

Ici, la clef de la confiance, c'est le respect. Une fois encore, on inspire confiance aux personnes présentes en leur montrant qu'elles seraient, elles aussi, évoquées avec respect en leur absence.

Autre clef de la confiance : avoir le courage d'aller directement trouver celui ou celle avec qui l'on a un problème. Parfois, celui qui doit changer de comportement est le dernier à le savoir. Faire preuve de courage – évoquer le problème avec la personne concernée – est aussi un témoignage de loyauté.

QUELQUES CONSEILS CONFIANCE

Jetons un œil à notre courbe. Côté gauche, votre loyauté se manifeste de façon minimale. Peut-être êtes-vous loyal tant que cela vous arrange… ? Ou peut-être l'êtes-vous jusqu'à un certain point, mais pas jusqu'à prendre fermement position quand les autres sont en désaccord.

Du côté droit, vous vous comportez d'une manière qui peut sembler extrêmement loyale sur le coup, mais qui ne l'est pas, au regard de l'intérêt de la personne ou de certains principes. C'est le cas quand on accepte de taire un crime, par exemple, ou quand on demeure d'une « loyauté » farouche à certaines idées ou croyances, même lorsqu'on apprend qu'elles sont dépassées ou approximatives.

L'*intégrité* (notamment le courage et la cohérence), l'*intention* (la motivation et le comportement) et les *capacités* (les aptitudes à la confiance) sont essentielles au maintien dans une zone optimale. N'oubliez pas que, souvent, c'est en étant fidèle à un principe qu'on est loyal envers les hommes.

Pour vous améliorer sur ce terrain, je vous propose de réfléchir aux quelques points suivants :

- La prochaine fois que vous vous trouverez mêlé(e) à une conversation dont un absent fait les frais, examinez les options possibles. Vous pouvez participer à la discussion. Ou partir. Ou rester, mais garder le silence. Ou compenser en disant quelque chose de positif sur la personne. Ou encore déclarer : « Ça me met mal à l'aise de parler de lui, ou d'elle, en son absence. Si nous avons un problème, allons lui en faire part directement. » Songez à ce qui serait le plus en rapport avec vos principes, et faites-le.

- Que ce soit au bureau ou à la maison, la prochaine fois que vous travaillerez à un projet commun, faites en sorte de reconnaître ouvertement les mérites de chacun. Créez un climat dans lequel chaque contribution et chaque personne comptent. Et faites-le généreusement.

- Donnez-vous pour règle de ne jamais parler en mal des membres de votre famille. Avec votre partenaire, prenez garde à la façon dont vous évoquez la cellule familiale, y compris les enfants. Félicitez ceux-ci quand ils font quelque chose de bien et faites part à d'autres de votre satisfaction à leur encontre.

RÉCAPITULATIF DU CINQUIÈME COMPORTEMENT : MONTREZ-VOUS LOYAL

Rendez à César ce qui est à César. Reconnaissez les contributions d'autrui. Parlez des gens comme s'ils étaient présents. Prenez la parole pour les absents, qui ne sont pas là pour se défendre. Ne critiquez pas les gens dans leur dos. Ne révélez pas d'informations privées sur autrui.

COMPORTEMENT N° 6 : MONTREZ DES RÉSULTATS

« Le futur décideur doit être moins soucieux de dire ce qu'il va faire que de faire ce qu'il a dit. »
—DAVE ULRICH, ENSEIGNANT ET EXPERT EN GESTION

On me pose souvent la question suivante : « Que faut-il faire pour créer le plus vite possible un rapport de confiance avec un nouveau client ? » À quoi je réponds sans hésiter : « Obtenir des résultats ! » Les résultats vous assurent une crédibilité et une confiance instantanées. Ils vous donnent du poids. Ils sont la preuve tangible que vous êtes une valeur ajoutée, que vous avez quelque chose à apporter, que vous êtes efficace. De même qu'ils font partie intégrante de votre crédibilité personnelle (ils constituent l'un des 4 noyaux), les résultats sont un puissant facteur de confiance dans vos relations avec les autres.

Ici, nous passons des comportements fondés sur le caractère à ceux fondés sur la compétence. Montrer des résultats repose sur les *principes* de responsabilité, d'implication et d'efficacité. Son *contraire*, c'est un manque d'efficacité n'aboutissant à aucun résultat. Sa *contrefaçon* : s'agiter beaucoup, mais produire peu.

Au fil des ans, j'ai eu affaire à une foule de beaux parleurs – surtout dans le domaine de la vente – mais très peu productifs. Ces gens-là vous abreuvent de présentations fabuleuses et de promesses alléchantes quant aux résultats mirifiques qu'ils vont obtenir. Au bout du compte, ils n'ont pas de résultats, ou, s'ils en ont, ceux-ci sont très en deçà des engagements pris. J'ai fini par rechercher des gens qui font plus qu'ils ne parlent. Leurs présentations ne sont pas moins brillantes, et eux aussi ils espèrent réussir. Sauf qu'eux, ils réussissent. Et avec moins de battage. Ils se contentent de fournir régulièrement des résultats. Il est plus efficace de donner ses chances à un laconique productif qu'à un bavard improductif.

> « Nous nous jugeons sur ce que nous nous sentons capables de faire, alors que les autres nous jugent sur ce que nous avons déjà fait. »
>
> —HENRY WADSWORTH LONGFELLOW,
> POÈTE AMÉRICAIN

Songeant aux résultats, la trilogie du *Seigneur des anneaux* me vient à l'esprit. Neuf heures de film, qui, au bout du compte, se résument à ceci : Frodon doit jeter l'anneau dans le volcan. Sans cet instant, les neuf heures qui précèdent n'ont pas grande importance.

INCIDENCE SUR LE COMPTE CONFIANCE

Lorsque je pris mes fonctions de directeur général du Covey Leadership Center, il existait un département perçu dans la culture de l'entreprise comme un hobby, un secteur que les gens appréciaient mais qui ne rapportait pas (et ne rapporterait sans doute jamais). En dépit de nombreuses discussions au cours des trois années écoulées, ce service n'avait encore rien produit, ni obtenu aucun résultat : de l'avis général, il était un poids. Je rencontrai donc son directeur, et nous tombâmes d'accord : il *fallait* produire et montrer des résultats dans les six mois – quoi qu'il arrive. L'objectif était clair.

Peu à peu, je commençai à avoir les réactions des salariés de ce service : le délai était trop court, ils n'y arriveraient jamais. À quoi je répondis : « Écoutez, c'est notre crédibilité qui est en jeu. Tant qu'il ne produira rien, ce département ne sera qu'un passe-temps. Cela fait des années qu'on parle de produire : nous allons respecter ce délai. »

Ils me détestèrent tous. Ils voulaient plus de temps. Mais j'étais convaincu qu'il fallait les tenir responsables de l'accord conclu. Au final, ils réussirent. Le produit sortit à la date prévue et, dès les premiers mois, rapporta des millions de dollars.

Du coup, ce département ne fut plus perçu comme un hobby. Il avait fourni des résultats ! Et ces résultats créèrent la confiance : confiance dans les membres du service, confiance dans la culture d'entreprise, confiance en soi et confiance de tous en ceux qui avaient finalisé ce produit.

Même chose à la maison : récemment, Jeri et moi avons confié à notre fils Christian, 12 ans, la mission de sortir et rentrer les poubelles ; c'est une tâche importante chez nous, les lourds containers devant être tirés jusqu'à la rue par une longue allée pentue, ce qui peut se révéler difficile les jours de neige. La façon dont Christian a endossé cette responsabilité nous a épatés. Nous n'avons eu à le lui dire qu'une seule fois. Il n'en parle jamais. Mais chaque mercredi soir, les poubelles sont sorties. Et le jeudi, elles sont rentrées. Christian assure, c'est tout.

Si le comportement de Christian nous a épatés, c'est aussi parce que nous avons connu l'inverse. Nous avions jadis confié le même travail à son frère, et devions le lui rappeler sans cesse – encore ne s'en acquittait-il que la moitié du temps.

Dans les deux cas, l'impact sur le compte confiance (ainsi que sur la rapidité et les coûts d'exécution) a été considérable. Nous nous sommes aperçus que nous sommes plus prompts à répondre aux demandes d'un enfant et à lui accorder certaines permissions quand il fournit des résultats et que son compte confiance est élevé.

La même dynamique vaut dans l'entreprise : en effet, quand on fournit des résultats, on a presque toujours plus de choix, plus de possibilités, plus de flexibilité.

Pete Beaudreault, l'ancien PDG de Hard Rock Café et de Sbaarro, l'exprime ainsi : « Le prix de la liberté c'est le rendement. » En d'autres mots, lorsque vous êtes performant – ou donnez des résultats – votre rendement vous donne des opportunités, des alternatives, des choix (la liberté, en effet!) que vous n'obtiendrez d'aucune autre façon. Les autres vous accordent infiniment plus de flexibilité, y compris dans la prise de décisions sur l'équilibre travail-vie personnelle. Et meilleurs sont vos rendements, plus grande est la flexibilité dont vous bénéficierez.

Avec des résultats, on convertit les sceptiques. Et on fait rapidement naître la confiance au sein d'une nouvelle relation. On gagne en flexibilité et en choix. On peut rapidement restaurer la confiance dans nos compétences, si toutefois elle a été perdue. Fournir des résultats est aussi la première moitié de ma définition du leadership : *avoir des résultats* d'une manière qui inspire confiance.

> « Je ne crois pas qu'une relation de confiance pleine et entière soit possible avant plusieurs réussites. Quand l'un de mes gros fournisseurs me dit que nous devons avoir une relation de confiance, je pense : 'Foutaises' Et je lui réponds : 'Je ne vous fais pas confiance. Je ne vous ferai confiance que lorsque vous aurez réussi plusieurs fois.' »
>
> —PETER LOWE, DIRECTEUR DE L'INFORMATIQUE AU MINISTÈRE DE L'INTÉRIEUR, GRANDE-BRETAGNE

PRÉCISER À L'AVANCE LES « RÉSULTATS »

Je rencontre parfois des gens qui ont des résultats, mais n'en obtiennent pas ce qu'ils espéraient. Ils s'attendaient à un dépôt de 1.000 dollars sur leur compte confiance, et se retrouvent avec un dépôt de 10 dollars ou, pire, avec un retrait. Et ils se demandent pourquoi.

Dans presque tous les cas, cela tient au fait qu'ils n'ont pas pris le temps d'éclaircir en amont ce que l'on attendait d'eux. Des résultats qu'ils considèrent comme « bons », voire « formidables », ne sont que médiocres aux yeux de ceux qui les attendent. Ou alors ces « résultats » sont complètement à côté de la plaque – comme un parent qui travaillerait quatre-vingts heures par semaine pour gâter son gamin, pensant ainsi alimenter leur compte confiance, alors que tout ce que veut l'enfant, c'est qu'il lui consacre du temps. Ou comme une équipe de concepteurs qui travaillerait d'arrache-pied à créer les caractéristiques d'un produit dont le client se fiche complètement.

Lors d'un colloque en Angleterre, des responsables informatiques et des professionnels des technologies de l'information discutaient confiance et technologie. L'un des points-clés de ces interventions était que la technologie a beau être riche de promesses alléchantes, ces promesses comptent pour du beurre si on n'a pas jour après jour des résultats tangibles. Paul Coby, directeur informatique de British Airways, déclara :

« Ma façon de créer la confiance, c'est de ne pas parler du prochain truc super qu'on va faire sur BritishAirways.com, ni d'aucun autre nouveau projet magnifique, si le système informatique ne fonctionne pas sept jours sur sept et vingt-quatre heures sur vingt-quatre... Une fois qu'on a fait ça, on peut aborder des idées plus créatives. »

Dans l'économie d'aujourd'hui, il est vital de prendre le temps de définir à l'avance les résultats souhaités, un gros pourcentage des effectifs étant employé à des tâches dans lesquelles il est souvent difficile d'atteindre des objectifs quantifiables. Il est donc capital de déterminer quels résultats vont créer la confiance, et de les fournir avec régularité, dans les délais et sans dépasser le budget.

> *« Première chose à faire, fournir des chiffres : des résultats. Si vos chiffres critiques ne grimpent pas et que rien ne bouge, vous n'avez pas voix au chapitre. »*
>
> —J. P. RANGASWAMI, EX-DIRECTEUR DES SYSTÈMES D'INFORMATION CHEZ DRESDNER KLEINWORT WASSERSTEIN

QUELQUES CONSEILS CONFIANCE

Nous voyons mieux à présent les noyaux de la compétence sur notre courbe. Sur la gauche, nous avons des résultats qui ne correspondent pas aux attentes, d'où la nécessité de renforcer l'*intégrité*, les *capacités* et, bien sûr, les *résultats* – le plus souvent en les définissant à l'avance. Sur la droite, nous avons une masse de résultats, mais sont-ils adéquats ? (Exemples : un salarié qui trime comme un fou, mais pas sur les priorités du patron... ou un parent qui fait des heures supplémentaires au lieu de passer du temps avec son enfant.) Une fois encore, vous concentrer sur l'intégrité (surtout sur la cohérence) et sur l'adéquation entre capacités et résultats ciblés vous aidera à atteindre le « point idéal » sur la courbe.

Pour ce faire, vous pouvez tester ces quelques suggestions :

- La prochaine fois que vous aurez à fournir des résultats, assurez-vous de bien comprendre ce que l'on attend de vous. N'imaginez pas réussir en livrant ce que vous pensez être de bons résultats. Si vous voulez

réellement susciter la confiance, vous devez savoir ce que le mot
« résultats » signifie pour la personne qui vous les réclame.

- La prochaine fois que vous vous engagerez à fournir des résultats,
arrêtez-vous un instant et demandez-vous si cet engagement est réaliste.
Promettre beaucoup et tenir peu est toujours synonyme de retraits sur
le compte confiance.

- Que ce soit avec des clients ou des collaborateurs, efforcez-vous
d'anticiper les besoins et de fournir des résultats avant même qu'on
vous le demande. Comme le dit Wayne Gretzky, grand joueur de
hockey canadien : « Je fonce là où va se trouver la rondelle, pas là où
elle était tout à l'heure. » Anticiper les besoins ajoutera un plus au
dépôt versé sur votre compte confiance.

RÉCAPITULATIF DU SIXIÈME COMPORTEMENT : MONTREZ DES RÉSULTATS

Établissez un historique de vos résultats. Ne vous trompez
pas de cible. Faites bouger les choses. Faites ce pour quoi
vous avez été embauché. Tenez les délais et le budget. Ne
promettez pas plus que vous ne pouvez tenir. Ne vous cherchez
pas d'excuses quand vous manquez de résultats.

COMPORTEMENT N° 7 : AMÉLIOREZ-VOUS

« Les analphabètes du XXIème siècle ne seront pas
ceux qui ne savent ni lire ni écrire, mais ceux qui ne
sauront pas apprendre, désapprendre et réapprendre. »
—ALVIN TOFFLER, ÉCRIVAIN AMÉRICAIN

Adolescent, je faisais du ski chaque hiver. J'y mettais beaucoup d'application et m'améliorais d'année en année. Je savais que je progressais non seulement parce que je skiais mieux, mais aussi parce que je tombais régulièrement. Ce n'est pas un paradoxe : j'ai compris que, si je ne tombais pas, c'était que je n'exigeais pas assez de moi pour progresser.

À 18 ans, j'atteins mon plus haut niveau en tant que skieur. Et je commençai à devenir plus prudent. Mes motivations avaient changé. Je ne voulais plus tomber. Je n'avais pas envie de me casser une jambe. Alors je cessai de prendre des risques.

Je suis toujours bon skieur, mais depuis plus d'un quart de siècle, je n'ai fait aucun progrès. Je vis sur le passé, sur des acquis appris il y a des années. Le ski fait partie de ces sports où il existe des « niveaux de difficulté » variables, matérialisés par des tracés verts (pistes faciles), rouges (pistes difficiles) et noirs (pistes très difficiles). Aujourd'hui encore, si je descends une verte ou une rouge pas trop technique, je m'en sors à peu près. Mais si vous me mettez sur une super-noire avec bosses et à-pics, je suis ridicule. J'ai essayé pas plus tard que l'hiver dernier et j'ai vite compris que mon équilibre n'était pas plus assuré que le contrôle de mes skis !

> « L'une des raisons pour lesquelles les gens cessent d'apprendre, c'est qu'ils ont de moins en moins envie de risquer l'échec. »
>
> —JOHN GARDNER, AUTEUR DE *EXCELLENCE* ET *SELF-RENEWAL*

Le monde dans lequel nous vivons aujourd'hui est une super-noire. La technologie, la mondialisation et l'économie du savoir ont relevé la barre, nous plaçant dans un contexte toujours plus exigeant. Essayer d'y appliquer nos talents d'hier revient à appliquer à une piste noire une technique bonne pour une piste verte.

À moins d'améliorer spectaculairement nos aptitudes, nous ne pourrons pas relever ce défi. Et, dans un environnement de plus en plus concurrentiel, nos faiblesses se font criantes. Comme sur les pistes : sur une verte, j'ai peut-être l'air aussi bon qu'un autre skieur plus compétent. Mais si vous nous mettez tous les deux sur une noire, la différence sera flagrante.

Et soyez-en sûrs, ceux qui inspirent vraiment confiance, ce sont les skieurs (et les leaders) de pistes noires.

L'AMÉLIORATION DE SOI CRÉE LA CONFIANCE

L'amélioration de soi repose sur les *principes* suivants : perfectionnement, apprentissage et changement continus. C'est ce que les Japonais appellent le *kaizen*, l' « amélioration continue », et elle génère une confiance énorme. Tout comme « montrer des résultats », ce comportement illustre bien la façon dont l'un des 4 noyaux (les *capacités*) peut se métamorphoser en un puissant facteur de confiance. Quand les gens voient en vous quelqu'un – ou une compagnie – qui apprend, grandit, se renouvelle, ou quand ils discernent ces mêmes qualités dans votre entreprise, ils ont confiance dans votre aptitude à réussir dans un environnement sujet à mutations rapides ; vous entretenez dès lors des relations extrêmement confiantes et pouvez agir avec une incroyable rapidité.

Le *contraire* de s'améliorer consiste à dormir sur ses lauriers, ne plus être en prise sur l'évolution – c'est l'entropie, la régression. Au rythme des changements dans le monde d'aujourd'hui, à moins de produire un effort délibéré pour s'améliorer, on ne reste pas immobile, on recule. On perd du terrain parce que les autres continuent d'en gagner, et vite. C'est pourquoi l'immobilisme n'inspire pas la confiance, mais la diminue.

Il existe deux *contrefaçons* courantes de ce comportement. La première, c'est « l'éternel étudiant », celui qui est toujours en train d'apprendre mais ne produit jamais. La seconde, on la trouve dans cette remarque de l'écrivain Frank Herbert : « Les gens qui m'inspirent le plus de méfiance sont ceux qui veulent améliorer notre vie, mais n'ont qu'un seul plan pour le faire. » C'est essayer de tout faire rentrer de force dans les domaines où nous excellons. Comme le dit le psychologue Abraham Maslow : « Qui sait se servir d'un marteau prend tout pour un clou. »

L'AMÉLIORATION DE SOI EN QUELQUES EXEMPLES

Un bon exemple d'Amélioration est le directeur que j'ai mentionné dans le chapitre sur les Capacités qui étudiait pendant deux heures chaque matin jusqu'à devenir compétent et expert dans son domaine. Parmi d'autres exemples figurent Jack Canfield, co-auteur de la collection de livres *Chicken Soup*, qui lit au moins un livre par jour, et Bill Gates, Oprah Winfrey, Mark Cuban, Arianna Huffington, et Warren Buffett, qui – apprenant constamment et rapidement – ne se firent pas pertinents uniquement au moment de fonder leurs entreprises mais continuèrent à se montrer pertinents avec l'évolution des temps. J'aime la manière dont l'auteure et consultante Liz Wiseman l'exprime : « Ce n'est pas ce que vous savez, c'est la vitesse à laquelle vous pouvez apprendre. »

> *« Une personne qui cesse d'apprendre est vieille, qu'elle le fasse à vingt ou à quatre-vingts ans. Celle qui continue d'apprendre non seulement garde sa jeunesse, mais devient constamment plus précieuse quelle que soit sa capacité physique. »*
>
> —HARVEY ULLMAN

Prenons un exemple athlétique, celui de Karl Malone, ailier puissant qui joua pendant vingt ans en NBA. Lorsqu'il était encore novice, il ne réussissait que 48 % de ses lancers francs. Comprenant qu'il devrait en tirer un grand nombre au cours de sa carrière, il décida de transformer son point faible en point fort. Il travailla dur et, pendant tout le reste de sa carrière, réussit 75 % de ses lancers francs, chose exceptionnelle pour un homme de cette taille.

En outre, après sa saison en tant que débutant, Malone s'adonna à la musculation avec une rare intensité. L'année suivante, il fut vite évident qu'il s'était entraîné à l'extrême et qu'il était en bien meilleure condition qu'à la fin de la saison précédente. Il fut tout aussi évident que ses coéquipiers, eux, avaient toujours le même niveau de jeu. Résultat : non content d'avoir considérablement amélioré son jeu et gagné son entrée au panthéon de la NBA, Malone a été le catalyseur d'une montée en puissance physique et mentale de toute la ligue. Jerry Rice a eu une influence similaire sur le football américain, et Tiger Woods, sur le golf.

Comme excellent exemple commercial dans le cadre de l'Amélioration, parlons d'une marque très aimée – la compagnie danoise LEGO – qui fit une expérience presque mortelle en 2003. La brique LEGO devint le centre d'un système de jouet de construction dans la fin des années 50 et connut un grand succès jusqu'au nouveau millénaire. Mais face à une compétition internationale grandissante, à l'affaiblissement de sa marque, au cloisonnement administratif, et à une satisfaction lente des désirs des consommateurs, elle parvint à la conclusion qu'elle avait trois options stratégiques : fermer ses portes, vendre à un plus grand compétiteur tel que Mattel ou Hasbro, ou encore se réinventer. Elle choisit de se réinventer et se concentra fortement sur la construction d'une culture d'innovation et sur son amélioration. Elle est depuis devenue la plus grande compagnie de jouets dans le monde, toujours pratiquement centrée sur un seul produit – le système de briques LEGO.

Nous avons eu le privilège de travailler avec le Groupe LEGO et avons trouvé leurs leaders et salariés des exemples très crédibles des principes et conduites de la confiance – surtout dans l'amélioration. Leur redressement avait été mené par Jørgen Vig Knudstorp (habituellement appelé JVK), un ancien consultant de McKinsey qui passa d'expert-conseil de LEGO sur la stratégie à la direction de l'application de celle-ci. Sous JVK, les profits s'accrurent de 900 millions d'euros en 2003 à presque 5 milliards d'euros en 2017, le nombre de salariés augmenta de 5 mille à plus de 17 mille, et la compagnie continue d'étendre sa portée aux nations et aux foyers du monde entier. En 2018, LEGO était classée numéro 2 de la liste des Entreprises à la meilleure réputation du monde de Global RepTrak. Son amélioration doit à la création d'une culture réellement innovante, basée sur leur maxime fondatrice : « Seul le meilleur est suffisamment bon. »

Qu'on l'appelle renouvellement, réinvention, recréation, innovation, rupture, progrès continu, *kaizen*, ou amélioration de soi, ce comportement est devenu une nécessité pour réussir dans le monde des « doubles-noires ».

COMMENT S'AMÉLIORER

Lorsque l'on cherche à s'améliorer, deux stratégies se révèlent singulièrement utiles afin d'optimiser ses efforts : demander du feedback, et apprendre de ses erreurs.

DEMANDER DU FEEDBACK

Demander du feedback et l'utiliser avec efficacité est une démarche décisive dès qu'on parle d'amélioration qualitative. Les feedbacks ont toujours fait partie intégrante de mes réussites, qu'il s'agisse, dans la vie professionnelle, d'audits internes et de contacts clients, ou, dans la sphère privée, de cette question régulièrement posée à ma femme : « Comment puis-je te faciliter la vie ? »

Je me rappelle qu'une fois je ne voulais pas de feedback sur le projet de développement d'un produit en particulier, et quand je les reçus malgré tout, je les ignorai. Imaginez mon chagrin plus tard, quand la réaction tiède du marché confirma ce que les feedbacks avaient essayé de me dire ! J'ai appris à donner de l'importance aux paroles d'Elon Musk, fondateur de Tesla Motors, lorsqu'il dit, « Je pense qu'il est très important d'avoir une boucle de feedback, dans laquelle vous réfléchissez constamment à ce que vous avez fait et à comment vous pourriez le faire encore mieux. »

Rechercher de façon appropriée du feedback et réagir dessus est la caractéristique principale d'une entreprise qui apprend, se développe, et innove. Marriott m'envoie un questionnaire de feedback par e-mail à quasiment chacun de mes séjours dans un hôtel de la chaîne, et Delta Air Lines le fait également presqu'à chaque fois que je voyage sur un de ses vols. Amazon.com me demande d'évaluer chaque commande traitée par un vendeur indépendant et mon évaluation sert à calculer son score de performance. Presque toutes les grandes sociétés procèdent à une enquête de satisfaction de leurs salariés en les questionnant sur leur degré de satisfaction, leur motivation, etc. Ce qui différencie une entreprise excellente d'une bonne entreprise, c'est moins le fait de poser la question que sa manière de réagir aux réponses obtenues.

Les réactions sont si indispensables au progrès que, comme je l'ai dit, nous avons inclus dans nos programmes un outil d'audit qui permet une évaluation de la confiance à 360 % degrés, et en profondeur. Les résultats sont toujours fascinants à observer : en comparant leur propre perception de leurs points forts et de leurs points faibles avec celle qu'en ont les autres, les gens entendent parfois des choses qui les font sursauter. Ces critiques les obligent à revoir leurs paradigmes, les aident à s'ouvrir l'esprit et le cœur et pour finir, leur ouvrent la voie à un changement positif.

Nous le disons à nos participants : il est possible de trop insister sur les feedbacks ou de réagir de manière excessive, et dans cette démarche de diminuer son instinct ou sa propre perception. En outre, un feedback vous en dit souvent plus sur son auteur que sur vous-même. Or, cela même peut être un facteur de confiance, en vous éclairant sur les attentes de l'autre et sur le comportement susceptible d'alimenter votre compte confiance.

N'oubliez pas non plus de remercier ceux qui vous apportent ces appréciations, ni de leur faire savoir comment vous pensez les exploiter. Lorsque les gens vous voient prendre leur contribution au sérieux, ils ont confiance en vous, et cela crée une atmosphère de croissance et de changement. Mais, comme nous le disions dans le chapitre intitulé « Montrer des résultats », il vous faudra en tenir compte très concrètement. Vous contenter d'exprimer une bonne intention provoquerait des retraits sur votre compte confiance, et la situation serait pire que si vous n'aviez sollicité aucun feedback.

APPRENDRE DE SES ERREURS

Comme je l'ai appris sur les pistes, si l'on refuse de commettre des erreurs, on ne progresse pas. Souvent, on refuse de se tromper par peur de l'échec ou parce qu'on est obnubilé par le désir d'avoir l'air performant. Mais les gens intelligents et les entreprises intelligentes savent que se tromper fait partie de la vie. Leurs erreurs sont autant de feedbacks qui les aident à s'améliorer, et ils deviennent experts dans cet apprentissage.

La plupart des grandes découvertes sont issues d'un échec. Albert Einstein disait : « Je réfléchis des mois, des années. Neuf fois sur dix, ma conclusion est fausse. La centième, elle est juste. » Et Thomas Edison, perfectionnant l'ampoule électrique : « Je n'ai pas échoué 10.000 fois. J'ai réussi 10.000 fois à éliminer des matériaux et combinaisons qui n'auraient pas marché. »

Les entreprises d'envergure internationale ont la même façon de voir concernant l'innovation. Soichiro Honda, fondateur de Honda Motor Co., l'exprimait ainsi : « Pour moi, le succès ne peut être obtenu qu'après une succession d'échecs et d'introspections. En fait, le succès représente 1 % du travail qui comporte, lui, 99 % de ce qu'on peut appeler échec. »

> « On n'apprend rien de ses succès, sauf à penser trop de bien de soi-même. C'est de l'échec que viennent tous les progrès, à condition qu'on sache l'identifier, l'admettre, comprendre ce qu'il nous apprend, le surmonter et recommencer. »
>
> —DEE HOCK, FONDATEUR ET ANCIEN DIRECTEUR GÉNÉRAL DE VISA INTERNATIONAL

Les décideurs intelligents créent un climat propice à une prise de risques adaptée, un climat qui permet de se tromper en toute sécurité. Exemple : Tom Watson Senior, le fondateur d'IBM. Dans leur ouvrage intitulé *Leaders : Strategies for Taking Charge*, Warren Bennis et Burt Nanus racontent l'histoire suivante sur Watson :

> *« Engagé dans une entreprise risquée, un jeune cadre prometteur d'IBM ne fit pas mieux que perdre plus de dix millions de dollars. Un vrai désastre. Watson le convoque, et le jeune homme, nerveux, lâche : 'J'imagine que vous voulez ma démission ?' À quoi Watson répond : 'Vous plaisantez. Nous venons juste de dépenser dix millions de dollars pour votre formation !' »*

C'est de ce type d'apprentissage que Watson parle quand il dit : « Si vous voulez augmenter votre taux de réussite, doublez votre taux d'échec. »

CONSEILS CONFIANCE

Sur notre courbe, S'améliorer mobilise de façon éclatante chacun des 4 noyaux :
l'*intégrité*, pour s'engager et se maintenir dans une dynamique d'amélioration ;

l'*intention*, car il s'agit d'améliorer sa contribution à la vie d'autrui (autrui étant soit bénéficiaire de talents plus affûtés ou, comme dans le cas de la famille, bénéficiaire d'une meilleure aptitude à gagner sa vie) ;

les *capacités*, car, aux capacités évidentes, s'ajoutent celle de se fixer et d'atteindre des objectifs ayant un sens, et aussi celle de créer, développer, accroître et restaurer la confiance ;

les *résultats* : optimisation de l'effort investi dans l'amélioration, et perception du rapport entre cet effort et les résultats à atteindre.

En ce sens, les quelques recommandations qui suivent peuvent sans doute vous aider :

- Diffusez une enquête auprès de vos collaborateurs directs, de vos clients, des membres de votre équipe ou de votre famille, et posez-leur trois questions simples :

  1. Quelle chose faisons-nous que nous devrions *continuer* de faire ?

  2. Quelle chose faisons-nous que nous devrions *arrêter* de faire ?

  3. Quelle chose ne faisons-nous pas que nous devrions *commencer* à faire ?

  Remerciez les gens pour leurs feedbacks, dites-leur ce que vous comptez faire, et rapportez-leur vos progrès.

- La prochaine fois que vous commettrez une erreur, au lieu de vous torturer, prenez-la comme un feedback. Voyez ce qu'il vous apprend et comment vous pouvez améliorer votre façon de faire afin d'obtenir de meilleurs résultats.

- Si vous avez un rôle de décideur(se) au sein d'une entreprise, d'une équipe, ou de votre famille, faites en sorte de créer un climat qui rende l'erreur possible en toute sécurité. Incitez les autres à prendre des risques calculés et à apprendre de leurs échecs : ainsi, vous favoriserez la confiance, la synergie et la productivité.

RÉCAPITULATIF DU SEPTIÈME COMPORTEMENT : AMÉLIOREZ-VOUS

Perfectionnez-vous constamment. Augmentez vos capacités. Soyez toujours en position d'apprenant. Développez des systèmes de feedback, à la fois formels et informels. Agissez en fonction des réactions obtenues. Remerciez ceux qui vous apportent ces retours. Ne vous considérez pas comme au-dessus de cela. N'imaginez pas que vos talents et votre savoir d'aujourd'hui seront suffisants pour relever les défis de demain.

242 La vitesse de la confiance

COMPORTEMENT N° 8 : AFFRONTEZ LA RÉALITÉ

« *La première responsabilité d'un décideur, c'est de définir la réalité.* »
—MAX DEPREE, EX-PDG DE HERMAN MILLER

Il vous est sûrement déjà arrivé de participer à une « réunion post-réunion », cette discussion informelle où l'on évoque en petit comité tout ce dont on aurait dû parler pendant la réunion, sauf qu'on ne l'a pas fait... À votre avis, combien de temps et d'argent a-t-on perdu parce que les vrais problèmes n'ont été ni abordés ni résolus ?

Il vous est sûrement déjà arrivé de vivre, en famille, une situation où tout le monde évite ce que Kathleen Ryan, auteur d'ouvrages sur la gestion, appelle les « sujets tabous », ces choses qui relèvent de relations ouvertes et confiantes, mais que personne ne semble jamais avoir le courage de mettre sur le tapis... À votre avis, qu'est-ce qui changerait s'il n'y avait pas de sujets tabous, si tous se sentaient libres de dialoguer de n'importe quel sujet avec franchise et respect ?

C'est ce dont il est question dans ce huitième comportement – « Affrontez la réalité » : aborder de front les sujets difficiles, faire part des mauvaises nouvelles comme des bonnes, parler de ce qui fâche, appeler un chat un chat et débattre des « indébattables ». Grâce à quoi vous faites naître la confiance – et vite. On sait que vous êtes quelqu'un de sincère et d'authentique : vous n'éludez pas les difficultés, vous abordez ouvertement les sujets délicats qui sont dans la tête et dans le cœur des gens, et qui affectent leurs vies.

L'affrontement de la réalité repose sur les principes suivants : courage, responsabilité, conscience et respect. On en trouve un remarquable exemple dans la personne de l'amiral américain James Stockdale, qui affronta la dure réalité de huit années de survie comme prisonnier de guerre au Vietnam, gagna la confiance et le respect de ses codétenus et fit preuve de ce que Jim Collins appelle le « paradoxe de Stockdale ». Dans son livre, *De la performance à l'excellence*, Jim Colins cite Stockdale :

> « *Vous ne devez jamais confondre la certitude que vous vous en sortirez – vous ne pouvez pas vous permettre de la perdre – et la discipline qui consiste à faire face aux réalités, aussi rudes soient-elles.* »

Collins poursuit par ces mots : « Le paradoxe de Stockdale est la marque de tous ceux qui font de grandes choses, que ce soit en gouvernant leur vie ou la vie des autres. »

Un autre bon exemple de Confrontation de la Réalité est Cheryl Bachelder, qui devint PDG de Popeye's Louisiana Kitchen en 2007. Malgré le fait qu'elle arriva munie d'un palmarès exceptionnel, Cheryl et son équipe furent sujets à une « taxe héritée » découlant d'un défilé de quatre PDG en sept ans, de profits en déclin, d'un manque de concentration sur les finances des franchisés, et de plusieurs années de développement de produits en baisse. Un des propriétaires/exploitants de franchise lui dit dès le départ, « Ne vous attendez pas à ce que nous vous fassions confiance de sitôt. »

Contrairement à la plupart des PDG et équipes de direction de sociétés cotées en bourse, orientés d'abord sur leurs investisseurs et sur Wall Street, Cheryl et son équipe décidèrent de se focaliser avant tout sur l'instauration de la confiance dans le domaine de l'organisation qui ferait la plus grande différence dans leurs affaires : la relation cruciale entre franchiseur et franchisé. Cheryl savait qu'instaurer la confiance avec les franchisés nécessiterait une grande confrontation avec la réalité. Pour surmonter les antécédents de mauvais résultats, dont son équipe et elle avaient hérités, il leur faudrait faire une déclaration d'intention claire et avoir une conduite concordante afin de décrisper les relations tendues.

Ils commencèrent leurs efforts en se concentrant sur la crédibilité de la compagnie elle-même. Cheryl travailla avec son équipe pour clarifier leurs objectifs et leurs valeurs personnelles ainsi que celles de l'équipe. Ils communiquèrent ces objectifs et valeurs à leurs franchisés et se firent le devoir de se comporter avec eux de manière cohérente. Comme exemple, l'un des principes sur lesquels ils se mirent d'accord fut « Nous nous basons sur les faits et nous montrons prévoyants. » Ils discernèrent que la mesure la plus importante de la compréhension et de l'amélioration était la rentabilité des restaurants. Mais pour répéter les mots de Cheryl, ils étaient « confrontés à un manque paralysant d'informations correctes. » Alors ils se mirent au travail. « Nous avons récolté des tableurs Excel de tous les restaurants aux États-Unis, dit-elle, afin de compiler, d'analyser et de comparer leurs états de profits et de pertes. Nous avons regardé ceux de tous les établissements, dans leurs marchés respectifs, et les avons comparés.

Cette transparence changea la donne. Plus tard, un propriétaire de franchise déclara pendant une réunion d'association de franchises : « Cette promotion que vous avez lancée en juin a failli mettre notre système en faillite ! » Je lui ai poliment répondu : « Cette promotion a contribué à la meilleure rentabilité par restaurant de toute l'année. » Il a demandé comment je le savais. J'ai dit : « Nous avons vos états de profits et pertes – et ceux de plus de 1.000 restaurants dans le système. » Il a fait une pause et a dit avec le sourire : « Eh bien, je suppose que vous savez. » Cela a changé sur-le-champ la dynamique et les sentiments dans la salle.

Dans cette situation, la confrontation de la réalité avec les faits – plutôt qu'avec les émotions ou le conflit – inspira la confiance, transforma les relations, et rendit le succès durable. Ce faisant cela créa d'énormes avantages pour tout le monde. Les propriétaires de franchise classent maintenant l'équipe dirigeante de Popeye à 95 % – le plus haut dans l'industrie. Et le cours de l'action de Popeye est passé de $13 par action en novembre 2007 quand l'équipe de Cheryl s'était réunie à près de $79 par action au début de 2017 quand l'entreprise fusionna avec Restaurant Brands.

Affronter la réalité a son *contraire* : l'ignorer, faire comme si elle n'existait pas, se fourrer la tête dans le sable en espérant qu'elle disparaisse ou que, peut-être, elle n'existe pas vraiment. Affronter la réalité a aussi sa *contrefaçon* : faire semblant de s'y colleter tout en l'éludant, s'agiter, mais en évitant les vrais problèmes.

Contraire ou contrefaçon, lorsque vous n'affrontez pas la réalité, lorsque vous négligez les vrais problèmes, et ce quelles que soient vos raisons, les gens ont tendance à vous voir soit comme quelqu'un qui souffre d'un défaut de caractère (vous n'êtes pas franc, pas honnête, pas transparent, vous ne dites pas directement les choses), soit comme quelqu'un qui souffre d'un manque de compétence (vous ne savez rien, vous êtes naïf, incompétent, incapable de voir les vraies questions). Bref, dans un cas comme dans l'autre, vous n'inspirez pas confiance.

RAPIDITÉ ET COÛTS D'EXÉCUTION

Lorsque vous affrontez la réalité cela affecte la rapidité et le coût de vos réalisations, et ce d'au moins deux façons : premièrement, cela favorise un dialogue ouvert et une exécution rapide ; deuxièmement, au lieu de batailler seul avec les problèmes tout en essayant d'embellir le tableau pour les autres, vous impliquez leur créativité, leurs capacités et leur synergie dans la résolution de ces problèmes. Les idées circulent librement. Innovation et coopération se font jour. Les solutions apparaissent cent fois plus vite et mieux, et sont mises en place avec la compréhension, l'adhésion et, souvent, l'enthousiasme de tous.

Je l'ai vécu lors de la fusion FranklinCovey. Ce jour-là, à Washington, j'ai proposé d'annuler l'ordre du jour de la réunion afin d'évoquer les sujets dont les gens avaient vraiment envie de parler. J'ai senti que je provoquais un choc. Et une certaine incrédulité. Mais, moins d'une heure plus tard, on aurait dit qu'une gigantesque digue avait cédé. La franchise et la confiance ont envahi la salle, de même que le soulagement et la gratitude de toutes les personnes présentes. Cette expérience a marqué un tournant : elle a été à l'origine d'un prodigieux progrès dans notre aptitude à travailler ensemble – et, au bout du compte, dans notre aptitude à créer plus de valeur pour nos clients.

ALORS, POURQUOI N'AFFRONTE-T-ON PAS LA RÉALITÉ ?

Dans son livre, *Open Book Management*, John Case, auteur chevronné d'ouvrages sur le management, affirme que le secret d'une bonne gestion d'entreprise réside dans le fait de traiter les gens en adultes : « Quand on les traite en adultes, les gens agissent en adultes. » Voilà en quoi consiste la politique du « livre ouvert » : faire face aux réalités et partager les mauvaises nouvelles comme les bonnes. D'après John Case, cette approche manifeste un respect de l'autre. Elle dit : « Ta contribution dans l'amélioration de la situation m'intéresse. »

On gagne rarement à exclure d'une décision les personnes qui sont le mieux à même de nous aider à relever un défi et à résoudre nos problèmes, ou à s'en prendre au messager qui est peut-être en train de vous aider à Confronter la réalité en vous apportant les mauvaises nouvelles. Comme l'ancien Président et Directeur général de DirecTV Mike White l'a dit, « La façon dont vous prenez une mauvaise nouvelle la première fois détermine si vous allez continuer à recevoir de mauvaises nouvelles. »

Alors, qu'est-ce qui nous empêche d'affronter la réalité ?

Dans certains cas, l'envie d'être populaire. On ne veut pas être porteur de mauvaises nouvelles. Il arrive que les dirigeants laissent à leurs seconds le soin de les annoncer ; en se tenant à distance des problèmes, ils pensent préserver la crédibilité et la confiance dont ils jouissent. En fait, c'est tout le contraire qui se produit ; ce comportement génère une énorme taxe confiance : les salariés pensent que leur patron n'est ni franc ni direct, qu'il évite le dialogue sur les questions délicates et laisse le « sale boulot » à d'autres.

> « En réfléchissant trop à la manière de faire passer un 'message' dans le but de minimiser les problèmes, vous paraissez menteur, bercé d'illusions, ignorant, ou insouciant. Parler des problèmes est un acte d'inclusion qui donne aux salariés le sentiment d'être investis dans l'entreprise au sens large. »
>
> —ED CATMULL, CO-FONDATEUR, PIXAR
> ANIMATION STUDIOS

Parfois, on préfère éviter ce qui nous dérange. C'est le cas, par exemple, des parents qui refusent de voir que leur enfant se drogue. Ils sont tellement peinés qu'ils préfèrent fermer les yeux sur les indices, regarder ailleurs et ne pas affronter leur fils ou leur fille, au lieu de reconnaître les faits et de prendre rapidement des mesures susceptibles de le (ou la) sauver d'une grave dépendance.

D'autres fois, il s'agit de ne pas perdre la face. J'en ai eu un exemple manifeste un jour où je conseillais une famille en proie à de sérieuses difficultés financières. Leurs revenus avaient brutalement chuté, et ils s'obstinaient à mener le même train de vie qu'avant. En fait, ils avaient honte. Ils craignaient de ne pas avoir l'air de réussir comme avant et de perdre la face devant leurs amis ; ils essayaient donc de masquer leur situation en puisant dans leurs économies et en s'endettant. Mais la réalité, c'était que, s'ils continuaient dans cette voie, ils couraient à la catastrophe. Cette réalité, ils refusaient de l'affronter. Il fallut des mois de conseils et de conversations directes pour qu'ils finissent par admettre la réalité et par prendre les mesures nécessaires.

Aussi bien sur le plan personnel que professionnel, l'expérience m'a appris que la réalité n'attend pas. Différer le moment de l'affronter n'améliore pas la situation et ne rend pas la solution plus facile, au contraire. Par ailleurs, dans certains cas, si l'on n'obtient pas le renseignement nécessaire à une action rapide, on perd des marges de manœuvre, et il ne reste plus qu'à limiter la casse.

Selon une étude menée par Mercer Human Resource Consulting, seuls 39 % des salariés croient leur encadrement capable d'affronter les difficultés *avant qu'elles ne deviennent des problèmes majeurs.* Imaginez le prix de cet aveuglement ! Il serait beaucoup plus efficace de s'y atteler au plus tôt, quand le prix à payer pour les résoudre est encore relativement bas.

> « *Je dis la vérité, et je n'ai pas peur de dire les choses difficiles. Elles ne sont pas toujours formidables. Elles ne sont pas toujours amusantes, mais je pense que si vous avez l'habitude d'avoir les conversations difficiles, de dire la vérité pure, ça s'accumule avec le temps.* »
>
> —SHERYL SANDBERG, DIRECTRICE DES OPÉRATIONS, FACEBOOK

Conclusion : n'ayez pas peur d'annoncer les mauvaises nouvelles, ne croyez pas devoir tout présenter sous un jour positif. Bien sûr, pas question d'atterrir à l'extrême droite de la courbe et de dire : « C'est la fin du monde, on va tous y passer ! » Comme le rappelle Jim Collins, il s'agit d'« affronter la dure réalité, mais sans jamais perdre la foi ». En fait, c'est exactement ce que faisaient les entreprises qu'il a étudiées (et leurs dirigeants) : ces sociétés, qui se trouvaient entre la performance et l'excellence, tiraient leur force de cette démarche. Je cite Collins :

« Les entreprises qui ont regardé la dure réalité en face en sont sorties plus fortes, plus résistantes, et non affaiblies et démotivées. Il y a une euphorie à affronter bille en tête des vérités difficiles et à dire : 'On n'abandonnera pas. On ne baissera pas les bras. Ça prendra le temps qu'il faudra, mais on trouvera une solution.' On peut aussi dire : 'Voici le problème. Traitons-le. Et laissez-moi vous prévenir : on va gagner', ou 'Voici comment faire avancer cette équipe ! »

QUELQUES CONSEILS CONFIANCE

Ici, le « point idéal » sur la courbe reflète le jugement issu de l'interaction des 4 noyaux. Trop à gauche, on évite d'affronter la réalité ou, au mieux, on l'édulcore. C'est trop tiède pour être efficace. Ou bien on affronte la réalité, mais sans donner suite. Le « point idéal » s'atteint alors en augmentant le courage (*intégrité*), en améliorant l'*intention*, en travaillant les aptitudes à la confiance (*capacités*), et en gagnant de la confiance grâce à l'expérience avec les résultats de « affronter la réalité ».

Trop à droite de la courbe, des individus s'affrontent, au lieu d'affronter les problèmes – et brutalement parfois, versent dans l'extrême (« C'est horrible, on va dans le mur ! ») ou se posent en victimes (« La situation est tragique, et je ne peux absolument rien faire »). Une fois encore, c'est dans la consolidation des 4 noyaux que se trouve la clé du succès.

Si vous voulez mieux affronter la réalité, réfléchissez aux points suivants :

- La prochaine fois que vous vous sentirez des réticences à affronter la réalité, que ce soit au bureau ou à la maison, analysez vos sentiments. Hésitez-vous par crainte des conséquences ou par peur de souffrir ? Songez aux risques encourus si vous ne faites pas face. Si nécessaire, efforcez-vous de modifier votre comportement vis-à-vis des autres personnes impliquées. Voyez-les comme des adultes (ou, le cas échéant, comme des enfants solides, résistants), capables de voir les choses comme elles sont. Allez de l'avant. Traitez-les avec respect et affrontez la réalité.

- Songez à votre situation financière, à vos qualifications professionnelles ou à votre santé : affrontez-vous la réalité ou vivez-vous dans un rêve illusoire ? Efforcez-vous d'être pleinement honnête avec vous-même et relevez le défi suivant : aligner votre vie sur les principes susceptibles de produire les résultats que vous souhaitez.

- Une relation personnelle ou professionnelle vous pose un problème ? Demandez-vous pourquoi. Y a-t-il entre vous un sujet qui empêche de nouer une relation franche et confiante ? Songez à l'aborder de front, et dans le respect de l'autre.

RÉCAPITULATIF DU HUITIÈME COMPORTEMENT : AFFRONTEZ LA RÉALITÉ

Abordez de front les problèmes, même les « indébattables ». Formulez les non-dits. Engagez la conversation avec courage. Sachez apaiser votre interlocuteur. N'éludez pas les vraies questions. Ne vous enfouissez pas la tête dans le sable.

COMPORTEMENT N° 9 : PRÉCISEZ LES ATTENTES

« Presque tous les conflits résultent d'espoirs déçus. »
—BLAINE LEE, AUTEUR DE *THE
POWER PRINCIPLE*

Un soir, il y a de cela quelques années, ma femme, Jeri, avertit McKinlee, notre fille qui avait alors 16 ans : « Tu ne sortiras pas avec tes copains tant que tu n'auras pas rangé ta chambre et la salle de bains. » Un peu plus tard, je vois Jeri débouler, furieuse :

« McKinlee est privée de sortie ! Elle n'a pas tenu parole ! Je lui avais dit qu'elle ne sortirait pas tant qu'elle n'aurait pas rangé sa chambre et la salle de bains : elle ne l'a pas fait et elle est tout de même sortie.

– Je vais l'appeler », ai-je répondu.

Elle était partie danser et, quand je l'ai eue sur son portable, je lui ai dit :

« McKinlee, tu rentres tout de suite à la maison. Tu avais promis à maman de ranger ta chambre et la salle de bains avant de sortir, et tu ne l'as pas fait.

– Mais si, je l'ai fait, papa !

– Bien sûr que non.

– Je te dis que si !

– Alors tu n'as pas dû beaucoup t'appliquer.

– Mais, papa, j'ai fait comme je fais toujours ! »

Ma fille pensait avoir honoré ses engagements. Pour ma femme, c'était une affaire de confiance : McKinlee avait promis et elle était sortie s'amuser sans respecter sa promesse.

À mieux y regarder, Jeri et moi avons compris que les critères de « rangement » de McKinlee ne coïncidaient pas avec ceux de sa mère. Et aucune discussion n'avait jamais clairement défini ce que signifiait « ranger sa chambre et la salle de bains ». Pour finir, nous avons autorisé notre fille à rester danser, en lui promettant une petite conversation à son retour.

ATTENTES ET CONFIANCE

Le neuvième comportement – « Précisez les attentes » – consiste à créer à l'*avance* une vision partagée de ce qu'il s'agit de faire, chose à laquelle on prête rarement assez attention. Je l'appelle « comportement préventif » : en effet, une mise au point préalable évite chagrins et problèmes ultérieurs. Faute de quoi, on a à coup sûr *plus tard* des problèmes de confiance qui pénalisent la rapidité et le coût d'exécution.

Vous avez tous vécu cela, tant au travail qu'à la maison. Que de temps et d'efforts gaspillés en pure perte parce qu'on ne savait pas quelles étaient précisément les attentes de l'autre ! « Vous étiez censé faire ceci... » « Je croyais que tu avais dit de faire ça... » « Vous le vouliez pour *quand* ? » « Comment ça, ça dépasse le budget ? Vous ne m'avez jamais dit... » « Tu ne m'as jamais précisé que je ne pouvais pas... » N'est-il pas fréquent qu'on fasse fausse route sur un projet parce que le patron ne s'est pas montré assez clair ? Combien de « piètres résultats » sont-ils dus, en réalité, à des attentes imprécises ? Et quelle est l'incidence de tout cela sur la confiance ?

La précision des attentes repose sur les *principes* suivants : clarté et responsabilisation. Son *contraire*, ce sont les attentes floues, la supposition qu'elles sont déjà connues, ou le manque de les dévoiler, et dans ce cas, il n'existe aucune vision partagée des résultats souhaités. Les gens doivent deviner, s'interroger, imaginer ce que peuvent être ces attentes. Aussi, quand ils fournissent des résultats, mais que ceux-ci ne sont pas appréciés, tout le monde est déçu : la confiance et la rapidité baissent, et le coût d'exécution augmente.

La *contrefaçon*, c'est le « rideau de fumée » : les attentes sont clarifiées, mais de façon formelle, sans que soient précisément définis certains détails (résultats, délais ou rétribution) qui favorisent une responsabilisation sérieuse. Ou bien elles varient en fonction des souvenirs, de l'interprétation qu'on en donne, ou de ce qui est opportun ou commode à tel ou tel moment.

Préciser les attentes peut être une vraie gageure. Dans nos programmes, nous faisons parfois un exercice par petits groupes : nous demandons aux gens « Qu'est-ce que la confiance ? », et ils doivent lister les dix premiers mots qui leur viennent à l'esprit. Chose surprenante : on a beau employer tout le temps le mot « confiance », en règle générale, les six ou sept personnes assises à chaque table n'ont pas plus d'un ou deux mots communs dans leurs listes. À mon avis, cela dit bien la difficulté qu'il y a à préciser ses attentes. Chacun d'entre nous confère aux mots et à son expérience un sens qui lui est propre. Le sens ne loge pas dans les choses, ni même forcément dans les mots, mais dans la tête des hommes. Par conséquent, même si nous tombons d'accord, vous et moi, nous devons nous assurer de bien mettre les mêmes choses sous les mêmes mots.

S'il est si capital de préciser les attentes, c'est que *toute* interaction recèle – explicitement ou non – une attente. Et le niveau de satisfaction de cette attente affecte la confiance. De fait, les attentes non clarifiées se traduisent presque toujours en termes de rupture de confiance – comme cela s'est produit entre Jeri et McKinlee : « Tu n'as pas tenu parole », « Tu n'as pas fait ce que tu avais promis ».

PRÉCISER LES ATTENTES DANS LE TRAVAIL

On m'a demandé un jour pourquoi nous écrivions noir sur blanc des contrats si nous avions confiance dans l'autre partie. Ma réponse est que les contrats identifient et précisent les attentes, ce qui contribue à préserver, voire à accroître la confiance au fil du temps. J'ai connu beaucoup d'accords conclus sur un « tope là » et qui tournaient au vinaigre parce que les attentes initiales n'étaient jamais précisées ou parce que, quand les parties changeaient, l'interprétation de l'accord changeait avec elles. Je n'ai rien contre les arrangements verbaux, mais je préfère qu'ils soient finalisés par écrit, afin que les attentes des deux parties soient claires.

Il n'en reste pas moins que les contrats écrits aussi ont leurs limites et qu'ils ne sauraient suppléer à la confiance. En réalité, ils me posent un problème lorsqu'ils sont rédigés dans un langage partial, antagonique, défiant, ou quand ils sont de facto destinés à masquer l'absence de confiance. Le Directeur juridique d'une entreprise Fortune 50 me dit, « Vous ne rédigerez jamais un accord suffisamment détaillé avec ceux auxquels vous ne faites pas confiance. »

Car c'est la confiance qui apporte de la vie, du sens et de l'intelligence à un accord écrit, et qui peut garantir sa réalisation. Dans le premier chapitre de ce livre, j'ai fait référence à une étude commanditée par la Warwick Business School dans laquelle des chercheurs ont analysé 1.200 contrats de sous-traitance sur une période de dix ans. Les relations qui reposaient avant tout sur la confiance (par opposition à celles reposant strictement sur les clauses du contrat) étaient de 30 à 40 % plus performantes.

Voilà un dividende de confiance !

Disciple à la fois de William Edwards Deming et de Buckminster Fuller, l'homme d'affaires Marshall Thurber fait cette lumineuse observation : « La clarté, c'est le pouvoir. » On en trouve une illustration chez « Cork » Walgreen III, directeur général de la chaîne de pharmacie Walgreens à l'époque où l'entreprise mutait, passant « de la performance à l'excellence ». La chaîne avait décidé que le secteur où elle pouvait être la plus performante était la pharmacie, pas la restauration, même après des générations passées dans l'industrie du service alimentaire. Dans son livre *De la performance à l'excellence*, Jim Collins cite Dan Jorndt, successeur de Cork à la tête de Walgreens :

> « *Lors d'une réunion du comité de planification, Cork dit : 'Bien, aujourd'hui je vais fixer l'échéance : dans cinq ans, nous serons sortis de la restauration.' À l'époque, nous avions plus de 500 restaurants. On aurait entendu une mouche voler dans l'assistance. Cork ajouta : 'Je veux que tout le monde soit conscient que le compteur tourne…' Six mois plus tard, nouvelle réunion de planification : quelqu'un dit en passant que nous n'avions que cinq ans pour nous dégager de la restauration. Cork n'était pas du genre colérique. Il tapota vaguement la table et répliqua doucement : 'Non, vous avez quatre ans et demi. Je vous ai dit cinq ans il y a six mois. Maintenant, ça ne fait plus que quatre ans et demi.' Dès le lendemain s'enclencha pour de bon le démantèlement du secteur restauration.* »

Je me souviens personnellement d'une réunion au cours de laquelle un responsable voulut s'assurer que tout le monde comprenait que nous allions aborder un sujet confidentiel. Certains dans le groupe avaient déjà violé le secret de nos réunions par pure désinvolture, ce qui avait créé un déficit de confiance. Afin que ses attentes soient bien claires pour chacun, ce responsable fit le tour de la table et demanda individuellement, les yeux dans les yeux, à chaque personne présente : « Comprenez-vous que ceci est confidentiel et acceptez-vous de garder le secret ? » C'était une manière spectaculaire – et efficace – de préciser ses attentes.

> « *L'ennemi de l'ambiguïté est la clarté. Soyez clair aussi souvent que possible.* »
>
> —PETER ACETO, ANCIEN PDG, TANGERINE

PRÉCISER LES ATTENTES CHEZ SOI

Je l'ai dit, la précision des attentes est essentielle aussi bien à la maison qu'au travail. Si vous êtes marié(e), par exemple, songez à la déception et aux disputes qui résultent d'attentes floues ou divergentes sur les rôles et responsabilités de chacun. Peut-être votre conjoint(e) attend-il(elle) de vous que vous gériez les finances du ménage, la discipline de enfants ou la question des poubelles, parce que les tâches se répartissaient de cette façon chez ses parents – et vous, vous attendez de lui ou d'elle le même comportement pour les mêmes raisons. Vous n'avez jamais vraiment mis le problème sur la table, c'est donc toujours un point névralgique dans votre relation.

Si vous avez des enfants, pensez au temps et à l'énergie gaspillés faute d'avoir précisé vos attentes sur les responsabilités de chacun ou sur d'autres questions domestiques. Après notre mésaventure ave McKinlee, une amie m'a raconté que, lorsque ses enfants étaient petits, elle affichait à l'intérieur de chaque porte de placard ou armoire de toilette une liste définissant clairement ce qu'elle entendait par les rendre co-responsables du respect des critères figurant sur la liste ; aucune question ne se posait quant à ce qu'elle attendait d'eux. Certes, ce n'éliminait pas tous les problèmes, mais cela limitait beaucoup de pertes de temps et d'énergie, augmentait la qualité du rangement, donnait de l'assurance aux enfants et créait un climat de confiance.

IL FAUT DE LA RÉCIPROCITÉ

Si l'on en croit une étude récente menée conjointement par l'American Management Association (AMA, Association américaine de promotion du management) et le Human Resource Institute (HRI, Institut des ressources humaines), les comportements contraires à la déontologie dans l'entreprise sont motivés en premier lieu par... des attentes irréalistes. Les gens se voient fixer des objectifs, des délais, on leur dit d'effectuer certaines tâches dans tel laps de temps, en respectant tel budget. Ils doivent fournir des résultats dans les délais, la pression est intense, alors ils prennent des raccourcis et, pour répondre aux attentes, se mettent à faire des choses déontologiquement contestables.

N'oubliez pas que préciser efficacement les attentes est toujours affaire de réciprocité. L'autre doit pouvoir vous faire reculer, vous aider à avoir des attentes réalistes et satisfaisantes pour les deux parties.

Un jour, au Covey Leadership Center, les représentants d'une société viennent me trouver afin de me proposer une alliance stratégique sur une idée. Nous explorons sérieusement toutes les pistes possibles pour aboutir à la conclusion que ni eux ni nous n'allons y trouver notre compte.

L'un d'eux revient alors vers moi et me dit assez énergiquement : « Je suis très déçu. Vous n'appliquez même pas les enseignements de votre père. »

Je reste interloqué. M'efforçant de ne pas réagir avec trop de vivacité, je réponds : « Désolé. Expliquez-moi ça. »

Et il renchérit : « Votre père enseigne le gagnant-gagnant. Nous venons passer avec vous un marché gagnant-gagnant, et vous n'en voulez même pas ! »

Un peu soulagé, je lui réponds la chose suivante : « Je suis résolument pour le gagnant-gagnant. Le problème, c'est que votre proposition n'est pas du gagnant-gagnant, mais du gagnant-perdant. Ce contrat ne serait pas gagnant pour nous et, s'il l'était, il serait perdant pour vous. Ce n'est pas ce que préconise mon père. Il enseigne le 'gagnant-gagnant ou rien' : si on ne peut pas être tous les deux gagnants, on ne signe pas. C'est ce qui se passe aujourd'hui. »

Cette personne avait commodément oublié le « rien » dans « gagnant-gagnant ou rien ». C'est pourtant une option qu'on ne saurait écarter, sous peine de se retrouver otage de négociations aboutissant inévitablement à un perdant-perdant. Quand il eut compris ce que je disais, quand les attentes furent éclaircies (gagnant-gagnant ou rien), il changea sa façon de voir.

DANS LA PRATIQUE

Au fil des ans, j'ai appris plusieurs éléments essentiels sur la clarification des attentes.

Premièrement, tout quantifier : Quel résultat obtenir ? Par qui ? Pour quand ? À quel prix ? Comment le mesurer ? Comment savoir que l'objectif est atteint ? Qui est responsable du résultat ? De son évaluation ? Quand ? Comme je l'ai dit dans le chapitre consacré aux 4 noyaux, s'agissant des résultats, il est en général plus efficace de se concentrer sur cet aspect des choses que sur les activités ou opérations à effectuer, encore qu'avec les enfants, il faille parfois se montrer un peu plus précis sur les activités. Pourtant, j'avais 7 ans quand mon père m'a dit de m'« occuper du jardin » en me débrouillant comme je voulais : je pouvais utiliser les tuyaux ou des seaux, voire cracher sur la pelouse si ça me chantait. Par ces propos, il éveillait mon inventivité et me laissait libre de parvenir au résultat voulu par les moyens de mon choix. Cela dit, il m'a aussi parlé des asperseurs automatiques et m'a montré comment m'en servir.

Deuxièmement, j'ai aussi appris que, dans la plupart des cas, la sagesse veut que l'on choisisse deux des trois variables suivantes – qualité, rapidité et coût –, mais pas les trois. Exemple : si on veut de la qualité et vite, cela va coûter plus cher. Si on veut la rapidité et à moindre prix, on va sans doute perdre en qualité. Si on veut la qualité et à moindre coût, il est probable que les délais seront plus longs. Le choix se pose quasiment toujours : pour avoir deux éléments, il faut abandonner le troisième. Cette compréhension m'a aidé à préciser mes attentes et à savoir quels compromis accepter. Cependant, il existe une variable susceptible de modifier l'équation, c'est un haut niveau de confiance. Quand le niveau de confiance est assez élevé, il devient en effet réaliste d'envisager à la fois une haute qualité (valeur), une grande rapidité et un coût moindre.

Enfin, j'ai appris que, même si les attentes sont parfois difficiles à clarifier – une date de livraison réaliste au lieu de la fausse promesse que le client a envie d'entendre –, il est de loin préférable de le faire avant plutôt que de décevoir après.

QUELQUES CONSEILS CONFIANCE

La précision des attentes : pour atteindre le « point idéal » sur cette courbe, il faut de l'*intégrité* (être franc et avoir le courage de fixer ses attentes et de les communiquer). Il faut l'*intention*, afin de créer des attentes qui permettent à tous de « gagner ». Il faut les *capacités* : savoir définir les termes de l'accord, déterminer qui en est responsable et l'exécuter avec excellence. Sans oublier l'aptitude à identifier le résultat voulu d'une manière compréhensible par tous.

Si vous vous trouvez sur la gauche de la courbe, vous manquez de clarté.

Si vous vous trouvez sur la droite, peut-être êtes-vous trop pointilleux, trop centré sur les opérations à effectuer, réfractaire à des ajustements intermédiaires, ou trop méfiant. Pour beaucoup de gens, un contrat de mariage, par exemple, se situe à l'extrême droite de la courbe. Il clarifie les attentes, mais, ce faisant, est susceptible de saper la confiance.

Réfléchissez à nos 4 noyaux et voyez où vous pourriez progresser. Les conseils qui suivent peuvent vous y aider :

- Lorsque vous communiquez, n'oubliez pas que la clarté, c'est le pouvoir. Pour vérifier que vous avez été clair avec votre interlocuteur, vous pouvez procéder à un test et poser quelques questions simples :
  - Que retenez-vous de notre conversation ?
  - Quelles sont, selon vous, les prochaines étapes que vous devez accomplir ? Quelles sont les miennes ?
  - Trouvez-vous les autres précis dans leurs attentes ?
  - Que pouvons-nous faire pour rendre les choses plus claires ?

- La prochaine fois que vous aurez un projet professionnel, établissez un accord préalable clair. Si vous êtes le patron, réunissez votre équipe et encouragez tout le monde à exprimer idées et préoccupations. Faites en sorte de parvenir à un accord clair, réaliste et gagnant pour tous. Si vous n'êtes pas le patron, suggérez-lui l'idée ou rédigez vous-même l'accord et dites-lui : « Voici comment je comprends vos attentes et ce que je dois faire. Est-ce bien ainsi que vous voyez les choses ? » Cela vous donnera une chance de préciser les attentes, de les définir avec exactitude, afin d'éviter d'éventuels problèmes par la suite.

- Précisez aussi les attentes dans la sphère privée. Programmez avec votre conjoint(e) un moment consacré à votre mariage. Notez les trois plus grosses frustrations que vous ressentez dans votre vie de couple. Puis prenez chacune d'entre elles et posez-vous la question suivante : Ai-je ici une attente insatisfaite et laquelle ? Dites-vous tout ce qui concerne vos frustrations et vos attentes, et, ensemble, faites en sorte d'éliminer toutes les zones d'ombre.

RÉCAPITULATIF DU NEUVIÈME
COMPORTEMENT : PRÉCISEZ LES ATTENTES

Formulez les attentes. Discutez-les. Validez-les. Renégociez-
les si besoin est et si c'est possible. Ne les décevez pas. Ne
supposez pas que vos attentes sont claires ou connues.

COMPORTEMENT N° 10 : EXIGEZ DES COMPTES

« Tout pouvoir est une confiance ; et nous sommes redevables de son exercice. »
— BENJAMIN DISRAELI

Dixième comportement : « exigez des comptes ». Si « précisez les attentes » le précède, c'est parce qu'on est plus à même d'exiger des comptes quand on a d'abord précisé ses attentes. En effet, il semble difficile de tenir quelqu'un pour responsable d'une chose s'il ne sait pas clairement ce que l'on attend de lui.

Ce dixième comportement a un impact considérable sur la confiance. Dans un sondage réalisé en 2002 par l'agence de conseil en communication Golin/ Harris, « assumer sa responsabilité personnelle et rendre des comptes » se plaçait en deuxième position des facteurs de confiance. Le cabinet d'audit PwC inscrit la « culture de la responsabilisation » au nombre des trois éléments-clés permettant de susciter la confiance du public.

Exiger des comptes revêt deux dimensions essentielles : savoir exiger des comptes de *soi-même* et… savoir en exiger *des autres*. Les leaders qui créent la confiance savent faire les deux.

EXIGER DES COMPTES DE SOI-MÊME

Au cours de l'un de nos récents programmes, un participant nous raconta cette histoire survenue à une de ses relations ; il s'appelle Matt et est acheteur chez un gros fournisseur de viande de bœuf américain. L'un des subordonnés de Matt a eu un accident avec un véhicule de la société, un accident sans gravité, mais le règlement de l'entreprise veut que, dans ce cas, le conducteur du véhicule fasse tout de suite une déclaration à la police – qu'il ait eu un accrochage dans un parking ou percuté un arbre. Matt l'ignorait. Alors, quand son patron lui a dit : « Ton gars n'a rien déclaré à la police, il faut que tu me fasses un rapport sur lui », Matt a répondu : « Il l'ignorait parce que je l'ignorais. » Matt a donc rédigé un rapport sur son subordonné, puis il en a rédigé un sur lui-même. Et il a rendu les deux à son patron, lequel n'a pas accepté. Alors Matt lui a dit : « Il est de ma responsabilité de m'assurer que mes gars connaissent le règlement de l'entreprise. »

Le comportement de Matt est un excellent exemple de ce que signifie « exiger des comptes de soi-même ». Elle illustre la métaphore de Jim Collins sur la fenêtre et le miroir : dans le cas de Matt, il ne fallait pas regarder par la fenêtre, se tourner vers l'autre pour le blâmer ou l'accuser, mais bien regarder dans le miroir et se concentrer sur sa propre responsabilité.

Ce comportement repose sur *les principes* suivants : maîtrise (d'un domaine) et donc responsabilité et implication entières. Son *contraire* consiste à ne pas endosser une responsabilité, ne pas reconnaître ses fautes, mais, à l'inverse, dire : « Je n'y suis pour rien. » Sa *contrefaçon* : montrer l'autre du doigt et rejeter la responsabilité sur lui.

Afin de bien saisir l'impact de ce comportement sur la confiance, je vous suggère de méditer quelques exemples.

Steve Young, entré au panthéon du football américain, était le quarterback (quart arrière) des San Francisco 49ers. À la dernière mise en jeu d'un match capital, il lança le ballon à l'endroit où devait se trouver le receveur... sauf que celui-ci n'y était pas. Le ballon fut intercepté, et les San Francisco 49ers perdirent le match. Par la suite, un journaliste fit remarquer à Young que, manifestement, son receveur avait suivi une mauvaise trajectoire. C'était effectivement le cas, et il dut être tentant pour Young de confirmer, histoire de ne pas se voir injustement reprocher l'interception. Or Young a répondu : « J'ai lancé un ballon qui a été intercepté. C'était ma responsabilité. Je suis le quarterback de cette équipe, et j'ai manqué mon coup. » Résultat : fans et commentateurs ne l'ont pas ménagé. Mais les entraîneurs et les autres joueurs (qui savaient que le ballon avait été intercepté par la faute du receveur) lui ont témoigné un vrai surcroît de confiance et de loyauté.

> « *Un bon décideur prend plus que sa part des reproches et cède plus que sa part des honneurs.* »
>
> —ARNOLD GLASOW

Autre exemple frappant, celui de Scott Waddle, ancien commandant de l'*USS Greeneville*, ce sous-marin nucléaire de 6 900 tonnes qui heurta un navire de pêche japonais au large de Hawaï, en faisant neuf victimes. Au cours de l'enquête, il apparut clairement que la chaîne de commandement était longue et que nombre d'erreurs étaient le fait d'officiers subalternes et de membres d'équipage qui n'avaient pas transmis correctement les données au commandant Waddle. Néanmoins, Waddle endossa seul la pleine et entière responsabilité de l'affaire – ce qui lui coûta fort cher. Contre l'avis formel de son avocat, il présenta seul sa défense pendant l'enquête :

> « *Durant toute ma carrière, y compris ce 9 février 2001, j'ai accompli mon devoir au mieux de mes capacités... Si j'ai commis une ou des erreurs, je les ai commises de bonne foi et sans malveillance. Je suis sincèrement navré de cet accident. C'est une tragédie pour les familles des disparus, pour l'équipage de l'USS Greeneville, pour les familles de l'équipage, pour la flotte sous-marine américaine, pour moi et pour ma famille. Je sais qu'en parlant aujourd'hui, je risque de compromettre ma défense devant une cour martiale... Cette cour et les familles ont besoin que je parle, quel que soit le préjudice personnel encouru... parce que c'est ce qu'il faut faire.* »

Démis de son commandement, Waddle démissionna de la marine. Il fit le voyage au Japon pour présenter personnellement ses excuses aux familles des victimes. Bien que cette tragédie ait mis un terme à sa carrière militaire, la manière dont il en endossa la responsabilité et dont il en géra les suites lui valut crédibilité, respect et confiance – aussi bien au sein de l'armée que dans la société tout entière.

Maintenant, comparons ces exemples avec la conduite de Michael Brown, ex-directeur de la FEMA, l'agence gouvernementale américaine chargée de la prévention et de la gestion des catastrophes naturelles. Répondant aux accusations portées contre le gouvernement américain suite à l'ouragan Katrina, il témoigna devant le Congrès, et *USA Today* résuma dans un gros titre la déposition de Brown : « L'ancien patron de la FEMA accuse les autorités locales. » Voici le début de l'article :

> *« Lors d'une audience houleuse opposant un Michael Brown sûr de lui à des membres du Congrès agacés, l'ancien directeur de la FEMA a défendu sa gestion de l'ouragan Katrina et rejeté les ratés de l'évacuation sur Kathleen Blanco, gouverneur de Louisiane, et Ray Nagin, maire de La Nouvelle-Orléans. »*

Même titre sur CNN.com : « Brown accuse les autorités de Louisiane. » Tout en admettant une part de responsabilité, Brown dit en substance : « Je n'y suis pour rien. C'est la faute des autorités locales. » Beaucoup eurent alors le sentiment que, non content de ne pas avoir été à la hauteur, il tentait de faire porter le chapeau à d'autres.

L'une des raisons pour lesquelles assumer une responsabilité et rendre des comptes est un challenge, c'est que nous vivons dans une société qui se pose de plus en plus en victime. Exiger des comptes, c'est tourner le dos à ce phénomène culturel accablant. Comme le dit le proverbe russe : « Le succès a mille pères, mais l'échec est orphelin. »

> « La raison pour laquelle on porte le blâme sur la génération précédente est qu'il n'y a qu'un seul autre choix. »
>
> —DOUG LARSON, JOURNALISTE AMÉRICAIN

D'un autre côté, c'est aussi la raison pour laquelle endosser une responsabilité est si fondateur de confiance. Se poser en victime suscite la dépendance et la méfiance, tandis qu'être responsable est synonyme d'indépendance et de confiance. Et l'effet géométrique est considérable. Quand quelqu'un – surtout un dirigeant – se tient lui-même pour responsable d'une chose, les autres sont encouragés à lui emboîter le pas. S'il dit : « J'aurais pu – et j'aurais dû – mieux faire ! », on lui répondra : « Non, c'était à moi de m'en apercevoir. J'aurais pu mieux vous épauler. »

C'est tout aussi vrai dans la vie conjugale ou familiale. Si on vous dit : « Je suis désolé, j'ai dépensé cet argent sur un coup de tête, ce n'était pas ce dont nous étions convenus », ou « je n'aurais pas dû crier, c'était un manque de respect », ou encore à l'inverse : « je t'avais promis d'être là, et j'y suis », cette manière d'admettre sa responsabilité encourage l'autre à endosser la sienne propre. Et crée un climat de franchise et de confiance.

EXIGER DES COMPTES D'AUTRUI

Il ne suffit pas d'exiger des comptes de soi-même, il est tout aussi important d'en demander aux autres, dans le cadre professionnel comme à la maison. En fait, les gens fonctionnent à la responsabilité – surtout les plus performants. Ils *veulent* être tenus responsables. Ils sentent croître la confiance de leur direction, de leurs supérieurs hiérarchiques, de leurs collègues quand on leur donne l'opportunité de rendre compte de leur performance. Ils sentent également croître leur assurance, leur confiance en eux, quand ils s'engagent sur des résultats et tiennent leurs promesses.

Mais ils veulent que les autres aussi soient considérés comme responsables. Ils s'épanouissent dans un climat où chacun est redevable de sa part du travail et où ils savent que les paresseux et les médiocres ne s'en tireront pas à bon compte.

> *« Prenez des gens compétents et demandez-leur des résultats. Et, si vous avez fait le mauvais choix, mettez un terme rapide et équitable à votre collaboration »*
>
> —J. WILLARD MARRIOTT JUNIOR, PDG DE MARRIOTT INTERNATIONAL

La responsabilisation des gens crée une extraordinaire confiance dans la culture de l'entreprise : en effet, sentir que chaque salarié est tenu de répondre à certains critères est sécurisant. Quand la direction ne responsabilise pas le personnel, les salariés éprouvent un sentiment d'injustice, de déception, d'iniquité, d'insécurité (« Regarde ce qu'il a fait, celui-là… et il s'en tire comme ça ! »). C'est une chose que l'on observe souvent dans des familles où la discipline est incohérente : un parent responsabilise un enfant mais pas l'autre, ou exige des comptes dans telle situation mais pas dans telle autre...

Avec la permission de mon fils, j'aimerais vous faire part d'une anecdote le concernant. À 16 ans, Stephen eut son permis. Sa mère et moi lui dîmes : « Tu veux conduire, d'accord, mais cela implique certaines règles et responsabilités. » Nous rédigeâmes un contrat d'une page contenant toutes les règles d'usage, du genre « conduire prudemment », « mettre la ceinture », « respecter le code de la route ». Nous précisâmes également que, pour pouvoir conduire, Stephen devait faire certaines choses, notamment s'acquitter de ses tâches domestiques et continuer d'avoir de bonnes notes.

Moins d'un mois après ses débuts de conducteur, son équipe de foot fut éliminée des qualifications. Les jeunes étaient découragés. Stephen et deux copains à lui sortirent faire un tour en voiture. Vers minuit, je reçus un coup de fil de la police. Mon fils avait commis un excès de vitesse – un gros excès de vitesse. Il n'avait pas bu ni fait aucune autre bêtise, mais l'infraction était suffisante pour que la police m'appelle. Je répondis que j'allais venir le chercher.

Jeri et moi avions été très clairs sur ce que nous attendions de lui : « Si tu ne respectes pas le code de la route, tu peux dire adieu à ton permis. » Il s'agissait maintenant de le rendre responsable de ses actes. Et, comme le savent tous les parents d'adolescents, ce n'est pas chose facile. D'autre part, la vie s'était considérablement simplifiée depuis qu'il assurait seul ses déplacements et nous donnait parfois un coup de main pour les courses. Si nous nous en tenions à nos accords, nous allions perdre tout cela. En outre, j'étais un peu triste pour lui. Il n'avait que 16 ans. L'amende était énorme. Comment allait-il faire pour la payer ? Et quel serait l'impact de cet incident sur sa réputation et ses relations avec ses copains ? Et sur sa relation avec nous ?

Je compris alors qu'en fait, nous n'avions pas le choix. Nous devions responsabiliser notre fils. Pour lui. Et pour nous. Sinon, comment pourrait-il nous faire confiance ? Et nos autres enfants, comment le pourraient-ils ? Il y avait là un problème qui ne concernait pas seulement Stephen, mais toute notre culture familiale.

Résultat, il paya son amende. Elle lui coûta 555 dollars, soit presque tout l'argent qu'il avait mis de côté en travaillant l'été. La police ne lui retira pas son permis, nous oui – pas définitivement, mais pour le nombre de mois convenus dans notre accord. Cette expérience lui servit de leçon : depuis, Stephen est un conducteur modèle. C'était même devenu une blague avec ses copains ;

chaque fois qu'ils devaient se rendre quelque part et que leurs parents leur recommandaient la prudence, les gosses répondaient : « Pas d'inquiétude, c'est Covey qui conduit ! » Traduction : ils ne dépasseraient pas la vitesse autorisée, boucleraient leurs ceintures et respecteraient le code de la route.

Ursula Burns, ex-présidente de la division « Business Group Operations » chez Xerox, sait très bien rendre les gens responsables de leur travail. Burns fut une cheville ouvrière dans la transformation de Xerox par Anne Mulcahy. Lors des comptes-rendus, elle mettait sur la sellette ceux qui n'avaient pas atteint leurs objectifs. Anne Mulcahy le raconte au magazine *Fortune* : « Elle disait toujours : 'Jim, tu t'es planté : parle-nous de ce qui s'est passé.' » Ursula Burns n'y mettait aucune méchanceté, mais elle était implacable. Dans le même magazine, Betsy Morris décrit les effets produits par le style Burns : « Très vite, les gens ont compris le message : s'ils atteignaient leurs objectifs, ils pourraient retourner s'asseoir et regarder les autres se tortiller. »

Il n'est pas toujours aisé de tenir les autres responsables de leurs actes. Ça peut même se révéler franchement difficile. Mais les bénéfices en termes de confiance sont incalculables… et les incidences sur la rapidité d'exécution et le coût, incontestables.

CONSEILS CONFIANCE

Le sommet de la courbe est une claire manifestation du pouvoir des 4 noyaux. À gauche, on a la sous-implication : c'est l'incapacité à endosser totalement une responsabilité, à être jusqu'au bout responsable d'une mission… ou à créer une responsabilisation efficace au sein de son entreprise ou de sa famille. Dans ce cas, atteindre le « point idéal » nécessite souvent d'affermir son caractère (*intégrité* et *intention*), et surtout de se demander des comptes à soi-même. Mais atteindre le « point idéal » nécessite toujours le renforcement de la *compétence* : améliorer son aptitude à définir et satisfaire ses attentes personnelles, ainsi que sa capacité d'insuffler la responsabilité dans la culture familiale ou professionnelle.

À droite de la courbe, on a la surimplication. C'est celui ou celle qui endosse toutes les fautes dans un divorce, y compris les actes odieux commis par le conjoint. C'est l'enfant qui se sent fautif de la mésentente de ses parents. C'est le parent qui fait tout son possible pour élever correctement son fils ou sa fille, et qui se sent coupable et responsable lorsque l'enfant fait de mauvais choix. C'est le patron qui utilise la responsabilisation avec malveillance : afin de punir, de justifier l'opinion négative qu'il a d'une personne, au lieu de l'aider à fournir des résultats et à s'améliorer. Dans le monde des affaires, ce sont ces gens qui assument la responsabilité d'événements qu'ils ne peuvent contrôler : fluctuations d'une devise ou des taux d'intérêt, par exemple. Revenir au « point idéal » requiert à la fois du caractère, de la compétence et le jugement issu de l'union des 4 noyaux.

Pour mieux exiger des comptes, vous pouvez travailler les points suivants :

- Écoutez-vous parler et penser. Quand les choses tournent au vinaigre et que vous blâmez ou accusez les autres, arrêtez-vous et demandez-vous : Comment fermer la fenêtre pour me concentrer sur le miroir ? Entre formuler des reproches, montrer du doigt et endosser vous-même la responsabilité de la situation… quel comportement est le mieux à même de créer la confiance ?

- Au travail, exigez des comptes en rendant vos collaborateurs directs responsables de leurs actes. Précisez toujours vos attentes au préalable, afin que tout le monde sache de quoi il est redevable et pour quand. Et quand ils viennent vous rendre des comptes, laissez-les d'abord s'évaluer par rapport aux résultats convenus (la plupart seront plus durs avec eux-mêmes que vous ne le serez) ; ensuite, c'est vous qui poursuivrez en soulignant les conséquences naturelles ou contractuelles de leur performance (ou contre-performance). N'oubliez pas : ceux sur lesquels vous vous appuyez le plus dans votre entreprise – les salariés performants – aiment être tenus pour responsables, mais veulent que les autres le soient aussi.

- Chez vous, efforcez-vous de créer un climat de responsabilisation. Évoquez avec votre partenaire des sujets sur lesquels vous êtes convenus de partager les responsabilités, le budget familial par exemple. Passez des accords avec vos enfants concernant leurs tâches au sein de la maison, et sans omettre les conséquences, qu'elles soient bonnes ou mauvaises. Respectez vos accords jusqu'au bout. Offrez aux membres de votre famille une personne – et une culture familiale – auxquelles ils puissent se fier.

RÉCAPITULATIF DU DIXIÈME COMPORTEMENT : EXIGEZ DES COMPTES

Exigez des comptes de vous-même. Exigez des comptes des autres. Assumez les résultats. Veillez à bien expliquer ce que vous faites – et ce que font les autres. Ne vous dérobez pas devant les responsabilités. Ne blâmez ni n'accusez autrui quand les choses tournent mal.

COMPORTEMENT N° 11 :
COMMENCEZ PAR ÉCOUTER

« Le secret pour réussir dans la vie, c'est d'être capable
de se mettre à la place de l'autre et de voir les choses de
son point de vue – en plus du nôtre. »
—HENRY FORD

Avec ce onzième comportement – « Commencez par écouter » –, nous abordons les trois derniers comportements, ceux qui requièrent un dosage presque équivalent de caractère et de compétence.

Commencer par écouter ne signifie pas seulement *écouter* vraiment (s'efforcer sincèrement de comprendre les pensées, les sentiments, le vécu et la vision de l'autre). Commencer par écouter signifie écouter *d'abord et avant tout* (avant d'essayer de diagnostiquer, d'influencer ou de recommander).

J'ai commencé à comprendre à quel point cette écoute préalable est précieuse quand j'étais au lycée. J'avais décidé de m'inscrire à un club de débatteurs, et j'étais tout excité à l'idée de développer ma première argumentation. Pendant mon exposé, je remarquais que, de temps à autre, le juge levait le bras et faisait des petits moulinets avec la main. Je crus qu'il voulait me dire de développer tel ou tel point, et m'exécutai donc. Comme cela se reproduisit à plusieurs reprises, je n'arrêtais pas d'argumenter et ré-argumenter sous des angles chaque fois différents. Je me rappelle avoir pensé que, sans doute, j'exposais mal mes arguments.

Mais, quand tout fut terminé, je découvris que le juge s'efforçait de me faire comprendre exactement le contraire : à savoir « C'est bon. J'ai pigé. Avance ! » Je fus terriblement honteux de n'avoir pas saisi le message (et d'avoir fait perdre notre équipe).

Des années plus tard, je me suis retrouvé dans la même situation à l'occasion d'une présentation devant des représentants d'une grosse société. J'animais une discussion sur la culture de l'entreprise, au cours de laquelle je devais soulever toutes sortes de sujets sensibles. Le groupe était vraiment impliqué, les gens participaient. Soudain, le silence se fit, plus personne ne semblait désireux d'aborder les sujets difficiles. Sans que je m'en aperçoive, un responsable (en qui personne n'avait confiance) était entré dans la pièce et avait pris place dans le groupe. Percevant mon trouble, la personne assise derrière lui me le montra du doigt. Elle voulait me dire : « C'est à cause de lui qu'on se tait. » Geste que j'ai interprété comme signifiant : « Allez-y. Interrogez-le. » Et c'est ce que j'ai fait – au grand désarroi de mes collègues et de tous les participants. (Inutile de dire que cette expérience ne compte *pas* parmi mes meilleurs souvenirs professionnels !)

Vous l'avez compris : il est vital d'écouter *d'abord*, de comprendre *d'abord*, faute de quoi on court le risque d'agir suivant des suppositions infondées – et donc d'une manière susceptible de se révéler embarrassante, voire contre-productive.

Commencer par écouter repose sur les *principes* suivants : compréhension, respect et bénéfice mutuel. Son *contraire*, c'est parler d'abord et écouter ensuite – ou ne pas écouter du tout. C'est se focaliser sur ses priorités, sans se demander si les autres n'ont pas une information, une idée ou un point de vue qui pourraient les réorienter. C'est ignorer leur besoin d'être compris – et de l'être avant même d'être disposés à écouter. Bref, un comportement autocentré, égoïste, et qui ne suscite pas la confiance.

> « *On entend souvent dire : 'Il parle trop.' Plus rarement : 'Il écoute trop.'* »
>
> —NORM AUGUSTINE, ANCIEN PRÉSIDENT DE
> LOCKHEED MARTIN

Commencer par écouter a sa *contrefaçon* : faire semblant et, au lieu d'écouter, réfléchir à sa réponse en attendant son tour de parler. Ou écouter sans comprendre.

Dans l'un et l'autre cas, ce que notre interlocuteur a à dire n'exerce aucune influence sur nous et, même si on lui a accordé du temps, il se sent incompris.

Point à souligner, dans le cadre d'entretiens ou quand on vient m'interroger après une présentation, le conseil que je donne le plus souvent, et de loin, est celui-ci : « Commencez par écouter. » L'écoute est le point de départ de presque toutes les situations. Fréquemment, les problèmes rencontrés à la maison comme dans la vie professionnelle viennent de ce qu'on n'a pas vraiment commencé par écouter. C'est peut-être pourquoi les données cumulatives obtenues après des dizaines de milliers d'enquêtes sur la confiance montrent que *commencer par écouter* obtient la note la plus basse, c'est-à-dire qu'il est le moins pratiqué des 13 comportements.

RÉPERCUSSION SUR LA RAPIDITÉ ET LES COÛTS D'EXÉCUTION

D'aucuns prétendent qu'il est inutile de commencer par écouter, que c'est une perte de temps. Rien n'est plus faux. Je suis fermement convaincu qu'il s'agit là, bien au contraire, d'un comportement très pragmatique, et qui favorise d'une manière incomparable la confiance, augmente la rapidité et fait chuter les coûts d'exécution.

Dans un article repris dans la *Harvard Business Review*, Peter Drucker, le pape de la gestion, dresse la liste des huit pratiques qu'un décideur doit mettre en œuvre pour être efficace. Il conclut :

> *« Nous venons de passer en revue huit pratiques essentielles à l'efficacité d'un décideur. Je vais maintenant en ajouter une neuvième. Elle est si importante qu'elle représente pour moi une règle d'or : <u>Écouter d'abord et parler après</u> »* [emphase ajoutée].

Pourquoi faire tant de cas de ce comportement ? Parce que *commencer par écouter* nous donne une lucidité et une compréhension que nous n'aurions pas autrement. On prend de meilleures décisions. On se montre respectueux. On apporte psychologiquement à l'autre une bouffée d'air pur. Et l'impact sur la confiance est extraordinaire.

Les entreprises intelligentes l'ont compris : il est capital de *commencer* par écouter, notamment les clients et les autres partenaires. Si, *avant* de lancer la fabrication d'un produit, elles ne le réalisent pas les études de marché destinées à déterminer les besoins et les préférences des consommateurs, elles ne gagneront pas d'argent. Il leur faut parfois investir un temps et des sommes considérables pour repenser et relancer un produit. D'autres fois, elles finissent par mettre la clef sous la porte.

Les décideurs intelligents l'ont aussi compris : il est capital de commencer par écouter, notamment les collaborateurs et les clients internes. S'ils ne le font pas, ils se privent et privent leur entreprise de l'information, du feedback, de l'innovation, de la collaboration et de la participation inhérentes à un climat de confiance, toutes dimensions vitales pour réussir dans une économie mondialisée.

> *« Diriger, c'est moins ouvrir la marche qu'écouter les besoins du personnel et les satisfaire. »*
>
> —CHARLES M. CAWLEY, EX-PDG DE LA BANQUE
> MBNA AMERICA

Lorsque Mike Garrett devint président de l'opérateur énergétique Georgia Power, je lui demandai comment il concevait son nouveau rôle. Il me répondit : « Pendant les deux premiers mois, surtout écouter. Voir ce qui se passe. Si je débarquais avec mon plan et ma vision des choses sans écouter, je n'aurais ni l'efficacité, ni la confiance nécessaires pour faire ce que je souhaite. Je commence toujours par écouter. »

Cette sagesse me fut très utile lorsque je pris la direction du Covey Leadership Center. À l'époque, nous avions huit procédures en cours. Ces procès traînaient depuis des mois – et, pour l'un d'eux, depuis des années. Ils nous prenaient énormément de temps et d'énergie, ce qui m'agaçait car nous devions concentrer nos efforts ailleurs. En outre, j'étais contrarié que nous ayons ce genre de désagréments. Je décidai donc qu'il fallait les résoudre dans les deux mois.

Fondamentalement, mon approche fut de commencer par écouter les parties adverses. Dans sept cas sur huit, écouter fit naître la franchise, la confiance et la compréhension nécessaires à une solution (souvent synergique) qui convenait à tout le monde. Dans le huitième cas, la personne n'avait aucune intention de bénéfice mutuel et essayait juste d'exploiter la situation, nous finîmes donc par trouver un compromis. Le résultat final aurait été le même si, au lieu d'écouter, nous avions simplement suivi la voie judiciaire, mais je préfère tout de même avoir essayé. Et, sauf dans ce dernier cas, qui demanda encore un peu de temps, tous ces contentieux furent réglés dans les deux mois.

> « J'ai appris que les deux principales qualités d'un PDG sont de savoir écouter et de supposer l'autre animé des meilleures intentions. »
>
> —JACK M. GREENBERG, EX-PDG DE MCDONALD'S

Nous eûmes, au Leadership Center, un autre cas : nous pensions devoir rompre notre collaboration avec un affilié qui se révélait moins que performant. Je savais qu'il attribuait son manque de résultats à de multiples facteurs. Quand je le rencontrai, je lui dis donc : « Je veux juste vous écouter. Exposez-moi votre point de vue. » Au bout de deux heures, plus détendu, il conclut : « Je me sens compris maintenant, au point que je me fiche de ce que vous allez décider. Je sens que vous comprenez ce que je pensais, que vous n'aviez pas conscience, et je crois que vous allez en tenir compte dans votre décision. » Nous mîmes tout de même un terme à notre collaboration, mais cet homme partit dans de bonnes dispositions. S'il s'était senti incompris, l'affaire aurait aussi bien pu se terminer par un nouveau procès, ce qui nous aurait coûté beaucoup plus cher et pris beaucoup plus de temps que les deux heures passées à l'écouter.

ALIMENTER LE COMPTE CONFIANCE

Commencer par écouter comporte un énorme avantage : aider à comprendre *comment* bâtir la confiance, à comprendre quels sont les comportements qui alimentent le compte confiance et… les autres. Cette compréhension induit une plus grande rapidité d'exécution dans la mesure où l'on parle, et se comporte, avec le même langage que la personne avec qui l'on se propose d'ouvrir le compte.

Dans son livre, *Les Langages de l'amour*, Gary Chapman développe l'idée suivante : s'il existe une infinité d'expressions pour désigner le sentiment amoureux, il n'existe que cinq façons de l'exprimer. Et il ajoute : « Votre langage sentimental et celui de votre conjoint peuvent être aussi différents que le sont l'anglais et le chinois… Il faut vouloir apprendre le langage sentimental de l'autre pour communiquer efficacement en amour. » Chapman évoque les relations personnelles, mais le même concept s'applique à nos relations professionnelles : en effet, en apprenant et en parlant la même langue que nos clients, investisseurs, fournisseurs, distributeurs et collaborateurs, nous sommes mieux à même de les comprendre et de communiquer avec eux. Pour reprendre un mot de Heinrich Pierer, directeur général de Siemens AG : « Au bout du compte, diriger c'est comprendre les gens. »

Il est important de toujours garder à l'esprit que, parfois, les mots ne suffisent pas à communiquer ce que l'on pense, ressent ou veut vraiment dire. En fait, parfois, les mots ne communiquent rien du tout. La recherche a démontré que, lorsqu'on communique face à face, attitudes et sentiments passent à 7 % par les mots, à 38 % par la façon de les dire, et à 55 % par le langage du corps. Donc, commencer par écouter ne signifie pas seulement écouter avec ses oreilles, mais aussi avec ses yeux et son cœur. Une gageure dans le monde d'aujourd'hui, où la communication se fait si souvent à distance et avec des gens que l'on n'a jamais vus en chair et en os. L'écoute n'en est que plus (et pas moins) importante. Leonard Riggio, directeur général de la chaîne de librairies Barnes & Noble : « Je m'efforce d'entendre avec les oreilles de l'autre et de voir avec ses yeux. »

Commencer par écouter signifie « être à l'affût » autant qu'écouter. Quand vous écoutez des clients, vous êtes à l'affût de ce qui leur importe le plus. Quand vous écoutez des investisseurs, vous êtes à l'affût de ce qui compte le plus pour eux. Quand vous écoutez des collaborateurs, vous êtes à l'affût de tout ce qui peut mobiliser leur intérêt et leur créativité. Un spécialiste qui écouterait les conciliabules qui se tiennent devant la machine à café entendrait des discussions révélatrices du comportement des gens – et elles lui en diraient plus sur la culture de l'entreprise que toutes les pétitions de principe ou énoncés de valeurs.

Enfin, et peut-être est-ce le plus important, commencer par écouter signifie s'écouter soi-même, écouter son instinct, sa petite voix intérieure, avant de décider, avant d'agir. Je me rappelle ce jour où je devais décider ou non d'une réduction d'effectifs : elle allait avoir des implications énormes pour l'entreprise et pour tous ceux dont les vies seraient bouleversées par mon choix. J'écoutai une foule de personnes me donner leur avis, des personnes en qui j'avais pleinement confiance et que je considérais comme crédibles, parmi lesquelles des membres du conseil d'administration, des consultants extérieurs, certains collègues, mes collaborateurs directs… Toutes avaient des avis contradictoires. J'étais perdu, effondré, accablé sous le poids de ces vies suspendues à mes conclusions.

Perplexe, je finis par comprendre que j'écoutais trop les autres. Je devais juste m'écouter moi-même, écouter mon instinct, mes tripes – là était la bonne décision. Soudain, ce qu'il fallait faire m'apparut clairement, et la solution fut appliquée avec succès. J'en ai déduit ceci : quand on a confiance en soi, parfois, la meilleure des voix à écouter, c'est la nôtre.

CONSEILS CONFIANCE

Évidemment, pour atteindre le « point idéal » sur la courbe, il faut commencer par écouter avec *intégrité*, *intention*, *capacités* et *résultats*. Si vous vous situez sur la gauche – soit que vous n'écoutiez pas, soit que vous n'écoutiez pas d'abord –, vous devrez peut-être vous concentrer sur l'humilité (intégrité), le désir d'un bénéfice mutuel (intention), l'aptitude à l'empathie (capacités) ou l'assurance que l'autre se sent compris (résultats).

Voici deux points susceptibles de vous aider à travailler sur les résultats :

1. En règle générale, tant que quelqu'un communique avec beaucoup d'émotion, c'est qu'il ne se sent pas compris.
2. Or il ne sollicitera pas votre avis tant qu'il ne se sentira pas compris. Le donner trop tôt ne fera qu'attiser davantage l'émotion – ou alors la personne ne tiendra tout bonnement pas compte de ce que vous aurez dit.

Si vous vous situez sur la droite de la courbe, vous passez votre temps à écouter sans que la conversation n'aboutisse jamais à une décision, un avis ou une orientation ; dans ce cas, peut-être vous faut-il travailler le courage (intégrité), le fait *d'agir* dans l'intérêt de l'autre (intention), la prise de décision et la collaboration (capacités) ou, tout simplement, la concrétisation (résultats).

Les quelques idées qui suivent pourront vous aider à faire naître la confiance :

• Pensez aux discussions que vous avez eues cette semaine, aussi bien chez vous qu'au bureau. Souvenez-vous d'un jour où vous avez – ou n'avez pas – écouté. Quel a été le résultat ? Et qu'aurait-il été si vous vous étiez comporté(e) autrement ?

• La prochaine fois que vous aurez une conversation avec quelqu'un, posez-vous les questions suivantes : Ai-je vraiment écouté cette personne ? Est-ce que je comprends vraiment ce qu'elle ressent ? Si ce n'est pas le cas, arrêtez de parler et faites-le. Mettez de côté ce que vous avez à dire et concentrez-vous vraiment sur son point de vue avant de donner le vôtre.

- Dans votre entreprise, prenez les devants pour comprendre vos interlocuteurs – internes comme externes. Ne vous laissez pas piéger par l'illusion de tout savoir, d'avoir toutes les bonnes réponses. Réfléchissez à ce qu'il est possible de faire pour assurer aux autres que vous les écoutez et que vous vous efforcez de répondre à leurs préoccupations et à leurs besoins.

RÉCAPITULATIF DU ONZIÈME COMPORTEMENT : COMMENCEZ PAR ÉCOUTER

Écoutez avant de parler. Comprenez. Posez un diagnostic. Écoutez avec vos oreilles mais aussi avec vos yeux et votre cœur. Découvrez quels sont les comportements qui touchent les gens avec lesquels vous travaillez. Ne vous imaginez pas savoir ce qui est le plus important pour eux. Ne vous imaginez pas détenir toutes les réponses – ni toutes les questions.

COMPORTEMENT N° 12 : TENEZ VOS ENGAGEMENTS

« Vous êtes vos mots. Quand vous dites que vous le ferez, faites-le. Ne donnez pas votre parole si vous n'avez pas l'intention de la respecter. Un leader dont la promesse a du poids bénéficie de la confiance. La confiance est la clé d'une bonne direction. »

—ENTRAÎNEUR JOHN WOODEN, UCLA

Richard Liu Qiangdong est fondateur et PDG de JD.com, le plus grand magasin en ligne de Chine. Établie en 1998 avec rien d'autre qu'un magasin électronique, l'entreprise a maintenant la confiance de centaines de millions de clients en Chine comme par ailleurs (sous le nom JoyBuy.com) grâce à sa réputation d'honnêteté et de produits authentiques.

Les leçons qui ont le plus influencé Liu dans sa vie lui ont été données par ses parents, qui lui ont enseigné l'intégrité, la qualité, et l'importance de respecter ses engagements. Il a bâti JD.com sur ces mêmes principes. Il dit, « Pour moi, pratiquer ce que l'on prêche et agir de même, que ce soit en public ou en privé, sont les principes fondamentaux de la vie. »

Il y a plusieurs années, JD était à la recherche de plus de financement afin de s'accroître. Liu fut abordé par une firme d'investissement américaine, Tiger Global Fund. Alors qu'il était en voyage visitant sa ville natale de Suiqian, il accepta au cours d'une conversation téléphonique l'offre de financement de

Tiger. On lui demanda s'il pouvait signer le contrat dès son retour au bureau, ce à quoi il répondit, « Bien sûr, pas de problème. »

Aussitôt que Liu eut raccroché, cependant, trois autres investisseurs potentiels se montrèrent à sa porte. Ils avaient voyagé jusqu'à Suqian et apporté leurs contrats, offrant le double du montant accepté par Liu dans sa conversation avec Tiger – ce qui aurait apporté à JD 32 millions de dollars de financement supplémentaire, et sous de meilleures conditions. Comme il n'avait rien encore signé avec Tiger, quelques-uns de ses conseillers lui recommandèrent de considérer les autres offres. Liu se rappelle, « Dans ma tête, j'avais fait une promesse au téléphone. Même si je n'avais pas signé de contrat, je devais respecter mon mot. »

Et il le fit. Le résultat fut une injection énorme de fonds – et de confiance. « Grâce à cela, dit Liu, nous avons établi une bonne réputation parmi les investisseurs. Et depuis lors, nous sommes soutenus par de plus en plus d'investisseurs, qui nous ont apporté un flot constant de fonds nécessaires à la croissance de notre entreprise. »

La plus grande aspiration de Liu est de « faire de JD l'entreprise bénéficiant de plus de confiance et de plus de respect au monde. » Le respect des engagements a posé une base solide pour l'atteinte de cette vision.

LA FAÇON LA PLUS RAPIDE D'INSTAURER LA CONFIANCE

Le douzième comportement – « Tenez vos engagements » – est l'alpha et l'oméga de tous les comportements. C'est le moyen le plus rapide de faire naître la confiance, et ce dans n'importe quelle relation : avec un salarié, un patron, un collègue, un client, un fournisseur, un(e) conjoint(e), un enfant ou avec le public en général. Son *contraire* – rompre un engagement ou ne pas respecter ses promesses –, est aussi le moyen le plus rapide d'anéantir la confiance.

Mais, pour tenir un engagement, encore faut-il l'avoir pris. Pour paraphraser mon ami Roger Merrill, en prenant un engagement, on crée de l'espoir ; en l'honorant, on crée de la confiance. Ne pas tenir ses promesses a un tel impact qu'il est capital de ne promettre qu'avec prudence.

Ce comportement a sa *contrefaçon* : prendre des engagements tellement flous ou évasifs que personne ne pourra vous contraindre à les tenir ou, pire, par peur de ne pas les respecter, ne pas prendre d'engagements du tout, suivant en cela le mot de Napoléon : « Le meilleur moyen de tenir sa parole est de ne jamais la donner. » Une approche qui trahit un manque de courage évident et qui ne marcherait certainement pas dans l'économie mondialisée d'aujourd'hui, dans laquelle les entreprises doivent parfois prendre et tenir des engagements incroyables pour s'imposer devant la concurrence.

Par ailleurs, cette approche n'a pas vraiment réussi à Napoléon, et je vous garantis que, si vous l'adoptez, vous non plus vous n'inspirerez pas confiance.

Il y a plusieurs années, je confiais au cours d'un interview que prendre et respecter ses engagements était la première des choses à faire pour susciter la confiance. Mon interlocuteur me répondit alors, tout excité : « Vous en voulez une preuve supplémentaire ? » Et il me raconte qu'il vient d'acheter une société valant plusieurs millions de dollars. Elle changeait de mains pour la troisième fois en quatre ans : responsables et salariés étaient sceptiques, les repreneurs précédents avaient fait beaucoup de promesses jamais tenues. Lui réunit tout le monde et écouta simplement les gens exprimer leurs déceptions et leurs inquiétudes. Après leur avoir demandé quelles étaient leurs suggestions, il prit 14 engagements sur les améliorations à apporter et précisa dans quel délai il les tiendrait. Cela dans l'incrédulité générale. Mais, dès la semaine suivante, il tint chacune de ses 14 promesses. Il revint voir le personnel et dit : « Je vous l'avais promis, je l'ai fait. Et maintenant, qu'y a-t-il d'autre à faire ? » Sa crédibilité grimpa en flèche. Quasiment du jour au lendemain, il avait créé un climat de confiance et transformé en dividende une vieille taxe confiance. Les résultats ne tardèrent pas à suivre. Après plusieurs années de stagnation, voire de déclin, l'entreprise vit ses recettes doubler la première année, et les profits augmentèrent encore plus vite.

> « En tant que co-fondateur et PDG de Whole Foods Market... Je sais que dans pratiquement tout ce que je dis et fais, les membres de notre équipe sont toujours en train de m'étudier, d'essayer de déterminer s'ils peuvent me faire confiance et faire confiance à la mission de l'entreprise. Je suis toujours sur scène. Donc joindre le geste à la parole est très important. »
>
> —JOHN MACKEY

Le respect de ses engagements repose sur les *principes* suivants : intégrité, réalisation, courage et humilité. Ce comportement est étroitement lié à d'autres, comme « Parlez franchement » et « Montrez des résultats ». Il représente l'équilibre parfait entre caractère et compétence. Et, surtout, il met en jeu intégrité (caractère) et aptitude à faire ce que l'on a dit (compétence).

INCIDENCE SUR LA CONFIANCE

Presqu'à chaque fois qu'il est question de confiance, le respect des engagements arrive en tête des comportements décisifs. Dans une étude menée sur l'éthique dans le monde des affaires, « tenir ses promesses » se plaçait au premier rang des comportements susceptibles de fonder une morale des affaires. Et une enquête réalisée en 2002 pour le Forum économique mondial identifiait le fait de « ne pas faire ce qui est dit » comme facteur de destruction n° 1 de la confiance chez les décideurs.

Tenir ses engagements a beau paraître une évidence et relever du sens commun, le sens commun peut être... la chose du monde la moins partagée, ce qui a une incidence dévastatrice sur la confiance.

J'ai eu l'occasion de travailler avec un homme brillant, talentueux et extrêmement compétent, mais incapable de garder un secret. Aux yeux de ses interlocuteurs, il était tenu à la confidentialité. Son comportement lui valut d'énormes retraits sur son compte confiance, et la nature des discussions avec lui en fut profondément bouleversée car on savait qu'on ne pouvait se fier à lui. Résultat : il n'obtint pas un renseignement qui aurait pu vraiment l'aider dans son rôle de décideur.

Dans un autre ordre d'idées, j'ai lu l'histoire d'un patron qui, ayant introduit sa société en Bourse, demande à ses cadres supérieurs de ne pas vendre leur portefeuille afin que le prix de l'action demeure stable. Sur quoi il tourne casaque et vend lui-même une partie de ses actions. Il tente bien de se justifier en disant n'avoir cédé qu'un minuscule pourcentage de son portefeuille, mais, pour son équipe, le fait qu'il demande de ne pas vendre impliquait l'engagement implicite de ne pas le faire non plus. Résultat : l'affaire lui coûta une gigantesque taxe confiance.

Troisième exemple : une société constitue un fichier clients que ses dirigeants s'engagent expressément à ne pas vendre ni louer. Quelques années plus tard, un nouveau décideur arrive et loue le fichier. Peu après, un client constate qu'il commence à recevoir des sollicitations par mail de nouvelles entreprises et que ces mails comportent les mêmes erreurs d'adresse que celles figurant dans les courriers envoyés par la société propriétaire du fichier. Pour lui, il ne peut s'agir d'une coïncidence et il réclame des comptes à cette société. Celle-ci reconnaît les faits et présente des excuses, mais le client répond ne plus pouvoir accorder sa confiance à une entreprise incapable de respecter un engagement ; et il cesse de travailler avec elle.

> « Trois caractéristiques désignent l'hypocrite : il ment quand il parle, ne tient pas ses promesses et trahit ceux qui lui font confiance. »
>
> —MAHOMET

Les exemples évoqués ci-dessus le montrent : que l'engagement soit implicite ou explicite, ne pas le respecter provoque un énorme retrait sur le compte confiance. Nombreux sont ceux qui s'imaginent que la plupart des entreprises s'engagent à l'honnêteté, à l'intégrité et à la qualité. Lorsque des entités comme Enron, World-Com, Parmalat ou la ville de San Diego (à qui ses irrégularités fiscales ont valu le surnom d'« Enron-sur-Mer ») violent leurs engagements implicites, leur compte confiance est immédiatement amputé et la méfiance, immédiate. Il en va de même dans les relations familiales. Exemple : les gens qui se marient supposent généralement leur conjoint totalement engagé par les liens du mariage et soucieux du bien-être des enfants. Lorsque l'un des époux ne respecte pas ces engagements, l'abus de confiance est avéré.

Explicite ou non, un engagement a une forte incidence sur la rapidité et les coûts d'exécution. Ne pas le respecter provoque des doutes : suspicion, scepticisme et méfiance finissent par gripper les rouages de la machine. Le respecter génère, en revanche, un espoir, un enthousiasme et une confiance qui augmentent le dynamisme et viennent mettre de l'huile dans les rouages d'une machine qui vous conduira au résultat voulu.

INTELLIGENCE CULTURELLE

Avec la mondialisation, il devient vital de comprendre que des cultures différentes peuvent avoir de l'engagement des visions différentes de la nôtre.

Et comprendre ces différences est capital pour alimenter le compte confiance et éviter les retraits.

Je ne parle pas seulement de cultures liées aux différences ethniques ou géographiques. Les cultures d'entreprise que j'ai connues suffisent à illustrer ce point. Exemple : il y a des entreprises où, pour une réunion prévue à 14 heures, tout le monde se pointe à 14 heures tapantes... et d'autres où la nature de l'engagement s'apparente plutôt à cette pendule dont m'a parlé un ami, et qui donne l'heure de la façon suivante : « plus ou moins 2 heures », « plus ou moins 3 heures », « plus ou moins 4 heures », etc. – tout dépend des priorités des gens à ce moment-là. Les mots grecs *chronos* et *kairos* reflètent cette divergence dans l'approche temporelle. Le premier désigne le temps chronologique, la durée dans son déroulement, le second le temps qualitatif, l'instant favorable, la valeur que l'on donne au moment dont on dispose, indépendamment de toute idée de durée.

J'ai un souvenir très net de notre première réunion après l'annonce de la fusion FranklinCovey. Les gens de chez Franklin étaient là, dans la salle de conférence officielle, tous en costumes impeccables et pile à l'heure. Nous, ceux du groupe Covey, arrivâmes en jean et avec dix minutes de retard. Les représentants de Franklin venaient d'une culture d'entreprise qui disait « gérez votre temps » ; nous, d'une culture d'entreprise qui disait « vivez votre vie ». Et je sais que, d'un côté comme de l'autre, tout le monde pensa : « Mince, dans quelle galère on s'est fourrés ? »

En vous montrant sensible à la nature de l'engagement – aussi bien explicite qu'implicite – dans les différentes cultures que vous serez amené à rencontrer, vous ferez naître beaucoup plus rapidement la confiance.

LE PLUS IMPORTANT DE TOUS LES ENGAGEMENTS

Quand on s'engage vis-à-vis d'un client, on a tendance à se montrer plutôt scrupuleux. Mais quand on prend un engagement dans le cadre familial, il arrive qu'on y mette moins de rigueur – parfois tout simplement parce que subvenir aux besoins de la famille fournit une excuse légitime à ce manquement. Cependant, pour moi, une promesse faite aux gens avec qui l'on vit est aussi importante – voire davantage – qu'un engagement professionnel.

Il y a quelque temps, McKinlee, ma fille, devait tenir le premier rôle dans la comédie musicale montée par son lycée, et je lui promis d'assister au spectacle.

J'allais partir en déplacement, mais j'avais prévu de reprendre l'avion à temps pour le grand soir. Dans ma tête, il ne s'agissait pas d'un engagement du style : « Je serai là coûte que coûte », mais plutôt du genre : « Oui, je crois que je peux le faire. » Seulement, pour elle, je m'étais engagé, et c'était important.

Quelque temps avant le déplacement, mon client me dit : « Stephen, il faut absolument prolonger votre séjour. » J'allai trouver ma fille pour tenter de négocier. Et je ne fus pas long à m'apercevoir que le seul fait d'essayer entamait déjà beaucoup mon compte confiance. Je m'efforçai alors de faire réviser ses attentes au client. Peine perdue : il continua d'insister pour que je reste plus longtemps.

Dilemme.

Je décidai alors d'appliquer ce que mon collègue Blaine Lee appelle la « règle des dix ans », et je me posai la question suivante : « Dans dix ans, qu'est-ce que je voudrai avoir fait ? » La réponse était claire : dans dix ans, je serai heureux d'avoir tenu ce que ma fille considère comme une promesse. Je redis donc à mon client que je ne pourrais pas rester. Résultat : je perdis un contrat, mais le client s'en remit et moi, j'étais content. Quant à ma fille, elle était aux anges. Le soir du spectacle, j'étais au premier rang, une douzaine de roses dans les bras.

Tenir ses engagements a un tel impact sur la confiance, et cette confiance est si essentielle à une vie familiale épanouie, que les promesses faites aux membres de la famille sont souvent les plus importantes de toutes. En outre – on l'a vu dans le chapitre consacré à l'Intégrité –, prendre et tenir des engagements envers vous-même est aussi ce qui vous permettra de le faire envers les autres. C'est le point de départ de tout ce qui va vous donner pouvoir et confiance, la confiance en vous grâce à laquelle vous bâtirez la confiance avec les autres.

CONSEILS CONFIANCE

Si vous vous trouvez sur la gauche de la courbe – vous ne prenez pas assez d'engagements ou ne les respectez pas totalement –, peut-être avez-vous besoin de développer votre *intégrité*, votre désir d'un bénéfice mutuel (*intention*), votre *capacité* de répéter ce comportement pour qu'il devienne habituel, ou de prendre davantage conscience du *résultat*, à savoir favoriser la confiance.

Si vous vous situez à droite de la courbe, peut-être vous engagez-vous au-delà de vos limites : vous faites trop de promesses ou voulez les tenir à tout prix, même lorsque la situation change et rend leur respect difficile ou peu judicieux. Dans ce cas, il vous faut peut-être travailler sur le jugement et renforcer vos 4 noyaux. Vous vous concentrerez tout particulièrement sur l'*intégrité* et songerez aux *résultats* provoqués par des promesses que vous ne pouvez pas ou ne devriez pas tenir.

Les conseils suivants peuvent vous être utiles :

- Dans une nouvelle relation, si vous souhaitez rapidement créer la confiance, trouvez une excellente raison de prendre un engagement et de le respecter. Ensuite recommencez et recommencez encore. L'accomplissement de ce cycle « promettre-tenir-recommencer » fera grossir à toute allure votre compte confiance.

- La prochaine fois que vous prendrez un engagement professionnel, soyez sûr qu'il est réaliste. Quitte à décevoir, il est, et de loin, préférable de le faire avant, plutôt que de promettre beaucoup et de tenir peu. Faites en sorte de mener à bien ce à quoi vous vous êtes engagé. Si vous pensez ne pas pouvoir respecter les délais, essayez de les renégocier le plus tôt possible ; ne vous contentez pas de passer outre et d'avoir du retard.

- À la maison, surveillez vos propos. Lorsque vous dites que vous ferez quelque chose, votre famille voit cela comme un engagement, sachez-le. Prenez vos promesses au sérieux, respectez-les. N'oubliez pas que la confiance bâtie en famille est sans doute la plus importante de toutes.

RÉCAPITULATIF DU DOUZIÈME COMPORTEMENT : TENEZ VOS ENGAGEMENTS

Dites ce que vous allez faire, et faites ce que vous avez dit. Ne vous engagez pas à la légère. Mettez un point d'honneur à respecter vos engagements. Ne trahissez aucun secret. N'essayez pas de « noyer le poisson » pour vous libérer d'un engagement non respecté.

COMPORTEMENT N° 13 : SACHEZ FAIRE CONFIANCE

> *« Faites confiance aux hommes, et ils vous seront fidèles ; traitez-les avec considération, et ils se montreront grands. »*
>
> — RALPH WALDO EMERSON, PHILOSOPHE AMÉRICAIN

Au cours d'une saison où j'entraînais les minimes pour le championnat de *flag football* [6], j'eus dans mon équipe une joueuse très courageuse. Elle s'appelle Anna Humphries. Elle était la seule fille. En réalité, si mes souvenirs sont bons, il n'y avait qu'une ou deux autres filles dans tout le championnat. Anna ne jouait pas mal, mais elle n'avait pas le même niveau d'expérience et de savoir-faire que les autres.

Le règlement stipulait que chaque enfant devait jouer la moitié de chaque match, ce qui supposait d'avoir quatorze joueurs pour les sept postes. Or, cette saison-là, je n'en avais que dix. Vu l'expérience et le savoir-faire limités d'Anna, j'aurais pu me contenter de la faire jouer sa moitié de match, puis la faire sortir, mais je la trouvais courageuse de se mesurer aux garçons et j'avais

---

6 Le *flag football* est un sport dérivé du football américain où les plaquages sont remplacés par l'arrachage de bandes de tissu (*flag*) accrochées à la ceinture des joueurs.

envie de l'encourager ; je décidai par conséquent que le temps de jeu serait le même pour tous.

Tout se passa pour le mieux jusqu'à la finale. C'était la fin de la saison, et les deux équipes étaient invaincues. Dans la dernière partie du match, Anna se fit déborder par l'équipe adverse, qui marqua un essai. Désormais, il ne leur manquait plus qu'un point pour égaliser. Et ils allaient essayer de marquer un autre essai pour remporter la victoire.

J'avais le choix. Je pouvais soit remplacer Anna, soit la laisser sur le terrain. Elle s'était donné beaucoup de mal toute l'année, et c'était encore son tour de jouer. L'enjeu était important, mais je décidai tout de même de la faire rester sur le terrain, en lui disant que, s'ils fonçaient à nouveau sur elle, elle pouvait les arrêter.

Anna perçut ce surcroît de confiance et se montra à la hauteur. Elle arracha le *flag* du coureur, l'arrêtant à quelques centimètres de la ligne de but. C'était son deuxième flag de l'année, et elle l'arrachait en finale !

Nous gagnâmes le match et le championnat. Depuis ce jour, chaque fois que je la croise, je suis heureux d'avoir cru en Anna, d'avoir su lui faire confiance, et je lui dis : « Tu es mon héroïne ! Tu l'as fait ! »

LA CONFIANCE INTELLIGENTE

Le treizième comportement – « Sachez faire confiance » – n'est pas de la même nature que les autres. Il s'agit de passer de la « confiance » au « faire confiance ». Alors que les autres « comportements » doivent vous aider à devenir quelqu'un de fiable, celui-ci vous aide à devenir un décideur sachant faire confiance. Non seulement il bâtit la confiance, mais il la potentialise. Il crée la réciprocité ; quand vous faites confiance aux gens, ils ont tendance à vous rendre la pareille. De plus (et c'est l'ironie de la chose), savoir faire confiance constitue l'un des meilleurs moyens de faire exister celle-ci.

> *« Diriger sans confiance mutuelle est antinomique. »*
>
> —WARREN BENNIS, AUTEUR DE
> *PROFESSION : LEADER*

Prenez Warren Buffett et McLane Distribution. Si cette acquisition fut conclue avec une telle rapidité et à moindre coût, c'est parce que Buffett a su faire confiance. Autre exemple : la manière dont A. G. Lafley, l'ex-directeur général de Procter & Gamble, et Jim Kilts, celui de Gillette, surent se faire mutuellement confiance lors de la fusion de leurs deux sociétés. Voici comment Lafley décrit la situation au magazine *Fortune* :

> *« J'ai décidé que nous allions collaborer dans les négociations. Il s'agissait d'une fusion amicale, et il n'y avait aucune raison de ne pas jouer cartes sur table. J'ai fait appel à quelqu'un en qui Jim et moi avions confiance, Rajat Gupta, le PDG de McKinsey, qui a vivement conseillé à Jim de me montrer les synergies de coûts 'à livre ouvert', et de me donner un aperçu de la technologie Gillette dans l'avenir. Et nous avons effectivement collaboré – sans tous les avocats d'usage. À un moment donné, Jim m'a demandé : 'Vous n'amenez aucun banquier ?' J'ai répondu : 'Nous n'avons pas besoin de banquier.' Il a dit : 'Vous n'amenez aucun avocat ?' 'Nous n'avons pas besoin d'avocat.'… C'était un signe de confiance mutuelle extrêmement important. »*

Cet exemple illustre un *transfert* de confiance dans lequel Rajat Gupta fait office de « passerelle » entre les deux parties. Elles avaient l'une et l'autre confiance dans le même homme ; cet homme quant à lui exprima à chaque partie la confiance qu'il avait dans l'autre ; les deux parties étaient alors à même de s'approprier réciproquement cette confiance.

Je ne suis pas en train de dire que les méthodes de Buffett ou de A.G. Lafley sont applicables par tous et dans toutes les négociations. On peut rencontrer quelqu'un, conclure un marché, ne pas procéder aux vérifications d'usage et découvrir qu'on vient d'acheter une boutique qui n'existe pas ! Lors d'une pause dans un programme, une femme vint me trouver pour me raconter la terrible déconvenue que lui avait valu son excès de confiance. « Il y a quelque temps, j'ai acheté une entreprise. Au cours de la négociation, j'ai commencé à parler contrat de travail, mais le PDG a refusé. Il m'a dit : 'Écoutez, vous achetez ma boîte. Il faut me faire confiance. Si vous ne me faites pas confiance, pourquoi acheter ?' L'argument semblait imparable, et j'ai répondu : 'D'accord, je vous fais confiance.' » Pourtant, une fois l'affaire conclue, ce PDG (dont elle avait absolument besoin tant pour son expertise que pour son carnet d'adresses) se mit à lui causer toutes sortes de tracas, menaçant de partir s'il n'obtenait pas davantage d'argent. L'absence de contrat de travail faillit faire de cette acquisition un désastre total. Pour conclure, elle me dit ne plus jamais vouloir faire confiance.

C'est clair, vous n'avez pas envie d'être le dindon de la farce. L'optimisme béat et les affaires ne font pas bon ménage. Vous ne voulez pas faire confiance sans prudence ni discernement. Vous risqueriez de vous faire berner. D'y laisser des plumes. Mais vous ne voulez pas non plus renoncer à une confiance qui pourrait vous apporter des bénéfices considérables.

La dernière partie de ce livre s'intitule « Inspirer confiance ». Nous y verrons dans le détail quand et comment faire confiance intelligemment, de manière à minimiser les risques et à ne pas se retrouver piégé dans des situations semblables à celle qu'a connue cette femme. Mais pour l'instant, je voudrais juste souligner que, la plupart du temps, faire confiance a un impact extraordinaire aussi bien dans les relations personnelles que dans la culture d'entreprise. C'est clairement l'un des meilleurs moyens, et aussi l'un des plus rapides, de voir surgir et s'épanouir un rapport de confiance.

CE QUI ARRIVE QUAND ON FAIT CONFIANCE

Savoir faire confiance repose sur les *principes* de responsabilisation, de réciprocité et sur cette conviction fondamentale : la plupart des gens méritent qu'on leur fasse confiance, veulent qu'on leur fasse confiance et marchent à la confiance pour peu qu'on la leur accorde.

Le *contraire* de la confiance intelligente, c'est la défiance, un comportement qui génère un surcoût énorme dans tous les domaines, et notamment dans le monde de l'entreprise.

À votre avis, pourquoi les salariés ont-ils si peu confiance dans leurs supérieurs ? Sans doute y a-t-il de nombreuses raisons à cela, mais je pense, pour ma part, que l'une des principales, c'est que leurs supérieurs ne leur font pas confiance, et que cette méfiance entraîne la réciprocité. Ainsi, la hiérarchie entretient-elle la méfiance de la base. C'est un cercle vicieux : les gens ont tendance à se défier de qui n'a pas confiance en eux.

Prenons un exemple de cette défiance : beaucoup d'entreprises n'autorisent pas les heures supplémentaires le soir ou le week-end hors de la présence d'un responsable. Pourquoi ? Parce que, dans le fond, elles s'imaginent que les gens ne feront pas le boulot. Un salarié me l'a dit : « Pour eux, on va rester assis à discuter le bout de gras en accumulant les heures sup ! »

Maintenant, comparez cette approche avec celle de la chaîne hôtelière Ritz-Carlton : la direction donne à chaque salarié – femmes de chambre comprises – toute latitude pour satisfaire les exigences du client et facturer jusqu'à 2.000 dollars sans autorisation préalable. Ou avec celle des magasins Nordstrom : le personnel n'a qu'une règle pour gérer la clientèle : « Faire preuve de bon sens en toute situation. » Ou Zappos, où l'on fait assez confiance aux clients pour les laisser commander les chaussures qu'ils désirent, les essayer, et retourner ce qu'ils n'aiment pas *quel que soit le moment avant 365 jours et avec expédition gratuite dans les deux sens*. Zappos fait aussi confiance à ses salariés du service à la clientèle, qui ne sont pas limités par des scripts ou par la durée des appels, mais sont encouragés à juger de leur mieux et à prendre tout le temps nécessaire à la satisfaction des clients.

Vous pouvez aussi faire la comparaison avec JetBlue, dont la qualité de service est avérée. JetBlue n'a pas de plate-forme de réservation – les salariés répondent de chez eux. Dans leur grande majorité, ce sont des mères désireuses d'équilibrer vie professionnelle et vie familiale, et qui souhaitent travailler à domicile. JetBlue les équipe d'un terminal et se fie à elles pour se trouver à leur poste de travail quand elles doivent y être. Une entreprise moins confiante pourrait craindre qu'elles ne soient pas derrière leur écran, mais en train de s'occuper de leurs enfants ou de faire leurs courses. Or, elles sont connues pour être formidablement responsables et d'une courtoisie, d'une gentillesse et d'une amabilité incroyables au téléphone – elles répercutent sur le client le traitement dont elles bénéficient, la confiance dont elles font l'objet, ainsi que leur perception de leur entreprise et de leur travail.

Chose intéressante, d'autres compagnies ont tenté de copier l'exemple de transporteur aérien à bas prix que proposait JetBlue (et Southwest Airlines). Mais, pour l'instant, si elles ont su calquer la stratégie, elles n'ont pas su, en revanche, la mettre en œuvre aussi efficacement, car une culture d'entreprise basée sur la confiance ne s'imite pas. Comme l'exprime le Président de Jet Blue Joel Peterson, « Une culture où règne la confiance est la douve compétitive par excellence. »

> « *Les entreprises devraient faire davantage confiance aux gens et leur permettre de travailler à domicile. Les*

trajets quotidiens consomment énormément de temps et d'énergie qui pourraient être consacrés à la création. »

—SIR RICHARD BRANSON, FONDATEUR ET PRÉSIDENT DU GROUPE VIRGIN

Gordon Forward, ancien président-directeur général de l'entreprise de sidérurgie Chaparral Steel, explique :

« Nous n'avons pas de règles établies. Nous avons démarré avec quelques idées très basiques. La première, c'était de nous appuyer sur la confiance et l'honnêteté. Pour nous, un grand nombre des procédures mises en œuvre dans la plupart des entreprises étaient destinées à piéger les 3 % du personnel qui trouveraient de toute façon un moyen de tricher. Nous avons décidé de penser notre règlement pour les 97 % en qui l'on pouvait avoir confiance. Les autres apparaîtraient comme des moutons noirs et finiraient par partir. Et c'est exactement ce qui s'est produit. »

L'un des plus grands freins au travail à domicile, c'est que l'employeur n'est pas sûr de pouvoir se fier à ses salariés, et il choisit de traiter les 97 % fiables comme les 3 % qui ne le sont pas… et non l'inverse.

Certains objecteront que 3 % est un chiffre irréaliste, et que la proportion de tricheurs avoisine plutôt les 10 %. Admettons. Restent toujours 90 % de personnes fiables. Que deviennent-elles ? Faut-il laisser une minorité décider du sort de la majorité ? Et, dans ce cas, quel est l'impact d'une telle décision sur la rapidité et le coût d'exécution ?

La réponse est simple : cet impact est dévastateur ! Il tue littéralement l'enthousiasme, la motivation, la coopération et la confiance mutuelle qui seraient susceptibles de catapulter l'entreprise en avant.

Considérez encore l'exemple de Warren Buffett et pensez à l'effet de la manière dont il accorde la confiance – non seulement en scellant un contrat sur une poignée de main basée sur la confiance, mais aussi en accordant abondamment de confiance dans la façon dont il dirige ses affaires. La société de portefeuille de Buffett, Berkshire Hathaway, est l'une des plus grandes entreprises publiques du monde, avec 77 sociétés d'exploitation acquises et plus de 377.000 salariés. Le plus remarquable à propos de Berkshire est que toutes ces entités et personnes individuelles sont dirigées par un siège social de seulement 25 personnes !

Comment Buffett arrive-t-il à gérer une portée de commandement comptant 77 liaisons hiérarchiques ? Il se base sur l'hypothèse de ce que lui et son partenaire en affaires Charlie Munger appellent « la confiance méritée ». Ils partent du principe que leurs gens méritent la confiance à moins de démontrer le contraire. Ce n'est pas la confiance aveugle ; c'est la confiance intelligente. Elle comprend un discernement dans la sélection des gens, de la communication d'attentes claires, et de l'établissement de standards élevés de responsabilité. Par-dessus tout, elle comprend un témoignage intentionnel de confiance. Les gens réagissent à la confiance qu'on leur accorde. Elle les stimule. Elle les inspire.

Lorsque je demandai à Grady Rosier, qui dirige une compagnie valant 48 milliards de dollars de concert avec Berkshire, comment Buffett était-il capable de gérer autant de liaisons hiérarchiques, il répondit, « Vous devez comprendre la philosophie d'entreprise de base à Berkshire Hathaway – la confiance. La capacité de Warren d'acquérir des sociétés de qualité repose sur la confiance.. Warren les laisse à la tête de leurs affaires, et elles en sont heureuses, et personne ne veut décevoir Warren. »

Quel exemple puissant de l'effet énorme que la confiance accordée peut avoir !

> « *D'après les normes du reste du monde, nous accordons trop de confiance. Jusqu'à présent cela a parfaitement marché pour nous.* »
>
> —CHARLIE MUNGER, VICE-PRÉSIDENT,
> BERKSHIRE HATHAWAY

La « confiance intelligente » a sa *contrefaçon*, qui revêt deux formes. La première, c'est la « confiance vide » : on donne aux gens la responsabilité, mais sans l'autorité ni les moyens nécessaires à l'accomplissement de leur tâche. La seconde, c'est la « confiance factice » : on fait semblant de faire confiance, on confie un travail à quelqu'un, mais on l'« espionne », il est sans cesse sous la surveillance d'une sorte de « grand frère », peut-être même fait-on le travail à sa place.

Exemple de confiance factice, le tuteur du « bureau des élèves » dans un collège. Le fils d'un de mes collègues, qui était membre du bureau des élèves, se vit demander par ce tuteur d'appeler la fac afin de lui emprunter un jeu pour une activité. Il passe son coup de fil et découvre que le tuteur en question l'a devancé. Et apparemment, la chose n'était pas nouvelle pour ces gamins.

Quelle est l'incidence d'une tel comportement sur leur initiative et leur confiance ?

LE MOTEUR DE LA MOTIVATION

Comme je l'ai appris le jour où mon père me confia la responsabilité de notre jardin, rien n'est plus motivant ou stimulant que la confiance qu'on place en vous. Dans ce cas, pas besoin d'être dirigé ou supervisé : on se prend en main tout seul.

En fait, quand on demande aux gens pourquoi telle ou telle personne les a influencés dans leur vie, ils répondent généralement : « Il a cru en moi et il était le seul », ou « Il a vu en moi quelque chose que personne ne voyait ». On leur a fait confiance, ils ont été puissamment influencés par cette confiance, et ont voulu y répondre.

> « Les gens me demandent ce qui m'a poussé à m'accrocher et à faire ce que j'ai fait. Je réponds : 'Mon père m'a traité avec une discipline très stricte : il m'a fait confiance.' J'étais coincé, je devais mériter cette confiance. Il m'a fait confiance. J'ai fait confiance à d'autres gens. Et ils ont bossé. »
>
> —ROBERT GALVIN JUNIOR, ANCIEN DIRECTEUR GÉNÉRAL DE MOTOROLA

En leur faisant confiance, vous rendez les gens plus forts. Vous multipliez votre leadership. Vous construisez une culture d'entreprise où l'on donne le meilleur de soi-même, vous créez un haut niveau de synergie et optimisez l'aptitude de votre organisation, quelle qu'en soit la nature – entreprise, école, association, famille – à accomplir ce qu'elle désire accomplir.

CONSEILS CONFIANCE

Savoir faire confiance fait appel à l'*intégrité*, à l'*intention*, aux *capacités* et aux *résultats*. Vous vous situez sur la gauche de la courbe ? Sans doute ne faites-vous pas assez confiance ou pas véritablement. Dans ce cas, peut-être voudrez-vous travailler le courage (*intégrité*), améliorer l'aptitude à la confiance (*intention*), ou la disposition à préciser ses attentes, à responsabiliser l'autre, ou encore à faire intelligemment confiance d'une manière plus concrète (*capacités*).

Si vous êtes à droite de la courbe, sans doute faites-vous trop confiance, auquel cas vous y laissez des plumes. Il vous manque le jugement que stimulera le développement de vos 4 noyaux. Dans la dernière partie de ce livre, je vous donnerai quelques précisions utiles pour vous aider à atteindre le « point idéal » d'un « savoir faire confiance » intelligent.

Afin de travailler ce comportement, peut-être souhaiterez-vous réfléchir aux points suivants :

- Pensez à une relation dans laquelle l'autre ne vous fait pas confiance et posez-vous cette question : « Et si son manque de confiance n'était que l'écho du mien ? » Si vous vous voyez pris(e) dans un cercle vicieux, efforcez-vous de le briser. Commencez à adopter un comportement confiant et observez le résultat.

- Notez de 1 à 10 ce que vous estimez être votre confiance en l'autre, aussi bien au bureau qu'à la maison. Imaginez ce qui se passerait si vous déplaciez le curseur vers la gauche (faire plus confiance)... puis vers la droite (faire moins confiance). Si vous vous êtes donné une note comprise entre 1 et 5, identifiez une ou deux mesures à prendre pour savoir davantage faire confiance.

- Si vous avez des enfants, réfléchissez à la façon dont vous vous comportez avec eux. Avez-vous tendance à vous montrer soupçonneux, à leur tourner autour, à vouloir tout contrôler ? Ou bien les traitez-vous en individus responsables et dignes de confiance ? Dans la partie intitulée « Inspirer confiance », nous évoquerons les moyens de faire intelligemment confiance aux enfants. Pour le moment, vous pouvez au moins réfléchir à vos tendances naturelles, au message qu'elles transmettent à votre famille... et avec quel résultat.

RÉCAPITULATIF DU TREIZIÈME COMPORTEMENT : SACHEZ FAIRE CONFIANCE

Soyez enclins à faire confiance. Faites-le généreusement avec qui a su la gagner. Faites-le sous conditions avec qui est en train de la gagner. Apprenez à faire confiance avec à-propos, en fonction de la situation, du risque et de la crédibilité (caractère et compétence) de la personne concernée. Mais gardez le cap : ne bridez pas votre confiance par peur du risque.

CRÉER UN PLAN D'ACTION

Au début du chapitre sur les 13 comportements, je vous ai posé un défi personnel : vous appliquer à vous-même ces réflexions pour en tester l'utilité. Je vous ai donc demandé de choisir deux relations, l'une professionnelle et l'autre personnelle, dans lesquelles vous vouliez bâtir la confiance. Je vous ai dit qu'à la fin de ce chapitre, je vous donnerais la possibilité de jeter un regard en arrière afin de déterminer lesquelles de ces deux ou trois comportements seraient les plus utiles dans votre cas, afin de créer un plan d'action pour changer.

Eh bien, nous y sommes. Si vous ne l'avez pas encore fait, je vous invite à le faire dès à présent. C'est maintenant que vous allez prendre des décisions qui bâtiront la confiance, transformeront les taxes en dividendes, amélioreront vos relations avec les deux personnes en question et –spectaculairement – avec beaucoup d'autres.

Le tableau qui figure sur la page suivante a été testé et approuvé par un grand nombre de gens. Si cette approche vous convient, je vous suggère de commencer par une relation. Testez les différents comportements. Évaluez votre niveau en cochant l'échelle graduée de 1 à 5. Puis revenez au début et entourez les deux ou trois comportements dans lesquels des progrès changeraient le plus spectaculairement votre situation.

Vous devez vous fixer une ou deux étapes pour chacun d'eux, les étapes de votre changement. Utilisez, si vous le jugez bon, les conseils confiance qui se trouvent à la fin de chaque chapitre, à moins que vous n'ayez de meilleures idées, de celles qui seront plus efficaces pour améliorer votre situation. L'essentiel, c'est que chacune de ces étapes soit accessible et que vous vous engagiez à les atteindre.

Ensuite, revenez au départ et suivez la même méthode pour la deuxième relation que vous aurez choisie.

En créant votre plan, n'oubliez pas que la manière la plus rapide de vider votre compte, c'est, dans votre comportement, de montrer un trait de *caractère* négatif. À l'inverse, la façon la plus rapide de le renflouer, c'est dans votre comportement, de montrer votre *compétence*. Cela vous aidera peut-être à déterminer comment bâtir la confiance le plus rapidement possible dans votre situation.

Si vous préférez utiliser une approche différente pour mettre en œuvre le changement, libre à vous. Mais je vous conseille tout de même de jeter un coup d'œil sur le tableau ci-après. Il vous permettra de passer en revue les 13 comportements, sans oublier leurs contraires et leurs contrefaçons. C'est un bon moyen de saisir une vision de la façon dont les leaders de confiance interagissent avec les autres.[7]

Comportement	Performance actuelle	Contraire/Contrefaçon
Parler franchement	1 2 3 4 5	Mentir, truquer, dire des demi-vérités, tenir un double langage, flatter.
Montrer du respect	1 2 3 4 5	Être indifférent(e) ou ne pas montrer que vous êtes concerné(e). Montrer de l'irrespect ou ne montrer du respect qu'à ceux qui peuvent vous être utiles.
Créer la transparence	1 2 3 4 5	Faire de la rétention d'informations, dissimuler, laisser les autres s'illusionner, faire semblant.
Corriger vos erreurs	1 2 3 4 5	Ne pas reconnaître ou corriger vos erreurs, les dissimuler.

(Le tableau continue à la page suivante)

---

7   Pour voir les données sur la façon dont nous nous classons nous-mêmes par rapport à la façon dont nous classons les autres pour les 13 comportements, visitez le www.speedoftrust.com/book-promises.

Montrer de la loyauté	1	2	3	4	5	Trahir les autres. Vous approprier le bénéfice d'un succès. Être tout miel devant les autres et tout fiel dans leur dos.
Montrer des résultats	1	2	3	4	5	Absence de résultats. Beaucoup d'efforts mais peu de résultats.
Progresser	1	2	3	4	5	Régresser. Ne rien faire pour s'améliorer. Appliquer une unique solution à tous les problèmes.
Affronter la réalité	1	2	3	4	5	Enfouir la tête dans le sable. Se noyer dans les tâches secondaires en évitant les vrais problèmes.
Clarifier ses attentes	1	2	3	4	5	Les tenir pour évidentes ou ne se poser aucune question à leur sujet. Rester dans le flou les concernant.
Se montrer concrètement responsable	1	2	3	4	5	Fuir ses responsabilités. « Ce n'est pas ma faute ! » Ne pas tenir les autres responsables de leurs actes.
Commencer par écouter	1	2	3	4	5	Ne pas écouter. Parler d'abord, écouter ensuite. Faire semblant d'écouter. Écouter sans faire l'effort de vraiment comprendre.
Tenir ses engagements	1	2	3	4	5	Trahir ses engagements. Ne pas honorer ses promesses. Prendre des engagements vagues et inatteignables ou refuser de s'engager.
Développer la confiance	1	2	3	4	5	Accorder une confiance minimale. La simuler puis contrôler à la dérobée. Confier des responsabilités sans donner l'autorité nécessaire.

LES TROISIÈME, QUATRIÈME, ET CINQUIÈME VAGUES : LA CONFIANCE DES PARTENAIRES

LA CONFIANCE **EN SOI**
LA CONFIANCE **RELATIONNELLE**
LA CONFIANCE **ORGANISATIONNELLE**
LA CONFIANCE **DU MARCHÉ**
LA CONFIANCE **SOCIÉTALE**

Vous disposez maintenant des outils pour bâtir la confiance, les 4 noyaux de la crédibilité et les 13 comportements. Dans ce chapitre, nous explorons le contexte dans lequel vous pourrez utiliser ces outils pour accroître la vitesse, abaisser les coûts, créer de la valeur, instaurer la confiance et optimiser votre influence ainsi que celle de votre organisation.

Dans la troisième vague – la confiance organisationnelle –, nous nous demanderons comment instaurer la confiance avec des partenaires *internes*. L'accent portera sur la création d'un *alignement* qui supprimera les taxes et augmentera les dividendes au sein de l'organisation.

Dans la quatrième vague – la confiance du marché –, nous verrons comment instaurer la confiance avec des partenaires *extérieurs*. L'accent portera sur la construction d'une *réputation*. Ou d'une image de marque qui inspire confiance au marché.

Dans la cinquième vague – la confiance au niveau sociétal –, nous examinerons comment bâtir la confiance au sein d'une société basée sur les principes de *contribution* et de citoyenneté globale qui sont reconnus, de plus en plus unanimement, comme une nécessité économique et sociale.

Avant de continuer, je vous invite à faire dès maintenant un choix qui modifiera la façon dont vous lirez les trois chapitres qui suivent et l'impact qu'ils auront sur votre capacité à bâtir la confiance des partenaires. Il s'agit pour vous de définir la notion d'« organisation » au niveau, ou dans le contexte le plus pertinent pour vous.

Si vous êtes PDG d'une entreprise ou d'une institution, vous voudrez peut-être définir l'organisation d'un point de vue « macro », c'est-à-dire dans son cadre le plus global. Les lunettes à travers lesquelles vous réfléchirez sur les idées que j'avance vous révéleront l'organisation dans son ensemble, si bien que les partenaires internes seront tous ceux qui travaillent dans votre organisation. Tous les autres partenaires – clients, fournisseurs, distributeurs, investisseurs – seront considérés comme externes.

Si vous êtes directeur(trice) d'un service ou

d'une unité au sein d'une organisation, vous donnerez un sens plus « micro » au terme d'organisation. Votre organisation, c'est alors le ou les services que vous dirigez. Dans ce contexte, vos partenaires extérieurs incluront tous ceux qui se trouvent en dehors de votre secteur, aussi bien les autres services au sein de l'entreprise, que les clients extérieurs, ou même des « clients » internes à l'entreprise auxquels vous facturez des prestations.

Si vous êtes recteur(trice) d'académie, votre cadre organisationnel sera celui de votre académie. Si vous êtes proviseur, votre cadre organisationnel est votre lycée. Si vous êtes enseignant(e), c'est votre classe. Si vous travaillez au sein d'une équipe, votre organisation, c'est votre équipe. Si vous avez une famille, c'est la cellule familiale. Dans tous les cas de figure, les partenaires internes seront examinés dans le chapitre sur la confiance organisationnelle et les partenaires extérieurs, dans les chapitres sur la confiance envers le marché et la société.

Quel que soit votre rôle, je suis convaincu que vous tirerez le meilleur profit de ce chapitre si vous définissez votre organisation au niveau le plus opératoire, c'est-à-dire dans le cadre qui coïncide avec le périmètre de votre influence réelle, et que vous l'utilisez comme un filtre à travers lequel vous déchiffrez la situation en utilisant les outils que je vous propose. Une fois ce chapitre terminé, vous aurez intérêt à le lire une deuxième fois sous l'angle le plus « macro » et en définissant cette fois votre cadre organisationnel au niveau le plus large, l'organisation tout entière, afin d'ouvrir un tout nouveau domaine de compréhension et d'application.

LA TROISIÈME VAGUE :
LA CONFIANCE
ORGANISATIONNELLE
LE PRINCIPE D'ALIGNEMENT

LA CONFIANCE **EN SOI**
LA CONFIANCE **RELATIONNELLE**
LA CONFIANCE **ORGANISATIONNELLE**
LA CONFIANCE **DU MARCHÉ**
LA CONFIANCE **SOCIÉTALE**

« Les organisations ne sont plus bâties sur la force mais sur la confiance. »

—PETER DRUCKER

Dans notre travail avec nos clients, avant même d'évoquer les 4 noyaux et les treize comportements, nous posons souvent quatre questions que j'aimerais maintenant vous soumettre. Si vous prenez quelques minutes pour répondre à ces questions avant de poursuivre votre lecture, votre capacité à intégrer et à appliquer les idées exposées dans ce chapitre en sera nettement renforcée.

Comment définiriez-vous une organisation à bas niveau de confiance ?

Comment définiriez-vous une organisation à haut niveau de confiance ?

Quelle description correspondrait le mieux à votre organisation ?

Quels sont les résultats ?

Dans nos ateliers et nos présentations, les participants ont relevé les comportements suivants comme particulièrement typiques d'une organisation à bas niveau de confiance :

- Les collaborateurs manipulent et déforment les faits.

- Ils font de la rétention et du stockage d'informations.

- Ils cherchent à s'attribuer le crédit d'un succès.

- Ils tordent la vérité à leur avantage.

- Les nouvelles idées suscitent des résistances et sont ignorées.

- Les erreurs sont passées sous silence, dissimulées.

- La plupart des collaborateurs récriminent, critiquent leurs collègues.

- On assiste à une inflation de bavardages, rumeurs et médisances.

- Les « réunions d'après-réunion » se multiplient.

- Beaucoup de sujets restent tabous.

- On promet beaucoup mais les résultats ne suivent pas.

- Beaucoup d'objectifs fixés ne sont pas atteints, d'où une multiplication de justifications et d'excuses.

- Les collaborateurs font comme si tout allait bien, se réfugient dans le déni.

- Le niveau d'énergie est bas.

- On observe beaucoup de tensions contre-productives, parfois même de la peur.

Voici les comportements particulièrement typiques relevés par les participants dans les organisations à haut niveau de confiance :

- Les informations sont ouvertement partagées.

- Les erreurs sont tolérées et encouragées comme un moyen d'apprendre.

- La culture est innovante et créative.

- Les gens sont loyaux envers ceux qui sont absents.

- On parle franchement et on aborde les vrais problèmes.

- On observe une communication et une collaboration véritables.

- Les réussites sont portées au crédit de tous.

- Il y a peu de « réunions après les réunions ».

- La transparence est une valeur mise en pratique.

- Les gens sont candides et authentiques.

- On note un haut degré de responsabilité.

- Énergie et vitalité sont palpables – les gens sentent une dynamique positive.

Avant que nous demandions aux participants laquelle de ces deux listes décrit le mieux leur cadre professionnel, la plupart ont déjà commencé à parcourir la première, s'esclaffent et nous confient : « C'est *mon* entreprise ! C'est exactement comme ça que ça se passe dans la société où je travaille. »

Puis nous leur posons des questions sur les résultats de ces comportements :

- Qu'est-ce qu'on ressent quand on travaille dans votre société ?

- Quel pourcentage de votre temps est consacré au véritable travail ?

- La collaboration interne est-elle efficace ? Et à l'externe ?

- Y a-t-il des tabous et qu'arrive-t-il quand on les enfreint ?

- La culture régnante encourage-t-elle la collaboration ? Jusqu'à quel point ?

- Et l'innovation, à quoi ressemble-t-elle ?

- Vos collègues sont-ils impliqués dans leur travail ?

- Les salariés sont-ils capables d'exécuter la stratégie efficacement ?

- Connaissent-ils les priorités de l'organisation ?

- Les décisionnaires obtiennent-ils les informations dont ils ont besoin, non filtrées ?

- À quoi ressemblent les réunions ?

- Et l'éthique, relève-t-elle seulement de la soumission aux règles, ou de la volonté de bien agir ?
- Quelle est l'étendue du contrôle ?
- Quels types de méthodes et de processus ont été instaurés ?
- Quel est l'impact sur la vitesse ?
- Quel est l'impact sur le coût ?

Il est intéressant de noter que, dans cet exercice, les réactions les plus fortes ne viennent pas quand les gens voient les effets d'un bas niveau de confiance dans leur organisation. C'est leur univers, le spectacle auquel la plupart sont confrontés chaque jour.

C'est quand ils réalisent que ce déficit de confiance provient d'une violation des principes – non seulement à l'échelle individuelle, mais à celle de l'entreprise, qu'ils réagissent le plus vivement. Je ne parle pas uniquement du viol des 4 noyaux et des 13 comportements. Je pense aussi à la violation des principes d'organisation qui engendre l'*alignement* avec ces noyaux et ces comportements. Cela arrive quand les gens, en particulier les dirigeants, critiquent les comportements de leurs salariés dans un cadre professionnel à bas niveau de confiance sans comprendre leur propre responsabilité dans la création, le déploiement et le maintien d'un environnement permettant de développer un haut niveau de confiance.

Selon Arthur W. Jones, expert en structure organisationnelle : « Toutes les organisations sont parfaitement intégrées pour obtenir les résultats qu'elles obtiennent. » À quoi j'ajouterai : « Toutes les organisations sont parfaitement intégrées pour obtenir le niveau de *confiance* qu'elles obtiennent. » Si vous n'obtenez pas le niveau de confiance que vous souhaitez dans votre organisation, avec les dividendes qu'il procure, il est temps d'examiner le principe d'alignement ; vous serez alors conduits à analyser les structures et processus qui véhiculent – beaucoup plus éloquemment que les mots – les paradigmes sous-jacents qui freinent la confiance.

> « *Une entreprise en guerre avec elle-même [alignement déficient] n'aura pas la force ni la concentration*

> *nécessaire pour survivre et lutter dans l'environnement*
> *compétitif d'aujourd'hui. »*
>
> —PROFESSEUR JOHN O. WHITNEY, COLUMBIA
> BUSINESS SCHOOL

J'ai dit plus haut que la confiance est le facteur caché qui agit à tous les niveaux. Si elle est invisible dans les organisations c'est que les responsables ne la recherchent pas dans les structures, processus et stratégies qui induisent les comportements quotidiens. Ils se concentrent sur les symptômes, les reflets du soleil à la surface de l'eau. Ils ne chaussent pas les lunettes qui leur permettraient de voir les poissons nageant au fond. En tant que responsable, vous pouvez être expert à instaurer la confiance en soi et la confiance relationnelle, voire à obtenir la confiance des autres, mais rater l'instauration de la confiance organisationnelle parce que vous n'aurez pas su mettre en place et intégrer les méthodes qui développent la confiance.

SYMBOLES : LES MANIFESTATIONS DE L'ALIGNEMENT(OU DU DÉFICIT D'INTÉGRATION)

Lors d'un de nos ateliers, une participante raconta que son mari avait récemment quitté la société pour laquelle il travaillait afin d'intégrer une université parce qu'il avait le sentiment que les nouvelles perspectives qu'on lui offrait l'intéressaient davantage. Puis, après seulement quatre jours passés dans cette université, il était revenu dans son ancienne société… Il avait craqué en découvrant les procédures bureaucratiques : pour obtenir ne serait-ce qu'un stylo, il fallait remplir un formulaire qui devait être validé par trois personnes différentes ! Il confia à peu près à sa femme : « Je ne veux pas vivre ce genre de situations. Je n'aime pas les états dans lesquels cela me met. Je n'aime pas les sentiments que j'éprouve alors. » Ces procédures bureaucratiques *symbolisaient* clairement le bas niveau de confiance régnant dans ce cadre de travail.

> *« La confiance est le prédicteur le plus important de la*
> *satisfaction individuelle au sein d'une entreprise. »*
>
> —JIM KOUZES ET BARRY POSNER, EXPERTS
> EN MANAGEMENT

J'ai observé un exemple similaire d'alignement déficient dans une grande société d'expertise-conseil. Elle commençait à connaître des difficultés financières et dans un effort pour mieux contrôler les coûts, la nouvelle direction financière avait mis en place un système très lourd et détaillé de remboursement des dépenses. Les règles étaient pointilleuses jusqu'à l'absurde. Ainsi les collaborateurs devaient rendre leur voiture de location en ayant effectué le plein d'essence, faute de quoi le remboursement leur en était refusé. Des consultants qui couraient d'un aéroport à l'autre plusieurs fois par jour pour voir leurs clients étaient traités comme des individus paresseux et irresponsables. Autre contrainte maison : seuls les associés se voyaient rembourser leurs notes de mobile quand ils étaient en déplacement. Comme si ces consultants utilisaient leurs mobiles pour, la plupart du temps, passer des coups de fil personnels plutôt que professionnels !

Toute cette politique symbolisait une énorme méfiance. Mais heureusement, quelques consultants de gros calibre n'hésitèrent pas à se plaindre de ce traitement. « Nous ne sommes pas d'accord. Vous nous traitez comme des gamins. Vous nous montrez un degré de confiance zéro. » Résultat : cette stratégie de contrôle tatillon fut remplacée par une politique différente, en accord avec les valeurs de respect et de confiance qui régnaient dans cette entreprise.

> *« Les bons responsables devraient faire confiance à leur entourage. »*
>
> —SIR RICHARD BRANSON, FONDATEUR ET PRÉSIDENT DU GROUPE VIRGIN

Ces deux exemples montrent l'impact d'une mauvaise harmonisation des structures et des méthodes avec les principes qui développent la confiance. Ils démontrent aussi le pouvoir des *symboles* organisationnels – ces paramètres qui représentent et communiquent les arrière-pensées de la direction à tous les membres de l'organisation.

Les symboles sont vraiment puissants, au point de prendre souvent une importance disproportionnée. Ils sont toujours plus forts que les meilleurs arguments. Ils transmettent des schémas de pensée bien plus éloquemment que les mots. Et ils le font avec un impact décuplé. On a dit qu' « une image valait cent mille mots » et l'on peut dire la même chose d'un symbole. Il communique beaucoup, vite, à tout le monde.

Les symboles peuvent être positifs ou négatifs et ils peuvent prendre de multiples formes, objets tangibles, méthodes, processus, comportements systématiques ou rumeurs et légendes plus ou moins fondées. On les retrouve à tous les niveaux : dans un règlement intérieur d'entreprise de 500 pages comme dans le comportement d'un patron qui gare sa limousine de luxe sur une place de stationnement réservée. Dans celle d'un PDG nouvellement engagé qui refuse d'accepter une augmentation parce qu'elle pourrait envoyer le mauvais signal aux salariés. Dans le comportement d'une légende comme Howard Shultz réagissant avec tant de compassion quand des salariés de Starbucks ont été assassinés. Symbolique aussi, l'œuvre d'art onéreuse acquise pour décorer le bureau de conseil d'administration en pleine vague de licenciements, ou encore le PDG qui lit un à un les avis des clients pour bien signifier leur importance. Ou encore ces histoires qui font partie de la légende d'une société et qu'on se raconte longtemps après comme celle de David Neelman, PDG de JetBlue, qui, lors d'une panne générale d'électricité, se fait conduire à l'aéroport Kennedy, à New York, et procède lui-même à l'enregistrement des passagers sur son ordinateur personnel.

J'ai travaillé autrefois pour une grande société de promotion immobilière dont les trois valeurs de base étaient : travailler dur, travailler intelligemment et y prendre du plaisir. Un jour, un intermédiaire nous contacta pour nous soumettre un projet colossal d'un client à lui. Il avait contacté les dix plus gros promoteurs immobiliers du secteur. Nous étions enthousiastes sur l'occasion que représentait ce projet, mais à mesure que les négociations progressaient, nous découvrîmes que cet intermédiaire était un partenaire si difficile en affaires, si contradictoire dans ses exigences que nos réunions avec lui devenaient de plus en plus pénibles, unilatérales – un véritable calvaire en fait. Lors de la dixième réunion sur ce projet, le responsable du projet pour notre société se tourna vers moi et me demanda : « Stephen, éprouvez-vous du plaisir à travailler sur cette transaction ? » Je dus reconnaître que non. « Bien, reprit-il, moi non plus, je n'y prends aucun plaisir. Le plaisir dans le travail est l'une de nos valeurs. Nous n'en prenons aucun, retirons-nous de cet appel d'offres. » Notre retrait d'un projet à si fort potentiel fut un choc pour l'intermédiaire et son client, mais il était complètement cohérent avec les valeurs de la société. Et il adressa un message très fort aux collaborateurs : nous ne transigions pas sur nos principes. Cette décision devint un symbole et l'anecdote un des chapitres marquants de la légende de l'entreprise.

Quelle que soit la forme qu'ils prennent, les symboles deviennent toujours des représentations, des images, voire des icônes disproportionnées d'une culture d'entreprise et de ce qui fonctionne ou au contraire ne fonctionne pas dans son organisation.

> *« Le patron d'une grande entreprise ne peut s'assurer la confiance de ses subordonnés à long terme que si les rumeurs qui circulent à son sujet sont positives, surtout s'agissant de sa cohérence. »*
>
> —HENK BROEDERS, PRÉSIDENT DE CAPGEMINI
> PAYS-BAS

Voici quelques exemples de symboles qui véhiculent et permettent de bâtir une confiance élevée :

1. Quelques années après la fondation d'Hewlett-Packard, l'un des fondateurs, Bill Hewlett, entre un week-end dans un entrepôt de la société à la recherche d'un outil, mais découvre que le casier à outils est cadenassé. Or, l'une des règles de l'entreprise depuis sa création voulait justement que toutes les réserves et entrepôts soient ouverts aux salariés afin que ceux-ci aient un libre accès aux outils dont ils pouvaient avoir besoin. La décision de ne pas fermer ce type de placards à clé avait donc été prise sciemment pour montrer la confiance de la direction envers ses salariés. Elle avait été prise par David Packard, le cofondateur, après l'expérience malheureuse qu'il avait faite dans une entreprise où, à l'inverse, tous les outils étaient scrupuleusement gardés sous clé « pour s'assurer que les salariés ne voleraient rien. »

Exaspéré de voir qu'on n'avait pas respecté la règle édictée, Hewlett arracha le cadenas, le jeta et apposa sur le placard un écriteau sur lequel on pouvait lire : « HP A CONFIANCE EN SES SALARIÉS ». À dater de ce jour, l'absence de cadenas et même de serrures devint vraiment le symbole de la confiance, un symbole qui inspira loyauté et créativité. Plus éloquemment que toute autre décision, il affirmait que Hewlett-Packard « avait une confiance entière » en ses salariés. Comme Packard devait le déclarer plus tard, « les casiers et les entrepôts ouverts symbolisaient la confiance, une confiance centrale dans la façon de travailler de HP ».

2. À une époque où nombre de règlements d'entreprises s'étalent sur des centaines de pages, comme je l'ai mentionné plus haut, le règlement de

Nordstrom fait exception : il se compose en effet d'une unique page. Voici ce qu'on peut lire au recto de celle-ci :

RÈGLEMENT INTÉRIEUR DES SALARIÉS
Bienvenue chez Nordstrom
NOUS SOMMES HEUREUX QUE VOUS APPARTENIEZ À NOTRE ENTREPRISE.

Notre objectif n°1 est de fournir à nos clients un service exceptionnel. Placez haut la barre de vos exigences personnelles et professionnelles. Nous avons une grande confiance dans votre capacité à les atteindre. Notre règlement intérieur est donc très simple. Nous n'avons qu'une seule règle...

Et, au verso de cette page, on peut lire :

UNE SEULE RÈGLE

Appuyez-vous sur votre discernement en toutes circonstances ! Et à tout moment, n'hésitez pas à poser des questions à votre chef de service, votre directeur de magasin ou au département des ressources humaines.

Selon David Sirota, Louis A. Mischkind et Michael Irwin Meltzer, dans leur ouvrage *The Enthusiastic Employee* (« Le Salarié enthousiaste ») :

> « *Ce règlement réduit à une page en dit plus long que plusieurs volumes sur l'état d'esprit de l'entreprise et souligne l'importance que Nordstrom attache à la satisfaction de ses clients, sa culture délibérément non bureaucratique et sa confiance dans les capacités et le caractère de ses salariés. Sa règle unique exprime les valeurs d'une organisation accueillante et respectueuse.* »

Le « règlement intérieur » de Nordstrom symbolise la confiance et il est parfaitement accordé avec leur axiome de base : fournir un service d'exception à la clientèle grâce à des salariés appelés à utiliser leur intelligence en toute situation.

3. L'entreprise de fabrication française à haut rendement FAVI fabrique des composants de précision pour l'industrie automobile et d'autres applications. Lorsqu'elle était sous la direction de Jean-François Zobrist, la compagnie

transféra la responsabilité de la qualité et du rendement aux machinistes eux-mêmes fabriquant les composants. Cela infusa chez les machinistes un sentiment profond de fierté dans leur travail. Zobrist se rappelle, « Un jour certains des machinistes ont découvert une pièce défectueuse. Ils ont vérifié le stock et n'y ont trouvé aucune pièce défectueuse. Alors ils ont pris une voiture de l'entreprise et se sont rendus au siège social de Volkswagen, sans demander de permission. Donc ces bons machinistes se présentent dans leurs salopettes avec ce composant et expliquent qu'il leur faut voir s'ils avaient livré des pièces défectueuses. Les gens de Volkswagen n'avaient jamais rien vu de pareil ! » Quand ce genre d'histoires positives viennent de chez vous et sont racontées aux actionnaires, elles en viennent souvent à faire partie de la tradition de l'entreprise et se traduisent en symboles puissants de confiance.

> *« Au cœur de notre système entier se trouve la conviction que l'humanité est bonne – que dans l'ensemble, on peut faire confiance aux gens et leur donner des responsabilités. »*
>
> —JEAN-FRANCOIS ZOBRIST, ANCIEN DIRECTEUR GÉNÉRAL, FAVI

Quels symboles existent-ils dans votre propre organisation ? Que communiquent-ils aux parties prenantes internes ? Les symboles s'alignent-ils aux principes créant la confiance élevée ? Quels en sont les résultats ?

COMMENT CONCRÉTISER UN CHANGEMENT ORGANISATIONNEL

Si les symboles dans votre organisation expriment et cultivent la méfiance – ou une confiance insuffisante – revenez aux 4 noyaux en coiffant la casquette de votre entreprise et demandez-vous :

- Mon organisation est-elle *intègre* ? Les valeurs que nous défendons sont-elles claires ? Nos structures et nos méthodes reflètent-ils un paradigme fondamental de respect et de confiance ? Avons-nous une culture d'honnêteté ? D'humilité ? L'écoute des uns et des autres est-elle de règle ? Sommes-nous capables de faire des erreurs et de les reconnaître ? Avons-nous le courage d'affronter les problèmes difficiles ? Nos méthodes et nos structures encouragent-elles un comportement éthique ?

- Mon organisation cultive-t-elle une bonne *intention* ? Avons-nous une culture d'attention bienveillante les uns pour les autres ? Pour notre travail ? Pour nos clients ? Souhaitons-nous sincèrement que tout succès soit le succès de tous ? Les procédures sont-elles conçues pour récompenser la compétition ou la coopération ? Le système encourage-t-il à partager librement idées et informations ou à faire de la rétention ?

- Quelles sont les *capacités* de mon organisation ? Avons-nous les moyens de produire de la valeur ? Savons-nous attirer et retenir les talents, les attitudes, les savoir-faire, et le style (TASCS) dont nous avons besoin pour rester compétitifs dans le marché actuel ? Avons-nous les bonnes personnes aux bons postes ? Sommes-nous toujours sur la brèche en matière d'innovation et d'amélioration ? Sommes-nous capables de nous réinventer ?

- Mon organisation obtient-elle des *résultats* ? Parvenons-nous à tenir nos promesses ? Les gens peuvent-ils se fier à nous pour créer de la valeur et remplir des engagements ? Notre historique de performances inspire-t-il confiance ? Les clients nous recommandent-ils à des tiers ? Fournissons-nous des résultats qui inspirent confiance ?

Si vous estimez votre organisation déficiente sur l'un de ces plans, c'est le moment de commencer à poser la question de l'alignement afin de bâtir la *confiance organisationnelle*.[8] Même si vous n'êtes pas le dirigeant officiel de cette organisation, vous pouvez prendre certaines initiatives pour peser dans le bon sens. Sinon, votre première étape consiste à revenir aux 4 noyaux en tant qu'individu et à accroître votre crédibilité afin d'en être capable.

Certaines des idées concernant l'application de ces mêmes 4 noyaux qui sont efficaces au niveau individuel vous aideront à réaliser l'alignement au niveau organisationnel. Par exemple :

---

8   Pour une vidéo sur la façon de mesurer la confiance et son effet sur votre organisation, et aussi un échantillon de l'Indice de confiance organisationnelle, visitez le www. speedoftrust.com/book-promises.

Vous souhaitez relever l'*intégrité organisationnelle*, pourquoi ne pas créer ou renouveler votre déclaration de valeurs ? Ce geste fort incitera toutes les personnes concernées à réaliser qu'il s'agit d'autre chose que d'une platitude suspendue à un mur. Vous pouvez aussi travailler à créer au sein de l'organisation une culture de la fidélité aux engagements. C'est particulièrement important pour les dirigeants et surtout dans les « détails ». J'ai connu des situations où les responsables ne se sentaient pas liés par des engagements concernant de soi-disant détails, et les salariés n'ont guère tardé à montrer la même désinvolture.

Pour améliorer l'*intention organisationnelle*, assurez-vous que votre mission et vos valeurs reflètent des motivations et des principes qui permettent de bâtir la confiance. Vous pouvez aussi donner l'exemple de l'attention bienveillante. Rappelez-vous l'impact organisationnel du respect ou du souci de l'autre – surtout chez un dirigeant. Efforcez-vous de créer des procédures qui illustrent le pouvoir de la confiance et se traduiront par des bénéfices mutuels pour vos collaborateurs, généralisez la délégation de responsabilité, récompensez la coopération plutôt que la compétition.

Pour accroître vos *capacités organisationnelles*, instaurez des structures et des procédures (y compris au niveau du recrutement et des indemnisations) conçues pour attirer et retenir les talents qui optimiseront votre compétitivité. Proposez des formations de mises à niveau permanentes (systèmes de développement) pour assurer la pertinence des compétences et motiver vos collaborateurs. Assurez-vous que les systèmes d'information et de prise de décision sont en harmonie avec vos besoins organisationnels et répondent à ceux des clients.

Pour améliorer les *résultats de l'entreprise*, vous pouvez aider vos salariés à créer une vision collective des résultats à atteindre grâce à un plan qui détaille les objectifs de chacun, étape par étape, et un système de gratifications qui n'oublie personne. Établissez une « fiche de score » équilibrée, dans laquelle les résultats reflètent la volonté de satisfaire les besoins de tous les partenaires et pas seulement des actionnaires. Travaillez à forger une culture dans laquelle les gens seront en permanence tenus responsables de leurs résultats – et non de leurs seuls efforts.

Je vous assure que si vous chaussez vos lunettes de confiance et que vous voyez l'impact du renforcement des 4 noyaux dans votre organisation à quelque niveau que ce soit, vous serez stupéfait. Et si vous *prenez vraiment* les mesures nécessaires pour renforcer les 4 noyaux, les résultats positifs en termes d'alignement – et les dividendes de confiance qu'ils entraîneront – seront remarquables.

Après avoir examiné les 4 noyaux au niveau organisationnel, demandez-vous à quel degré votre culture d'entreprise manifeste et encourage les 13 comportements. Reprenez le tableau suivant depuis le début, cette fois coiffé de votre casquette d'entreprise. Quel côté du tableau reflète le plus exactement la culture de votre « organisation », de quelque façon que vous la définissiez ?

Comportement	Performance actuelle	Contraire/Contrefaçon
Parler franchement	1 2 3 4 5	Mentir, truquer, dire des demi-vérités, tenir un double langage, flatter.
Montrer du respect	1 2 3 4 5	Être indifférent(e) ou ne pas montrer que vous êtes concerné(e). Montrer de l'irrespect ou ne montrer du respect qu'à ceux qui peuvent vous être utiles.
Créer la transparence	1 2 3 4 5	Faire de la rétention d'informations, dissimuler-, laisser les autres s'illusionner, faire semblant.
Corriger vos erreurs	1 2 3 4 5	Ne pas reconnaître ou corriger vos erreurs, les dissimuler.
Montrer de la loyauté	1 2 3 4 5	Trahir les autres. Vous approprier le bénéfice d'un succès. Être tout miel devant les autres et tout fiel dans leur dos.
Montrer des résultats	1 2 3 4 5	Absence de résultats. Beaucoup d'efforts mais peu de résultats.
Progresser	1 2 3 4 5	Régresser. Ne rien faire pour s'améliorer. Appliquer une unique solution à tous les problèmes.
Affronter la réalité	1 2 3 4 5	Enfouir la tête dans le sable. Se noyer dans les détails insignifiants en évitant les vrais problèmes.
Clarifier ses attentes	1 2 3 4 5	Les tenir pour évidentes ou ne se poser aucune question à leur sujet. Rester dans le flou les concernant.

Se montrer concrètement responsable	1 2 3 4 5	Fuir ses responsabilités. « Ce n'est pas ma faute ! ». Ne pas tenir les autres responsables de leurs actes.
Commencer par écouter	1 2 3 4 5	Ne pas écouter. Parler d'abord, écouter ensuite. Faire semblant d'écouter. Écouter sans faire l'effort de vraiment comprendre.
Tenir ses engagements	1 2 3 4 5	Trahir ses engagements. Ne pas honorer ses promesses. Prendre des engagements vagues et inatteignables ou refuser de s'engager.
Accorder la confiance	1 2 3 4 5	Accorder une confiance minimale. La simuler puis contrôler à la dérobée. Confier des responsabilités sans donner l'autorité nécessaire.

Si votre culture organisationnelle se reflète mieux dans l'un ou l'autre des comportements énumérés à droite de ce tableau, demandez-vous pourquoi. Quelles méthodes, quelles structures de votre organisation encouragent explicitement ou implicitement des comportements de faible confiance ?

> *« Le cœur du sujet c'est toujours de changer le comportement des gens. »*
>
> —PROFESSEUR JOHN KOTTER, HARVARD BUSINESS SCHOOL

Il y a quelques semaines, un de mes amis a rendu au service clients d'un grand magasin d'électronique une chaîne stéréo qu'on lui avait offerte et qu'il n'avait pas déballée. Il a présenté la facture et, de toute évidence, le carton contenant la chaîne était intact. Après avoir fait la queue quelques minutes, il s'est entendu dire par une salariée : « Je suis désolée mais je ne peux vous rembourser avant de l'avoir fait vérifier par un collègue du service 'électronique grand public'. » Contrarié, mon ami a rétorqué qu'il était pressé et qu'il était évident que la boîte n'avait pas été ouverte. La salariée était tout à fait d'accord avec mon ami sur le fait que l'emballage était intact, mais elle répondit que le règlement lui imposait de faire vérifier par des collègues de ce service les produits électroniques retournés et qu'elle devait le respecter. Mon ami a dû attendre dix minutes supplémentaires l'arrivée d'un salarié du service en question. Lequel s'est contenté de jeter un coup d'œil et de déclarer qu'il était évident que la boîte n'avait jamais été ouverte et qu'il n'était pas nécessaire de l'inspecter. Mon ami est parti en se jurant de ne plus jamais revenir et il a raconté cette histoire à beaucoup de gens.

La politique après-vente de cette entreprise était dictée par un souci de protection contre la fraude et elle n'avait nullement intégré les principes du service à la clientèle, pas plus qu'elle ne se fiait à ses salariés pour exercer leur discernement. Vous pouvez imaginer les conséquences sur le résultat financier !

Une analyse attentive de toutes vos structures et méthodes – information, communication, prise de décision et indemnisation – fera apparaître les zones de dysfonctionnement. Elle vous montrera où vous payez des taxes, perdez de la vitesse et accroissez les coûts et donc perdez les dividendes qu'une confiance élevée vous permettrait d'engranger.

Finalement, vous veillerez à ce que les paradigmes de la direction concordent avec les principes qui génèrent la confiance. Quand des chefs d'entreprise ne croient pas pouvoir faire confiance à leurs salariés, ils créent des méthodes et des structures qui reflètent cet état d'esprit, une hiérarchie, de multiples niveaux de contrôle et des procédures pesantes. Ces méthodes et ces structures, à leur tour, contribuent à susciter des comportements de méfiance qui ne font que conforter les perceptions des dirigeants dans leur méfiance envers le personnel. C'est ainsi qu'on enclenche un cercle vicieux, une spirale négative.

> « Le plus sûr moyen de faire qu'un homme ne soit pas digne de confiance est de vous méfier de lui et de le lui montrer. »
>
> —HENRY STIMSON, EX-MINISTRE DES AFFAIRES ÉTRANGÈRES DES *ÉTATS-UNIS*

L'expérience négative de David Packard confronté aux casiers à outils cadenassés qui l'avaient tant marqué quand il était encore salarié confirme la réalité d'une telle spirale. Voici ce qu'il en dit :

« J'ai compris au début de ma carrière quels problèmes peuvent naître du manque de confiance d'une entreprise envers ses salariés... Confrontés à cet étalage de méfiance [les cadenas sur les casiers], beaucoup de salariés se sont mis à le justifier, dérobant des outils ou des pièces détachées chaque fois qu'ils le pouvaient. »

À l'inverse, quand des dirigeants comme David Packard, Blake Nordstrom ou David Neeleman affichent leur profonde conviction qu'ils peuvent faire confiance, ils créent des méthodes et des structures qui renforcent et finalement reflètent cette conviction – casiers à outils en libre accès, règlements intérieurs d'entreprise réduits à l'essentiel, salariés du service réservation travaillant à domicile. Ces méthodes et structures renforcent et finalement contribuent à produire des comportements qui confortent les dirigeants dans leur confiance. Ces paradigmes et comportements concourent donc à créer un cercle vertueux, une spirale positive.

Les 4 noyaux et les 13 comportements sont vos outils. Ce sont les clés qui vous permettront de réussir un alignement et de propager la confiance dans votre organisation. Ils créeront des changements significatifs à trois niveaux en permettant aux salariés :

de *voir* comment la confiance affecte toutes les relations et les résultats dans l'organisation ;

de *parler* de la confiance pour développer la compréhension et la résolution des problèmes par le dialogue ;

d'adopter des *comportements* qui bâtissent la confiance.

Ils vous permettront de créer une organisation à haut niveau de confiance, avec des répercussions positives aussi bien sur les symboles que dans le résultat financier de votre entreprise.

DES TAXES AUX DIVIDENDES

Si les arguments ci-dessus n'ont pas encore su vous convaincre des moyens d'accroître la confiance dans votre organisation, voici une autre information qui pourrait bien être le déclic : J'affirme que, faute de confiance, votre organisation paie une taxe, et par taxe, j'entends pur et simple gaspillage. Certes, cette taxe n'apparaît pas sur votre avis d'imposition sous la forme « taxe confiance », pourtant elle est bien là, déguisée sous d'autres formes. Je vous invite donc à chausser vos lunettes confiance afin d'être capable de voir ce qui se passe sous la surface. Je veux vous montrer les déficits cachés qui grèvent votre résultat. Puis je vous montrerai les dividendes extraordinaires qu'une confiance élevée peut engendrer.

LES SEPT TAXES D'UNE CONFIANCE DÉGRADÉE

1.EFFET DE REDONDANCE

L'effet de redondance se traduit par une multiplication des doublons. Bien sûr, s'agissant d'enjeux décisifs, des systèmes de contrôle et de gestion des données redondants restent nécessaires. Mais dans des organisations hiérarchisées à l'excès, où les strates de décision superposées et les structures parallèles sont censées assurer un meilleur contrôle, la taxe confiance est inévitable. Pour l'essentiel, elle découle du paradigme selon lequel si on ne supervise pas étroitement les salariés, on n'a aucune garantie sur l'efficacité de leur travail. Une défiance très coûteuse.

Mon père m'a fait part d'une expérience : un jour qu'il faisait une présentation devant les dirigeants d'une chaîne de casinos de Las Vegas, la direction lui fit visiter le rez-de-chaussée d'un de ses établissements. Ils insistèrent sur le fait qu'un bas niveau de confiance ajouté aux très hauts risques de vols avait conduit à instaurer une hiérarchie de quatre ou cinq niveaux. Ils avaient donc des salariés payés pour en surveiller d'autres, lesquels en surveillaient d'autres et ainsi de suite. Dans un schéma à haut niveau de confiance, toutefois, une hiérarchie à deux niveaux aurait suffi.

Dans certaines circonstances, une duplication du travail peut aussi être considérée comme un coût lié à l'effet de redondance, lui-même témoin d'une confiance médiocre. Dans des entreprises de développement de logiciels, il n'est pas rare que 60 à 80 % des dépenses soient liées à une duplication du travail. Dans l'industrie, les coûts de duplication sur certaines tâches peuvent finir par dépasser le coût de production initiale du produit.

2. BUREAUCRATIE

Par bureaucratie, j'entends une accumulation complexe et pesante de règles, de procédures, de contraintes de tous ordres. Elle se traduit par une inflation de paperasse, de formalisme administratif, de vérifications tatillonnes, de multiples niveaux de validation et autres mécanismes de contrôle. Loin de se focaliser sur des objectifs d'amélioration constante à tous les niveaux, la bureaucratie se contente d'ajouter à la situation existante complications et freins de toute sorte – donc des coûts supplémentaires. Comme le soulignait le théoricien du management Laurence Peter, « la bureaucratie défend le *statu quo*, longtemps après que le *quo* a perdu son *statu*. »

Les coûts de la bureaucratie dans tous les types d'organisations – l'administration, la santé publique, l'éducation, le secteur associatif, l'industrie et les services – sont gigantesques. En 2018, on estime le coût du respect des règlements fédéraux aux États-Unis à 1,9 billions de dollars, ce qui représente à peu près 10% du produit intérieur brut. Gary Hamel de la London Business School affirme que diminuer la bureaucratie de moitié résulterait en une croissance de 3 billions de dollars en productivité aux Etats-Unis et encore de 5,4 billions de dollars ailleurs dans le monde. Il déclare : « Nous devons être honnêtes sur ce que la bureaucratie coûte à l'économie. »

Qui dit bas niveau de confiance dit prolifération bureaucratique, et qui dit bureaucratie dit confiance *a minima*. Dans des organisations à bas niveau de confiance, la bureaucratie est omniprésente.

> *« Quand il n'y a pas de confiance, vous pouvez le voir : vérifications et contrôles sont à la hausse. Ainsi que les procédés. C'est ça, la bureaucratie. »*
>
> —RANDALL STEPHENSON, PRÉSIDENT ET PDG, AT&T

3. POLITIQUE

Dans une organisation, la notion de « politique » renvoie aux manœuvres tactiques et stratégiques des dirigeants dans la lutte pour le pouvoir. La politique interne tend à diviser une collectivité en provoquant un conflit entre les « ennemis internes », selon l'expression de l'écrivain américain Lawrence B. MacGregor, lesquels remplacent les « ennemis externes » (les concurrents).

La politique interne engendre rétention d'informations, bagarres intestines, supputations et spéculations, manœuvres dissimulées, rivalités interservices, médisances et multiplication des réunions. Ces comportements entraînent de multiples pertes de temps, de talent, d'énergie et d'argent. De plus, ils empoisonnent la culture d'une société, font dévier les stratégies de leur axe, sapent initiatives, relations et carrières. Les coûts indirects liés à la politique interne sont estimés à 100 milliards de dollars par an, une estimation jugée d'ailleurs optimiste par certains experts.

La politique dans l'entreprise engendre une dégradation de la confiance. En fait, la « politique » est toujours l'ennemie de la confiance.

4. DÉMOTIVATION

La démotivation se produit quand des salariés continuent de travailler dans une entreprise mais qu'ils l'ont en fait quittée mentalement (c'est ce qu'on appelle « partir tout en restant »). On déploie l'énergie minimale requise pour toucher son salaire à la fin du mois et éviter le licenciement mais on ne consacre pas son talent, son énergie, sa créativité, ni sa passion à son travail. Les salariés font acte de présence, mais leur enthousiasme et leur esprit sont ailleurs. Il existe de nombreuses raisons à cette démotivation, mais la perte de confiance est l'une des pires.

Dans son étude de 2017 sur l'État du lieu de travail mondial, l'organisation Gallup estime le coût du désengagement mondial à approximativement 7 billions de dollars en perte de productivité.

L'étude estime en plus que 85 % des salariés du monde entier ou bien ne sont pas engagés ou bien sont activement désengagés au travail. Dans certains pays, dont plusieurs en Asie de l'Est, le chiffre du désengagement est encore plus élevé. En ce qui concerne la confiance, les recherches de Gallup révèlent que 96 % des salariés impliqués – mais seulement 46 % des salariés démotivés – font confiance à leurs supérieurs. Qui était là le premier, l'œuf (la méfiance) ou la poule (la démotivation) ? pourrait-on se demander en reprenant une question aussi vieille que le monde. C'est encore une fois un cercle vicieux qui s'autoperpétue et freine peu à peu l'organisation jusqu'à, parfois, la paralyser complètement.

5. ROTATION INTERNE

La rotation du personnel représente un coût énorme pour les organisations et, dans les cultures en déficit de confiance, on observe une rotation qui dépasse la moyenne du secteur concerné. Je ne parle pas de la rotation souhaitable des salariés aux résultats insuffisants, mais de la rotation des salariés performants. La dégradation de la confiance entraîne une démotivation et une inflation de départs – surtout des collaborateurs dont on souhaiterait le moins qu'ils partent ! Les meilleurs veulent qu'on leur fasse confiance et ils aiment travailler dans des environnements à haut niveau de confiance. Quand on ne leur fait pas confiance, ils se sentent offensés et un nombre important d'entre eux vont rechercher un emploi où on leur fait confiance. Cette rotation découle aussi des deux taxes précitées. Les salariés partent écœurés par des environnements bureaucratiques et politiques qui existent au sein des organisations de faible confiance. Ou bien, comme le suggèrent les enquêtes de l'Institut Gallup, leur relation avec leur patron est si déficiente (le niveau de confiance est si bas) qu'ils finissent par démissionner.

Le coût de rotation du personnel pour une entreprise peut être énorme, allant de 25% à 250% du prix de remplacement d'un salarié sortant.

> *« Les salariés travaillant dans un environnement où règne la confiance ont davantage tendance à y demeurer. Chez les 100 Meilleures compagnies pour lesquelles travailler d'après Fortune, le taux de rotation volontaire en personnel est à peu près la moitié de celui de leurs pairs dans l'industrie. »*
>
> —GREAT PLACE TO WORK INSTITUTE

6. ROTATION EXTERNE

La rotation ne concerne pas seulement les salariés mais toutes les parties concernées. Quand la confiance est dégradée dans une entreprise, elle envoie des signaux négatifs au marché, provoquant une importante rotation parmi les clients, les fournisseurs, les distributeurs et les investisseurs. À l'heure des nouvelles technologies, avec par exemple le développement des blogs, qui permettent aux salariés et aux clients de communiquer leur expérience à l'extérieur, ce problème prend une importance croissante.

Quand une direction ne fait pas confiance à son personnel, celui-ci a tendance à répercuter ce déficit sur les clients, lesquels finissent par partir. Ma sœur m'a parlé d'un restaurant où elle a dîné récemment. À la question « Que me conseillez-vous ? », le serveur lui a répondu : « Je vous conseille de dîner dans un autre restaurant. »

Je ne connais évidemment pas l'histoire de ce restaurant, mais je sais qu'en général, les salariés ont tendance à traiter les clients de la même façon que leur direction les traite. C'est pourquoi Colleen Barrett, la présidente de Southwest Airlines, affirmait : « Parce que notre approche du service clients est exactement la même en interne ou en externe, j'accorde la même importance au mot 'confiance' que je parle de salariés ou de passagers. »

Les enquêtes sur les défections de clients montrent que retrouver de nouveaux clients peut coûter jusqu'à cinq fois plus cher que d'en garder un !

7. DÉLINQUANCE

La malhonnêteté sous toutes ses formes coûte cher à l'entreprise, très cher même, qu'il s'agisse de sabotage, de tromperies ou de perturbations volontaires. La plupart des six autres taxes organisationnelles (surtout celles provoquées par l'effet de redondance et la bureaucratie) constituent d'ailleurs la réaction de la hiérarchie à cette « taxe délinquance ». En plus, donc, de toutes ces taxes particulières, il nous faut mentionner cette taxe transversale, la « taxe délinquance », à l'origine de multiples taxes basse confiance censées résoudre le problème de la malhonnêteté, mais qui se traduisent par un énorme gaspillage de temps et d'argent.

Dans une étude effectuée en 2018 par l'Association des examinateurs certifiés de fraude, on a estimé que les organisations perdent 5% de leur revenu annuel dans une activité frauduleuse. Dans le cas de la combine à la Ponzi du gestionnaire de fonds Bernie Madoff il y a plusieurs années, la taxe frauduleuse s'élevait à 100%, ce qui le fit couler avec son entreprise.

La délinquance est presque toujours un problème de caractère – un manque d'*intégrité* couplé à une intention égocentrique. Si notre seule façon d'aborder ce problème consiste à serrer la vis et à multiplier les contrôles, nous ne réduirons que légèrement la taxe délinquance mais augmenterons les six autres taxes, dont la charge cumulée est beaucoup plus lourde - *entre cinq et dix fois* peut-être – que la taxe initiale due à la délinquance.

Le bon sens suggère de prendre un peu de recul et d'aborder autrement le problème. À cette fin, je vous conseille d'en revenir aux 4 noyaux de la crédibilité. Quand nous recrutons, pensons au moins autant au caractère qu'à la compétence. La formation et le développement doivent aussi être axés sur le renforcement de l'*intégrité* et de l'*intention* des personnes. Nous devons bâtir une culture éthique sur laquelle nous pourrons nous appuyer et qui sera le vecteur n° 1 des valeurs morales dans l'entreprise. Comme le soulignait le sociologue français Émile Durkheim : « Quand les mœurs sont suffisantes, les lois ne sont pas nécessaires ; quand les mœurs sont insuffisantes, les lois sont inapplicables. » La clé consiste à renforcer les valeurs et la culture morale. Sans elles, les moyens d'obtenir leur respect seront toujours insuffisants.

> « *Les règles ne peuvent se substituer au caractère.* »
>
> —ALAN GREENSPAN, EX-PRÉSIDENT DE LA BANQUE
> CENTRALE AMÉRICAINE

Quand on additionne les coûts des diverses taxes que doivent acquitter les organisations à faible degré de confiance, subsiste-t-il un doute sur le lien substantiel, direct et indiscutable entre déficit de confiance, vitesse réduite et coût élevé ?

LES SEPT DIVIDENDES ORGANISATIONNELS D'UNE CONFIANCE ÉLEVÉE

Examinons maintenant les sept dividendes d'une confiance élevée. La réduction et l'élimination de l'effet de la redondance, de la bureaucratie, de la démotivation, des manœuvres politiques, de la rotation interne et externe et de la délinquance sous toutes ses formes fera à coup sûr une énorme différence dans le bilan confiance et dans les résultats de n'importe quelle organisation.

Mais il existe des dividendes supplémentaires d'une confiance élevée... ainsi qu'une troisième mesure : la valeur.

1. UNE VALEUR ACCRUE

Une confiance élevée accroît la valeur sous deux formes :

La première est la valeur pour l'actionnaire – et les chiffres parlent d'eux-mêmes. Comme je l'ai rappelé plus haut, dans une étude de 2002, les organisations à degré de confiance élevé surclassaient les organisations à confiance dégradée (prix de l'action + dividendes) de 286 % ! De plus, selon une enquête de 2005 du Russell Investment Group (la confiance intervient pour 60 % dans les critères retenus), les « 100 meilleures entreprises où travailler en Amérique » multipliaient par quatre les revenus des entreprises moyennes du marché sur les sept années précédentes. Comme le déclarait le magazine *Fortune*, « les salariés sont ravis d'avoir la liberté de faire leur travail comme ils le jugent bon et les grands employeurs leur font confiance. »

La deuxième forme est la valeur pour le client. Les organisations à confiance élevée savent créer et fournir un supplément de valeur constant à leurs clients. Cette valeur client engendre en retour un surplus de valeur pour tous les partenaires.

2. UNE CROISSANCE ACCÉLÉRÉE

Les entreprises à confiance élevée surclassent les entreprises à bas niveau de confiance, non seulement dans la valeur pour les actionnaires mais aussi dans les ventes et les profits. Les recherches démontrent clairement que les clients achètent plus, achètent plus souvent, recommandent plus souvent et restent plus longtemps fidèles aux entreprises et aux partenaires en qui ils ont confiance. Les meilleurs résultats de ces entreprises s'accompagnent en outre de coûts moins élevés. Rappelez-vous « Jim », le marchand ambulant de beignets et de café, et multipliez cet effet à l'échelle d'une grande entreprise.

Avec des relations de HAUTE confiance, la fidélisation de la clientèle augmente de manière significative, mais également le marketing de bouche à oreille, ainsi que la quantité et la qualité des références. Les recommandations constituent une excellente illustration de la rapidité de la confiance en action. Quand votre client(e) encourage des clients potentiels à vous faire confiance, cela crée d'habitude un transfert de confiance de votre client(e) à vos clients potentiels, et vos clients potentiels deviennent un nouveau client beaucoup plus vite et à moindre coût que la normale. Le résultat net n'est pas seulement une croissance accélérée, mais une croissance accélérée profitable. Une étude effectuée en 2015 par Interaction Associates montre que les compagnies à confiance élevée « ont plus de 26 fois plus de chance d'être des organisations à haut rendement en revenu que les entreprises à basse confiance. » Comme l'ancien PDG de Vanguard Investments John Brennan l'a déclaré, « La confiance est notre atout numéro un… À mesure que les clients apprennent à nous faire confiance, ils génèrent une croissance surprenante. »

3. UNE CAPACITÉ D'INNOVATION MULTIPLIÉE[9]

Les entreprises à haut niveau de confiance sont innovantes dans les produits et services qu'elles offrent à leurs clients, et cette forte culture d'innovation ne peut se développer que dans un cadre de confiance optimale. Innovation et créativité supposent plusieurs conditions importantes : le partage des informations et des fruits du succès, la volonté de prendre des risques, le droit à l'erreur et l'aptitude à collaborer – autant d'effets d'une confiance élevée.

En effet, la confiance est un facilitateur essentiel à l'innovation – particulièrement du fait de la manière dont elle accroît la disposition des gens à prendre des risques calculés et à apprendre de leurs échecs. Le PDG d'Apple Tim Cook a déclaré, « Nous prenons des risques sachant que les risques conduiront parfois à l'échec, mais sans la possibilité d'échec il n'y a pas de possibilité de réussite. » Il est intéressant de noter qu'Apple fut nommée en 2018 par le magazine Fast Company l'Entreprise numéro 1 en innovation dans le monde.

> « *Je crois que nous sommes le meilleur endroit au monde pour échouer (nous en avons l'habitude !), et l'échec et l'invention sont des jumeaux inséparables. Pour inventer il faut expérimenter, et si l'on sait à l'avance que ça va marcher, ce n'est pas une expérience. La plupart des organisations épousent l'idée de l'invention, mais ne sont pas disposées à supporter une série d'expériences non réussies pour y arriver.* »
>
> —JEFF BEZOS, FONDATEUR ET PDG, AMAZON

---

9   Pour voir une vidéo montrant les effets de la confiance sur l'innovation, visitez www.speedoftrust.com/book-promises.

Comme preuve de l'importance de la confiance comme facilitatrice d'innovation, considérez l'étude *The How Report*, réalisée en 2016 par la firme d'expertise-conseil LRN. Ses recherches révèlent que les gens qui travaillent dans les cultures où règne la confiance ont « trente-deux fois plus de chance de prendre des risques qui pourraient profiter à la compagnie, onze fois plus de chance de voir des niveaux d'innovation plus hauts par rapport à leurs compétiteurs, et six fois plus de chance d'atteindre de plus hauts niveaux de rendement en comparaison à d'autres dans leur industrie. »

Certains avantages de l'innovation sont clairs : opportunité, croissance en revenus, et part du marché. Mais il peut y avoir d'autres dividendes moins évidents, comme par exemple les avantages de la diversité et de l'inclusion et l'exploitation des différences pour une meilleure créativité. L'innovation fleurit et même dérive de la diversité – c'est-à-dire, de là où il y a collision de différences dans un environnement de confiance. Sans confiance, cependant, les différences créent la suspicion, l'esprit de division, ou même la destruction. Mais avec la confiance, les différences deviennent une source principale de créativité, de synergie et d'innovation. En bref, quand on se fait confiance, les différences resserrent les liens ; sans la confiance, les différences divisent.

4. UNE COLLABORATION DE MEILLEURE QUALITÉ

Les entreprises à haut niveau de confiance encouragent la collaboration et le travail en équipe, deux éléments indispensables à la réussite dans la nouvelle économie globale. Différente des approches traditionnelles de *coordination* ou de *coopération*, la vraie *collaboration* crée le modèle d'opportunité-clé du monde d'aujourd'hui. En fait, beaucoup appellent le nouvel environnement dans lequel nous fonctionnons aujourd'hui « l'âge de la collaboration, » ou « l'économie collaborative » (qui inclut l'économie de partage). Et cette collaboration n'est pas seulement interne – elle se joue aussi avec les clients et les fournisseurs extérieurs. Le magazine *Forbes* a souligné cette tendance à la « collaboration comme opportunité » en désignant ce qu'il appelait le « socle » de la collaboration : la confiance. Avec peu de confiance, la collaboration est simplement la coordination – ou au mieux, la coopération – et aucune des deux n'arrive à apporter les avantages et possibilités disponibles aux vrais collaborateurs dans notre monde numérique et perturbateur. De manière révélatrice, il n'est pas nécessaire d'avoir une grande confiance pour coordonner ; mais plus on grimpe les échelons du système vers la collaboration créative, plus un haut niveau de confiance devient nécessaire C'est la confiance qui transforme la simple coordination en collaboration véritable, tout comme c'est la confiance qui fait d'un groupe de personnes une équipe.[10]

5. UN PARTENARIAT PLUS FORT

L'étude de la Warwick Business School que je mentionnais plus haut confirme que les relations de partenariat (comme les accords de sous-traitance) qui sont fondées sur la confiance apportent des dividendes de haute confiance qui peuvent atteindre 40 % de la valeur du contrat. Le formalisme qui privilégie, au lieu de la confiance, une définition strictement juridique de la relation s'avère bien moins avantageux. Voici les termes du rapport : « Nous avons découvert que les contrats associés à des relations bien gérées et fondées sur la confiance – plutôt que sur des contraintes de niveau de service avec pénalités à la clé – sont en général beaucoup plus profitables en termes de dividendes confiance pour les deux parties. La confiance véritable n'est pas naïve : ce sont les performances qui l'imposent. »

D'après une enquête de Gallup, les meilleurs partenariats sont presque toujours caractérisés par une grande confiance réciproque. Au contraire, dans les mauvais partenariats, moins de 3 % sont tout-à-fait d'accord qu'ils se font confiance l'un l'autre. Dans la plupart des cas, l'intérêt mutuel n'est simplement pas assez fort pour surmonter la méfiance réciproque.

> *« La confiance est le pilier central d'un partenariat. Avec la confiance, les deux personnes peuvent se concentrer sur leurs responsabilités respectives, avec la certitude que l'autre les épaulera... Sans confiance, c'est mieux de travailler seul... Sans confiance, pas de partenariat. »*
>
> —RODD WAGNER ET GALE MULLER, DIRIGEANTS ET AUTEURS DE *GALLUP*

---

10 Pour voir une vidéo qui explique pourquoi on ne peut collaborer sans confiance, visitez www.speedoftrust.com/book-promises.

6. UNE MEILLEURE EXÉCUTION

Les entreprises à haut niveau de confiance montrent de meilleures capacités dans l'exécution de leur stratégie. Pour les dirigeants, les équipes et les organisations opérant dans une confiance élevée, cette confiance devient multiplicatrice – et accélératrice – de leur capacité à appliquer la stratégie. Quand il y a peu de confiance, tout prend plus de temps et plus d'argent – ou déraille complètement.

Bien entendu, une grande confiance n'est pas une panacée. Il faut quand même créer une bonne stratégie et l'exécuter correctement. Plus simplement : *Une grande confiance ne viendra pas nécessairement à la rescousse d'une stratégie laissant à désirer, mais un manque de confiance en fera presque toujours dérailler une bonne.* Au minimum, le manque de confiance la ralentira.

J'ai compris l'importance de l'exécution dès mon premier jour à la Harvard Business School. À la fin d'une étude de cas de quatre heures, mon professeur dit quelque chose que je n'ai jamais oublié : « Si vous deviez ne retenir qu'une chose de vos deux années à la Harvard Business School, n'oubliez pas ceci : mieux vaut une stratégie de second ordre couplée à une exécution de premier ordre que l'inverse. » L'ironie veut que la plupart des écoles de commerce enseignant aux étudiants à la poursuite d'une maîtrise en gestion, passent à peu près 95% du temps à enseigner la stratégie et seulement 5% du temps à en enseigner l'application.

Élue « idée à long terme n° 1 » par les lecteurs du magazine *Strategy + Business*, l'exécution est évidemment un enjeu énorme dans les entreprises d'aujourd'hui, et la confiance améliore nettement l'exécution. Le quotient d'exécution mis au point par FranklinCovey –« xQ » – a clairement établi une forte corrélation entre haut niveau d'exécution et haut degré de confiance. Dans une enquête de 2006 sur les magasins d'alimentation, ceux qui obtenaient les meilleurs résultats jouissaient, quel que soit le critère retenu, de niveaux de confiance nettement supérieurs aux magasins réalisant des performances médiocres.

7. UNE LOYAUTÉ RENFORCÉE

Les entreprises à haut niveau de confiance suscitent une loyauté beaucoup plus grande de toutes les parties prenantes – collaborateurs, clients, fournisseurs, distributeurs et investisseurs. Les preuves ne manquent pas pour chacune de ces catégories :

- Les salariés restent plus longtemps dans les entreprises à haut niveau de confiance.

- Les clients sont fidèles sur le long terme.

- La collaboration avec fournisseurs et distributeurs est plus durable dans des entreprises à haut niveau de confiance.

- Les investisseurs y restent plus longtemps investis.

Le docteur Larry Ponemon, président du Ponemon Institute, leader pour la mesure de la confiance dans la protection des données sensibles, le proclame haut et fort : « La confiance est devenue le facteur n° 1 dans la loyauté des clients et la force d'une marque. »

• • •

Additionnez tous les dividendes d'une confiance optimale – sans oublier qu'elle réduit ou élimine toutes les taxes que nous venons d'évoquer –, reste-t-il le moindre doute sur le caractère tangible, mesurable, direct, indéniable de l'équation entre haute confiance, rapidité, coûts réduits et valeur ajoutée ?

> « [Les dirigeants d'entreprises doivent] remettre la confiance à l'ordre du jour. Rien de bon n'arrive sans confiance. Avec elle, vous pouvez vaincre toutes sortes d'obstacles. Vous pouvez construire des entreprises dont tout le monde serait fier. »
>
> —JIM BURKE, EX-PDG DE JOHNSON & JOHNSON

Comme vous l'avez compris, rien n'est aussi rapide que la vitesse de la confiance et rien n'est aussi profitable que l'économie de la confiance. Rien n'est aussi pertinent que l'impact omniprésent de la confiance. Et si vous avez chaussé les bonnes lunettes, ces réalités deviennent incontestables quand il s'agit de bâtir la confiance avec tous les partenaires de votre organisation.

J'affirme donc encore une fois que dans l'entreprise, la capacité d'établir, d'accroître, d'accorder et de restaurer la confiance est vraiment le *facteur-clé* de la nouvelle économie globale.

UNE FAMILLE EST AUSSI UNE ORGANISATION

Je ne veux pas clore ce chapitre sans montrer que les familles sont aussi des organisations et que les arguments développés dans ce chapitre s'appliquent aussi à la famille.

Les familles possèdent une plus grande confiance quand elles sont cohérentes avec elles-mêmes à tous les niveaux, c'est-à-dire quand leurs méthodes, fondées sur une confiance optimale, récompensent les comportements de confiance et quand les symboles qui leurs servent de références expriment cette confiance.

L'un de mes associés me parlait de la conversation qu'il avait eue avec un ami. Quand mon associé demanda à son ami si son fils allait jouer au basket, ce dernier lui répondit : « Non, ses notes de l'année n'étaient pas au niveau, donc il ne jouera pas cette année. » Après un bref échange, il conclut en disant : « J'essaie d'en faire un homme, pas un joueur de basket. »

Examinons ensemble cet exemple. Supposez que vous vouliez encourager votre fils à obtenir de meilleures notes, mais que vos méthodes ne soient pas intégrées. Imaginons un fonctionnement qui pourrait ressembler à ceci :

Le système de récompenses : quand il remporte une partie, vous le félicitez chaleureusement et vous l'invitez à dîner. Quand il obtient un 16 sur 20, vous dites simplement : « Bon boulot ! »

Le système de communication : chaque semaine, vous lui demandez avec excitation : « C'est quand ton prochain match ? » Vous ne lui parlez de ses notes que de temps en temps, quand vous recevez ses bulletins.

Le système de prise de décision : les activités familiales du week-end sont focalisées sur les prochains matchs, la saison sportive. Les notes et la vie scolaire ne rentrent jamais en ligne de compte.

La structure : c'est votre fils qui décide du moment où il va se coucher, du temps qu'il passe devant la télévision et du temps qu'il passe avec ses copains, quels que soient ses résultats scolaires.

Cette famille est parfaitement organisée pour obtenir ce qu'elle obtient : un adolescent complètement axé sur le sport et qui néglige ses performances scolaires.

Quand on prend vraiment sa famille au sérieux, on doit se poser les mêmes questions qu'on se pose au travail :

- Notre famille a-t-elle de l'*intégrité* ? Ses valeurs sont-elles claires, les règles et les consignes (structures et méthodes) ainsi que le comportement des parents sont-ils en concordance avec ces valeurs ? Règne-t-il une atmosphère d'honnêteté et d'humilité ? Les membres de la famille ont-ils le courage d'exprimer leurs idées et leurs opinions librement et le font-ils avec respect ?

- Notre famille a-t-elle une bonne *intention* ? Avons-nous su construire une culture de respect et d'attention à l'autre ? La motivation de chacun est-elle le bénéfice mutuel ou l'ambiance « camp contre camp », d'un côté les adultes, de l'autre les enfants ? Nos méthodes encouragent-elles la coopération ?

- Quelles sont les *capacités* de notre famille ? La structure produit-elle et encourage-t-elle le développement et la croissance ? Est-il sain d'apprendre en commettant des erreurs ? Les méthodes en place permettent-elles aux enfants de développer les talents et les compétences dont ils auront besoin pour réussir leur vie d'adultes ?

- Quels *résultats* produit notre famille ? Nos méthodes engendrent-elles la joie, l'épanouissement partagé ? Y a-t-il abondance d'échanges, de soutien et d'amour ? Les membres de la famille sont-ils en mesure d'atteindre des objectifs importants, aussi bien individuellement qu'en famille ?

Nos *comportements* reflètent-ils une confiance élevée ? Savons-nous parler franchement ? Montrer du respect ? Montrer de la loyauté ? Tenir nos engagements ? Sinon, quelles structures et méthodes récompensent des comportements de confiance médiocre ? Et que pouvons-nous faire pour changer cette situation ?

Quels sont les symboles en vigueur dans notre famille ? Sont-ils en concordance avec les valeurs en lesquelles nous croyons et voulons promouvoir ?

La façon la plus forte de bâtir la confiance en tant que chef de famille consiste à m'appuyer sur les 4 noyaux et les treize comportements. À les intégrer dans la vie familiale afin que structures et méthodes soutiennent les valeurs que j'essaie d'aider mes proches à comprendre et à vivre. En agissant ainsi, je crée un effet boule de neige. Dans ma propre famille, par exemple, parce que notre fils nous a testés et que nous l'avons tenu responsable de sa façon de conduire, notre fille sait comment elle doit conduire. Son apprentissage des règles et des consignes a été accéléré et elle ne nous teste pas pour voir si nous serons conséquents. Elle sait que nous n'hésiterons pas, c'est le dividende d'une discipline qui s'applique à tous les membres de la famille. Un dividende qui repose sur une cohérence profonde : c'est dans ses structures et ses méthodes qu'une famille engendre une culture de confiance.

Quelle que soit votre organisation – entreprise, association à but non lucratif, service au sein d'une entreprise, famille –, il est vital de comprendre que la conception et l'alignement du fonctionnement de ce groupe pour créer la confiance est sans doute le processus le plus riche de conséquences. En agissant dans ce sens, vous exercez une influence positive sur tout le reste de l'organisation.

LA QUATRIÈME VAGUE : LA CONFIANCE DU MARCHÉ
LE PRINCIPE DE RÉPUTATION

LA CONFIANCE EN SOI
LA CONFIANCE RELATIONNELLE
LA CONFIANCE ORGANISATIONNELLE
LA CONFIANCE DU MARCHÉ
LA CONFIANCE SOCIÉTALE

« *Au bout du compte, tout ce que vous possédez, c'est votre réputation.* »
—OPRAH WINFREY

J e vous invite à jeter un coup d'œil sur les logos de la page suivante et ce faisant, à examiner votre réaction. Que ressentez-vous en regardant chacun d'eux ? Éprouvez-vous le même sentiment pour tous ? Sinon, pourquoi ?

Si votre expérience ressemble à celle de la plupart des gens, quand vous regardez certains de ces logos, vous éprouvez des sentiments positifs. Peut-être connaissez-vous ces marques. Peut-être avez-vous déjà testé leurs produits et services, ou vous avez des amis ou des parents qui l'ont fait. Peut-être avez-vous entendu des feedbacks positifs sur leur gestion, leur direction, leur sens de la responsabilité sociale, peut-être avez-vous lu des articles favorables, sur d'autres plans, à leur sujet. Résultat : vous achèterez ou vous recommanderez volontiers un produit ou un service de l'une de ces sociétés simplement parce que leur nom vous inspire confiance.

En regardant d'autres logos, peut-être éprouvez-vous des sentiments négatifs. Peut-être vous-même, ou l'une de vos connaissances, avez-vous eu une expérience personnelle décevante avec un produit ou un service offert par ces entreprises, ou entendu des feedbacks défavorables à leur sujet dans les médias. Pour une raison quelconque, votre impression est donc négative et vous n'achèterez pas les services ou les produits de ces marques, de même que vous ne les recommanderez pas à des tiers.

La confiance du marché se joue tout entière sur la marque ou la réputation. Elle repose sur un sentiment : celui qui va vous faire acheter des produits ou des services, investir votre argent ou votre temps, ou recommander cette marque à vos relations. C'est à ce niveau que la plupart des gens voient clairement la relation entre confiance, vitesse et coût.

En fait, vous pourriez dire qu'une « marque » est l'addition de trois confiances : la confiance du client, la confiance du marché ou, plus largement encore, la « confiance thésaurisée ». La plupart des gens comprennent cela au moins intuitivement, s'ils ne sont pas toujours capables de le mesurer. Conséquence : les entreprises sont prêtes à investir beaucoup d'argent pour créer une marque qui inspire confiance. Certaines sociétés spécialisées dans la construction de la notoriété et de l'image de marque travaillent sur des formules qui tentent de quantifier la valeur économique d'une marque. L'agence de relations publiques Golin/Harris décrit ce travail d'élaboration d'image de marque comme visant à « construire la confiance à travers le monde. »

> « La confiance est un facteur-clé dans la création de la réputation d'une entreprise, et, conséquence directe, de la valeur de son action. »
>
> —ROBERT ECKERT, EX-PDG DE MATTEL

La relation directe entre marque, confiance, vitesse et coût est évidente à tous les niveaux. Lors d'une présentation que j'ai faite à une conférence sur le marketing, un dirigeant d'une énorme multinationale vieille d'un siècle est venu me dire : « Notre marque jouit d'une très grande confiance qui nous rapporte d'énormes dividendes. Le taux de renouvellement de nos services est de 90 %, un chiffre exceptionnel. C'est le meilleur indicateur de la valeur de la marque. Nous travaillons sans relâche à protéger cette relation de confiance, qui est notre actif le plus précieux. Beaucoup d'entreprises nous ont proposé un partenariat. Mais nos critères de sélection sont draconiens, cela afin de protéger la relation de confiance que nous entretenons avec nos clients. »

> « *Dans quasiment quelle que soit l'industrie, la marque de confiance est la plus profitable.* »
>
> —SETH GODEN, AUTEUR ET EXPERT EN MARKETING

LA « MARQUE » COMPTE À TOUS LES NIVEAUX

De toute évidence, l'image de marque est importante pour une entreprise qui vend des produits et des services. Mais elle compte aussi pour toute organisation, toute institution, toute organisation humanitaire, tout établissement scolaire, tout hôpital, toute administration, tout état. Quand une famille emménage quelque part par exemple, les parents s'enquièrent souvent de la qualité des écoles du secteur avant de choisir leur lieu de résidence. Cela a un impact non négligeable sur les subventions allouées aux écoles, puisqu'elles proviennent des taxes des contribuables, donc de leur capacité à financer l'amélioration ou l'agrandissement de leurs locaux et leur capacité à attirer et à recruter administrateurs et enseignants.

Les municipalités ont, elles aussi, une réputation à défendre, laquelle est illustrée par leur place au hit-parade des destinations touristiques ou des sites les plus agréables à vivre… cette notoriété se traduit, là encore, par des recettes générées par les taxes, le tourisme, l'installation d'entreprises et le dynamisme du marché immobilier local. Les gouvernements ont eux aussi une réputation à faire valoir, laquelle influe directement sur leur capacité à traiter avec leurs homologues comme à attirer des entreprises. À un niveau plus modeste, la réputation d'une équipe ou d'un service a un impact significatif sur l'allocation et la planification d'un budget. Un responsable estime souvent que son service mériterait un budget supérieur à celui qu'il reçoit, à cause de l'importance de son travail, pour découvrir ensuite que ses demandes ont été rognées au profit d'autres services qui obtiennent de meilleurs résultats. La réputation d'une division dans une entreprise influe d'ailleurs sur les relations des autres divisions avec elle.

Je me rappelle une époque où le service que je dirigeais dépendait d'un autre service pour la fabrication et l'expédition de certains produits. Cette équipe avait une piètre réputation – leur système d'inventaire était déficient et leur exécution laissait à désirer. Nous savions que nos clients finiraient par partir si nous ne les servions pas bien, si bien que nous optâmes pour la solution la plus évidente, mais aussi la plus chère, consistant à nous charger de ce travail. Nous stockâmes les produits dans nos réserves et créâmes notre propre réseau d'expédition et de distribution pour être sûrs que les produits arriveraient à temps. Nous fabriquâmes donc un système redondant. Et toute l'entreprise a dû payer le surcoût de temps et d'efforts lié à l'exécution de tâches dont un autre service était en principe chargé.

Au niveau le plus modeste, tout un chacun a sa réputation, son image de marque à défendre, et celle-ci affecte confiance, vitesse et coût. Elle a un impact sur votre CV, qui renferme les appréciations de vos anciens employeurs. Elle influe sur la qualité de vos relations avec autrui, au travail comme dans la vie sociale en général. Elle va décider quelqu'un à sortir ou non avec vous, conditionner la qualité d'écoute de vos enfants, déterminer votre influence dans la plupart des situations.

C'est votre notoriété personnelle qui décidera aussi si l'on vous accorde le bénéfice du doute. Dans le chapitre sur les 4 noyaux de la crédibilité, j'ai cité l'exemple de Warren Buffett, dont la réputation personnelle est si grande qu'il a logiquement obtenu le bénéfice du doute dès les préliminaires de l'enquête gouvernementale sur la transaction de la compagnie d'assurances AIG avec General Re. Anne Mulcahy, ex-PDG de Xerox, a ainsi dit de Buffett : « Je le respecte et je crois son intégrité sans équivalent. C'est un homme dont les valeurs imprègnent toutes les décisions qu'il prend, toutes les relations avec les autres et tous les conseils qu'il donne. » Ce type de réputation engendre d'énormes dividendes.

L'importance de la notoriété personnelle m'est apparue clairement un jour que j'avais besoin d'évaluer et de chiffrer dans le détail des données financières sensibles concernant une transaction d'envergure que mon entreprise envisageait. Le directeur financier de l'époque était un homme compétent, mais comme il avait la réputation de ne pas savoir garder un secret, je le contournai et fis effectuer ce chiffrage par un collègue en qui j'avais toute confiance.

Même la réputation d'un enfant est importante. Si vous êtes un parent, vous serez tenté, comme moi, de confier des responsabilités à un enfant qui a su se montrer capable de les assumer plutôt qu'à un enfant dont vous n'êtes pas sûr. À l'un, vous direz sans hésiter : « Bien sûr, mon chéri ! » alors qu'avec l'autre, vous commencerez par interroger : « Tu as fait tes devoirs ? Tes exercices de piano ? À quelle heure reviens-tu ? Quel est le numéro de téléphone de la famille où tu vas ?… »

À tous les niveaux, dans toutes les relations, votre marque, votre réputation font la différence. Cette différence est quantifiable – et elle a un impact direct sur la confiance, la vitesse et le coût.

UNE PREUVE INDISCUTABLE

Avant d'examiner quelques preuves indiscutables au niveau de la confiance du marché, je vous incite encore à regarder à travers les lunettes votre propre organisation, selon la définition que vous aurez choisie (entreprise, école, agence gouvernementale, équipe professionnelle, service ou famille). Souvenez-vous que la confiance du marché concerne des acteurs *extérieurs*. Il s'agit des fournisseurs, des distributeurs et des investisseurs ou des clients, mais le plus simple à ce stade pour vous c'est de les considérer comme vos « clients ». Dans la suite de ce chapitre, vous pourrez observer le lien direct entre réputation et confiance.

Le magazine *Fortune* publie chaque année la liste des entreprises les plus admirées au monde. Cette liste, *Fortune* l'appelle « le rapport suprême sur la réputation des entreprises », établissant une corrélation évidente entre réputation et estime.

D'après les recherches effectuées par Korn Ferry, environ 3.900 dirigeants, directeurs, et analystes en valeurs mobilières de 29 pays ont classé 680 entreprises de 52 industries par rapport à leur réputation. Ces entreprises sont évaluées globalement au moyen de neuf critères ou « zones de leadership » qui fondent une réputation. Parmi celles-ci, la responsabilité sociale (*intégrité*), la gestion des ressources humaines (*intention*), l'innovation (*capacités*), enfin la solidité financière et l'investissement à long terme (*résultats*). En 2018, pour la onzième année consécutive, Apple a été reconnue comme l'Entreprise la plus admirée du monde. Amazon était deuxième sur la liste, et Alphabet (Google), Berkshire Hathaway, et Starbucks complétaient les cinq premières.

Pourquoi la réputation est-elle si importante ? Parce que « marque » est synonyme de « réputation » et que « marque » signifie « confiance du marché ». Et la confiance conditionne le comportement. Selon un sondage Golin/Harris :

- 39 % des personnes interrogées affirment qu'elles seraient disposées à nouer des liens commerciaux ou à augmenter leurs transactions avec une entreprise simplement à cause de la confiance qu'inspire cette dernière ou de sa fiabilité.

- 53 % disent qu'elles interrompraient, réduiraient leurs transactions avec une entreprise ou passeraient à la concurrence si elles nourrissaient des doutes sur la qualité et la fiabilité de celle-ci.

- 83 % disent qu'elles accorderont plus aisément le bénéfice du doute à une entreprise en qui elles ont confiance et qu'elles écouteront d'une oreille favorable les discours de sa direction, avant de porter un jugement sur son comportement.

De plus, le baromètre annuel de confiance Edelman souligne que « la confiance est plus qu'un bonus. C'est un actif tangible qui doit être créé, entretenu et sur lequel on peut bâtir… De même que la confiance bénéficie aux entreprises, le manque de confiance ou la perte de confiance a un coût. Au moins 64 % des leaders d'opinion des différents pays analysés ont affirmé qu'ils avaient refusé d'acheter les produits ou les services d'une entreprise à laquelle ils ne se fiaient pas. » La plupart d'entre eux ont aussi critiqué celle-ci devant des tiers, refusant de faire des affaires avec elle et d'y investir. La moitié ont refusé d'y être salariés.

> *« Nous avons un principe commercial qui dit : 'Nos actifs sont nos salariés, notre capital et notre réputation.' Et si l'un d'eux, quel qu'il soit, connaît une baisse, c'est le dernier qui est le plus difficile à rétablir. »*
>
> —HANK PAULSON, EX-PDG DE GOLDMAN SACHS

LA TAXE PAYS ET LA TAXE INDUSTRIELLE

Un aspect intéressant du marché global actuel est que de nombreuses marques sont maintenant imposées (ou touchent des dividendes) du fait de la confiance de leurs clients internationaux dans le pays d'origine de la marque. Ainsi, le fait qu'une entreprise soit basée en Chine, en France, en Inde ou aux États-Unis modifiera souvent la confiance qu'auront les clients dans la fiabilité et le sérieux de cette entreprise. Toute une série de facteurs influent sur la confiance, parmi lesquels l'histoire, la culture et les politiques gouvernementales de ces pays. Mais indépendamment de ces raisons, la taxe ou le dividende lié au pays est très réel.

Dans le marché global d'aujourd'hui, cette taxe frappe durement les marques basées aux États-Unis. Les marques américaines qui perçoivent des dividendes aux États-Unis et en Asie sont lourdement imposées dans certains pays d'Europe et sur d'autres marchés. Le Baromètre Edelman de la confiance, qui met l'accent sur ces taxes et dividendes de confiance, note que dans un sondage de 33.000 participants (parmi eux 6.200 leaders d'opinion) réalisé dans 28 pays, les entreprises ayant leur siège social au Mexique, en Inde, au Brésil et en Chine payaient une taxe alors que les compagnies basées au Canada, en Suisse, en Suède et en Australie recevaient des dividendes.

Le baromètre Edelman a aussi identifié ce que j'appelle « taxe ou dividende industriel », dans lequel le secteur économique auquel appartient une entreprise conditionne la confiance des consommateurs. Ainsi, dans la plupart des pays, les secteurs de l'énergie et des médias sont en général imposés. Au contraire, le commerce de détail et la technologie perçoivent des dividendes. Pour les sociétés opérant dans les secteurs imposés, il est important de se créer une notoriété individuelle qui surclasse la réputation de l'industrie – à la manière de ce que Johnson & Johnson a fait dans l'industrie pharmaceutique, laquelle paie une lourde taxe confiance aux États-Unis.

LA CONSTRUCTION OU LA DESTRUCTION D'UNE RÉPUTATION À LA VITESSE DE LA CONFIANCE

Une autre dimension intéressante du nouveau marché international se montre évidente dans le Quotient annuel de réputation (Annual Reputation Quotient, RQ) de 2018, une étude dirigée par le sondage Harris. Cette étude classe les 100 entreprises les plus visibles des Etats-Unis selon leur réputation chez les consommateurs américains. En 2018, l'entreprise numéro un (pour la troisième année consécutive) était Amazon. Cette compagnie haute technologie, de la nouvelle économie, a établi sa marque relativement vite avec un palmarès extraordinaire d'innovation et d'invention, et en gagnant la confiance de ses clients par l'application de son premier Principe de direction, « l'obsession du consommateur. »

Ce qui m'a le plus fasciné, cependant, c'est le fait que le numéro deux de la liste est Wegmans – qui existe depuis 1916, pendant ce qu'on appelle l'époque des magasins à faible technologie. Wegmans est également numéro deux de la liste du magazine *Fortune* des 100 Meilleures compagnies pour lesquelles travailler, qui représente la confiance organisationnelle interne, alors que la liste RQ représente la confiance du marché extérieur. S'il n'y a jamais eu un exemple de confiance instaurée – et maintenue – de l'intérieur vers l'extérieur, il s'agit bien de Wegmans !

Pour en revenir à l'étude de RQ, devinez qui se trouve tout au bas de la liste ? Weinstein Company (dont l'homonyme – Harvey Weinstein – a été gravement terni par d'horribles scandales de harcèlement) et Takata (impliqué dans un énorme scandale de coussins de sécurité gonflables qui ont dû être rappelés). Évidemment, même s'il est possible d'instaurer la confiance rapidement (comme l'ont démontré Amazon, Tesla, eBay et Netflix), il est beaucoup plus facile de la détruire encore plus vite. Souvenez-vous de ce que disait Warren Buffett : « Il faut vingt ans pour bâtir une réputation et cinq minutes pour la ruiner. » Comme je l'ai souligné, dans notre nouvelle économie globale, il ne faut pas nécessairement vingt ans pour construire une réputation. Mais l'argument de Buffett garde toute sa valeur : une réputation peut être détruite presque instantanément.

> *« Les entreprises intelligentes amassent des actifs confiance qui pourront être mobilisés pour protéger la marque dans les périodes difficiles. Sans ces dépôts sur son compte confiance, une simple brèche dans celle-ci peut avoir des effets dévastateurs, parce qu'en matière de fiabilité, appeler à la rescousse ses états de service ne sert à rien. »*
>
> —ELLEN RYAN MARDIKS, GOLIN

COMMENT CONSTRUIRE VOTRE MARQUE

Comment construire votre marque ? Et comment éviter de la détruire ? À ce stade, je suis sûr que vous ne serez pas surpris de ma réponse : Appliquez les 4 noyaux et les treize comportements au niveau de l'organisation et du marché.

En revanche, ceci va peut-être vous surprendre : Je suis convaincu que si votre organisation (peu importe comment vous la définissiez) renforce ses 4 noyaux et adopte les treize comportements avec ses clients, vous serez capable d'accroître *sensiblement* la valeur de votre marque (et vous pourrez mesurer cet impact). Ces noyaux et ces comportements sont les clés de la construction de la crédibilité et de la confiance sur le marché.

Chaussez de nouveau vos lunettes de confiance et cette fois, regardez à travers les lentilles votre propre organisation en termes de confiance du marché. Adoptez le point de vue de vos « clients ». Demandez-vous :

- Ma marque fait-elle preuve d'*intégrité* ? Avons-nous une réputation d'honnêteté ? Les gens croient-ils et peuvent-ils avoir confiance en nos valeurs ? Avons-nous sur le marché la réputation d'affronter courageusement et rapidement les problèmes les plus délicats comme de reconnaître et de réparer honnêtement nos erreurs ?

- Ma marque fait-elle preuve de bonne *intention* ? Sommes-nous perçus comme simplement « décidés à nous remplir les poches », ou le public ressent-il que nous nous préoccupons sincèrement de lui, que nous voulons le faire bénéficier d'un vrai service ?

- Ma marque fait-elle preuve de *capacités* ? Les gens associent-ils notre nom à la qualité, à l'excellence, à un progrès continuel et à la capacité de changer pour rester en phase avec le marché à l'ère de la globalisation de l'économie ?

- Ma marque est-elle associée à des *résultats* ? Le marché a-t-il l'impression que nous tenons nos promesses ? Notre nom est-il associé à un bon historique de performances ? Les gens répondront-ils oui à ce que le consultant Frederick Reichheld appelle « la question suprême » : « Recommanderiez-vous cette marque à un ami ? »

Si votre marque ou votre réputation ne sont pas à la hauteur, les 4 noyaux vous fourniront un excellent outil de diagnostic pour vous aider à mettre le doigt sur le pourquoi de cette insuffisance et le domaine dans lequel l'investissement apportera les meilleurs retours. Une fois déterminé si le problème relève du caractère (*intégrité/intention*) ou de la compétence (*capacités/résultats*), vous pourrez zoomer sur le domaine dans lequel l'amélioration aura l'effet le plus positif.

> « Une marque est pour une entreprise ce qu'est une réputation pour une personne. C'est en essayant de

> *bien faire les choses difficiles que vous bâtissez une réputation. »*
>
> —JEFF BEZOS, FONDATEUR ET PDG
> D'AMAZON.COM

Vous pouvez optimiser encore mieux vos efforts en analysant les performances de votre organisation dans les 13 comportements. Exactement comme le fait d'appliquer ces comportements construit la confiance en interne, les appliquer aux relations extérieures – clients, fournisseurs, distributeurs, investisseurs, communautés – permet d'élargir la confiance à l'échelle du marché.

Considérez Domino's Pizza. Pionnier de l'industrie de la pizza sur commande, Domino's s'était créé une bonne réputation en matière de vitesse, mais une mauvaise pour sa pizza. En fin 2008, le cours de leur action atteignit un minimum sans précédent de 2,61 dollars, et ils surent qu'il était temps de Faire face à la réalité.

Dans un effort pour s'Améliorer, ils constituèrent des groupes de discussion et cherchèrent des opinions externes. On leur dit que leur croûte avait un goût de papier mâché et que leur pizza était peu appétissante. Alors ils reprirent à zéro la conception de leur produit et leur procédé. Puis le PDG Patrick Doyle parut sur une chaîne de télévision nationale pour Parler franchement. Il reconnut que la compagnie avait offert un produit de qualité inférieure et se montra transparent sur les feedbacks qu'ils avaient reçus. Il expliqua ce que Domino's avait fait pour résoudre le problème, et demanda au public de leur donner une seconde chance. Les observateurs étaient sidérés par cette campagne si ouverte et authentique, mais la plupart réagirent de manière largement positive à cette honnêteté, et leurs ventes grimpèrent en flèche d'un remarquable 14,3 % pendant le trimestre suivant.

Comme on en vint bientôt à le reconnaître, la transparence de Domino's n'était pas un simple stratagème ni une campagne de marketing visant un gain à court terme. Leur engagement continuel à Donner des résultats découlait d'une intention claire de mieux servir leurs clients et d'un dévouement à l'amélioration de leurs capacités – ce qui créa un dividende durable de confiance. Un an après le début de la campagne, le cours de l'action de Domino's avait augmenté à presque 30 dollars par action et a continué à grimper, atteignant plus de 286 dollars par action en juin 2018.

Domino's est un exemple excellent du pouvoir d'une entreprise à appliquer plusieurs des 13 Comportements en même temps. Mais considérez les résultats lorsqu'on en applique même un seul.

Accordez la confiance. Cela exige des entreprises beaucoup de confiance pour faire connaître à leurs fournisseurs le niveau de leurs stocks de produits – et pourtant c'est exactement ce que font beaucoup de compagnies, à l'aide d'une solution logicielle appelée Vendor Managed Inventory. VMI simplifie le système demande/offre des deux côtés. Au lieu d'attendre que les entreprises remarquent que leur stock de produits des fournisseurs a besoin d'être renouvelé, les fournisseurs suivent les niveaux de stock et automatiquement expédient et renouvèlent de manière à ce que les compagnies n'en manquent jamais.

Que faut-il à VMI pour fonctionner ? Même si le logiciel est important, il ne fonctionne vraiment que si les parties se font confiance. L'entreprise fait confiance au fournisseur pour maintenir les stocks au niveau où ils doivent être sans profiter de la compagnie. Le fournisseur fait confiance à l'entreprise pour lui fournir des informations correctes. Cet échange de confiance apporte des avantages importants pour tous deux en termes d'argent, de temps, et de satisfaction du client.

Donnez des résultats. St. Jude Children's Research Hospital a énormément contribué à la guerre contre les cancers infantiles. L'année de son ouverture en 1962, moins de 20% des enfants survivaient au diagnostic fatal de cancer. Ce chiffre a augmenté à plus de 80% aujourd'hui. Bien que ce genre de réussite soit le fruit des contributions de beaucoup, St. Jude a sans conteste été parmi les meilleurs contributeurs peu nombreux à obtenir ces résultats.

Qu'est-ce qui les motive à produire ces résultats formidables ? Le fondateur Danny Thomas l'explique ainsi: « Aucun enfant ne devrait mourir à l'aube de la vie. » En plus d'accueillir les enfants atteints de cancer, l'hôpital accueille également leurs familles, qui n'ont rien à payer pour le voyage, ni pour le traitement, ni pour le logement, ni pour la nourriture. St. Jude croit que « tout ce dont [les familles] devraient s'inquiéter est d'aider leur enfant à vivre. »

Le succès de St. Jude me touche personnellement. J'ai un bon ami dont l'enfant fut diagnostiqué comme atteint de cancer et amené là pour traitement. C'était gratuit, et aujourd'hui, plus de 15 ans plus tard, le cancer n'a toujours pas récidivé. L'apport invariable de ce genre de résultats est la raison pour laquelle

St. Jude est régulièrement classé parmi les organisations charitables et marques les meilleures et les plus dignes de confiance dans le monde.

L'expérience d'organisations telles que Domino's et St. Jude et d'une solution en partenariat telle que VMI offre de puissants exemples de la valeur des 13 Comportements dans la croissance du Marché de la confiance et de la réception de l'abondance de dividendes qui en découle.

> « *Sans la confiance des clients, le reste n'a pas d'importance.* »
>
> —RAM CHARAN, AUTEUR SUR LES AFFAIRES

TAXE OU DIVIDENDE ?

Comme je l'ai dit, c'est au stade de cette quatrième vague – la confiance du marché – que la plupart des gens voient déjà la connexion entre, d'une part, la confiance et la réputation et, d'autre part, le résultat financier. C'est parce que la plupart d'entre eux comprennent la notion de valeur d'une marque.

Ce que la plupart ne voient pas aussi clairement toutefois, c'est que le même principe qui fait gagner des dividendes à une entreprise qui inspire confiance au marché opère aussi au niveau de la confiance en soi, de la confiance relationnelle et de la confiance organisationnelle.

Outre les autres questions de confiance que nous aurons pu aborder dans le cadre professionnel, scolaire, associatif, familial, etc., nous devrons donc nous demander d'abord et avant tout : Quelle est ma réputation ? Quelle est ma marque ? Vais-je payer une taxe ou toucher un dividende ?

> « *Les salariés intègres sont ceux qui construisent la réputation d'une société.* »
>
> —ROBERTO GOIZUETA, EX-PDG DE COCA-COLA

N'oubliez pas : la confiance que nous serons capables de créer dans notre organisation et sur le marché résultera de la crédibilité que nous aurons d'abord créée en nous-mêmes.

LA CINQUIÈME VAGUE : LA CONFIANCE SOCIÉTALE
LE PRINCIPE DE LA CONTRIBUTION

LA CONFIANCE **EN SOI**
LA CONFIANCE **RELATIONNELLE**
LA CONFIANCE **ORGANISATIONNELLE**
LA CONFIANCE **DU MARCHÉ**
LA CONFIANCE SOCIÉTALE

« Les dirigeants qui sont tentés de prendre des raccourcis devraient se rappeler l'aphorisme de Confucius : les bons gouvernements ont besoin d'armes, de denrées alimentaires… et de confiance. Si le dirigeant ne peut réunir ces trois atouts, il devrait abandonner d'abord les armes et ensuite les denrées alimentaires. La confiance doit être préservée jusqu'au bout parce que 'sans confiance, nous ne pouvons pas tenir'. »

—*ÉDITORIAL DU FINANCIAL TIMES*

Fin avril 1992, le procès de Rodney King déclencha des émeutes qui entraînèrent des incendies et le pillage de quartiers entiers de Los Angeles (Californie). Les dégâts furent énormes. Les pertes pour les commerces et les industries se chiffrèrent en milliards de dollars.

Étonnamment, dans cette zone dévastée, tous les restaurants McDonald's restèrent intacts. Ils se dressaient tels des phares dans la tempête au milieu des ruines calcinées.

Tout le monde se posa la même question : Pourquoi les McDo sont-ils restés debout quand presque tous les immeubles alentour avaient été détruits ? Les réponses des habitants de ces quartiers furent unanimes : « McDo se soucie de notre communauté. Ils soutiennent les programmes d'alphabétisation et de sports. Les jeunes savent qu'ils peuvent toujours trouver un job chez McDo. Personne ne voudrait détruire quelque chose qui nous a tant apporté à tous. »

Le sens de la responsabilité sociale de McDonald's a créé une confiance communautaire aux résultats clairement observables et mesurables.

> *« Tous les genres de coopération pacifique entre les hommes sont d'abord basés sur la confiance mutuelle et seulement dans un second temps sur des institutions comme les tribunaux et la police. »*
>
> —ALBERT EINSTEIN

LES POISSONS SONT LES DERNIERS À DÉCOUVRIR L'EAU

Peut-être connaissez-vous cette phrase du célèbre théoricien de la communication Marshall McLuhan : « Je ne sais pas qui a inventé l'eau mais je suis certain que ce n'était pas un poisson. » Mais avez-vous vraiment réfléchi au sens de cette phrase ?

Pour les poissons, l'eau est ce dans quoi ils baignent, c'est leur environnement familier. Ils sont si complètement immergés en elle qu'ils sont inconscients de son existence – jusqu'au moment où elle est polluée ou quand on les en extrait. La conséquence immédiate et spectaculaire, c'est que l'eau, une eau de bonne qualité, est nécessaire à leur survie et à leur bien-être. Sans elle, les poissons meurent.

De façon similaire, nous, les êtres humains, découvrons la confiance en dernier. La confiance est partie intégrante de la trame de notre société. Nous comptons sur elle. Nous la tenons pour acquise jusqu'au moment où elle est altérée ou détruite. Nous réalisons alors, dure prise de conscience, que la confiance est sans doute aussi vitale pour nous que l'est l'eau pour un poisson. Sans confiance, une société se désintègre et finit par imploser.

> « À partir du moment où les hommes ne se font plus confiance, le commerce meurt car la prospérité dépend entièrement d'elle. »
>
> —HENRY WARD BEECHER, ÉCRIVAIN AMÉRICAIN DU XIXÈME SIÈCLE

La confiance est nécessaire partout et toujours. C'est la raison pour laquelle, comme je le disais au début, c'est le facteur qui change tout.

Prenons un petit exemple. Au volant de notre voiture, nous faisons confiance aux autres conducteurs, nous supposons qu'ils savent conduire, qu'ils observent le code de la route, qu'ils ne vont pas nous blesser. Mais que se passerait-il si vous viviez dans une société où, chaque fois que vous preniez votre voiture, vous vous demandiez si elle a été piégée, redoutiez qu'une voiture explose sur la route ou qu'un conducteur fonce sur vous ? Que se passerait-il si – comme ce fut le cas récemment dans la région de Washington –, vous vous demandiez avec angoisse si un tireur embusqué n'allait pas vous tirer dessus au moment où vous sortirez de votre voiture arrêtée à une station-service ?

Il est difficile d'imaginer un monde vidé de toute confiance. Comme Thomas Friedman l'affirme dans *La Terre est plate*, la confiance est essentielle à une société ouverte. Et l'objectif n° 1 des terroristes vise à détruire cette confiance. Il s'agit d'instiller la peur dans tous les aspects du quotidien. Alors qu'une économie plate, ouverte et globale prospère grâce à des comportements comme parler franchement, créer la transparence, corriger ses erreurs, assumer ses responsabilités, tenir ses engagements et accorder la confiance, une société fermée et terroriste prospère sur des faux-semblants et des principes opposés : la tromperie, la dissimulation, la justification des erreurs, le mépris de la parole donnée, le déni de responsabilité et la défiance universelle – à l'exception du petit groupe auquel on appartient. Et même dans ce petit groupe, la confiance est fragile et soumise aux lubies de ceux qui le dirigent.

> « *Pour terrasser la menace de l'ouverture, [les terroristes]
> ont très délibérément choisi d'attaquer le facteur
> même qui protège l'ouverture des sociétés ouvertes et
> innovantes, à savoir la confiance.* »
>
> —THOMAS FRIEDMAN

Songez seulement aux taxes qui grèvent le fonctionnement d'une société fermée à confiance très dégradée. Puis songez à tous les dividendes dont sont privées les sociétés fermées : savoirs partagés, percées médicales, progrès technologiques, partenariats économiques et échanges culturels.

Une société à confiance élevée est une société d'abondance : chacun a plus de choix et de possibilités. Les relations engendrent moins de frictions, avec comme résultat une vitesse accélérée et un coût réduit. C'est pourquoi il est si important d'œuvrer pour la construction d'une société à confiance optimale. Rien ne pourra exercer une influence aussi spectaculaire sur la vitesse et le coût, mais aussi sur la qualité de vie de tous les habitants de la planète.

LE PRINCIPE DE CONTRIBUTION

L'axiome n° 1 de la confiance sociétale est la *contribution*. C'est l'intention de créer de la valeur plutôt que d'en détruire, de donner plutôt que de prendre. Et les gens réalisent de plus en plus à quel point la contribution – et les causes qu'elle inspire – est importante pour une société saine.

Il suffit de songer à tout ce qui confirme mon argument, qu'il s'agisse d'individus qui cherchent à se rendre utiles dans leur sphère d'influence ou de grandes sociétés qui acceptent de servir non seulement leurs actionnaires, mais tous ceux, salariés, clients, fournisseurs, etc. qui ont à faire à elles. Songez à ces initiatives de grands groupes à visée humanitaire ou sociale.

Il y a quelques années, par exemple, le gourou de Microsoft, Bill Gates, son épouse, Melinda, et le chanteur de U2, Bono, furent élus « personnes de l'année » par le magazine *Time* non pour leurs talents, compétences techniques, capacités d'innovation, productivité, ni leur fabuleuse richesse, mais pour les énormes investissements de temps et d'argent qu'ils ont consacrés à la cause des déshérités du monde entier. Les Gates ont créé la Fondation Bill et Melinda Gates pour améliorer la santé, l'éducation et le bien-être des pauvres. Deux semaines plus tard, Warren Buffett annonçait qu'il donnerait à des œuvres 37 milliards de dollars (84 % de sa fortune), dont 30 milliards iraient dans les caisses de la Fondation Gates. Comme je l'ai mentionné plus tôt, depuis lors Buffett et les Gates ont établi la Promesse de don pour encourager d'autres milliardaires à donner la plus grande partie de leur fortune pour servir la société de manière tout aussi significative. Valant autant que le premier acte de Bill Gates en tant que fondateur et PDG de Microsoft, son second acte de bienfait humanitaire dans le monde entier est largement perçu comme encore meilleur.

Un grand contributeur à la société qui m'a fait personnellement une profonde impression fut Buckminster Fuller, l'inventeur du dôme géodésique. L'un de ses protégés, Marshall Thurber, m'a dit que quand Fuller touchait ses royalties (citant pour l'une d'elles un montant de 1,2 million de dollars), il payait les factures de sa société et distribuait le surplus. En fait, disait Thurber, Fuller vidait régulièrement son compte en banque. Il affirmait d'ailleurs : « Si vous consacrez votre temps et votre attention au plus grand bonheur des autres, l'univers vous soutiendra toujours et seulement à la dernière minute. »

Certes, les exemples qui précèdent sont ceux d'individus hors normes, mais l'essentiel des contributions qui donnent leur âme à nos sociétés est le fait d'individus ordinaires qui, un peu partout dans le monde, apportent leur pierre à l'édifice commun. Des milliers de médecins et d'infirmiers consacrent leur temps et leurs moyens à opérer et rééduquer les enfants et les adultes des pays sous-développés des malformations dont ils souffrent. Beaucoup de citoyens ont multiplié les dons pour aider les victimes de catastrophes naturelles, tels que tsunamis, incendies, inondations, ouragans, tremblements de terre, glissements de terrain et autres calamités qui se produisent ici ou là. Dans les communautés locales, des bénévoles offrent leur temps et leur énergie pour faire progresser des causes comme l'alphabétisation, la santé, l'éducation et le bien-être social, en secourant les sans-abris, les femmes et les enfants victimes de violences domestiques...

Songez seulement comme notre société nous paraîtrait mesquine sans des contributions citoyennes comme celles-là ! Et songez aux conséquences de ces contributions sur la confiance sociétale !

Mon but dans ce chapitre n'est pas de présenter ma vision abstraite, utopique ou politique du monde. Je me propose simplement de pointer sur les bénéfices pragmatiques et la confiance qui découlent des principes de contribution et de responsabilité au niveau sociétal.

LE PRINCIPE DE CONTRIBUTION DANS LES AFFAIRES

Aujourd'hui, un nombre croissant d'entreprises et d'individus reconnaissent l'importance de la contribution citoyenne. De nombreuses sociétés se sont donné pour but de faire des dons réguliers à ceux qui en ont besoin, tels les produits Newman's Own (établis par l'acteur Paul Newman), qui ont généré des profits dépassant 500 millions de dollars, dont 100% ont été donnés à des œuvres de bienfaisance. Le magazine *Corporate Responsibility* publie annuellement ses « 100 Meilleures entreprises citoyennes, » qui reconnaît les entreprises servant toutes les parties prenantes avec transparence et responsabilité. En 2017, des compagnies géantes comme Intel, Campbell Soup, Cisco et Lockheed Martin étaient toutes parmi les 10 premières. Nous avons également vu la montée de l'entreprenariat social comme moyen d'apporter un changement sociétal potentiellement transformateur. La Skoll Foundation, dont la vision est de « vivre dans un monde de paix et de prospérité durable, » a créé le Prix Skoll d'entreprenariat social (Skoll Award for Social Entrepreneurship, SASE). Plusieurs gagnants sont choisis chaque année pour recevoir ces prix de 1,25 millions de dollars – des entrepreneurs sociaux « dont les innovations ont déjà eu un impact important prouvé sur les problèmes les plus pressants du monde. » Par ces prix, Skoll investit « directement dans la promesse d'un impact à échelle encore plus importante. » Ces prix ont déjà aidé à élargir le travail accompli par quelque 122 entrepreneurs sociaux et 100 organisations sur cinq continents. Si nombre de contributions importantes prennent encore aujourd'hui la forme un peu archaïque de la *philanthropie* – qui consiste à distribuer de l'argent à des bonnes causes –, la tendance actuelle, à l'ère de la main-d'œuvre du savoir, s'oriente vers le paradigme plus large de *citoyenneté globale* (également dénommé « conscience sociétale », « entreprise citoyenne » ou encore « entreprise socialement responsable »). Cette approche comporte une part de philanthropie mais elle intègre aussi les aspects éthiques et sociaux dans la structure même de l'entreprise. C'est un des piliers de l'entreprise d'aujourd'hui.

> *« Dans le monde des affaires, on a eu tendance à confondre citoyenneté et philanthropie. Ce n'est pas la même chose. Enron était un grand philanthrope et ce n'était clairement pas une entreprise citoyenne.*

Éthique et comportement sont au cœur de la citoyenneté globale. Elle commence par la façon dont une entreprise considère son rôle dans le monde. Sa seule finalité consiste-t-elle à gagner le plus d'argent possible ? »

—DEBORAH DUNN, STANFORD UNIVERSITY

De nombreux développements traduisent cette évolution vers la citoyenneté globale. Parmi eux, l'essor des microfinancements efficacement lancés par Mohammed Yunus, fondateur de la Grameen Bank au Bangladesh. Cet établissement fut fondé pour distribuer des prêts modestes (en général de 50 à 200 dollars) à des personnes (96 % de femmes) incapables de subvenir à leurs besoins, afin de les aider à fonder une activité et à faire profiter le marché de leur savoir-faire. Yunus démarra cette activité dans les années 1970 et ses efforts, joints à d'autres initiatives semblables, ont connu un tel succès que les Nations Unies ont baptisé l'année 2005 Année internationale du microcrédit. Selon Pierre Omidyar, fondateur d'eBay, la microfinance peut avoir le même impact social qu'eBay sur la société à travers les centaines de millions de clients qui ont appris à faire confiance à de parfaits étrangers.

Le mouvement du microfinancement commence maintenant à s'étendre aux microfranchises : des entrepreneurs citoyens fournissent formation et financement à des compatriotes pour les aider à monter des entreprises en synergie avec les leurs afin de conjuguer leurs efforts pour recruter et dégager des profits substantiels.

Un exemple d'entreprise inspirant et créant des contributions utiles à la société est Call me – une compagnie de téléphonie mobile rivalisant avec trois autres grands acteurs du marché dans la petite nation du Danemark, dont la population est seulement de 5,7 millions de personnes. Quand Hanne Lindblad devint PDG de Call me en 2011, elle fit face à la tentative de réussir dans une industrie dirigée par la focalisation du marché à être meilleur prix de quelques couronnes par rapport au compétiteur et à avoir des promotions permettant de gagner des clients venant d'autres fournisseurs de téléphonie mobile. Le résultat était un manque de fidélité généralisé de la part du client, un taux de défection annuel de 4 à 5 clients sur 10, et un budget typique de publicité de plus d'un milliard de couronnes par an à essayer de remplacer les clients perdus.

Lindblad décida de sortir de ce qu'elle appelait « la roue de hamster vicieuse » de l'industrie et de trouver une stratégie durable. Son équipe et elle déterminèrent que la confiance serait le principe directeur fondamental de la compagnie. « Nous voulions devenir une entreprise de confiance, » a expliqué Lindblad, « donc nous avons décidé de nous concentrer sur la culture, d'en faire notre composante de base. »

À mesure que la « stratégie de confiance » commença de jouer dans l'organisation, les salariés devinrent enthousiastes et engagés. De plus, la confiance du salarié s'élargit rapidement en confiance du client, ce qui apporta de grands avantages – surtout en termes de fidélité du client. Mais même cela, cependant, n'était que le début. Dans l'esprit de faire la différence, Call me passa à l'instauration de la confiance sociétale. Puisqu'ils étaient dans le monde de la communication verbale, les salariés remarquèrent que les conversations courtoises étaient en baisse au Danemark. Au lieu d'attendre que quelqu'un d'autre répare ce problème social, l'entreprise décida de s'impliquer. Elle commença une campagne « Parle gentiment », produisit des publicités télévisées mettant en scène la tendance des Danois à se faire mutuellement du tort par des paroles peu aimables et comparant avec un langage et un comportement plus gentils. Les publicités ne faisaient mention ni de prix ni de promotion, et tous les rôles étaient joués par des salariés de Call me.

Puis le mouvement s'élargit pour inclure un projet de films *Parle gentiment, c'est gratuit* (Speak Nicely, It's Free) pour encourager les étudiants à raconter des histoires illustrant plus de courtoisie et de gentillesse. Des centaines de films furent créés, et cela en fit un sujet de discussion dans les salles de classe, dans les salles de conseil, et dans les salons. Call me travailla également avec des camps familiaux pour donner aux familles un jeu d'outils pour l'amélioration de la communication, la résolution de conflits, et créer une meilleure vie quotidienne.

Les dépôts de confiance sociétale de Call me lui gagnèrent de grands dividendes qui eurent un effet sur le résultat net de la compagnie. En une période de quatre ans, son nombre d'abonnés augmenta de 50% dans un marché en déclin et Call me devint la marque de téléphonie mobile à croissance la plus rapide au Danemark – sans prendre la position de tête en matière de prix. De surcroît, l'entreprise reçut le prix d'Indice de marque 2015 de la Loyalty Group pour la fidélité de ses clients et aussi pour la plus belle image de l'industrie. En plus d'améliorer son propre résultat net, Call me a positivement influencé le comportement d'une nation entière.

« VERTU INTENTIONNELLE » ET « CAPITALISME CONSCIENT »

Tout en saluant avec enthousiasme la multiplication de ces formidables initiatives, n'oublions pourtant pas que l'idée d'une responsabilité sociale de l'entreprise n'est pas nouvelle. En fait, elle forme le cadre conceptuel sur lequel s'est bâti tout le système de la libre entreprise. Adam Smith, le père du libéralisme et l'auteur de *La Théorie des sentiments moraux* et de *La Richesse des nations*, nous a appris que la « vertu intentionnelle » était la base d'une économie prospère et que quand une masse critique de citoyens rivalisent pour leur intérêt bien compris *dans le cadre de la vertu intentionnelle*, une « main invisible » guide la société dans une direction qui doit créer richesse et prospérité pour tous.

À la fin du XXème siècle, toutefois, la « vertu intentionnelle » s'est peu à peu évaporée et le message a cruellement perdu son sens initial : « Si vous êtes en concurrence sur le marché, la 'main invisible' veillera à la création de richesse. » Cette dilution du message originel a conduit à une violation massive des 4 noyaux et des treize comportements – à la cupidité, au matérialisme, à l'escroquerie, à la duplicité, et à la croissance exponentielle des taxes liées à une confiance dégradée.

> *« La falsification et les malversations sont extrêmement destructrices pour le capitalisme libéral et plus généralement pour les fondements mêmes de notre société... Notre système de marché dépend crucialement de la confiance – la confiance dans la parole de nos collègues et la confiance dans la parole de ceux avec qui nous faisons des affaires. »*
>
> —ALAN GREENSPAN, EX-PRÉSIDENT DE LA BANQUE CENTRALE AMÉRICAINE

Le résultat – comme je l'ai dit dans le premier chapitre de ce livre –, c'est qu'en général aujourd'hui, la confiance est un peu partout en berne. Mais voici un paradoxe intrigant : au beau milieu de cette défiance contagieuse, une réaction énergique est en train de créer une renaissance globale de la confiance. On reconnaît de plus en plus le coût de cette défiance, et les efforts pour établir et restaurer la confiance se multiplient. C'est le syndrome du

« poisson qui découvre l'eau le dernier ». Alors que la confiance ressemble à une peau de chagrin, nous reconnaissons finalement à quel point elle est vitale pour notre survie.

Certains font même des efforts pour remplacer le paradigme matérialiste fondamental par un paradigme de contribution plus durable. L'Acton Institute, par exemple, s'est attaqué à la représentation médiatique d'un monde des affaires cupide et socialement irresponsable, et il cherche à jeter une passerelle par-dessus le fossé qui sépare ce monde des grands leaders religieux en les aidant à confronter leurs valeurs et leurs ressources dans le dessein de renforcer la solidité de nos sociétés. Paul Dolan, ancien PDG de Fetzer Vineyards, incite tous les chefs d'entreprise à viser un « triple bilan », une mesure du succès de l'entreprise qui prenne en compte non seulement l'aspect financier mais aussi l'impact environnemental et social.

LA CITOYENNETÉ GLOBALE : UNE NÉCESSITÉ ÉCONOMIQUE

James Surowiecki, du magazine *Forbes*, a déclaré :

> « *L'évolution du capitalisme s'est faite dans le sens d'une confiance et d'une transparence accrues ainsi que de comportements moins égocentriques. Ce n'est pas une coïncidence si cette évolution a entraîné des gains de productivité et une croissance économique. Cette évolution, bien sûr, ne s'est pas produite parce que les capitalistes sont naturellement bons. Elle s'est produite parce que les bénéfices de la confiance – le fait d'être confiant et fiable – sont potentiellement immenses et parce qu'un système de marché qui réussit enseigne aux gens à reconnaître ces bénéfices.* »

Dans *Megatrends 2010*, Patricia Aburdene note l'essor d'un « capitalisme conscient » et son rapport étroit avec le résultat financier de ces entreprises. Elle montre qu'entre 1984 et 1999, les « entreprises superstars » dans les relations internes et externes avec tous leurs partenaires (investisseurs, clients, salariés, fournisseurs et communautés) surclassaient l'indice boursier Standard & Poor 500 de 126 %. Il est intéressant de noter que six des sept mégatendances qu'Aburdene relève dans son ouvrage supposent les principes de contribution, de valeur, de sens, de but et de responsabilité inhérents – aussi bien sur les plans individuel et organisationnel – à la cinquième vague de la confiance sociétale.

Une enquête de l'université DePaul a aussi montré que la performance financière d'ensemble des 100 meilleurs entrepreneurs citoyens recensés par *Business Ethics* était « significativement meilleure » que celle des 500 entreprises de l'indice Standard & Poor. De fait, la performance financière est désormais l'un des critères de l'entreprise citoyenne. C'est une excellente illustration sociétale de la façon dont la nouvelle gouvernance d'entreprise peut « obtenir des résultats d'une façon qui inspire confiance » à tous les partenaires.

> *« On parle d'entreprises responsables comme si c'était quelque chose de nouveau que nous devions ajouter au sommet de l'édifice. Mais l'essence de toute activité industrielle et commerciale devrait être la responsabilité. Ma philosophie est : 'Nous ne dirigeons pas des entreprises pour faire des profits, nous dégageons des profits pour diriger des entreprises.' Nos entreprises ont besoin de sens et de but si elles doivent jouer leur rôle dans le monde, sinon, quelle est leur raison d'être ? »*
>
> —TACHI KIUCHI, EX-PDG DE
> MITSUBISHI ELECTRONICS

La filiale anglaise du groupe Mercer Investment Consulting suggère que des entreprises peuvent être tentées, au départ, de participer à des initiatives citoyennes surtout pour éviter les conséquences – et les taxes – de l'étiquette « socialement irresponsable ». Orin Smith, ancien PDG de Starbucks (classée parmi les 100 entreprises citoyennes des États-Unis), l'affirme : « Seul un petit nombre de clients achète les produits d'une entreprise parce qu'elle est socialement responsable. Mais si les consommateurs jugent que vous n'êtes pas responsable, ils sont bien plus nombreux à avoir une réaction négative. »

> *« Les clients recueillent des impressions sur des produits de centaines de sources différentes mais quand ils estiment qu'une entreprise se comporte de façon*

> *citoyenne, ils ont une réaction plus positive à l'égard de la marque. »*
>
> —SHELLEY LAZARUS, PDG D'OGILVY ET MATHER

Si la crainte de jugements négatifs est peut-être le déclencheur initial des initiatives de citoyenneté globale, je suis persuadé qu'avec le temps, les dividendes et l'abondance créés par la contribution en deviendront les principaux moteurs aussi bien pour les individus que pour les organisations.

Je suis aussi personnellement convaincu qu'au bout du compte, la citoyenneté globale fera partie des règles de base de toute bonne gestion. Avec le temps elle deviendra une obligation incontournable. Aujourd'hui encore, un nombre croissant de consommateurs « votent avec leur portefeuille » en soutenant des entreprises qui démontrent leur *intégrité*, leur *intention*, leurs *capacités* et leurs *résultats*. Et je suis persuadé que cette tendance inspirante deviendra en fin de compte une nécessité économique.

Aux premiers temps du Covey Leadership Center, nous avions rédigé ce que nous appelions une « déclaration de mission universelle » parce qu'elle s'appliquait à tout individu et à toute organisation, tout simplement parce qu'ils appartiennent à la société. Elle ne comportait que 13 mots : *Accroître le bien-être économique et la qualité de vie de tous les partenaires.*

J'aime penser que cette déclaration de mission universelle était une des premières tentatives lucides et équilibrées pour décrire la citoyenneté globale. Et ce à au moins deux égards : d'abord parce qu'elle reconnaît l'importance de tous les partenaires (et pas seulement des actionnaires). Ensuite par ce qu'elle prend en compte l'importance de la qualité de vie (et non du simple profit financier). Cette déclaration veut faire entendre que la confiance a toujours été le moyen de communication universel et le catalyseur suprême.

LA CITOYENNETÉ GLOBALE : UN CHOIX INDIVIDUEL

Au cœur de la citoyenneté globale d'entreprise, on trouve la citoyenneté globale individuelle. C'est vous et moi qui prenons la décision consciente de valoriser et d'investir dans le bien-être des autres. C'est vous et moi qui répercutons cette décision dans tous les aspects de notre vie.

Comme le disait Gandhi : « Un homme ne peut pas agir comme il faut dans un secteur de sa vie tout en agissant mal dans un autre. La vie est un tout indivisible. » Pas question donc de demander à nos salariés de fournir un service exemplaire à nos clients « qui rapportent », de jeter quelques dollars aux œuvres humanitaires, et d'ignorer un voisin dans le besoin « qui ne rapporte pas ». Le message alors délivré aux salariés comme aux membres de la famille, c'est que la contribution n'est pas sincère, que c'est un simple bluff, et que le jour où ils ne pourront fournir ce que l'on attend d'eux, comme le voisin en question, ils seront purement et simplement ignorés. De plus, ce comportement incohérent – agir d'une certaine façon dans une situation et d'une façon contraire dans une autre – trahit notre hypocrisie et génère une énorme taxe.

À l'opposé, nous nous fixons comme objectif de développer une véritable citoyenneté globale dans toutes les dimensions de notre vie, de l'intérieur vers l'extérieur. Revenons aux 4 noyaux et commençons par nous-même : Suis-je crédible ? Ai-je l'intention de faire le bien, d'apporter ma contribution, de me montrer reconnaissant(e) ? Suis-je pour la société une personne en qui elle peut avoir confiance ?

Puis nous en venons à la famille et nous demandons : Est-ce que ma façon de diriger ma famille inspire et aide ses membres à devenir de bons citoyens globaux ? Est-ce que je donne l'exemple ? Suis-je bon(ne) citoyen(ne) aussi bien dans ma famille que dans le monde ? Est-ce que j'harmonise les structures et les systèmes familiaux de façon à soutenir le civisme aussi bien dans ma famille que dans le monde ? Je suis personnellement convaincu que forger un état d'esprit citoyen au sein de notre famille et enseigner à nos enfants comment être des citoyens globaux est l'une des meilleures chances de construire une société fondée sur la confiance.

Venons-en ensuite à l'organisation. Et demandons-nous : Notre organisation est-elle crédible ? Avons-nous de l'intégrité et notre comportement en donne-t-il l'exemple ? Montrons-nous notre intention de faire le bien, de contribuer, de rendre ce qui nous a été donné ? Avons-nous les capacités de faire la différence ? Produisons-nous des résultats, non seulement pour les actionnaires, mais pour tous les partenaires ? Offrons-nous à la société une organisation en laquelle elle peut avoir confiance ? Et enfin : est-ce que ma façon de diriger donne envie à mes collaborateurs de devenir de bons citoyens globaux ? Ai-je intégré les structures et les méthodes de l'organisation ou de mon équipe d'une façon qui encourage la citoyenneté au sein de celle-ci et dans le monde ?

> « *Une entreprise reçoit l'autorisation de fonctionner à partir de la société et donc doit à la société de prendre soin de celle-ci. La poursuite de rendement à court terme de suffit pas. Ce rendement doit être allié à un objectif ; sinon, le rendement disparait également... les entreprises réussiront, à long terme, seulement si les sociétés dans lesquelles elles fonctionnent sont elle aussi en bonne forme.* »
>
> —INDRA NOOYI, PRÉSIDENT ET PDG, PEPSICO

Examinons les treize comportements et posons-nous la question : Est-ce que je (ou mon organisation, ma famille) :

- parle franchement ?
- montre du respect ?
- crée la transparence ?
- corrige mes erreurs ?
- montre de la loyauté ?
- fournis des résultats ?
- m'améliore ?
- affronte la réalité ?
- clarifie les attentes ?
- exige des comptes ?
- commence par écouter ?
- tiens mes/ses engagements ?
- accorde la confiance ?

Si nous avons mis nos lunettes pour voir en profondeur, nous comprenons que c'est à ce niveau sociétal que les termes du psychologue Carl Rogers deviennent clairs : « Ce qui est le plus personnel est le plus général. » Nous voyons que la confiance au niveau de la cinquième vague est le résultat direct de la fiabilité, qui commence à la première et se propage à nos relations, nos organisations et au marché pour s'étendre à la société dans son ensemble.

La citoyenneté globale est vraiment un choix individuel et engage une vie entière. Et quand nous faisons ce choix dans notre vie, nous incitons ceux avec qui nous travaillons et vivons à faire des choix aussi positifs dans les leurs. Ensemble, nous bâtissons des organisations et des familles qui contribuent au bien-être du monde.

> *« La véritable et solide paix des nations consiste*
> *non dans l'égalité des armes mais seulement dans la*
> *confiance mutuelle. »*
>
> —PAPE JEAN XXIII

UN RÉSUMÉ ET UN DÉFI

Avant de clore ce chapitre sur la confiance des partenaires, j'aimerais en récapituler les messages essentiels :

1. Les 4 noyaux et les treize comportements sont les outils qui instaurent ou restaurent la confiance partout – dans les organisations (dont la famille), sur le marché et dans la société.
2. La règle essentielle pour instaurer la confiance organisationnelle est l'*alignement* – s'assurer que toutes les structures et les méthodes dans l'organisation sont en harmonie avec les noyaux et les comportements. C'est ce qui permet de construire la confiance avec les partenaires *internes*.
3. La règle essentielle pour instaurer la confiance du marché est la *réputation* ou la marque. Il s'agit d'utiliser les noyaux et les comportements pour créer la crédibilité et le comportement qui inspire la confiance aux partenaires *externes* afin qu'ils achètent, investissent et/ou recommandent vos produits et services aux autres.
4. La règle essentielle pour établir la confiance sociétale est la *contribution*. Elle consiste à montrer l'intention de rendre ce qu'on a reçu, d'être un citoyen global responsable, et cette règle devient une nécessité sociale et économique à l'ère de la main-d'œuvre du savoir.

Cela dit, je voudrais ajouter qu'avant d'être confronté directement à ces noyaux et ces comportements dans le cadre de votre organisation, de votre marché et de votre société, vous serez incapables de pressentir la pleine puissance de ces paramètres sur la vitesse, le coût et la confiance. (En d'autres termes, j'espère que vous commencez à avoir une idée de l'impact des noyaux et des comportements à ce stade de votre lecture, mais vous n'avez encore rien vu !)

Dans nos ateliers, nous jouons souvent à un jeu de rôles : nous distribuons à chaque joueur un jeu de cartes comprenant les quatre cartes des noyaux et les treize cartes des comportements. Nous leur donnons ensuite d'autres cartes évoquant des scénarios possibles.

Vous pouvez par exemple tirer une carte qui dira :

« Vous êtes immergé dans une culture d'entreprise. Vous suivez des consignes internes qu'on vous impose mais qui déforment la vérité et créent de la méfiance. Que faites-vous ? »

Vous abattez d'abord une ou plusieurs des cartes Noyaux (on commence par soi-même). Vous pourriez répondre : « Si je veux avoir une discussion franche et directe avec mon patron, je dois d'abord me demander : quelle est ma crédibilité ? Si je ne suis pas crédible, il se souciera comme d'une guigne de mes arguments. Il n'interprétera pas mon discours comme une critique constructive mais comme une récrimination. En revanche, si je produis des résultats, si je dépasse mes objectifs, il sera sans doute beaucoup plus enclin à écouter ». Il faudrait alors jouer votre carte résultat.

Votre voisin pourrait alors jouer une carte Comportement « Affronter la réalité » ou « Parler franchement ». Il deviendra vite évident que les cartes comportements n'auront d'efficacité que si vous avez d'abord joué une ou plusieurs cartes Noyaux.

Dans ces jeux de rôles, il n'y a pas de réponses justes ou fausses. Il s'agit de provoquer une prise de conscience et de susciter des choix qui permettent de résoudre au mieux les problèmes que posent les différents scénarios. En remplissant cet objectif, le jeu entraîne non seulement une discussion stimulante et riche en réflexions, mais elle force aussi les gens à saisir qu'il existe une impressionnante différence entre compréhension conceptuelle et compréhension expérimentale – quand on se retrouve en première ligne à prendre des décisions dont on assume les conséquences. En jouant à ce jeu, les participants réapprennent le contenu du livre à un niveau plus profond et se préparent efficacement à l'application dans la vie réelle.

Je vous encourage donc, en tant que lecteur, à faire dès que possible un usage concret de ce que vous venez d'apprendre. Cherchez des moyens de l'appliquer immédiatement. Trouvez des occasions de l'enseigner aux autres. En le faisant, je crois que vous serez littéralement sidéré par les résultats. Non seulement vous comprendrez mieux et vous réaliserez le pouvoir des noyaux et des comportements, mais vous serez étonné de voir avec quelle rapidité les résultats progressent avec tous les partenaires quand on s'appuie sur la vitesse de la confiance.

RÉSUMÉ DES CINQ VAGUES DE LA CONFIANCE

LA CONFIANCE **EN SOI**
LA CONFIANCE **RELATIONNELLE**
LA CONFIANCE **ORGANISATIONNELLE**
LA CONFIANCE **DU MARCHÉ**
LA CONFIANCE **SOCIÉTALE**

LA CONFIANCE **EN SOI**
Crédibilité

LA CONFIANCE **RELATIONNELLE**
Comportement

LA CONFIANCE **ORGANISATIONNELLE**
Alignement

LA CONFIANCE **DU MARCHÉ**
Réputation

LA CONFIANCE **SOCIÉTALE**
Contribution

INSPIRER CONFIANCE

J'espère que vous êtes désormais convaincus, comme je vous l'ai dit, que rien n'est aussi rapide que la vitesse de la confiance. Rien n'est aussi rentable que l'économie de la confiance. Rien n'est aussi puissant que l'influence de la confiance quand elle se propage. Et les dividendes de la confiance peuvent améliorer considérablement la qualité de toutes les relations dans tous les domaines.

Mais… à l'idée d'accorder concrètement votre confiance aux autres vous éprouvez hésitations et inquiétudes. Peut-être, tout au fond de vous-même, avez-vous le sentiment que vous ne pouvez pas vraiment vous fier à autrui. Peut-être avez-vous grandi dans un environnement où la confiance était très basse. Peut-être avez-vous connu de grandes déceptions par le passé. Peut-être personne ne vous a-t-il montré la confiance dont vous étiez pourtant digne.

Dans ce dernier chapitre, je voudrais vous montrer que, quelle que soit votre situation, vous pouvez apprendre comment accorder la « confiance intelligente ». Vous pouvez développer un savoir-faire confiance en évitant les pièges et en visant les dividendes les plus élevés pour tous les partenaires. Vous pouvez aussi apprendre comment restaurer la confiance quand elle s'est effondrée et comment développer une propension à la confiance absolument vitale à une gestion efficace... et dans la vie.

Pour créer un environnement de confiance optimale, aussi bien dans votre famille que dans votre cadre professionnel, il est bien sûr nécessaire d'être digne de confiance et de savoir construire des relations confiantes à tous les niveaux, mais c'est votre capacité de faire confiance à autrui qui sera en fin de compte le facteur décisif. Vous vous rappelez peut-être qu' « accorder la confiance » est celui des 13 comportements que j'ai évoqué en dernier à cause de son impact dans la construction de la confiance. Dans ce chapitre, nous allons l'explorer de manière beaucoup plus approfondie.

La première tâche d'un dirigeant est d'inspirer confiance. Cette capacité est ce qui distingue un honnête gestionnaire d'un dirigeant d'envergure. Inspirer confiance, c'est créer la base sur laquelle s'élaborent toutes les entreprises et les relations réussies.

PLACER JUDICIEUSEMENT SA CONFIANCE

« *Il est tout aussi erroné de faire confiance à tout le monde qu'à personne.* »
—PROVERBE LATIN

V ous est-il arrivé de ne pas faire confiance à quelqu'un et de rater, de ce fait, d'importantes occasions, personnelles ou professionnelles ? Qu'avez-vous ressenti alors ?

Quand vous allez au fond des choses, voici les problèmes pratiques que pose la confiance que l'on accorde à autrui : Comment savoir que l'on peut faire confiance à quelqu'un ? Comment accorder sa confiance de façon à produire les dividendes d'une confiance élevée sans prendre de risques déraisonnables ?

En matière de confiance, on peut repérer deux extrêmes : à l'une des extrémités du spectre, une confiance insuffisante avec son cortège de soupçons. On cache son jeu, on ne fait, au fond, confiance qu'à soi-même. À l'autre extrémité, les gens se montrent au contraire trop confiants. Totalement crédules, ils croient n'importe qui, font confiance à tout le monde. Ils ont une vision naïve et simpliste du monde et ne pensent même pas vraiment (ou superficiellement) à la nécessité de protéger leurs intérêts.

Placer judicieusement sa confiance peut rapporter des dividendes élevés. Mais les risques sont à la hauteur des bénéfices. Comment trouver la « zone de rendement optimal » ? Comment accorder intelligemment sa confiance en maximisant les dividendes et en minimisant les risques ?

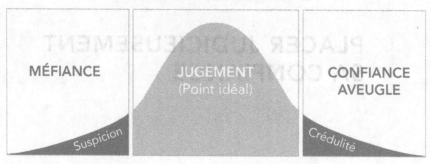

CONFIANCE INTELLIGENTE

MÉFIANCE — JUGEMENT (Point idéal) — CONFIANCE AVEUGLE — Suspicion — Crédulité

Voici un exemple instructif, celui d'une entreprise où le président du conseil d'administration et le PDG avaient su développer une relation de profonde confiance. Un jour, cependant, le président (et fondateur de l'entreprise) apprit que le PDG avait fomenté un mini coup d'État. Il avait rallié à sa position quelques hauts responsables pour suivre une orientation contraire aux vœux du président et du conseil d'administration. Cette opération ruina totalement la confiance entre les deux hommes. Le président fut particulièrement blessé parce qu'il s'était senti trahi. Le PDG dut démissionner et l'entreprise fut restructurée. La rupture professionnelle entre les deux hommes fut immédiate et définitive.

Pourtant, en souvenir de l'amitié qu'ils avaient forgée au fil des ans, ils s'efforcèrent de restaurer la confiance dans leurs relations personnelles. Il y eut des mois de discussions, des excuses sincères, et mêmes des larmes. Finalement, le premier pardonna au second et ils renouèrent des liens amicaux.

Un jour, l'ex-PDG vint trouver son ex-président pour lui proposer de s'associer dans une nouvelle affaire. Avant même que la discussion s'engage vraiment, le président lui répondit d'un ton réfléchi :

« Je te remercie d'avoir pensé à moi. Je collaborerai volontiers avec toi dans un cadre amical ou familial. Je siégerai sans problème à tes côtés dans le conseil d'une association, sous ta direction ou sous la mienne, ça ne ferait aucune différence. En revanche, j'ai décidé de ne plus faire d'affaires avec toi. »

C'est un exemple de ce que j'appelle « placer judicieusement sa confiance ». Ce président n'a pas cédé à la colère ou à la susceptibilité. Il ne macérait pas dans l'aigreur et le ressentiment. Il a pardonné et fait tout ce qu'il pouvait pour restaurer la confiance possible avec son ancien partenaire et ami. Mais il n'a pas ignoré pour autant les leçons de son expérience. Il a su tracer une frontière au-delà de laquelle il ne voulait plus accorder sa confiance.

LA MATRICE DE LA « CONFIANCE INTELLIGENTE »

Vivre, c'est prendre des risques. Mais, comme le remarquait Stephen Carter, historien et professeur de droit renommé, « La civilité a deux faces : la générosité quand elle nous coûte et la confiance, même s'il y a des risques. »

L'objectif n'est donc nullement d'éviter tout risque. D'abord parce que c'est impossible. Ensuite parce que la prise de risque est un aspect essentiel de la vie. Il s'agit à l'inverse de gérer les risques avec sagesse, d'accorder sa confiance de façon à éviter les taxes et à créer les dividendes les plus élevés possibles.

Pour apprendre à placer judicieusement sa confiance, deux qualités sont nécessaires, une propension à la confiance et une capacité d'analyse – que vous trouverez accolées sur la matrice de la page suivante.

La « propension à la confiance » est d'abord une affaire de cœur. C'est l'aptitude, le penchant, la prédisposition à croire les gens dignes de confiance et le désir spontané de la leur accorder. La force de cette tendance en vous peut être liée à votre caractère, à la façon dont les êtres importants de votre vie vous ont ou ne vous ont pas accordé leur confiance. Elle peut résulter aussi de votre expérience (bonne ou mauvaise) quand vous avez accordé votre confiance à autrui, ou, comme c'est sans doute le cas, d'une combinaison de ces paramètres.

L' « analyse », d'autre part, est d'abord une affaire rationnelle. Entre alors en jeu votre capacité d'examiner, d'évaluer, d'échafauder différentes hypothèses, d'en déduire les conséquences, d'en tirer conclusions et décisions logiques. Votre capacité d'analyse est, elle aussi, liée à vos dons et talents naturels, à votre éducation, à vos habitudes de pensée, à votre profil psychologique et à vos expériences passées.

Une expérience avec mes enfants montre clairement le rôle de ces deux qualités. Un jour, je les emmenai pêcher. Nous passâmes un excellent moment ensemble puis nous allâmes manger quelque chose. Britain, alors âgé de 5 ans, doué d'une grande tendance naturelle à la confiance, me remercia abondamment : « Papa, merci, merci *beaucoup* ! Tu es le *meilleur* papa du *monde entier* ! » Christian qui, à 9 ans, était devenu plus analytique, rétorqua : « Britain, tu ne peux pas dire qu'il est le meilleur papa du monde, tu n'en sais rien et il y a plein de papas très bien dans le monde. » Puis craignant soudain que je me vexe, il ajouta : « Je parie que c'est le *neuvième* meilleur papa du monde ! ».

Songez à ces deux paramètres, la propension à la confiance et la capacité d'analyse, quelle note vous donneriez-vous pour chacune ? Avez-vous tendance à faire facilement confiance aux gens, ou plutôt à vous montrer soupçonneux et à « ne pas abattre vos cartes » ? Êtes-vous enclins à analyser, à théoriser et à réfléchir longuement ou consacrez-vous aux problèmes une attention superficielle avant de passer à autre chose ?

À quel point pensez-vous que vos tendances actuelles augmentent ou réduisent votre capacité à « placer judicieusement » votre confiance ? Jetez un coup d'œil à la matrice, vous serez peut-être surpris !

MATRICE DE LA CONFIANCE INTELLIGENTE

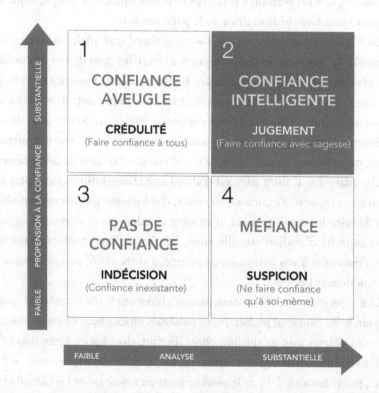

La zone 1 (propension très élevée à la confiance, capacité d'analyse médiocre) montre la « confiance aveugle », la *crédulité*. Tout le monde prodigue sa confiance dans une atmosphère idyllique. C'est de ce syndrome que relèvent les « imbéciles qui naissent à chaque minute », selon la célèbre formule, proies faciles pour les démarcheurs, les marchands de vent et autres arnaqueurs en tout genre.

La zone 2 (forte propension à la confiance, capacité d'analyse élevée) est la zone du *jugement de confiance intelligente*. Ici se combinent une propension à la confiance et une capacité d'analyse qui vous permet de gérer sagement les risques. Vous alliez un bon jugement sur les affaires et sur les gens avec une intuition et un instinct affûtés. Si vous avez tendance à ne pas faire confiance, votre intuition et votre instinct vous souffleront de ne pas vous fier à autrui. À l'inverse, dénué de capacités d'analyse, vous aurez tendance à prendre votre propension à la confiance pour un instinct ou une intuition sûres. Une capacité d'analyse élevée alliée à une forte propension à faire confiance, telle est la synergie qui développe l'intuition nécessaire à un jugement lucide.

La confiance intelligente ne signifie pas faire confiance à n'importe qui. Suivant les circonstances, votre jugement vous poussera à ne pas accorder votre confiance ou à la limiter – comme ce président avec son ex-PDG dans l'exemple cité plus haut.

> « Faites confiance, mais vérifiez. »
>
> —RONALD REAGAN

La zone 3 (faible propension à la confiance, capacité d'analyse réduite) est la zone d'*indécision* ou de confiance inexistante. C'est le comportement de ceux qui ont tendance à ne se fier à personne. Parce que leur capacité d'analyse est réduite, ils se méfient d'abord d'eux-mêmes. Cette zone se caractérise par l'indécision, la surprotection, l'appréhension, la circonspection et l'immobilité.

La zone 4 (faible propension à la confiance, capacité d'analyse élevée) est celle de la « méfiance » et de la *suspicion*. C'est là que se classent les êtres qui accordent leur confiance difficilement, voire pas du tout. Certains sont même si soupçonneux qu'ils ne font confiance à personne *sauf* à eux-mêmes. Ce type de caractère a tendance à se fier exclusivement et en toutes circonstances à ses capacités d'analyse pour l'évaluation, la prise de décision et l'exécution.

Maintenant voilà ce qui vous surprendra peut-être. En matière de confiance, où se situe d'après vous le risque maximal ?

De toute évidence, la zone 1 (crédulité) présente un risque très important. Si vous faites confiance à n'importe qui, tôt ou tard, vous allez vous faire berner.

La zone 3 (indécision) est un piège fatal. Avec une capacité d'analyse réduite et une faible propension à la confiance, vous allez cumuler les inconvénients de ces deux travers. Des risques élevés pour un rendement faible.

La plus grosse surprise pour la plupart des gens vient de la zone 4 (suspicion). Beaucoup s'imaginent que c'est la zone où les risques sont les plus réduits. Vous analysez, calculez et soupesez les différents problèmes soigneusement. Soupçonneux et circonspect, vous accordez donc difficilement votre confiance aux autres. Vous êtes secret, vous essayez de tout garder sous votre contrôle direct.

Si elle peut sembler à première vue peu risquée, c'est en fait la zone qui présente les plus forts risques. Très soupçonneux, vous avez une tendance naturelle à tout passer au crible, à tout analyser à l'infini, ce qui finit par vous faire perdre beaucoup de temps et par faire grimper les coûts. En outre, vous loupez des occasions. Vous découragez collaboration et synergies. La seule analyse sur laquelle vous vous fondez est la vôtre et, que vous l'admettiez ou non elle est peut-être limitée ou faussée, mais vous ne vous en apercevez pas parce que vous vous êtes coupé des idées, de la sagesse, des perspectives d'autrui.

Les adeptes du micro-management qui ne font confiance qu'à eux-mêmes ne peuvent apporter à la direction de leur entreprise que leur propre valeur ajoutée. Ils sont incapables d'utiliser la force de levier de leurs collaborateurs, pour lesquels ils sont, de plus, démoralisants. Ils courent un risque élevé : celui de faire fuir les plus talentueux qui se refuseront à travailler dans une atmosphère de contrôle tatillon.

J'ai connu autrefois le patron d'une PME qui craignait tant que ses salariés le volent qu'il les soumettait presque quotidiennement à des interrogatoires. Il lui arrivait même de les fouiller le soir quand ils quittaient le travail ! Cet homme était convaincu que ses salariés le voleraient à la première occasion. En réalité, personne ne le volait, mais cette atmosphère de suspicion généralisée a fait déserter ses collaborateurs les plus talentueux qui n'acceptaient évidemment pas de travailler dans une ambiance pesante avec un patron aussi méfiant.

Les responsables et dirigeants qui se classent en zone 4 subissent aussi les taxes basse confiance évoquées au chapitre sur la confiance organisationnelle – bureaucratie, intrigues, démotivation et rotation accélérée du personnel – et ils perdent les dividendes d'une confiance élevée comme l'innovation, la coopération, l'esprit d'équipe et la loyauté. Il faut même ajouter que leur comportement soupçonneux engendre les comportements qu'ils redoutent, ce qui ne fait qu'accroître leurs soupçons. En traitant les gens comme s'ils étaient indignes de confiance, ils contribuent à créer la spirale négative qu'évoquait David Packard, la méfiance qui conduit à mettre les outils sous clé malgré les consignes express de la direction. Comme il le rappelait : « Nombre de salariés font dès lors en sorte de justifier les soupçons de l'entreprise à leur égard. »

> « Il n'existe pas de règle plus invariable que celle qui veut que nous soyons rétribués pour nos soupçons en découvrant ce à quoi nous nous attendions. »
>
> —HENRY DAVID THOREAU, ESSAYISTE AMÉRICAIN

Le risque de se retrouver en zone 4 – surtout comme leader – est très élevé : perspectives limitées, collaboration réduite au minimum, départ des meilleurs éléments et occasions manquées. Taxes importantes et maigres dividendes. Voilà pourquoi dans l'économie globale d'un « monde plat » ne pas faire confiance revient souvent à prendre le plus grand des risques.

> « Il est stérile de recruter des collaborateurs qui présentent les compétences requises pour un travail spécifique si vous contrôlez leurs moindres faits et gestes. C'est ici qu'intervient la confiance : il faut faire confiance aux gens pour accomplir leur travail, mais plus encore, savoir instaurer une ambiance de confiance réciproque. Le plein déploiement des compétences suppose la collaboration. »
>
> —MICHAEL SKAPINKER, *FINANCIAL TIMES*

Pourquoi des personnes se retrouvent en zone 4 ? Pour certains, ce peut être un problème fondamental de style – une attention pointilleuse aux détails, un perfectionnisme mal compris, ou une incapacité chronique à déléguer. Pour d'autres, ce sera le schéma fondamental, profondément ancré qui révèle leur manque de confiance en autrui. Peut-être se croient-ils dans certains cas meilleurs ou plus intelligents que les autres ? Ou ne font-ils confiance qu'à eux-mêmes ? Peut-être ont-ils vécu des expériences douloureuses dans le passé, d'où cette suspicion exagérée. Quoi qu'il en soit, leur paradigme est « les autres ne sont pas dignes de confiance ». Et, à moins qu'ils ne prennent les mesures nécessaires pour changer, ils resteront à jamais coincés dans la zone 4 : risques élevés, vitesse réduite, taxes multipliées.

> « Vous serez peut-être bernés si vous faites trop confiance, mais vous vivrez des moments difficiles si vous ne faites pas assez confiance. »
>
> —FRANK CRANE, ÉCRIVAIN ET JOURNALISTE

De loin c'est en zone 2 (jugement), celle de la confiance intelligente, que l'on trouve le risque moindre pour le rendement le plus élevé. Ici, le risque est réel mais il peut être maîtrisé et géré avec sagesse. Non seulement vous possédez la capacité d'analyse personnelle vous permettant d'évaluer et d'analyser les problèmes, mais vous présentez aussi une propension naturelle à la confiance qui libère les synergies avec la créativité et le jugement de votre entourage. C'est pourquoi en zone 2, le « jugement » est décuplé. La propension à la confiance l'est aussi, car la confiance qui émane de vous devient le catalyseur qui crée cette même tendance chez les autres. Et vous stimulez leur volonté de se montrer dignes de cette confiance.

En d'autres termes, la zone 2 est littéralement effervescente : capacité d'analyse et confiance élevées ne sont pas seulement synonymes de jugement affûté, elles engendrent aussi une dynamique qui crée sans cesse de nouvelles possibilités.

Rappelez-vous : la confiance intelligente n'implique nullement d'accorder automatiquement sa confiance : vous déciderez dans bien des cas de n'accorder qu'une confiance limitée ou nulle, exactement comme vous le feriez en zone 4. Mais, alors que votre décision semblera la même, votre « profil zone 2 » fera toute la différence, parce que votre approche elle-même bâtira presque toujours la confiance.

DÉFINIR LES FACTEURS

La matrice de la confiance intelligente peut être extrêmement utile comme outil diagnostic mais aussi comme « boussole ».

En ce qui concerne l'analyse, trois facteurs vitaux sont à prendre en considération. Vous les cernerez en répondant aux questions suivantes :

1. Quelle est l'*opportunité* (les enjeux de la situation, la mission à remplir) ?

2. Quels sont les *risques* ?

  • Quels sont les développements possibles ?

  • La probabilité de chacun d'eux ?

  • Quelles sont la probabilité et la visibilité de ces développements ?

3. Quelle est la *crédibilité* (caractère/compétence) des personnes impliquées ?

Voyons comment ces questions nous aideront à déterminer la confiance intelligente dans une situation de la vie réelle. Vous vous rappelez mon expérience avec Anna Humphries, la jeune fille qui faisait partie de mon équipe de football. Voici les questions d'analyse que nous pourrions poser à son sujet :

« Quelle est l'*opportunité* ? » La finale du championnat est en jeu, c'est la dernière période de la partie, Anna est moins forte et moins expérimentée que les autres joueurs et je l'ai fait jouer le temps requis par les règles de la ligue, je pourrais donc sans problème faire entrer un autre joueur.

« Quel est le *risque* ? » Gagner ou perdre. L'équipe va vivre un moment de joie intense ou d'amère désillusion. Anna se verra en championne ou comme celle qui aura fait perdre l'équipe. En ne la faisant pas entrer sur le terrain, je risque aussi de lui donner l'impression qu'elle n'est pas à la hauteur. Quant à moi, je vais passer pour un habile entraîneur… ou pour un incapable. Et bien que les résultats d'un championnat de minimes puissent sembler insignifiants pour la plupart des gens, il est très important pour Anna, comme d'ailleurs pour tous les adolescents concernés et leurs familles.

« Quelle est la *crédibilité* des personnes impliquées ? » Tous les membres de l'équipe sont des ados très chouettes qui ont bossé dur pour développer leurs aptitudes à remporter ce match de championnat. Le caractère d'Anna est évident, aussi bien dans son comportement que dans le courage qu'elle montre en décidant de rivaliser avec les garçons qui l'entourent. Sa compétence, en revanche, n'égale pas celle des autres membres de l'équipe.

En répondant à ces trois questions, c'est-à-dire en se cantonnant à une simple analyse intellectuelle, beaucoup d'entraîneurs auraient décidé de faire entrer un autre joueur à la dernière minute de la partie, avec le sort du championnat dans la balance.

Mais le deuxième facteur, la propension à la confiance, doit aussi s'exprimer. Et celle-ci relève d'une dimension différente de l'analyse intellectuelle. Elle implique des sentiments viscéraux : *soupçon, réserve, abondance*… (Voir la deuxième version de la matrice de la confiance intelligente, ci-après).

MATRICE DE LA CONFIANCE INTELLIGENTE

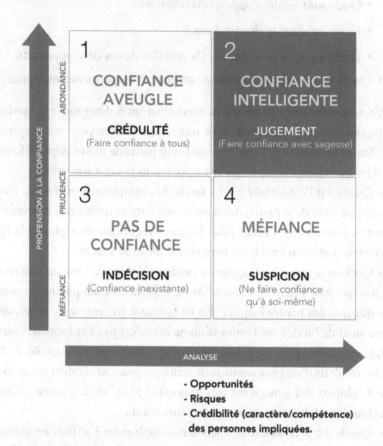

Je ne *soupçonnais* pas les motivations d'Anna ni son intention (ce qui, ajouté à mon analyse, m'aurait poussé à un choix de type zone 4). J'avais toute confiance dans son caractère.

J'étais *réservé* dans ma confiance en ses capacités et son aptitude à fournir des résultats (en d'autres termes, dans sa compétence), ce qui m'aurait placé soit dans la partie supérieure de la zone 4, soit dans la partie inférieure de la zone 2.

J'étais, cependant, *abondant* dans ma propension générale à la confiance.

Je n'avais certes pas le temps de passer en revue tous ces facteurs sur le terrain ce jour-là, mais ils ont tous joué leur rôle quand j'ai dû prendre une décision rapide en me fondant sur ma confiance. Et je crois que le choix que j'ai fait tombait clairement dans la zone 2 de la confiance intelligente. C'est en partie ce choix qui nous a fait gagner la partie : tous mes joueurs ont été fous de joie et Anna a vécu une expérience positive qu'elle n'a pas oubliée.

Si nous avions perdu la partie, serais-je encore convaincu que j'avais fait preuve de confiance intelligente ? Oui, sans aucun doute. J'estime avoir envoyé un message non seulement à Anna mais à tous les membres de l'équipe, à savoir que je croyais en eux et que je les soutiendrais quelle que soit l'issue de la partie. Gagner celle-ci n'était pas le seul enjeu. D'autres paramètres pesaient au moins aussi lourd : le souvenir que ces enfants allaient garder de leur expérience, la façon dont l'appartenance à une équipe allait influer sur leur caractère, leur confiance en eux et leur aptitude à faire confiance aux autres.

En accordant sa confiance à autrui, la ligne générale consiste à l'accorder sous conditions à ceux qui la méritent et sans restriction à ceux qui ont déjà fait leurs preuves. N'oubliez pas que même quand vous accordez votre confiance en abondance, ceux à qui vous l'accordez doivent rendre des comptes parce que la responsabilité renforce la confiance.

GÉRER LES RISQUES

La décision d'accorder ou non sa confiance relève toujours de la gestion des risques. Afin de mieux comprendre la démarche à suivre, reprenons quelques-uns des exemples précédents à la lumière de notre matrice.

Commençons par l'acquisition de McLane Distribution, racheté à Wal-Mart par Warren Buffett. L'opportunité était une acquisition potentielle. *Abandonner* la procédure de diligence raisonnable semblait très risqué et, pour la plupart des investisseurs, ç'aurait sans doute été très risqué. Mais dans cette circonstance, le risque n'était pas aussi grand qu'il l'aurait été normalement. Wal-Mart était une entreprise soumise à des règles de gestion et de comptabilité strictes, et toute l'opération se déroulait sous le regard du public. De plus, la crédibilité (caractère et compétence) des responsables de Wal-Mart était élevée. En outre, la réputation et l'influence de Buffett étaient extrêmement élevées et – soyons clairs sur ce point – personne n'aurait pris le risque d'essayer de berner Buffett dans une opération publique. Ce dernier a donc décidé d'accorder une très large confiance et il a conclu l'affaire d'une poignée de main, écartant la procédure de diligence raisonnable, ce qui a spectaculairement accru la vitesse et diminué les coûts. Confiance intelligente ? Assurément. Nous sommes en zone 2.

Prenons un autre exemple : celui de la femme dont j'ai évoqué l'expérience dans le chapitre intitulé « Savoir faire confiance ». Comme vous vous en souvenez peut-être, le PDG de l'entreprise qu'elle avait décidé d'acheter ne voulait pas entendre parler d'un contrat de travail. « Vous achetez mon entreprise, vous devez me faire confiance », exigeait-il. Elle lui accorda sa confiance et l'expérience tourna au désastre total. Confiance intelligente ? Non. Dans ce cas, elle n'avait pas le centième de l'influence d'un Buffett, et son interlocuteur n'avait ni la crédibilité ni la comptabilité rigoureuse de Wal-Mart. Faire confiance sans prendre toutes les garanties contractuelles n'était donc sans doute pas en l'occurrence faire preuve du meilleur jugement. Une expérience à classer en zone 1 – forte propension à la confiance, analyse médiocre, transaction empreinte de « crédulité ».

Prenons un autre exemple – celui du jour où je décidai de faire confiance à mon fils Stephen en le laissant conduire la voiture familiale. Il existait évidemment un risque non négligeable (après tout, il était adolescent). Pourtant, ce risque était en partie compensé par le fait qu'il était généralement bien intentionné, qu'il avait pris des leçons de conduite et passé son permis. De plus, nous avions conclu un accord, avec des sanctions très claires en cas de comportement inadéquat ou de mauvais choix de sa part. Stephen fit un mauvais choix et commit un excès de vitesse. Compte tenu de notre accord, il dut assumer les conséquences de ce choix. Était-ce de la confiance intelligente ? Je le pense. C'était certainement plus intelligent que d'accorder sa confiance sans conditions (zone 1) ou de ne pas l'accorder du tout.

À tout parent se pose sans cesse la question de faire ou non confiance à ses enfants, une expérience pleine de hauts et de bas, à mesure que ceux-ci grandissent. J'ai trouvé particulièrement utile en tant que parent de faire l'effort conscient de rester en zone 2 – se montrer spontanément confiant, mais sans oublier l'analyse : savoir accorder sa confiance afin d'encourager l'enfant à prendre la confiance au sérieux et à forger son sens des responsabilités.

Dans la zone 2, vous avez la possibilité d'employer diverses approches. Selon la situation, le jugement de confiance intelligente peut impliquer une confiance complète ou nulle, ou encore limitée à certains domaines (intégrité, intention et capacités, par exemple) mais pas à d'autres (résultats). Elle prend en considération les dividendes généraux de relations de confiance élevée, la situation et le risque spécifique, ainsi que le caractère et la compétence des personnes impliquées. Elle conjugue propension à la confiance et analyse afin d'optimiser vraiment les dividendes et de minimiser les risques.

> « *Le problème vient de notre obsession de la mesure. Il existe quelque chose que nous pouvons utiliser à la place de la mesure : le jugement. Certaines des choses les plus importantes du monde ne peuvent être mesurées.* »
>
> —HENRY MINTZBERG, AUTEUR ET PROFESSEUR

POURQUOI TANT DE MANAGERS TALENTUEUX NE DEVIENNENT JAMAIS DES LEADERS

Nombre de managers de confiance – des personnes crédibles qui présentent un caractère et des compétences de haut niveau – ne deviennent jamais des « leaders », parce qu'ils ne savent pas accorder intelligemment leur confiance. Ils opèrent essentiellement en zone 4, la zone de la suspicion. Ils peuvent *déléguer*, ou assigner des tâches aux autres en leur fixant des consignes pour l'exécution. Ils peuvent accorder une *confiance simulée*, en d'autres termes donner d'une main ce qu'ils reprendront de l'autre en soumettant leurs collaborateurs à un contrôle étroit. Mais ils ne leur accordent pas une *pleine responsabilité*. Ils ne leur confient pas la *gérance* d'une mission qui permet la pleine propriété et co responsabilité, fait ressortir l'ingéniosité des personnes et crée l'environnement qui génère des dividendes de haute confiance. Cela permet pourtant de libérer complètement le potentiel d'une équipe et de faire régner la confiance au sein de celle-ci, bref, de créer le cadre qui produira des dividendes de confiance élevée.

Alors que la délégation est intellectuelle, la confiance sans réserve que j'évoque ici est instinctive, c'est quelque chose que l'on éprouve. Ceux qui n'apprennent pas à accorder leur confiance ne deviendront pas des « leaders » au plein sens du terme – que ce soit au travail ou à la maison.

Au terme d'un séminaire, un homme qui prenait sa retraite de conseil juridique d'une entreprise est venu me trouver et m'a dit : « De par ma formation juridique et mon expérience, je suis devenu quelqu'un d'assez méfiant. Parfois, cela m'a servi, mais la plupart du temps, cela n'a fait qu'entraîner toutes sortes de problèmes. Je me suis retrouvé embarqué dans des procédures coûteuses en temps et en argent, et cette méfiance m'a aussi valu de sérieux déboires dans mes relations personnelles, où j'ai appliqué les mêmes règles que dans ma vie professionnelle. Maintenant, je commence une nouvelle carrière et je suis inspiré par cette idée de cultiver une propension à la confiance. J'ignore quels en seront les résultats, mais je suis convaincu que c'est le problème n° 1 auquel m'attaquer. C'est un bien meilleur point de départ. »

Je suis entièrement d'accord : *c'est* un bien meilleur point de départ.

La tâche n° 1 de tout leader est d'inspirer confiance pour libérer la créativité et la capacité de ses collaborateurs à donner le meilleur d'eux-mêmes, de créer un environnement de confiance forte dans lequel ils pourront efficacement collaborer avec lui. Et cette vérité s'applique aux relations professionnelles comme aux relations familiales.

> *« Un leader doit avant tout savoir inspirer confiance. »*
>
> —DOUG CONANT, EX-PDG, CAMPBELL
> SOUP COMPANY

Et maintenant, comment inspirer confiance ? En appliquant les conseils énoncés dans cet ouvrage. D'abord commencez par vous-même et votre propre crédibilité (les 4 noyaux). Ensuite, respectez les manières d'agir qui inspireront confiance aux autres (les treize comportements), sans oublier d'accorder votre confiance résolument mais avec discernement (confiance intelligente). Dans votre rôle de leader en général, utilisez les 4 noyaux et les treize comportements pour créer l'alignement dans l'organisation voulue (entreprise, famille, association, club de sport…), la réputation sur le marché et la contribution au monde en général. En appliquant ces règles, vous obtiendrez des résultats qui inspireront confiance.

Quelques leaders ont un style pointilleux qui, sans verser dans le micro-management, est parfois perçu comme défiant par leurs collaborateurs. Compte tenu des surcoûts générés par une confiance médiocre, il est sage pour tous les leaders de se demander comment leur style est perçu et pour les plus pointilleux de faire un effort supplémentaire de communication et d'appliquer une propension fondamentale à la confiance.

Une fois encore, j'affirme que, dans la nouvelle économie du « monde plat », la capacité d'établir, de faire croître, d'accorder et de restaurer la confiance est *la* compétence professionnelle et personnelle clé de notre temps. Et l'art de la confiance intelligente représente une part vitale de cette compétence. Elle vous permettra de créer un équilibre et une synergie puissante entre l'analyse et la propension à la confiance, qui vous rendront capable de donner le meilleur de vous-même et d'optimiser les talents et la créativité de vos équipes.

RESTAURER LA CONFIANCE QUAND ELLE A ÉTÉ DÉTRUITE

« Les hommes construisent trop de murs et pas assez de ponts. »
—SIR ISAAC NEWTON

J'ai récemment lu l'article d'un éminent expert en gestion qui affirmait ceci :

> *« La vérité, c'est qu'il est impossible de regagner la confiance une fois qu'elle est perdue, point barre. Vous en doutez ? Repensez aux moments de votre vie où vous avez été trahis. Les traîtres ont-ils retrouvé le chemin de votre cœur une fois leur forfait commis ? Si vous ressemblez aux milliers de personnes à qui j'ai posé cette question, la réponse est : jamais. La confiance ne se gagne et ne se perd qu'une fois. Une fois perdue, c'est pour toujours. »*

Peut-être avez-vous fait des expériences qui confirment à première vue cette position. Peut-être, après avoir perdu la confiance d'un proche, d'un collègue ou d'un client, avez-vous essayé de la restaurer mais sans y parvenir ? Une personne a-t-elle perdu votre confiance et vous avez juré de ne plus jamais la lui accorder, quoi qu'il arrive ? Peut-être même vous êtes-vous promis de ne plus jamais vous fier à *personne*…

La rupture de la confiance est évidemment très douloureuse, décevante, dévastatrice parfois. Elle détruit les relations, les partenariats, les plans, les rêves et les entreprises de toute sorte.

Je suis le premier à reconnaître qu'il y a des situations dans lesquelles la confiance ne peut être restaurée. La violation a été trop grave, la trahison, trop profonde, la douleur, trop grande. La confiance a été pulvérisée et on ne voit aucun moyen de recoller les morceaux pour la rebâtir. En fait, on n'aura peut-être même pas l'occasion d'essayer de la restaurer. Je suis donc tout à fait d'accord avec ceux qui disent que la meilleure approche, et de loin, consiste à ne jamais violer la confiance. Celle-ci n'est pas quelque chose que nous devons considérer comme acquis une fois pour toutes. C'est une œuvre que nous devons consolider, chérir, protéger et préserver soigneusement.

Mais la vie est ainsi faite que chacun de nous sera nécessairement confronté un jour ou l'autre à une confiance brisée – peut-être plusieurs fois. Il nous arrive de commettre des actes stupides. Nous faisons une erreur dans une relation personnelle ou professionnelle et nous sommes confrontés à une ponction sévère sur le compte confiance qui peut même se trouver vidé d'un seul coup. La suspicion remplace brusquement la synergie. Deux associés se séparent. On se met en quête d'un autre partenaire en affaires. Une famille est déchirée. On voudrait punir celui ou celle qui a trahi.

Il peut aussi nous arriver de commettre une erreur de bonne foi ou de nous montrer ponctuellement incompétent, et nous découvrons que notre conduite est interprétée comme un manquement à l'intégrité. Remonter la pente s'avère alors bien plus difficile.

« Regarde ce que tu as fait ! »

« Mais je ne voulais pas… »

« Mais j'essayais seulement de… »

Comme nous en avons parlé plus haut dans le chapitre d'introduction aux 13 comportements, ce n'est pas seulement notre façon de nous conduire qui affecte la confiance, mais aussi la façon dont on interprète nos comportements. Une fois encore, comme Nietzsche l'écrivait : « Il n'y a pas de faits, seulement des interprétations. » Souvenez-vous, les gens ont tendance à se juger sur leurs intentions mais à juger les autres d'après leur conduite. C'est pourquoi un acte qui a des conséquences négatives, même bien intentionné, peut faire supposer une mauvaise intention, ce qui accroît beaucoup le retrait sur le compte confiance et la difficulté de restaurer celle-ci.

À l'inverse, il peut arriver que les autres brisent la confiance que nous avions en eux et nous sommes alors confrontés à la question de savoir comment réagir. Un partenaire se rend coupable de malversations, un membre de notre équipe n'assume pas ses responsabilités, un fournisseur répand des bruits perfides sur nous dans l'industrie, notre épouse fait un usage impulsif et irréfléchi de notre carte de crédit, un de nos enfants rentre toujours après l'heure convenue le samedi soir. Notre façon de gérer ces viols de confiance va influencer relations et occasions professionnelles, la vie du club de sport, de la famille à laquelle nous nous consacrons, notre bonheur personnel – et pour longtemps.

Alors, que faire ?

Est-il possible de restaurer la confiance ?

Est-il sage ou déraisonnable d'essayer ?

LE DÉFI EST UNE FORMIDABLE OPPORTUNITÉ

Comme je l'ai dit au chapitre 1, l'idée que la confiance ne peut être restaurée une fois perdue est un mythe. Bien que ce soit souvent difficile, la confiance perdue peut être restaurée – et souvent même augmentée !

Si je repense par exemple au soir où la police m'a appelé pour que je vienne chercher mon fils qui venait de commettre un excès de vitesse, bien sûr, ma confiance en lui a pris du plomb dans l'aile. Ma femme et moi avions pris soin de détailler les conditions auxquelles Stephen serait autorisé à conduire la voiture familiale. Et il avait accepté ces conditions. Après quoi, il est parti en voiture et il a délibérément violé l'une d'elles : le respect absolu du code de la route.

Pourtant, la confiance que nous voulions accorder à Stephen avant son infraction n'a pas été seulement restaurée, elle est ressortie renforcée de cette épreuve. Je peux dire en toute honnêteté que ma confiance en Stephen aujourd'hui est infiniment plus grande qu'elle ne l'était avant son expérience, elle a augmenté et cela tient à tout ce qui s'est passé entre nous dans l'épreuve qui a suivi.

Stephen ayant reconnu sa faute, s'est excusé et a passé des mois à tâcher de réparer, notamment en payant l'amende. En assumant ainsi les conséquences de son acte, il a grandi en compréhension, en maturité et il a décidé de ne plus jamais revivre une telle situation. Sa crédibilité personnelle a donc augmenté. Il a consolidé son *intégrité* et amélioré son *intention*. Il a accru ses *capacités* en trouvant une façon plus adulte de gérer la déception. Il a produit des *résultats* –

des attitudes et des habitudes meilleures. Il est devenu un conducteur exemplaire au point que tous ses camarades vantent maintenant sa prudence au volant. Sans le savoir, il a aussi appliqué certains des 13 comportements : il s'est confronté à la réalité, il a corrigé ses torts, il a tenu ses engagements et il s'est amélioré. En agissant ainsi, il a renforcé ses propres noyaux ainsi que sa relation avec nous.

Notre confiance et donc notre relation avaient été mises à mal, mais à mesure que je voyais mon fils passer par ces différentes phases et que Stephen remontait la pente – j'ai vraiment senti que notre compte confiance se renflouait peu à peu pour atteindre un niveau inédit. Si douloureuse qu'ait été cette situation, elle nous aura donné l'occasion, à lui et à nous, d'apprendre, de nous améliorer et de reconstruire ensemble la confiance.

Un des plus grands obstacles à la construction et à la restauration de la confiance, c'est l'idée superficielle et répandue que la vie idéale est un long fleuve tranquille. C'est faux. Nous allons rencontrer toutes sortes d'écueils. Nous faisons et nous ferons des erreurs et les autres font et feront des erreurs qui nous affecteront. C'est la vie. La question est de savoir comment nous répondons à ces situations. Il nous revient de faire, ou non, un choix – celui de mettre les énormes dividendes de la confiance au-dessus des satisfactions temporaires que nous pouvons éprouver :

- en commettant des actes qui la briseront ;
- en essayant de justifier des comportements peu confiants ;
- en entretenant de la rancune ;
- en refusant de pardonner.

Je suis absolument convaincu que, dans la plupart des cas, l'importance que nous attachons à la confiance – en cherchant activement à l'instaurer, à la faire croître, à la restaurer et en l'accordant sagement, apportera des dividendes personnels et organisationnels très supérieurs à toute autre méthode. Si la restauration de la confiance peut s'avérer difficile, elle en vaut absolument la peine. Et vous verrez : même si la confiance n'est pas restaurée dans la relation particulière sur laquelle vous travaillez, vos efforts pour la restaurer accroîtront votre capacité à bâtir la confiance dans d'autres relations.

Comme dans tous les autres domaines de la vie, les échecs peuvent être à l'origine de réussites. Les défis et les erreurs peuvent devenir des occasions extraordinaires d'apprendre, de mûrir et de progresser. En gardant cette vérité présente à l'esprit, voyons maintenant comment restaurer concrètement la confiance, quand nous la brisons avec d'autres ou quand nous leur ôtons la nôtre. Dans ces deux cas, la clé se trouve dans les 4 noyaux et les treize comportements. Ils vont non seulement nous aider à instaurer la confiance, mais ils nous aideront aussi à la restaurer.

QUAND VOUS AVEZ PERDU LA CONFIANCE DES AUTRES

Quand vous avez perdu la confiance des autres, que ce soit du fait d'une trahison délibérée, d'un manque de jugement ou de compétence, d'une erreur de bonne foi, ou encore d'un simple malentendu, la voie de la restauration est la même : accroître votre crédibilité personnelle et adopter un comportement qui inspire confiance.

Pour comprendre comment appliquer les noyaux et les comportements pour tenter de la restaurer, il est indispensable de saisir comment la confiance a été perdue. En général, une perte de confiance engendrée par une violation de valeurs comme l'intégrité ou l'intention (caractère) est beaucoup plus difficile à réparer qu'une perte de confiance provoquée par une violation de la compétence (capacités ou résultats). Les violations de l'intégrité sont les actes les plus difficiles à surmonter dans toutes les relations, qu'elles soient personnelles, familiales, professionnelles, organisationnelles ou dans la relation au marché.

N'oubliez pas que quand vous parlez de restaurer la confiance, il s'agit de modifier les sentiments et la confiance de quelqu'un à votre égard. Et sur ce processus, vous n'avez aucun contrôle. Vous ne pouvez contraindre les autres à vous faire confiance. Ils ont peut-être d'autres problèmes à régler dans leur vie qui rendent ce défi plus difficile à relever. Peut-être ont-ils interprété un défaut de compétence comme une faille de votre caractère, ce qui complique sensiblement la question. Votre champ d'action est donc limité. Et pourtant, dans ces limites, bien des choses sont possibles. Et même si vous ne parvenez pas à restaurer la confiance dans une situation ou une relation particulière, en renforçant vos noyaux et en appliquant systématiquement les 13 comportements, vous augmenterez votre capacité à instaurer ou à restaurer la confiance dans d'autres situations et relations au cours de votre vie.

Votre tâche ne revient donc pas à « guérir » quelqu'un que vous avez blessé. Cela est hors de votre portée. Mais vous pouvez offrir aux autres l'image d'un être crédible et digne de confiance et adopter des comportements qui inspirent cette confiance. L'expérience montre que ce type d'exemple, avec le temps, contribue puissamment à restaurer la confiance.

RESTAURER LA CONFIANCE À TOUS LES NIVEAUX

Examinons maintenant quelques exemples dans chacune des cinq vagues et voyons comment crédibilité et comportement peuvent vous aider à restaurer la confiance à tous les niveaux. Vous noterez comment, dans nombre de ces situations, affronter l'épreuve que représente la perte de confiance permet de fonder une confiance encore plus solide.

CONFIANCE SOCIÉTALE

Restaurer la confiance au niveau sociétal signifie reconstruire la confiance à l'échelle d'un pays, d'institutions, d'industries, d'un secteur professionnel, et en général d'une collectivité. Elle suppose de contrecarrer la suspicion et le cynisme et de leur substituer l'esprit de contribution, la création de valeur et un comportement éthique.

De nombreuses données indiquent que la confiance peut être améliorée dans la société. Peu après les scandales Enron et WorldCom, une étude Watson Wyatt de 2002 montra que la confiance des salariés envers leur direction plafonnait à seulement 44 %. Une deuxième étude Watson Wyatt effectuée quelques années plus tard fit apparaître un progrès : le chiffre était passé à 51 %. C

Les recherches du Baromètre de confiance Edelman, qui a mesuré la confiance dans les pays chaque année depuis 2001, démontrent clairement que tout comme les sociétés peuvent décliner en confiance par suite de perte de crédibilité ou de mauvais comportement, elles peuvent aussi accroître et améliorer la confiance par leur crédibilité et leur comportement – et beaucoup de pays l'ont fait.

En Irlande, par exemple, les dirigeants de ces trente dernières années ont déplacé la focalisation de leurs compatriotes de l'intérieur vers l'extérieur. Ils ont su amener leur nation de l'indépendance économique vers l'interdépendance. Ils ont entrepris de rénover complètement un système éducatif obsolète pour le hisser au rang des meilleurs du monde. Ils ont amélioré l'harmonie des relations sociales en faisant souffler le vent de la coopération, incité les expatriés à revenir au pays et a aidé l'Irlande à devenir un acteur important en technologie, et à finir par attirer des investissements étrangers – en fait, à attirer presque 20% des investissements américains en Europe, alors qu'elle compte seulement 1% de la population européenne, et à se classer numéro six parmi tous les pays du Classement en compétitivité mondiale de IMD. Malgré les répercussions du retrait de la Grande Bretagne de l'Union européenne, l'Irlande est en position de bien se porter.

Les dirigeants de la république d'Irlande n'ont réussi ce pari que parce qu'ils ont fourni un effort conscient et collectif qui impliquait des comportements comme affronter la réalité, s'améliorer et fournir des résultats. C'est ainsi qu'ils ont construit leur crédibilité et leur confiance globale en tant que Nation. Et elle a été capable de le faire en plein environnement de disruption technologique. Comme le déclarait Bertie Ahern, Premier ministre de la république d'Irlande : « La technologie est clairement notre force motrice. Elle a rendu confiance à toute une nouvelle génération d'Irlandais. Elle a aidé à créer de l'emploi et à stopper l'hémorragie de l'émigration en offrant un avenir à nos concitoyens. »

CONFIANCE DU MARCHÉ

En ce qui concerne la confiance du marché, il est vrai que, dans de nombreux cas, si vous violez la confiance d'un client, vous n'aurez pas de seconde chance. Cette décision est laissée à l'appréciation du consommateur, qui peut simplement décider qu'il ne souhaite plus avoir à faire à vous, et aller voir ailleurs. Comme je l'ai dit, c'est surtout vrai s'il y a eu violation de valeurs, notamment de l'intégrité.

Pourtant, dans certains cas, l'expérience montre que les 4 noyaux et les treize comportements permettent de restaurer et même de renforcer la confiance du marché. Dans un de leurs ouvrages, *Tales of Knock Your Socks Off Service*, les experts en management Kristen Anderson et Ron Zemke racontent l'histoire suivante :

« De bons amis célébraient leur 25ème anniversaire de mariage. Nous les avons appelés pour les féliciter et pour vérifier que les fleurs que nous avions fait envoyer étaient bien arrivées pour la réception qu'ils donnaient ce soir-là. Quelle ne fut pas notre déception d'apprendre qu'au lieu des deux magnifiques bouquets que nous avions choisis, ils avaient reçu une mesquine plante en pot, une petite chose rabougrie tout juste bonne à orner l'étagère des WC.

Il était 18 heures et leur réception commençait à 19 h 30. Nous avons appelé le fleuriste et lui avons expliqué le cafouillage. 'Pas un mot de plus, nous a-t-il répondu, je vais régler le problème à l'instant.' À. 19 h 10, nos amis nous appelaient pour nous prévenir qu'un camion venait de livrer deux magnifiques arrangements floraux et un centre de table pour leur buffet. J'ai oublié de mentionner que nos amis habitent Charlotte (Caroline du Nord) et que nous et notre fleuriste habitons à Minneapolis, à un fuseau horaire et quelques milliers de kilomètres de là.

Quand la note est arrivée, nous avons constaté que seul notre commande initiale avait été facturée, et c'est Jerry le fleuriste qui nous l'a lui-même apportée, avec un petit bouquet à la main. Il s'est encore excusé pour ce problème et nous a assuré que cela ne se reproduirait pas. Sans se défausser de sa responsabilité, sans incriminer le fleuriste de Charlotte. Pas de 'On ne peut plus se fier à personne de nos jours'. Seulement : 'Une fois encore, je suis désolé de ce qui s'est passé. J'espère que vous penserez à moi la prochaine fois que vous commanderez des fleurs.' Bien sûr que oui : nous sommes devenus des clients fidèles.

Dans cette situation comme dans beaucoup de cas où il s'agit de réparer une erreur de service, le problème lui-même s'est transformé en catalyseur d'une confiance encore plus grande parce que le responsable a pris le problème à bras-le-corps et n'a pas ménagé ses efforts pour réparer son erreur de façon à la restaurer. Cette volonté acharnée de réparer une bévue peut vous gagner un client à vie.

Pour prendre un autre exemple, dans les années 1990, Nike faisait l'objet de nombreuses critiques de militants progressistes pour les déplorables conditions de travail qui régnaient dans certaines usines de ses sous-traitants étrangers. L'entreprise apparaissait comme socialement irresponsable. Le PDG d'alors, Phil Knight, prit des mesures pour corriger ses erreurs. Il reconnut le problème comme une « réponse cahoteuse dès l'origine, dont il était responsable ». Les actions et les comportements de Nike ont changé dès les années suivantes : ses dirigeants ont montré des résultats tangibles et une réelle volonté d'améliorer les conditions de travail dans l'industrie tout entière. Nike a voulu apparaître en acteur exemplaire de la profession. Nike fait partie de la liste des « 100 Meilleures entreprises citoyennes » chaque année depuis 2005, et en 2017, figurait sur la liste au numéro 29. La confiance qui avait peut-être été initialement perdue a été restaurée par son comportement transparent et responsable pour sortir de ce problème.

CONFIANCE ORGANISATIONNELLE

Restaurer la confiance au sein d'une organisation peut sembler difficile, surtout si l'on privilégie presque exclusivement les résultats immédiats en oubliant la nécessité de pérenniser ces résultats. Pourtant, le fait que des organisations à confiance élevée surclassent des organisations à confiance médiocre (avec des performances multipliées par trois) incite beaucoup à un tel effort. Une confiance élevée engendre un excellent environnement de travail, mais aussi une indiscutable valeur ajoutée dans la compétition économique.

Je fis personnellement l'expérience de perdre puis de restaurer la confiance de mes collaborateurs en devenant PDG du Covey Leadership Center. En prenant mes fonctions, je m'interrogeai aussitôt sur l'avenir de notre département éducation : était-il sage de poursuivre cette activité ? J'étais bien conscient de la valeur de la mission et de l'impact potentiel de ce service, mais comme nous avions sensiblement réduit nos tarifs pour rendre nos prestations plus accessibles, je m'étais rangé à l'avis général selon lequel ce département ne dégageait pas de profits. Et malheureusement, les informations financières recueillies à l'époque ne nous permettaient pas de nous faire une idée plus précise.

J'avais eu de bonnes relations avec les salariés du service éducation, mais je m'opposais maintenant dans les différentes réunions à son directeur, lequel plaidait sa cause. De plus, je dois dire que je violai certains de mes treize comportements, notamment en parlant en son absence de son service comme je ne l'aurais pas fait s'il avait été là. Ce comportement eut de toute évidence un impact négatif non négligeable sur le solde du compte confiance que j'avais ouvert avec ce responsable et son équipe.

Finalement, nous restructurâmes notre service financier, développâmes des systèmes de rapport rigoureux et appliquâmes des méthodes d'évaluation et de gestion des coûts basées sur les activités, pour obtenir un tableau fidèle de la profitabilité de nos différentes divisions. Et il apparut que, malgré les rabais que nous avions consentis, le service éducation restait rentable – ses marges étaient d'ailleurs presque aussi élevées que celles de nos services les plus performants.

Le jour où je reçus ces chiffres, j'allai voir le directeur du service et je lui dis ceci : « Je suis désolé. J'ai commis une erreur et je m'en excuse auprès de vous et de tout le service. À partir de maintenant, je vais me faire le défenseur de vos intérêts, vous et votre équipe. Je vais plaider haut et fort la cause du service éducation. » Et c'est ce que je fis. Je devins le champion de ce département. Je ne ménageai pas mes efforts pour m'assurer que tout le monde comprenne que le secteur éducatif était profitable et bien géré.

La conséquence ne se fit pas attendre : mon compte confiance avec le directeur du service et ses salariés grimpa rapidement en flèche. Bien que je n'aie pas compris l'impact de ce que je faisais à ce moment-là, le directeur m'avoua plus tard que mes excuses l'avaient personnellement touché ainsi que tout le service et que ce virage avait permis ses succès indéniables dans la décennie qui suivit.

Tout ce que je sais, c'est que non seulement la confiance fut restaurée mais qu'elle fut confortée aussi bien avec le directeur qu'avec l'équipe. Rétrospectivement, je réalise que cette expérience m'a confirmé l'importance de montrer de la loyauté, corriger ses erreurs, restaurer la confiance au sein de l'organisation, et démontré l'impact de la confiance sur la vitesse et le coût.

CONFIANCE RELATIONNELLE

Comme je l'ai indiqué plus haut, si vous êtes le client d'une entreprise qui a violé votre confiance, vous ne lui donnerez peut-être pas l'occasion de la restaurer. Ce n'est qu'un rapport commercial, sans doute une relation d'ordre secondaire dans votre vie. Si un membre de votre famille viole votre confiance, l'enjeu est tout autre. Comme vos relations avec vos proches sont plus importantes et les conséquences, bien plus graves, vous vous imaginez peut-être que la volonté de restaurer la confiance et l'ouverture sera à la hauteur des enjeux.

Voici à ce sujet l'histoire que m'a racontée l'un de mes associés :

« Un médecin honorable d'une communauté voisine occupait une position respectée dans son église, partait régulièrement dans des pays du tiers-monde soigner gratuitement des patients démunis, entretenait des rapports amicaux avec tout le quartier, et se montrait un père et un mari aimant... jusqu'au moment où on a su qu'il avait une liaison avec une autre femme. Du jour où sa double vie et son comportement, contraires aux valeurs qu'il prêchait dans son église et sa famille, furent découverts, son monde s'effondra. Son mariage fut rudement éprouvé et ses enfants étaient si meurtris que la plupart ne voulurent plus lui adresser la parole. Il dut renoncer à ses fonctions au sein de son église, et sa réputation fut gravement ternie par cette affaire.

Mais deux événements importants permirent d'entreprendre un travail de guérison, de reconstruction du respect et de la confiance :

1. Il mit fin à sa liaison et demanda pardon à son épouse et à sa famille.

2. Son épouse choisit de rester ; elle s'afficha à ses côtés en public et lui donna la possibilité de regagner sa confiance ainsi que son respect de lui-même. Elle ne fit pas semblant de ne rien voir ni, à l'image de certaines épouses émotionnellement maltraitées, ne se fustigea pas elle-même, encourageant ainsi les trahisons à venir. Elle affirma son respect d'elle-même, lui fixa un ultimatum et lui demanda de changer certains aspects de son mode de vie et de son comportement. Mais ce qui pesa plus lourd que les actes de son épouse, ce furent ses actes à lui. Il ne chercha pas à mentir pour sauver sa réputation. Il demanda pardon, réalisa les changements demandés et tint son engagement de ne plus trahir sa confiance. Il affronta sa communauté, sa famille, ses voisins avec humilité, sans arrogance ni pharisaïsme. Tout le monde était au courant de ses déboires et il savait que tous savaient. Il voulut aussi regagner leur confiance. Avec le temps, son couple, sa famille et sa réputation commencèrent à retrouver des couleurs. Les gens n'oublient pas ce genre d'erreurs personnelles et publiques, mais une modification du caractère et du comportement **peut** *reconstruire confiance et respect. »*

Placés dans une telle situation, il est bien des êtres qui renoncent à tenter de restaurer la confiance. Mais, comme le montrent cette expérience et d'autres similaires, quand les hommes le veulent, jusqu'à un certain point et dans certaines situations, c'est possible.

Autre sujet de conflit dans les relations personnelles, l'argent. Beaucoup de conseillers matrimoniaux le confirment : l'argent est une cause majeure de divorce. Ce sont souvent des traits de caractère qui sont en cause (dépenses compulsives ou égoïstes, tentatives de contrôler ou de restreindre l'accès d'un partenaire aux ressources communes ou de lui cacher ses propres dépenses). Ces problèmes peuvent aussi provenir d'un défaut de compétence (manque d'éducation ou d'expérience dans la gestion de l'argent). De plus, deux personnes qui se marient viennent souvent de familles qui entretenaient des rapports très différents à l'argent, plus ou moins économes ou dépensières.

Une femme m'a raconté son histoire :

« Pendant des années, mon mari et moi avions des problèmes dans la gestion de notre budget. Nous étions d'accord sur certaines dépenses, et puis voilà qu'il

rentrait à la maison avec un objet qu'il avait acheté sans me prévenir. C'était très frustrant et j'ai fini par 'démissionner' de la gestion du budget commun.

Mais à la longue, nous avons réalisé tous les deux que cette situation sapait notre relation et nous avons décidé de changer. Il s'est efforcé d'agir de manière plus responsable, conformément à notre accord. J'ai décidé de mieux exprimer mes opinions et de participer aux décisions financières. Et ensemble, nous avons appris à mieux gérer notre argent, à respecter notre budget et à investir.

Cela nous a pris un bon moment de changer nos vieilles habitudes, mais peu à peu, nous sommes devenus étonnamment proches et plus en harmonie dans nos buts, nos valeurs et nos habitudes financières. Maintenant, l'unité financière est même une de nos forces. Réussir ensemble quelque chose d'aussi difficile a renforcé les liens de confiance qui nous unissent. »

Il est très fréquent que des êtres enlisés dans des relations de confiance médiocre se sentent complètement impuissants à faire évoluer une telle situation. Mais l'exemple montre que, quand les gens le veulent – même dans des situations difficiles, avec des parents, des amis ou des proches -, la confiance peut être restaurée voire renforcée.

LA CONFIANCE EN SOI

La confiance en soi est souvent la plus difficile à restaurer. Quand nous violons une promesse que nous nous sommes faite à nous-même, échouons à accomplir un objectif ou agissons au mépris de nos valeurs les plus profondes, notre confiance en nous-même peut en pâtir durablement. Et quand nous commettons des infractions à répétition, nous en sortons si meurtris que nous nous demandons sérieusement si nous pourrons retrouver confiance en nous.

Il y a quelques années, un ami qui avait une bonne réputation, mais ne gérait pas très bien son argent, fut contraint de déposer le bilan de son affaire. C'était humiliant – et plus encore parce que tout le monde le sut –, et sa confiance en lui prit du plomb dans l'aile. Afin de garder sa maison, il dut vendre quelques-uns de ses biens, trouver un autre travail, et son épouse fut même obligée de travailler.

Tout le monde pensait que, pour cet homme, le dépôt de bilan signifierait la fin de ses problèmes financiers et qu'il pourrait repartir de zéro. Mais si rude qu'ait été son épreuve, il se sentait encore plus coupable vis-à-vis de ses créanciers, que ses dettes plaçaient en mauvaise posture. Il cumula donc trois ou quatre emplois pendant plusieurs années – travaillant parfois presque vingt-quatre heures sur vingt-quatre – pour rembourser les dettes qu'il n'était légalement pas contraint de rembourser et qu'il finit par solder intégralement.

Quelques années plus tard, les gens apprirent (pas par lui) son geste et tous furent impressionnés par sa rectitude – surtout dans la mesure où la loi ne lui faisait pas obligation de payer ses créanciers. Sa crédibilité avec ses voisins, ses amis, et sa famille grimpa en flèche.

Mais le plus important, ce fut la crédibilité qu'il avait retrouvée à ses propres yeux. Cette période avait été extrêmement dure mais sa conduite lui avait permis de reprendre confiance en lui et il se sentait en paix.

Restaurer la confiance en soi donne une autre dimension – une dimension puissante – aux noyaux et aux comportements. Songez seulement quelle aide précieuse vous apporteront les 13 comportements dans votre relation avec vous-même :

Parlez franchement, décrivez la situation telle qu'elle est – en bien comme en mal. Ne tournez pas autour du pot. N'essayez pas de justifier ou de rationaliser ce que vous avez fait, ni de vous dorer la pilule. Demandez-vous plutôt ce que vous auriez dû et devriez faire pour vous améliorer. Évitez surtout *les jugements absurdes* du genre : je ne suis bon(ne) à rien, j'ai tout gâché et je ne remonterai jamais la pente, ce n'est même pas la peine d'essayer. Dites-vous la vérité : même si l'objectif semble inatteignable, vous avez le pouvoir d'améliorer la situation si vous le voulez et essayez vraiment.

Montrez du respect envers vous-même. Ne vous reprochez pas sans cesse ce que vous percevez comme des faiblesses ou des erreurs. Traitez-vous avec autant d'amour que vous en donneriez à autrui. N'exigez pas de vous-même plus que vous n'exigeriez d'autrui dans une situation comparable.

Créez la transparence dans votre propre vie. Soyez ouvert(e) et honnête envers vous-même sur vos motifs et vos décisions. N'essayez pas de rationaliser ou de justifier. Ne tentez pas de masquer vos faiblesses ou vos fautes. Affrontez-les sans détour. Soyez exactement ce que vous êtes aujourd'hui – et efforcez-vous de faire un petit progrès chaque jour.

Corrigez les erreurs que vous vous êtes infligées à vous-même. Pardonnez-vous (c'est souvent beaucoup plus difficile que de pardonner à autrui). Libérez-vous afin de pouvoir travailler à développer votre confiance en vous.

Faites preuve de loyauté à votre égard. Ne médisez pas sur vous-même, ne vous dénigrez pas, ni en pensée ni dans vos discussions avec d'autres.

Fournissez des résultats dans votre vie, dans les domaines qui vous semblent importants – que les autres soient ou non d'accord avec vous sur ce point. Fixez-vous des objectifs et réalisez-les.

Améliorez-vous. Prenez le temps nécessaire dans votre quotidien pour progresser sans cesse. Vous augmenterez parallèlement votre confiance en vous en développant vos compétences, en exploitant les talents et les capacités uniques qui sont les vôtres, en relevant de nouveaux défis grâce à ces nouvelles compétences.

Affrontez la réalité. Ne vivez pas dans le déni, ne vous cachez pas la tête dans le sable. Ne vous abandonnez ni au pessimisme ni au désespoir. Affrontez ce qui doit l'être et avancez avec courage et espoir.

Précisez les attentes. Soyez clair sur ce que vous attendez de vous-même. Ne laissez pas les autres vous détourner de la poursuite de vos propres objectifs et ne laissez pas leurs attentes gouverner vos décisions et votre vie.

Exigez des comptes. Quand vous avez pris la décision de faire quelque chose, notez cette décision et tenez-vous-en responsable. Ne laissez pas les autres et leur volonté vous dégager de votre responsabilité, suivez votre propre inspiration.

Commencez par écouter votre propre conscience, votre voix intérieure. Ne laissez pas les opinions des autres vous persuader de faire ou de ne pas faire ce que vous savez, au fond de vous, devoir faire.

Tenez vos engagements envers vous-même. Ne les prenez qu'à bon escient et traitez-les avec le même respect que vous montreriez envers les engagements d'autrui.

Faites-vous confiance à vous-même. Faites confiance à votre instinct, à votre intuition. À votre jugement. À votre capacité d'écouter des conseils judicieux. Si vous êtes en accord avec vous-même, le monde vous donnera ce que vous en attendez et votre situation évoluera positivement.

En appliquant ces comportements, vous renforcez vos 4 noyaux. Vous accroissez votre intégrité, améliorez votre intention, augmentez vos capacités et progressez dans vos résultats. Vous devenez quelqu'un en qui *vous*, comme les autres, pouvez avoir confiance.

EN RÉSUMÉ...

Aussi bien dans mon travail que dans ma vie personnelle et familiale ou dans mes engagements associatifs, j'ai pu constater au cours de ces vingt dernières années qu'à tous les niveaux, avec les clients, les collègues ou les proches, on a souvent la possibilité de restaurer au moins une part de la confiance perdue...

si on prend cette tâche au sérieux. Faute de ce sérieux – ou si l'on répète ses erreurs passées –, cette possibilité ne tardera pas à disparaître.

Et, dans de nombreux cas, je sais qu'il est possible non seulement de restaurer la confiance mais même de la renforcer. Les épreuves que nous traversons avec les personnes qui comptent le plus pour nous peuvent devenir un terreau fertile pour la construction d'une confiance durable – une confiance d'autant plus forte qu'elle aura été mise à l'épreuve.

En tout cas, les 4 noyaux et les treize comportements constituent de puissants outils de restauration.

QUAND LES AUTRES ONT PERDU CONFIANCE EN VOUS

Nous avons parlé de la restauration de la confiance quand on a perdu celle des autres. Mais que pouvez-vous faire quand il s'agit de quelqu'un qui a perdu votre confiance ?

Exactement comme on ne peut forcer quelqu'un à vous rendre sa confiance quand vous l'avez perdue, personne ne peut vous contraindre à lui conserver une confiance qu'il a trahie. Renouveler votre confiance à quelqu'un qui l'a déçue est un choix que vous êtes seul à pouvoir faire. Mais, en réfléchissant à vos options, je vous suggère de suivre deux principes qui s'avéreront d'une grande utilité :

Ne jugez pas trop rapidement. Vous savez ce que vous avez pu éprouver quand quelqu'un vous refusait sa confiance. Vous savez probablement aussi ce que vous ressentez quand vous êtes mal compris, mal jugé et mal interprété ou que l'on ne vous fait pas confiance bien que vous n'ayez commis la moindre faute. Ne faites donc pas à autrui… Donnez-lui le bénéfice du doute. Ne confondez pas un défaut de compétence avec une faille du caractère. Bien des erreurs ne sont pas intentionnelles, n'en faites pas des fautes.

Pardonnez avec rapidité. Je veux être très clair sur un point : pardonner et faire confiance sont deux choses bien différentes. Pour une épouse trompée par exemple, s'empresser de « pardonner » (c'est-à-dire absoudre et accepter sans mot dire des trahisons à répétition) n'est *pas* ce dont je parle, à savoir la confiance intelligente.

Ce dont je parle, c'est notre capacité à nous purifier des sentiments de colère, des reproches, du ressentiment, de l'esprit de vengeance envers qui nous a offensé, intentionnellement ou non. Je parle du refus de se faire à la fois juge et partie. De la nécessité de savoir lâcher prise sur ce qui ne dépend pas de notre volonté, notamment les attitudes et les comportements qui appartiennent au passé. Sachons nous libérer physiquement, mentalement, spirituellement et émotionnellement de réactions figées aux erreurs, faiblesses et choix erronés des autres.

Nelson Mandela est un grand exemple de pardon. Libéré après vingt-sept années d'emprisonnement à Robben Island, il est devenu président de l'Afrique du Sud. Lors de son discours inaugural, il a personnellement invité ses anciens geôliers à prendre place au premier rang pour illustrer le pardon selon lui nécessaire à la guérison de son âme et de son pays.

Pardonner n'est pas toujours chose facile. Pour beaucoup d'entre nous, ce geste suppose l'intervention d'un dieu qui guide notre cœur. Mais que nous choisissions ou non d'accorder notre confiance, nous avons toujours besoin de pardonner – aussi bien pour nous-même que pour les autres. Avant d'avoir pardonné, nous ne sommes pas vraiment libres d'exercer la confiance intelligente. Nous portons un fardeau émotionnel qui altère aussi bien nos analyses que notre propension à la confiance.

> *« Les faibles sont incapables de pardonner. Le pardon est l'attribut des forts. »*
>
> —MAHATMA GANDHI

Le pardon est la condition d'une vie meilleure. Ne pas pardonner, c'est refuser de corriger ses erreurs. Quand nous ne pardonnons pas, nous violons ce comportement fondamental. Non seulement nous nous privons d'un jugement clair, de liberté émotionnelle et des possibles dividendes d'une confiance élevée, mais nous entravons peut-être aussi les efforts de l'autre pour se pardonner et changer.

Rappelez-vous que ce ne sont pas les actes de ceux qui nous ont trompés qui nous donneront la force de leur pardonner, puisque le pardon résulte d'un choix purement personnel. En pardonnant, nous ne renonçons pas à punir celui qui nous a trahi. Nous pardonnons avant tout pour nous apporter paix et clarté à nous-même.

> « *Celui qui ne peut pardonner aux autres, détruit la passerelle que lui aussi doit emprunter.* »
>
> —LORD HERBERT, THÉOLOGIEN ET
> PHILOSOPHE BRITANNIQUE

En tant que citoyens globaux, en tant qu'êtres humains, et dans notre intérêt bien compris autant que dans celui des autres, il est de notre devoir de pardonner. Ensuite, et ce quelle que soit la direction que nous choisirons en termes de confiance –, nous sommes libres d'aller de l'avant.

PRIORITÉ À LA RESTAURATION DE LA CONFIANCE

Un ami proche m'a un jour raconté l'histoire de son fils :

« *Jusqu'à l'âge de 14 ans, notre fils était un enfant 'idéal'. Il prenait part joyeusement aux activités de la famille, récoltait de bonnes notes en classe, avait des amis adorables – bref, nous pensions avoir partie gagnée avec lui. Quand il a commencé à nous tenir un peu à distance, nous avons pensé que c'était normal, puisqu'il grandissait, et nous avons essayé de nous adapter. Mais quand il s'est mis à trâiner avec une nouvelle bande de copains et qu'il s'est fait plus secret sur ses activités, nous avons compris que les ennuis commençaient.*

Nous avons alors décidé de faire de notre fils notre priorité n° 1. Nous lui avons consacré plus de temps. Nous avons rogné ses privilèges, fixé de nouvelles règles, parlé à des psys et l'avons emmené en voir plusieurs. Il y a eu des sermons, des excuses, des promesses faites et non tenues. Mais plus il grandissait, plus il faisait des choix dangereux. Nous avons vécu dans une angoisse et une frustration constantes. Mais nous avons décidé de clamer haut et fort que nous ne renoncerions jamais à vouloir son bien et ne cesserions jamais de l'aimer – et ce quoi qu'il arrive.

Alors que la situation ne cessait d'empirer, nous lui avons signifié que nous l'aimions trop pour approuver le style de vie qu'il avait choisi. Il était le bienvenu à la maison mais seulement à nos conditions. S'il entendait vivre autrement, il faudrait qu'il parte vivre ailleurs.

Il a donc déménagé et sa façon de vivre a encore empiré. Malgré notre désespoir, nous essayions de faire face et de continuer à vivre selon nos valeurs tout en réaffirmant notre amour pour lui. Nous lui avons dit et redit que lui et ses amis étaient toujours les bienvenus chez nous pour un bon dîner le dimanche. Nous les avons prévenus qu'ils devraient bien se conduire quand ils seraient chez nous, mais qu'ils seraient toujours bien accueillis, nourris et aimés. Certains dimanches, nous voyions débarquer une bande de jeunes sauvageons, mais quelle que soit leur allure, ils étaient chaleureusement servis et repartaient toujours le ventre plein.

Peu à peu, notre fils a trouvé sa voie. Après avoir traversé de rudes épreuves, il a fini par faire de nouveaux choix et il est redevenu le garçon plein de joie de vivre qu'il était à 14 ans. Il nous a confié que le fil auquel il s'était raccroché pendant ce calvaire de cinq ans, c'était l'amour : il savait que nous l'aimions et que nous faisions passer son bien avant tout le reste. Il nous a dit qu'il savait pouvoir nous faire confiance et maintenant, grâce à Dieu, nous savons que nous pouvons lui rendre la pareille. »

Restaurer la confiance dans des relations familiales peut être difficile, douloureux, et prendre parfois des années. Mais il n'y a pas de dividendes plus élevés que ceux d'une volonté de restaurer la confiance dans ce type de relations, quand cette tentative réussit.

LA CONFIANCE PERDUE : UN COMMENCEMENT

Pour beaucoup, une fois la confiance brisée, une porte se referme définitivement et toute relation devient impossible. Parfois, cela signifie aussi la fin de la confiance en soi ou de la capacité d'accorder de nouveau sa confiance.

Pourtant, une telle évolution n'a rien d'inévitable. Je suis même convaincu qu'une expérience de confiance brisée peut être à l'origine d'un nouveau départ. Si vous avez perdu la confiance que quelqu'un vous portait, c'est l'occasion de vous ressaisir, d'améliorer votre caractère et votre compétence, et de se comporter afin d'inspirer confiance. Il faut espérer que cette réaction poussera l'autre partie à restaurer sa confiance en vous. Mais même si vous n'y arrivez pas, vos efforts auront un impact positif sur les autres et ils vous aideront de toute façon à créer des relations plus confiantes à l'avenir.

Si c'est vous dont la confiance a été trahie, c'est l'occasion pour vous de mûrir votre capacité à pardonner, d'apprendre l'art de la confiance intelligente et d'optimiser tous les dividendes possibles dans cette relation.

Quoi qu'il en soit, la confiance brisée représente une occasion pour vous de progresser spectaculairement dans la construction de votre confiance en vous et votre crédibilité personnelle. En avançant dans la restauration de la confiance que vous avez perdue avec d'autres, ou en pardonnant et en accordant une confiance intelligente à ceux qui ont trahi la vôtre, vous mûrirez en caractère et en compétence. Vous gagnerez en confiance dans votre discernement et votre capacité à instaurer, faire croître, et accorder votre confiance dans tous les domaines.

UNE PROPENSION À LA CONFIANCE

« J'ai découvert que faire confiance aux gens jusqu'à ce qu'ils se montrent eux-mêmes indignes de cette confiance, est beaucoup plus riche de possibilités. »
—JIM BURKE, EX-PDG DE JOHNSON & JOHNSON

Vous êtes-vous déjà trouvé dans une situation où quelqu'un croyait en vous et vous faisait confiance, quand personne d'autre ne l'osait ? Qu'avez-vous ressenti alors ? Quelle différence cela a-t-il provoqué dans votre vie ?

Je fis cette expérience juste après ma licence. Je fus recruté par Trammell Crow, à l'époque le plus gros promoteur immobilier du pays et l'une des « 100 meilleures entreprises où travailler » d'Amérique. C'était une situation inhabituelle parce que les collaborateurs étaient en général recrutés directement par les responsables régionaux. Mais dans mon cas, le directeur général, après un déjeuner, m'offrit un poste d'agent immobilier. Il ne savait pas dans quel bureau régional je travaillerais, mais il était convaincu que je séduirais l'un de ses responsables.

J'acceptai sa proposition et commençai une tournée de prospection pour rencontrer ceux-ci. Aucun de ceux avec qui j'eus un entretien ne semblait très intéressé par moi. J'avais obtenu de très bons résultats à l'université et mes premières expériences professionnelles plaidaient en ma faveur, mais j'avais indiqué sur mon CV que j'avais l'intention de travailler deux ans avant de reprendre mes études pour passer un mastère. Or, la position que je devais occuper était celle que l'on offrait à des étudiants déjà titulaires d'un mastère. Et on les formait sur une période de trois à cinq ans pour en faire des responsables d'agences. Personne ne voulait investir dans ma formation pour me voir partir deux ans plus tard. De plus, j'avais écrit sur mon CV que mon objectif de carrière était de devenir consultant en management et en leadership, ce qui n'impressionnait pas ces directeurs de Trammell Crow, dont l'activité se limitait à la promotion immobilière. Mon CV et mes plans de carrière semblaient donc en complet décalage avec leurs attentes. À l'époque, j'étais si naïf que je ne voyais pas où était le problème, mais je préférais annoncer clairement mes intentions plutôt que de dire ce que les gens voulaient entendre.

Si bien que pendant six semaines, je rongeai mon frein, affecté à un poste au siège, mais surtout livré à moi-même. Après avoir rencontré plus d'une dizaine de directeurs régionaux, il m'apparut clairement personne ne voulait m'embaucher, et je suppose que le directeur général commençait à se demander s'il avait eu raison de le faire. J'étais très découragé. En fait, ma confiance en moi n'avait jamais été aussi basse.

C'est alors que je rencontrai un directeur, un certain John Walsh, qui semblait enthousiaste à l'idée de travailler avec moi. Il dit : « J'apprécie ce garçon. Je crois en lui. Je le veux dans mon équipe. » Il me prit sous son aile et, dès le tout début, me traita exactement comme les étudiants plus diplômés qu'il avait aussi embauchés. Je lui en vouai une immense reconnaissance et ma motivation grimpa en flèche : je ne voulais pas le décevoir.

Il me fallut six mois avant d'obtenir des résultats. Des mois pendant lesquels je doutai souvent de moi. Mais la confiance de John Walsh ne se démentit jamais. Et puis, tout à coup, je commençai à faire des affaires et, avant la fin de mes deux années dans cette agence, j'étais devenu le meilleur agent immobilier de l'équipe et l'un des meilleurs du pays.

La confiance que m'a montrée John Walsh a donc été payante – non seulement pour lui en termes de profits, mais aussi pour moi dans la façon dont elle a façonné mon leadership et ma vie. Quand je pense à cet homme aujourd'hui, c'est avec beaucoup d'amour et de gratitude. En dehors de mon père, John Walsh a été l'homme qui a eu la plus grande influence sur ma vie professionnelle (ainsi que sur ma vie personnelle) parce qu'il a cru en moi et a pris un risque à un moment où personne d'autre ne le faisait. En m'accordant sa confiance, il m'a poussé à donner le meilleur de moi-même.

> *« Je vous apporte le don de ces quatre mots : je crois en vous. »*
>
> —BLAISE PASCAL

INSPIRER CONFIANCE

Il nous est sans doute arrivé à tous de faire la même expérience : quelqu'un croit en nous et cela change notre vie. Mais le plus remarquable dans cette prise de conscience, *c'est que nous pouvons en faire autant pour les autres !* Nous pouvons croire en eux. Leur accorder notre confiance. Les aider à relever des défis, à découvrir leur potentiel caché et à apporter une brillante contribution à la collectivité.

Songez à des dirigeants comme Sam Walton, fondateur de la chaîne de magasins Wal-Mart. Dean Sanders, ex-vice-président des opérations de la société, expliquait que, de retour d'une tournée dans ses magasins, Sam Walton appelait souvent Dean pour lui dire « Donne à ce gars la direction d'un magasin. Il est prêt. » Si Dean exprimait des réserves sur le niveau d'expérience du salarié en question, Sam se contentait de répondre :

« Donne-lui quand même. On verra comment il s'en sort. »

> *« Même une overdose de confiance avec, parfois, le risque d'être trompé ou déçu, est plus sage, à long terme, que la conviction que la plupart des gens sont incompétents ou hypocrites. »*
>
> —WARREN BENNIS, AUTEUR DE *PROFESSION : LEADER*

Voyez la différence dans des sociétés comme Nordstrom, qui fait confiance au discernement de ses salariés, ou Ritz-Carlton, où ceux-ci sont libres de facturer des prestations réclamées par les clients. Ou encore Best Buy, où les gens peuvent travailler où ils veulent et quand ils veulent pourvu qu'ils s'acquittent de leurs tâches.

Songez à votre propre expérience. Qu'éprouvez-vous quand quelqu'un vous dit : « Vous pouvez le faire ! Vous êtes crédible ! Vous avez le caractère et la compétence pour réussir. Je crois en vous ; je vous fais confiance » ? Il suffit parfois d'entendre ces simples mots pour créer toute l'inspiration nécessaire au succès.

Les leaders qui nous accordent leur confiance deviennent nos mentors, nos modèles et nos héros. Nous sommes submergés de reconnaissance quand nous pensons à eux et aux changements qu'ils ont déclenché dans notre vie. Les entreprises qui choisissent d'accorder leur confiance à leurs salariés offrent des cadres de travail exceptionnels.

> « Notre approche est basée sur les découvertes majeures de vingt années de recherches : la confiance entre dirigeants et salariés est le principal signe distinctif des meilleurs cadres de travail. »
>
> —GREAT PLACE TO WORK INSTITUTE (INSTITUT DU MEILLEUR CADRE DE TRAVAIL)

C'est ce même type de leadership qui inspire la confiance dans les relations familiales. Voyez la différence qu'entraîne dans la vie des enfants le fait que leurs parents leur disent : « Je t'aime. Je crois en toi. J'ai confiance en toi. » Qu'ils les aident à développer leur caractère et leur compétence en leur confiant des responsabilités importantes, des tâches qui supposent une vraie confiance. Quand les participants à nos séminaires de leadership évoquent les êtres qui les ont le plus marqués dans leur vie, c'est souvent un parent (parfois un professeur, un entraîneur ou un mentor) qui a cru en eux alors que personne ne leur faisait confiance.

Comme je l'ai expliqué plus haut, la première tâche d'un leader, au travail comme à la maison, est d'inspirer confiance. D'amener les gens à donner le meilleur d'eux-mêmes en leur confiant des missions importantes et de créer une atmosphère de confiance optimale grosse de créativité et de possibilités.

> « *Il vaut mieux faire confiance quitte à être parfois déçu que de se montrer éternellement méfiant quitte à avoir parfois raison.* »

—NEAL A. MAXWELL, ÉDUCATEUR ET
LEADER RELIGIEUX

LA PLUPART DES GENS RÉAGISSENT BIEN À LA CONFIANCE

La confiance permet aux êtres de libérer leur potentiel et change littéralement la dynamique de l'interaction. S'il est vrai que quelques êtres abusent de cette confiance, la très grande majorité n'en abuse pas mais réagit au contraire très bien. Et quand ils le font, ils n'ont nul besoin d'une supervision extérieure, d'un contrôle ou d'une technique de motivation du type « carotte et bâton ». Ils sont inspirés, fonctionnent à la confiance qu'on leur a accordée. Ils veulent s'en montrer dignes. Rendre la pareille.

Une fois encore, comme l'a écrit Émile Durkheim : « Quand les mœurs sont suffisantes, les lois ne sont pas nécessaires ; quand les mœurs sont insuffisantes, les lois sont inapplicables. » J'introduirai un correctif : « Quand la *confiance* est suffisante, les lois ne sont pas nécessaires. Quand la confiance est insuffisante, les lois sont inapplicables. » Comme le disait mon père : « Une confiance irréfutable est la plus haute forme de motivation humaine. »

Qui que nous soyons, nous avons d'innombrables occasions d'accorder notre confiance et de l'inspirer aux autres. Et, en agissant ainsi, nous provoquons un changement spectaculaire non seulement dans leur vie personnelle mais aussi dans celle de leur entourage.

Nous enclenchons aussi un changement spectaculaire dans notre propre vie. La confiance est réciproque ; en d'autres termes, plus vous faites confiance aux autres, plus, en retour, les autres vous feront confiance. Dans l'exercice préliminaire où nous donnons aux participants à nos programmes des photos de leurs collègues et leur demandons de les classer par ordre de confiance, nous avons découvert que ceux qui ont tendance à refuser leur confiance aux autres sont aussi, c'est révélateur, ceux dont on se méfie. Comme le disait Lao-Tseu : « Pas de confiance donnée, pas de confiance reçue. »

PROFONDS MOMENTS DE CONFIANCE

La vérité, c'est que beaucoup d'événements importants dans la vie économique, l'histoire, la littérature et la vie sont fondés sur de profonds moments de confiance et des êtres étonnamment disposés à accorder leur confiance.

Je songe à un moment si décisif dans la vie d'Alexandre le Grand. Le roi de Perse Darius III avait offert 1.000 talents, une fortune, à celui qui tuerait Alexandre. Or, celui-ci avait contracté une pneumonie et était au plus mal. Les médecins redoutaient de le soigner parce qu'ils pensaient qu'il ne survivrait pas. Ils craignaient d'être accusés à tort d'être les agents de Darius et d'avoir empoisonné leur souverain. Mais Philippe, un ami d'enfance d'Alexandre qui était médecin, avait décidé de tenter de le soigner parce qu'il avait confiance dans ses médications ainsi que dans l'amitié de son souverain.

Voici comment l'historien H. A. Guerber relate cet épisode :

« Quand la fièvre fut à son maximum, [Philippe] dit qu'il espérait sauver le roi, en lui administrant un remède puissant qu'il allait préparer.

Juste après que Philippe fut parti préparer sa potion, Alexandre reçut une lettre l'avertissant de se méfier de son médecin, qui aurait reçu la récompense promise par Darius III pour l'empoisonner.

Après avoir lu la lettre, Alexandre la glissa sous son oreiller et attendit calmement le retour de son médecin. Quand Philippe apporta la coupe contenant le remède promis, Alexandre la prit dans sa main et lui tendit la lettre de l'autre. Puis, pendant que Philippe la lisait, il avala son remède jusqu'à la dernière goutte.

Quand le médecin lut l'accusation, il devint mortellement pâle et leva les yeux sur son maître, qui lui tendait en souriant la coupe vide. La grande confiance d'Alexandre dans son médecin était entièrement justifiée, car le remède le sauva et il fut bientôt sur pied... »

Je songe à monseigneur Myriel, l'évêque catholique des *Misérables*, de Victor Hugo, qui non seulement pardonne à Jean Valjean, qui l'a volé, mais affirme sa dignité et lui accorde sa confiance, ce qui va changer pour toujours la vie du pauvre homme.

Je pense au professeur Ann Sullivan qui accorde sa confiance et son dévouement, avec des résultats remarquables, à Helen Keller, une élève qui ne pouvait ni voir, ni entendre, ni parler.

Je pense à l'entrepreneur Pierre Omidyar fondant une entreprise sur le principe fondamental que la plupart des êtres sont bons et qu'on peut leur faire confiance.

Je pense à un entraîneur qui croit dans le potentiel d'un athlète.

Je pense à un ami qui reste fidèle dans un moment difficile.

Je pense à la confiance d'un petit enfant en ses parents.

Je me souviens d'un père accordant sa confiance à un petit garçon de 7 ans.

CHOISIR DE FAIRE CONFIANCE

> « *Mieux vaut faire confiance à tous et être trompé*
> *Et pleurer cette confiance, et cette tromperie,*
> *Que de douter d'un cœur qui, si on l'avait cru*
> *Aurait béni la vie d'une confiance sincère.* »
>
> —FRANCES ANN KEMBLE, ÉCRIVAIN BRITANNIQUE

Nous naissons avec une propension à la confiance. Étant enfants, la plupart d'entre nous ont été naïfs, innocents, vulnérables et crédules. L'expérience de la vie nous a appris à nous montrer plus méfiants, parfois à juste titre.

Mais quelle que soit notre situation, la réalité veut que nous puissions choisir de brider ou de restaurer notre propension à la confiance. La clé se trouve dans notre capacité à pardonner et aussi dans notre aptitude à équilibrer cette propension par l'analyse et donc le discernement nécessaire à une confiance intelligente qui optimise les dividendes et minimise les risques.

Dans ma propre vie, je me suis retrouvé des deux côtés de cette équation. J'ai vécu des situations où j'étais soumis à un contrôle tatillon et où l'on ne me faisait pas confiance. J'ai pu constater les effets négatifs sur les sentiments de mon engagement, ma motivation, mon enthousiasme, ma créativité, sur le déploiement de mon énergie et de mon talent. Mais je me suis aussi trouvé dans des situations où on m'accordait généreusement cette confiance et je sais à quel point elle m'a inspiré, libérant le meilleur de moi-même.

Il m'est arrivé de me tromper. J'ai fait confiance à des êtres qui ne la méritaient pas. Mais, dans la plupart des cas, j'ai pu voir les incroyables résultats sur les êtres de la confiance qu'on leur montrait. Je les ai vus s'efforcer de répondre aux espoirs placés en eux. Je les ai vus motivés comme jamais, électrisés, se donner à fond, corps et âme, à leur travail. Je les ai vus surmonter les divergences, transcender les difficultés et accomplir de grandes choses, *rapidement*, parce que quelqu'un avait eu la sagesse de leur faire confiance.

> « Il est... plus heureux d'être parfois trompé que de ne pas faire confiance. »
>
> —SAMUEL SMILES, AUTEUR BRITANNIQUE

Le fait est incontournable : dans l'économie globale et « plate » d'aujourd'hui, la confiance est essentielle à la prospérité. Dans nos relations personnelles et familiales, la confiance est essentielle à la satisfaction et à la joie.

Et la vérité, c'est que nous avons le pouvoir de l'instaurer. De la faire croître. De l'accorder. De la restaurer. Nous pouvons devenir crédibles sur les plans personnels et professionnels. Nous pouvons nous comporter de façon à inspirer confiance. Accroître la vitesse et abaisser les coûts dans tous les domaines de notre vie.

Alors, pourquoi refuser d'emprunter cette voie ? Pourquoi refuser de vivre et d'entreprendre par des moyens qui inspirent confiance ?

C'est peut-être Albert Schweitzer qui l'a exprimé le mieux en expliquant que *dans la vie de chacun, un jour, le feu intérieur s'*éteint. Et que c'*est alors la rencontre avec un autre être humain qui rallume la flamme. Nous devrions, ajoutait-il, être reconnaissants à ces êtres qui régénèrent notre élan intérieur.*

Accorder sa confiance aux autres régénère l'élan intérieur, aussi bien le leur que le nôtre. Cet acte touche et éclaire la propension innée que nous avons tous à faire confiance et à nous montrer dignes de confiance. La confiance apporte le bonheur dans les relations, les résultats dans le travail et la foi dans la vie. Par-dessus tout, elle produit un extraordinaire dividende dans tous les domaines de notre vie : la vitesse de la confiance.

POSTFACE

La première édition de *La Vitesse de la confiance* fut publiée en 2006 avec l'affirmation très audacieuse, comme l'indique le sous-titre, que c'était « La chose qui change tout. » Beaucoup de gens me dirent –certains même très proches de moi – que je ne pouvais pas dire une telle chose. C'était une déclaration trop audacieuse, trop à l'emporte-pièce. Et pourtant, je savais que c'était vrai. Je l'avais vu et expérimenté personnellement, aussi bien que professionnellement. Tout était touché par la confiance. J'en étais certain, donc je le dis.

Quand je pense à la force de mes sentiments d'alors à ce sujet, je pense en fait que je l'avais sous-estimée. Regardez où nous en sommes aujourd'hui. Regardez chaque industrie, chaque développement innovant en technologie, les affaires, les communautés, les sociétés, et les familles. La réussite a été créée à mesure que la confiance a été instaurée. A l'inverse, la réussite n'a pas été durable – ou même elle a été pratiquement impossible à atteindre – lorsque la confiance a été perdue. Je vous invite à examiner votre propre vie et à considérer à quel point les hauts et les bas de votre expérience, que ce soit en affaires ou à la maison, sont en corrélation avec les hauts et les bas du niveau de confiance dans vos relations les plus importantes.

Travaillant avec des gens et des organisations du monde entier depuis 30 ans, je suis convaincu que la confiance est encore plus opportune, plus pertinente, et plus vitale aujourd'hui qu'elle ne l'était à la première sortie de ce livre. Bien qu'il y ait une myriade de raisons, j'en offre 10 qui, sous une forme ou une autre, continuent de figurer parmi les premières.

#1 Nous vivons dans un monde où la confiance règne de moins en moins.

D'après la plupart des mesures, nous vivons dans un monde manquant de plus en plus de confiance. Alors même que la confiance tend à fluctuer dans diverses industries, avec différentes parties prenantes, et dans différentes sociétés, la confiance dans son ensemble est de plus en plus soumise aux attaques. Par conséquent, nous avons tendance à devenir plus circonspects, plus sur nos gardes, et plus soupçonneux, perpétuant un cercle vicieux de méfiance et de suspicion. Et cela crée encore plus de méfiance et de suspicion, et tout le monde se sent justifié.

Un monde manquant de confiance influe sur la façon dont nous voyons nos problèmes et sur la manière dont nous essayons de les résoudre. Peut-être encore plus impressionnant, cela touche la façon dont nous voyons les gens avec lesquels nous travaillons et vivons. Ils sentent la méfiance et la suspicion et réagissent de même.

La méfiance est contagieuse. Heureusement, la confiance est aussi contagieuse, et il y a des gens, des dirigeants, et des organisations qui le comprennent – des gens qui délibérément font tourner l'aiguille sur la confiance et inspirent les autres à faire de même. Cette réalité ajoute un bonus encore plus grand sur l'instauration de la confiance et génère un avantage disproportionné pour les dirigeants qui savent comment la créer.

#2 La confiance est le moteur de l'économie de partage.

L'économie de partage commence à complémenter – et dans certains cas à remplacer – les formes traditionnelles de commerce et d'échange, particulièrement grâce à la technologie et à la confiance numérique. Les industries autrefois dirigées principalement par des spécialistes sont bouleversées, complètement influencées, et souvent menées par des gens moyens, de tous les jours.

Considérez le covoiturage ; l'habitation partagée, l'appartement en multipropriété, et la chambre partagée ; la négociation collective ; le prêt entre particuliers ; le financement participatif ; la technologie à source ouverte ; la mode ; les médias sociaux, et toute une multitude d'autres produits et services disponibles sur les marchés et facilitant les transactions entre étrangers, s'appuyant sur l'hypothèse or la création de confiance réciproque. La technologie crée une plate-forme où la pertinence et la qualité sont déterminées et modérées par un système de classements et de revues transparents – par des gens moyens, de tous les jours. Pas de confiance, pas d'affaires. Même avec les organisations établies, de plusieurs milliards de dollars, une nouvelle norme de responsabilité a été créée où un individu avec un mobile multifonction peut être à l'avant-plan dans le tribunal de l'opinion publique et peut avoir plus de pouvoir et d'influence véritable que le plus haut tribunal du pays. Dans cette économie de partage, il existe une convergence naturelle et nécessaire vers l'accomplissement de ce qui est bien et de ce qui est économique. En faisant le bien on instaure la confiance, et la confiance détermine le rendement économique.

#3 La nature du travail d'aujourd'hui exige plus de collaboration.

Nous fonctionnons aujourd'hui dans un monde de plus en plus interdépendant, dans ce que nous pouvons appeler un âge de collaboration. La technologie, les chaînes globales d'approvisionnement, et la nature d'apprentissage et de savoir du travail permettent aux individus et organisations de travailler ensemble d'une façon plus excitante. De plus en plus, les équipes sont constituées de gens de différents services, immeubles, et même pays. Par conséquent, presque toutes les équipes aujourd'hui possèdent un quelconque élément de fonctionnement virtuel ; en fait, un grand nombre sont entièrement virtuelles. Les membres de l'équipe peuvent travailler sur le même projet sans jamais se rencontrer face à face. La stratégie est d'exploiter différentes perspectives, compétences, et autres ressources.

La collaboration qui doit exister dans ces équipes diversifiées est vitale au type et à la qualité du travail nécessaire aujourd'hui. Nous avons certainement les outils technologiques pour la collaboration ; ce que nous devons nous demander c'est si nous avons la confiance. En réalité, la confiance est l'outil de collaboration par excellence. Dans les équipes où règne la confiance, les facteurs tels que la distance physique et autres obstacles à la collaboration réelle deviennent presque sans importance. Ces équipes fonctionnent sans heurts, et à une vitesse extraordinaire. Dans les équipes où manque la confiance, cependant, la collaboration est un mot vide. Elles peinent à aller au-delà de la simple coordination, et le travail véritable avance à pas de tortue. Par conséquent, ces équipes ne peuvent générer de rendement durable.

C'est aussi vrai pour les relations avec les vendeurs externes et les fournisseurs, où différentes compagnies travaillent ensemble pour exploiter l'expertise et les réseaux d'approvisionnement, les données, et autres ressources. Quand la confiance est à un niveau bas, ces relations sont caractérisées par des contrats approfondis et qui sont négociés sur des termes indépendants, d'intérêt personnel plutôt que sur le terrain commun d'intérêt mutuel interdépendant et d'avantage mutuel. Avec la confiance, cependant, on peut se concentrer sur le travail en commun au lieu de questionner si on devrait le faire pour commencer. C'est la confiance qui transforme un vendeur ou un fournisseur en partenaire, tout comme elle transforme un groupe de personnes en équipe.

#4 Le changement est la nouvelle normalité dans un monde perturbateur.

Le changement se fait à une vitesse extraordinaire et sans précédent – non seulement la vitesse du changement, mais aussi l'importance du changement et le type de changement, qui est souvent caractérisé par des technologies de rupture.

Malheureusement, le produit de base le plus périssable dans un environnement de grand changement est la confiance. Paradoxalement, la confiance est également le seul moyen par lequel on peut générer la vitesse, l'engagement, et l'inspiration nécessaires à la navigation réussie dans un terrain aussi changeant. Non seulement sont les dirigeants obligés de réagir au constant changement sans perdre de vitesse ; ils doivent en fait prendre les devants.

Par conséquent, nous devons souvent être perturbateurs nous-mêmes, et *créer* encore plus de changement afin de demeurer pertinents et compétitifs. Nous ne pouvons l'accomplir seuls ; nous pouvons seulement le faire avec d'autres dans un environnement où règne la confiance.

#5 Notre main-d'œuvre multigénérationnelle exige une approche différente de la façon d'effectuer le travail.

L'équilibre de la représentation générationnelle dans la main-d'œuvre est en train de changer, et rapidement. Les milléniaux – et ceux de la génération qui suit – sont vraiment motivés, inspirés, et engagés de différentes manières et par des choses différentes par rapport aux générations précédentes. Les générations plus jeunes ne veulent pas être gérées, elles veulent être dirigées. Elles veulent être inspirées. Elles veulent faire une différence, et elles défient les parcours de carrière traditionnels, la hiérarchie, et la gestion.

En bref, elles veulent qu'on leur fasse confiance. En réalité, toutes les générations le veulent ; cependant même ici il y a une différence. Les traditionnalistes ont tendance à fonctionner sur l'hypothèse que la confiance se gagne, alors que les générations plus jeunes fonctionnent sur l'hypothèse que la confiance est donnée.

Le fait est que les deux hypothèses sont vraies. La nature même de notre main-d'œuvre d'aujourd'hui donne encore plus de valeur à la confiance, et faire le pont entre les générations est un des plus grands défis des dirigeants de notre temps.

#6 La confiance est une facilitatrice cruciale des initiatives stratégiques.

Études après études dans de multiples industries, les données écrasantes démontrent que la confiance est vitale aux initiatives stratégiques clé (encore appelées « Tâches à accomplir »). Considérez certains des facteurs qui deviennent des forces ou bien motrices ou bien contraignantes d'un rendement organisationnel remarquable (ou même adéquat) – des facteurs tels que l'engagement, l'exécution, l'innovation, la rétention, le recrutement, le partenariat, la collaboration, l'esprit d'équipe, la productivité, la sécurité, les ventes, les fusions/acquisitions, et qui amènent le changement. Quand vous déplacez l'aiguille sur la confiance, vous déplacez l'aiguille dans chacun de ces domaines, et souvent ce mouvement est largement disproportionné. Les données sont irréfutables.

La réalité est que *la plupart des problèmes de rendement organisationnel sont en fait des problèmes de confiance déguisés.* En fait, un grand nombre des clients avec qui j'ai eu l'occasion de travailler ne sont pas focalisés sur un « problème de confiance », mais ils viennent à reconnaître que la confiance est véritablement la marée haute qui soulève toutes les embarcations. Si vous apprenez à mieux faire confiance, vous deviendrez meilleur à toutes les autres choses que vous devez faire. Cela change la donne.

Par contre, espérer un rendement organisationnel durable dans une culture manquant de confiance est comme s'attendre à continuer de récolter des fruits d'un arbre mourant.

#7 La confiance elle-même est devenue une initiative stratégique clé.

Les équipes et organisations du monde entier font de la confiance – en elle-même et sans lien avec aucune autre initiative – le point focal intentionnel de la manière dont elles fonctionnent, que ce soit en interne ou en externe.

Durant mes premières conférences sur la confiance, je posais souvent cette question : « Combien d'entre vous mesurent-ils intentionnellement la confiance ? » Je ne voyais généralement se lever que quelques mains. Aujourd'hui quand je pose cette question, souvent presque la moitié des mains se lèvent. Je prédis que dans quinze ans, presque toutes les mains se lèveront. Nous mesurons ce qui compte.

À mon avis en fait, toutes les organisations mesurent la confiance – au moins au niveau du marché. En d'autres termes, le succès sur le marché c'est la confiance monétisée. Lorsque vous dépassez vos compétiteurs, il est clair que le marché a plus de confiance en votre organisation, en vos produits, ou en vos services.

À la longue, ce genre de succès sur le marché est seulement durable quand il s'agit d'un prolongement de qui vous êtes en-dedans. Scandales après scandales ont démontré clairement qu'il est saugrenu de s'attendre à une confiance durable sur le marché si elle ne découle pas du lieu de travail – c'est-à-dire de votre équipe, de votre organisation. De plus en plus, dirigeants et organisations se concentrent proactivement sur l'instauration et l'accroissement de la confiance du dedans vers le dehors – ce qui, d'après mon expérience, est la seule façon de le faire.

#8 La « Culture » a réapparu comme un impératif de la réussite organisationnelle.

De plus en plus, les dirigeants et les organisations d'aujourd'hui se mobilisent autour d'une focalisation intentionnelle sur le développement de leur culture. C'est elle qui les différencie. Ils rivalisent grâce à elle. Leur concentration est d'avoir une culture distinctive de victoire, ou de valeurs solides, ou de sécurité, d'innovation, de responsabilité, d'exécution, de diversité, de rendement – ou un nombre quelconque d'autres domaines importants reconnus comme une part intégrale de la réussite.

Ce sont tous des éléments positifs de l'identité culturelle. Ils attirent les gens à talent et à capacités dans un environnement où leurs valeurs, leurs ambitions, et leurs points forts s'alignent avec l'organisation. Cependant, la nature du travail d'aujourd'hui exige un environnement favorisant la créativité, la passion, et le dévouement, et il est nécessaire d'avoir la base culturelle adéquate pour fournir le sol fertile qui nourrira ces choses. Les organisations désirant instaurer une culture gagnante, durable, en viennent à comprendre que si elles n'ont pas – avant tout autre chose – la base d'une culture de grande confiance, aucun des autres efforts ne suffira. Une culture de grande confiance est le point de départ de tout modificateur culturel durable.

Les organisations qui créent une culture de confiance sont gagnantes sur le marché. Ce sont les organisations et équipes pour lesquels les gens à talent rivalisent afin d'en faire partie.

#9 Le style de gestion d'hier est insuffisant pour les besoins de direction d'aujourd'hui.

L'ancien style de direction, que nous pouvons appeler « Commander et contrôler, » est profondément enraciné dans l'Age industriel. Bien que je m'y réfère comme à l'ancien style de direction, la réalité est qu'il est toujours le style opératoire principal de la plupart des dirigeants et organisations d'aujourd'hui. Mais essayer de fonctionner dans le monde d'aujourd'hui avec un style Commander et contrôler, c'est comme essayer de jouer au tennis avec un bâton de golf ; l'instrument ne convient pas du tout à la réalité.

Jusqu'à un certain point, de nombreux dirigeants le reconnaissent ; et pourtant, le Commander et contrôler persiste comme la norme dominante – surtout quand il y a grande pression pour le rendement. Mais on ne peut « Commander et contrôler » la meilleure contribution de quelqu'un ; il ou elle doit choisir de la donner.

Le style de direction qui réussit dans le monde d'aujourd'hui est celui de « la Confiance et de l'inspiration » : faites confiance à ceux avec qui vous travaillez et inspirez-les à faire une différence. En réalité, se voir accorder la confiance est la forme la plus inspirante de motivation humaine. Cela fait ressortir ce qu'il y a de meilleur chez les gens – et aujourd'hui, nous avons besoin du meilleur.

#10 La confiance est la nouvelle monnaie de notre monde aujourd'hui.

La monnaie est définie comme « quelque chose qui circule comme moyen d'échange. » Quand la plupart des gens pensent à la monnaie, ils pensent habituellement à l'argent. Mais un autre genre de « monnaie » encore plus important à la création d'une réussite durable dans l'économie globale d'aujourd'hui est la monnaie de confiance.

Nous l'avons vu lors de la crise financière internationale, et dans toute transformation sociétale et économique de grande envergure avant cela et depuis lors. Que ce soit à l'échelle internationale ou dans une poignée de main entre amis, sans confiance, aucune somme d'argent ne peut garantir un échange significatif ou prolongé. Tout comme Warren Buffett l'a dit, « Si vous ne vous fiez pas à là où se trouve votre argent, le monde s'arrête. » Avec la confiance, l'argent – et toutes les autres formes de monnaie – devient subordonné. L'argent devient un instrument dont la valeur relative monte ou baisse selon la confiance dans sa source.

Quand on considère un pays, une organisation, ou même une personne comme crédible ou méritant la confiance, les dividendes de confiance accumulés apportent un accès, des opportunités, et une influence que l'argent seul ne pourrait jamais acheter. Le jour où le géant de l'e-commerce Alibaba s'introduisit en bourse avec la plus grande offre publique initiale de l'histoire, le fondateur et président Jack Ma donna la belle description suivante de cette monnaie : « Ce que nous avons aujourd'hui n'est pas de l'argent. Ce que nous avons, c'est la confiance des gens. La confiance. Faites-nous confiance, faites confiance au marché, faites confiance aux jeunes, et faites confiance à la nouvelle technologie. Le monde est en train de devenir plus transparent. Parce que lorsque vous faites confiance, tout est simple. Si vous ne faites pas confiance, les choses deviennent compliquées. »

Pour les neuf raisons citées plus haut, la confiance est encore plus importante aujourd'hui que lors de la publication de la première édition de ce livre. Elles amènent les dirigeants de partout à comprendre beaucoup mieux qu'en fin de compte, la monnaie par excellence est vraiment la confiance.

LE MOT DE LA FIN

Comme vous l'avez probablement remarqué, le sous-titre de cette édition mise à jour du livre demeure, « Le facteur qui change tout. » Plus que jamais, je suis convaincu que ce sous-titre reconnaît une réalité absolue. J'espère qu'en lisant chacune des 10 raisons plus haut, vous avez examiné votre propre expérience et aussi réfléchi à quelques raisons propres à vous qui font qu'il en soit ainsi.

J'espère également que vous ferez une expérience plus approfondie de la façon dont la Vitesse de la confiance fonctionne dans votre monde. À mesure que vous lisez – ou après avoir lu – ce livre, je vous invite à le mettre au défi. Testez-le. Il peut sembler que de nombreux problèmes auxquels vous êtes confrontés dans votre monde, telles que les conditions changeantes du marché, la compétition perturbatrice, ou même une tragédie personnelle soient hors de la portée de votre contrôle. Vous vous demandez peut-être, « Comment une plus grande confiance 'change-t-elle tout' dans de telles conditions ? »

Laissez-moi l'exprimer ainsi : Alors que la confiance (ou le manque de celle-ci) peut ne pas paraître avoir quoi que ce soit à voir avec les difficultés que vous confrontez actuellement, votre capacité d'instaurer, de bâtir, d'élargir, et même de restaurer la confiance a tout à voir avec la solution. Pourquoi ? Parce que la manière dont nous résolvons les problèmes et faisons avancer les choses, c'est avec les gens et en passant par eux. Et rien n'a plus d'influence sur les gens, leur travail, et leur rendement, que la confiance.

Encore une fois j'affirme qu'aujourd'hui, la confiance demeure, plus que jamais auparavant, la chose qui change *tout*.

À PROPOS DE STEPHEN M. R. COVEY

Stephen M. R. Covey est cofondateur de CoveyLink Worldwide et de Franklin-Covey Global Speed of Trust Practice. Conférencier recherché et conseiller en leadership, confiance, éthique et recherche de performances élevées, il s'adresse aux publics du monde entier. Il est l'auteur de *La Vitesse de la confiance*, best-seller du *New York Times* et du *Wall Street Journal*. Il est le co-auteur du best-seller *Smart Trust*. Il soutient que rien n'est aussi rapide que la vitesse de la confiance et que la capacité d'instaurer, de faire croître, d'accorder et de restaurer la confiance avec tous les partenaires est *la* compétence critique du leadership de la nouvelle économie globale. Il partage ce message avec passion et se dédie à la formation des individus et des organisations pour récolter les dividendes d'une confiance optimale. Les publics et les entreprises auxquels il s'adresse tirent profit de ses méthodes de praticien expérimenté en prise avec les problèmes les plus actuels qui affectent leurs performances immédiates et à long terme.

S. Covey a dirigé le Covey Leadership Center, qui est devenu sous sa direction la plus grande société de développement du leadership au monde. Stephen, en collaboration avec Greg Link, a créé la stratégie qui a placé le livre de son père, *Les 7 Habitudes des gens qui réalisent tout ce qu'ils entreprennent* du Dr. Stephen R. Covey, au palmarès des livres sur les affaires les plus influents du 20ème siècle, selon *CEO Magazine*. Titulaire d'un MBA de Harvard, il a rejoint le Covey Leadership Center, où il a d'abord été directeur commercial, avant de devenir directeur national des ventes puis président et PDG. Sous la direction de Covey, la société a progressé rapidement, gagnant la reconnaissance des plus grandes entreprises américaines. En tant que président et PDG, S. Covey a presque doublé le chiffre d'affaires, qui a dépassé 110 millions de dollars, tandis qu'il multipliait les bénéfices par 12. Durant cette période, la confiance des clients et des salariés a atteint elle aussi de nouveaux sommets, et la société a ouvert des filiales dans plus de 40 pays. Cette expansion a multiplié la valeur de la marque et de la société estimée à 2,4 millions de dollars quand Covey en a pris la tête ; elle valait 160 millions de dollars trois ans plus tard, après la fusion qu'il a orchestrée avec Franklin Quest pour former FranklinCovey.

Avec les années, Stephen M. R. Covey s'est acquis le respect des patrons des 500 entreprises les plus prospères d'Amérique ainsi que des PME du secteur privé comme du secteur public avec lesquelles il a collaboré, et a exercé une influence considérable sur ces dirigeants. Les clients reconnaissent la qualité unique de sa vision (forgée par son expérience de PDG) sur les problèmes organisationnels qu'ils rencontrent.

Covey siège dans divers conseils et il a reçu le Top Thought Leaders in Trust Lifetime Achievement, décerné par Trust Across America-Trust Around the World. Stephen réside avec son épouse et ses enfants au pied des montagnes Rocheuses. Vous pouvez suivre Stephen sur Twitter @StephenMRCovey

Rebecca R. Merrill

Rebecca R. Merrill est une écrivaine très recherchée. Outre son thème d'investigation privilégié, la famille et le foyer, elle a cosigné quelques-uns des livres les plus importants sur les affaires, parmi lesquels *La Vitesse de la confiance* de Stephen M. R. Covey et *You Already Know How to Be Great* par Alan Fine. Elle est également co-auteure du best-seller du New York Times, *First Things First*, avec Dr. Stephen R. Covey et, avec Roger Merrill, de *Life Matters* et *Connections*. Elle a aussi assisté le docteur Covey pour *Les 7 Habitudes des gens qui réalisent tout ce qu'ils entreprennent*, *The 7 Habits of Highly Effective Families*, et *The Nature of Leadership*.

À Propos de CoveyLink et du FranklinCovey Global Speed of Trust Practice

FranklinCovey Global Speed of Trust Practice est un atelier de pratique de la confiance centré sur la progression mesurable des performances et de l'influence des particuliers et des organisations. CoveyLink forme les leaders du monde entier à diriger d'une manière qui inspire confiance (donc à accroître la vitesse et à diminuer les coûts).

Nous croyons qu'une renaissance mondiale de la confiance a commencé. Stimulée par les récents événements mondiaux, l'éthique des affaires et la transparence des conversations permises par le Web mondial, cet appel à la renaissance d'un leadership hautement fiable se répercute partout dans le monde.

À Global Speed of Trust Practice, nous définissons le leadership comme produisant des résultats aujourd'hui d›une manière qui inspire la confiance.

Nous adoptons une approche très pragmatique du leadership et de la confiance en mettant l'accent sur des compétences et des savoir-faire pratiques et applicables. Plutôt que de déplacer des programmes et des stratégies dans lesquels les organisations investissent actuellement, notre approche amplifie la capacité de l'organisation à exécuter les stratégies existantes.

À travers un permis obtenu de Covey Link, le FranklinCovey Global Speed of Trust Practice dégage des ressources additionnelles aussi bien pour les individus que pour les organisations afin d'accroître la confiance, et notamment des ateliers ouverts « diriger à la vitesse de la confiance », des exposés liminaires, des programmes sur site, des formations de formateurs, des séminaires en ligne, des audits et évaluations individuelles et organisationnelles, des outils d'application, des services de conseil et du consulting sur mesure.

Pour en apprendre plus sur les exposés et les cours de formation de Stephen M.R. Covey ou du FranklinCovey Global Speed of Trust Practice, envoyez-nous un email à david@speedoftrust.com ou visitez SpeedofTrust.com.

NOTES ET RÉFÉRENCES

PAS DE MEILLEUR ACCÉLÉRATEUR QUE LA CONFIANCE

P. 23   **Citation d'Edward Marshall :** Edward M. Marshall, *Building Trust at the Speed of Change* (New York, AMACOM, 2000), p. 3. [Bâtir la confiance à la vitesse du changement]

P. 23   **Citation de Marc Benioff :** Stuart Lauchlan, « Davos 2016 – No Speed Limit in Pursuit of Digital Transformation », Diginomica.com, 21 janvier 2016.

P. 24   **Citation de Niall Fitzgerald :** Niall Fitzgerald, *Discours à la Société Publicitaire*, Londres, mai 2001.

P. 25   **Citation de Jack Welch :** Jack Welch, *Winning* (New York : Harper Collins, 2005), p. 71 [Gagner]

P. 26   **Citation de Jim Burke :** Mukul Pandya et Robbie Shell, *Lasting Leadership : What You Can Learn from the Top 25 Business People of Our Times* (Upper Saddle River, NJ : Wharton School Publishing, 2005), pp. 45-46 [Leadership durable : Ce que vous pouvez apprendre des 25 meilleurs entrepreneurs de notre temps]

P. 32   **différents sondages circa 2018 :** Art Swift, « Americans' Trust in Mass Media Sinks to New Low », Gallup.com, 14 septembre 2016 ; Pew Research Center, « Public Trust in Government: 1958–2017 », People-Press.org, 14 décembre 2017 ; « Confidence in Institutions », Gallup.com, 21 juin 2018.

P. 32   **faire confiance aux autres :** General Social Survey/World Values Survey : Esteban Ortiz-Ospina et Max Roser, « Trust », OurWorldInData.org; David Halpern, « Trust in business and trust between citizens », Unité de la Stratégie du Premier Ministre, 13 avril 2005; voir aussi John Elliott et Lauren Quaintance, « Britain is getting less trusting », *The Sunday Times*, 18 mai 2003; voir aussi David Halpern, *Social Capital* (Malden, MA: Polity Press, 2005). [Capital Social]

P. 33   **seuls 45% des salariés :** Willis Towers Watson, « Global Workforce Study », 2016.

P. 33   **seuls 18% des salariés :** Ty Kiisel, « 82 Percent of People Don't Trust the Boss to Tell the Truth », Forbes.com, 30 janvier 2013 ; « Edelman Trust Barometer 2013 », Edelman.com.

P. 33   **76 % des salariés :** KPMG, « Organizational Integrity Survey », 2000.

P. 33   **La raison n° 1 :** Gina Imperato, « How to Hire next Michael Jordan », *Fast Company*, décembre 1998 ; voir aussi Marcus Buckingham et Curtis Coffman,

Frirst, Break All the Rules : What the World's Greatest Managers Do Differently (New York : Simon & Schuster, 1999), p. 33. [Manager contre vents et marées]

P. 33 **Un mariage sur deux se termine par un divorce :** *Divorce Magazine* et Bureau de recensement des États-Unis.

P. 33 **Pourcentages d'étudiants qui reconnaissent avoir triché :** Enquête Donald McCabe, Rutgers University, 1992. Voir aussi Marianne M. Jennings, « Ethics : Why It Matters and How You Do It », *Journal of Government Financial Management*, Supplément, automne 2005.

P. 34 **76 % de ces étudiants prévoyaient de présenter des profits « gonflés » :** Marianne M. Jennings, *A Business Tale : A Story of Ethics, Choices, Success and a Very large Rabbit* (New York, AMACOM, 2003), p. 87 [Histoire d'une entreprise : éthique, choix, réussite, et un très grand lapin]. Voir aussi Dawn Blalock, « Study Shows Many Execs Are Quick to Write Off Ethics », *Wall Street Journal*, 26 mars 1996, Cl, C22.

P. 34 **Examens sur les dilemmes éthiques :** Marc Ransford, « Convicts and MBA grads have similar ethics », Ball State University, 1999.

P. 36 **Chiffre ces coûts à 35 milliards de dollars :** Candice S. Miller, « The Sarbanes-Oxley Act 4 Years Later : What We Learned », sous-comité sénatorial sur les questions réglementaires, 5 avril 2006 (mémorandum du 29 mars 2006)

P. 37 **Citation de Warren Buffett :** Lettre de Warren Buffett aux actionnaires, Berkshire-Hathaway, rapport annuel, 2004.

P. 37 **Citation de Klaus Schwab :** Frank Kane, « WEF Founder Klaus Schwab Tells Abu Dhabi of the Fourth Industrial Revolution », TheNational.ae, 27 octobre 2015.

P. 37 *Executive EQ,* **les auteurs :** Robert K. Cooper et Ayman Sawaf, *Emotional Intelligence in Leadership and Organization* (New York : Berkeley Publishing Group, 1996) p. 88 [Intelligence émotionnelle pour le leadership et l'organisation]

P. 39 **Citation de Patricia Aburdene :** Patricia Aburdene, *Megatrends 2010 : The Rise of Conscious Capitalism* (Charlottesville, VA : Hampton Roads Publishing Company, 2005) [Méga-Tendances : La montée du capitalisme consciencieux]

p. 41 **Citation de John Whitney :** John Whitney, *The Trust Factor : Liberating Profits and Restoring Corporate Vitality* (New York, McGraw-Hill, 1994), première de couverture [Le facteur de la confiance : Libérer les profits et restaurer la vitalité de l'entreprise]

p. 41 **Citation de Francis Fukuyama :** Francis Fukuyama, *Trust : The Social Virtues and the Creation of Prosperity* (New York, The Free Press, 1995), pp. 27-28 [Les vertus sociales de la confiance dans la création de la prospérité]

P. 44 **Citation de Robert Shaw :** Robert Bruce Shaw, *Trust in the Balance : Building Successful Organizations on Results, Integrity, and Concern* : (San Francisco : Jossey-Bass Publishers, 1997), p. xi.

P. 44   **Great Place to Work** : Amy Lyman, « *The Trustworthy Leader* Summary », saen.GreatPlaceToWork.com, accédé le 27 juin 2018.

P. 44   **Une autre étude** : Watson Wyatt, Étude WorkUSA, 2002.

P. 44   **Le professeur Tony Bryk** : « Trust Improves Schools », Stanford Educational Leadership Conference, 5 novembre, 2004. Voir aussi Anthony S. Bryk et Barbara Schneider, *Trust in Schools : A Core Resource for Improvement* (New York : Russell Sage Foundation Publications : 2002) [La confiance à l'école : une ressource fondamentale pour le progrès]

P. 44   **Citation de Thomas Friedman** : Thomas L. Friedman, *La Terre est plate : une brève histoire du XXIème siècle* (New York : Farrar, Straus et Giroux, 2005), p. 394.

EN MATIÈRE DE CONFIANCE, LES EFFORTS PAIENT !

P. 52   **Citation de Marc Benioff** : Conférence « In Technology We Trust », Forum économique mondial, janvier 2018.

P. 57   **Jim Collins** : Jim Collins, *Good to Great : Why Some Companies Make the Leap and Others Don't* (New York : HarperBusiness, 2001) [Ces géants qui s'effondrent : Pourquoi certaines entreprises déclinent quand d'autres résistent]

P. 57   **Jim Collins et Jerry Porras,** *Bâties pour durer. Les entreprises visionnaires ont-elles un secret ?* **(New York :** HarperBusiness, 1994), p.80.

P. 57   **Warren Buffett** : Richard G. Hagstrom, *The Warren Buffett Way : Investment Strategies of the World's Greatest Investor* (New York : John Wiley, 2004), p. 102 [Les stratégies de Warren Buffet]

P. 57   **Cheryl Bachelder** : Cheryl Bachelder, *Dare to Serve* (Oakland, CA: Berrett-Koehler Publishers, 2015), p. 7 [Oser servir]

P. 57   **Ram Charan** : Ram Charan, *What the CEO Wants You to Know* (New York : Crown Business, 2001), p. 94 [Ce que le PDG veut que vous sachiez]

P. 57   **Saj-Nicole Joni** : Saj-Nicole Joni, « The Geography of Trust », *Harvard Business Review*, mars 2004 [La Géographie de la confiance]

P. 64   **Citation de Rich Jernstedt** : dossier de presse Golin/Harris, « Trajectory of Trust in American Business Shows Signs of Improvement If Brands Act Decisively », AME Info, 27 avril 2003.

P. 64   **John Adams et Thomas Jefferson** : David McCullough, *John Adams* (New York : Simon & Schuster, 2001), pp. 312, 603, 604, 632, 640.

P. 68   **La vie est pour moi le plus grand de tous les jeux** : Margot Morrell, *Shackleton's Way : Leadership Lessons from the Greatest Antarctic Explorer* (New York : Penguin, 2001), p. 209.

P. 68   **Citation de Jim Burke :** Adrian Gostick et Dana Telford, *The Integrity Advantage : How Taking the High Road Creates a Competitive Advantage in Business* (Salt Lake City : Gibbs Smith, Publisher, 2003), p. 9.

LES 4 NOYAUX DE LA CRÉDIBILITÉ

P. 71   **Citation de John Maxwell :** John Maxwell, « Don't Bankrupt Your Leadership ! » JohnMaxwell.com, 4 mars 2009.

P. 72   **Étant donné ses antécédents :** Jesse Eisinger, « Buffett's Reputation May Be Tested », *Wall Street Journal,* 31 mars 2005, p. 1 C.

P. 72   **Voici quelqu'un dont les affaires :** Del Jones, « Buffett Maintains Respect of Fellow CEOs », *USA Today,* 30 mars 2005, p. 2B.

P. 73   **Citation de Warren Buffett :** Témoignage de Warren Buffett, Négociation de titres d'État, sous-comité de commerce de la Chambre, 8 septembre 1991.

P. 74   **Seuls 8 % d'entre eux parviennent à les tenir :** Ellen Tomson, « Skip the resolutions and make a commitment », *Knight Ridder Newspapers,* 14 janvier 2006.

P. 76   **L'histoire de Wally Thiim :** entretien de Greg Link avec Wally Thiim, 17 avril 2006.

P. 76   **Citation de Peter Drucker :** *Managing the Non-Profit Organization : Principles and Practices* (New York : HarperCollins, 1990), p. 9.

P. 77   **Une étude publiée par une importante société d'expertise-conseil :** « Updating the Meaning of Leadership », étude AchieveGlobal, 1998.

P. 78   **Harvard Business School :** Harvard Business School, lettre de recommandation d'un candidat au MBA.

P. 85   **Citation de Adam Grant :** Twitter, @AdamMGrant, April 6. 2017

P. 86   **Citation de Victor Fung :** PriceWaterhouseCoopers, *6th Annual Global CEO Survey : Leadership, Responsibility, and Growth in Uncertain Times,* 2003.

NOYAU 1 : INTEGRITÉ. ÊTES-VOUS COHÉRENT AVEC VOUS-MÊME ?

P. 90   **Internationaux de tennis de Rome :** Frank Deford « Game, Set, Match : In Losing a Match, Roddick Became a True Sportsman », Sports Illustrated. com, 11 mai 2005.

P. 91   **Citation de Oprah Winfrey :** Emily Co, « 8 Valuable Life Lessons from Oprah Winfrey », BusinessInsider.com, 3 novembre 2014.

P. 93   **Citation de George Washington :** *The Westminster Collection of Christian Quotations,* edited by Martin H. Manser, (Louisville: Westminster John Knox Press), p. 176.

P. 93   **Comme Chris Bauer le remarquait :** Patrick J. Kiger, « Steal Big, Steal Little », Workforce Management Online, décembre 2005.

P. 94   **Mahadev Desai répondit :** Eknath Easwaran, *Gandhi the Man* (Petaluma, CA : Nilgiri Press, 1978), p. 112.

P. 95   **Le célèbre expert en management Jim Collins :** Jim Collins, *De la performance à l'excellence. Devenir une entreprise leader* (Pearson Éducation, 2006).

P. 101   **Citation d'Anne Mulcahy :** Douglas Barry, *Wisdom for a Young CEO*, p. 137.

P. 101   **Un grand exemple d'intégrité :** Huntsman, *Winners Never Cheat*, pp. 81-83.

P. 103   **Prenons le cas d'Anouar el-Sadate :** Anouar el-Sadate, *À la recherche d'une identité*, Fayard, 1978.

P. 104   **Citation de Patricia Aburdene :** Aburdene, *Méga-Tendances 2010*.

NOYAU 2 : L'INTENTION. QUEL EST VOTRE PROGRAMME ?

P. 110   **Dans ces études, qui, selon vous, obtient les scores les plus bas ? :** MORI Social Research Institute, *Exploring Trust in Public Institutions, Report for the Audit Commission*, 2002.

P. 111   **Un traducteur de CNN :** Canadian Broadcasting Association, « CNN in Trouble with Iran over mistranslation », CBC. CA Arts, 17 janvier 2006.

P. 113   **Citation du Dalai Lama :** The Dalai Lama et Desmond Tutu, avec Douglas Abrams, *The Book of Joy*, (New York : Penguin Random House, 2016), pp. 61–62.

P. 114   **Citation de Jimmy Johnson :** Bill Catlette et Richard Hadden, *Contented Cows Give Better Milk : The Plain Truth About Employee Relations and Your Bottom Line* (Germantown, TN : Saltillo Press, 2001), p. 88.

P. 115   **Citation de Jim Meehan :** Jim Meehan, *Reasons Have Hearts Too : Thoughts and Feelings Are Inseparable* (Allen, TX : Thomas More Publishing, 2000), p. 70.

P. 115   **L'expérience de Shea Homes :** entretien de l'auteur avec Buddy Satterfield, 1er mai 2006.

P. 116   **Citation de George J. Flynn :** préface du livre de Simon Sinek, *Leaders Eat Last* (New York: Portfolio, 2014) [Pourquoi les vrais leaders se servent en dernier].

P. 117   **En 1997, trois salariés de Starbucks sont tués :** Andy Serwer, « Hot Starbucks to Go », *Fortune*, 26 janvier 2004. Voir aussi la dédicace de Howard Schultz and Dori Jones Yang, *Pour Your Heart into it : How Starbucks Built a Company One Cup at a time* (New York : Hyperion, 1997).

P. 118   **Seuls 29 % des salariés :** Age Wave and The Concours Group, *New Employer/ Employee Equation Survey*, New York, 2005 (enquête Harris Interactive).

P. 118   **Seuls 42 % pensent :** Towers Perrin HR Services, *The 2003 Towers Perrin Talent Report, Working Today : Understanding What Drives Employee Engagement*, 2003.

P. 119　Citation de Sam Walton : Charles Garfield, *Second to None : How Our Smartest Companies Put People First* (New York : Avon, 1992), p. 201.

P. 124　Doug Conant, PDG : Entretien de l'auteur avec Doug Conant, 21 avril 2006.

P. 126　Tous nos efforts consistent à faire de l'argent plus vite : Jon M. Huntsman, *Winners Never Cheat*, p. 160 [Les gagnants ne trichent jamais].

P. 127　Citation d'Oprah Winfrey : *The Gospel According to Oprah* (Louisville, KY : Westminter, John Knox Press, 2005), p. x.

P. 128　Citation de Laura Schlessinger : *Bad Childhood-Good Life : How to Blossom and Thrive in Spite of an Unhappy Childhood* (New York : Harper Collins, 2006), p. 15 [Enfance malheureuse, vie heureuse : S'épanouir et réussir sa vie en dépit d'une enfance malheureuse].

NOYAU 3 : CAPACITÉS. ÊTES-VOUS PERTINENT ?

P. 131　C'est le principe de Peter en action : Peter and Raymond Hull, *The Peter Principle* (New York : Bantam Books, 1970), p. 7 (*Le Principe de Peter*, LGF Livre de Poche, 1998).

P. 134　Parabole des talents : évangile de Matthieu, 25.

P. 135　Ce fut un don du ciel : Eugene O'kelly, *Chasing Daylight : How My Forthcoming Death Transformed My Life* (New York : McGraw-Hill, 2006), pp. 1-2. [Clair comme le jour]

P. 136　Comme le disait Steve Jobs : Guy Kawasaki, *The Art of the Start* (New York : Portfolio, 2004), p. 101 [L'art de se lancer].

P. 137　LeBron James : Ben Cohen, « LeBron James Keeps Getting Better With Age », *Wall Street Journal*, 21 décembre 2017 ; Jeff Zillgitt, « LeBron James Improving Another Area of His Game », *USA Today*, 2 janvier 2017.

P. 138　Citation de Will Smith : Jonny Miller, « Will Smith's Philosophy », Medium.com, accédé le 27 juin 2018.

P. 138　Citation de Nelson Mandela : « Address by Nelson Mandela at launch of Mindset Network, Johannesburg », Mandela.gov.za, 16 juillet 2003.

P. 139　Le stock d'informations : James Gelatt, « Scanning for Megatrends in the Nonprofit World », *Contributions Magazine*, septembre/octobre 2000.

P. 139　Une histoire que raconte Marion D. Hanks : Marion D. Hanks, « Good Teachers Matter », *Ensign*, juillet 1971.

P. 141　À intervalles réguliers : Pamela Kruger et Katharine Mieszkowski, « Stop the Fight », *Fast Company*, septembre 1998, p. 93.

P. 141　On trouve le style de John Mackey : Charles Fishman, « The Anarchist's Cookbook », *Fast Company*, Juillet 2004, p. 70.

P. 142　Al Dunlap, surnommé « Al la tronçonneuse » : « Al Dunlap : The chainsaw capitalist », Slate, 31 août 1997. Voir aussi Albert J. Dunlap et Bob Andelman,

Mean Business : How I Save Bad Companies and Make Good Companies Great (New York : Fireside, 1997), p. 125.

P. 142 **Selon l'institut de sondages Gallup** : Marcus Buckingham and Donald O. Clifton, *Now Discover Your Strengths* (New York : The Free Press, 2001), p. 6 [Maintenant, découvrez vos points forts].

P. 142 **Jim Collins parle** : Collins, *De la performance à l'excellence*, p. 13

P. 143 **Citation du général Eric Shinseki** : Tom Peters, *Re-Imagine ! Business Excellence in a Disruptive Age* (London : Dorling Kindersley Ltd., 2003), p. 3.

P. 143 **Consider Netflix** : « Netflix Timeline », Netflix.com; « Netflix's History: From DVD Rentals to Streaming Success », bbc.co.uk , 23 janvier 2018; Greg Satell, « A Look Back at Why Blockbuster Really Failed and Why It Didn't Have To », forbes.com, 5 septembre 2014.

P. 147 **Citation de Harvey Golub** : Douglas Barry, *Wisdom for a Young CEO*, p. 121.

P. 147 **Au bout du compte, les gens suivent ceux qui savent où ils vont** : entretien de l'auteur avec Jack Trout, 2 décembre 2005.

P. 148 **Citation de Christopher Galvin** : Douglas Barry, *Wisdom for a Young CEO*, p. 67.

NOYAU 4 : LES RÉSULTATS. QUEL EST VOTRE BILAN PERSONNEL ?

P. 150 **Citation de Craig Weatherup** : Robert Bruce Shaw, *Trust in the Balance*, p. 73 [La confiance en jeu].

P. 153 **Citation de Peter Aceto** : Peter Aceto, *Weology* (Toronto: Harper Collins 2015), p. 175.

P. 155 **Nous pensions que nous vendions le transport de biens** : Jill Rosenfeld, « Here's an Idea ! », *Fast Company*, avril 2000, p. 97.

P. 160 **David Sokol, PDG de MidAmerican Energy** : Susan Pulliam et Karen Richardson, « Warren Buffett, Unplugged », *Wall Street Journal*, 12 novembre 2005.

P. 162 **Elon Musk** : Andrew Griffin, « SpaceX Launch: Elon Musk Shows Tesla Car That Will Be Shot on Falcon Heavy Rocket and Spend Billions of Years in Space », Independent.co.uk, 5 février 2018.

P. 163 **Suivant la procédure standard** : Tom Peters, *Thriving on Chaos : Handbook for a Management Revolution* (New York : Knopf, 1987), p. 307 (*Le Chaos management*, Dunod, 1998).

P. 164 **Johnson soulignait les responsabilités de la compagnie** : Tamara Kaplan, « The Tylenol Crisis : How Effective Public Relations Saved Johnson & Johnson », Pennsylvania State University, 1998.

P. 165 **Une étude du docteur Robert Rosenthal** : Wikipedia.org

P. 165   **Comme le remarquait Rosabeth Moss Kanter** : Rosabeth Moss Kanter, « *Confidence* », (New York : Crown Business, 2004), pp. 7, 29.

LES 13 COMPORTEMENTS

P. 174   **Une chanson qu'Elisa chante à Freddy** : Alan Jay Lerner, *My Fair lady*, Sony, 1964.

P. 175   **Citation de Azim Premji** : S. K. Sharma and Usha Sharma, *Encyclopaedia of Higher Education: The Indian Perspective* (New Delhi India: Mittal Publications 2005), p. 344.

P. 176   **Un prêtre qui s'appelait George Crane** : attribué au docteur George Crane, source inconnue.

COMPORTEMENT N° 1 : PARLEZ FRANCHEMENT

P. 185   **Code de Dell Inc.** : Dell.com.

P. 186   **Autre exemple de parler franc, Warren Buffett** : Warren Buffett, Berkshire Hataway Annual Reports, 2004, 2005.

P. 187   **Seuls 44 % des salariés** : Mercer's What's Working US Survey 2011, 17 janvier 2012.

P. 188   **Les Habits neufs de l'empereur** : Mette Norgaard, *The Ugly Duckling Goes to Work : Wisdom for the Workplace, from the Classic tales of Christian Andersen* (New York : AMACOM, 2001), p. 21 [Le vilain petit canard au travail].

COMPORTEMENT N° 2 : FAITES PREUVE DE RESPECT

P. 193   **Il y a un dénominateur commun** : Discours de James Blanchard au déjeuner de Beta Gamma Sigma International du 22 avril 2005, compte rendu disponible sur betagammasigma.org.

P. 195   **La « règle du serveur »** : Del Jones, « CEOs vouch for Waiter Rule : Watch How People Treat Staff », *USA Today*, 14 avril 2006, p. 113.

P. 195   **On lui posa la dernière question** : Adapté de la Newsletter *The Motivational Manager*.

P. 196   **Les trois piliers de la confiance** : Great Place to Work Institute, Inc., greatplacetoWork.com.

P. 196   **L'institut de sondage Sirota Survey** : « News in Brief, The Longer Employees Work at a Company, the Less Happy They Are, Study Founds », Workforce Management.com, 10 février 2005. Voir aussi David Sirota, Louis A. Mischkind et Michael Irwin Meltzer, *The Enthusiastic Employee, How Companies Profit by Giving Workers What They Want* (Upper Saddle River, NJ, Wharton School Publishing, 2005).

P. 197   **Lenovo :** Gina Qiao and Yolanda Conyers, *The Lenovo Way*, (McGraw-Hill Education, 2014), pp. 104–110.

P. 200   **Seuls 29 % des salariés :** Age Wave and The Concours Group, *New Employer/Employee Equation Survey*, New York, 2005 (enquête Harris Interactive).

P. 200   **Seuls 42 % :** Towers Perrin, *The 2003 Towers Perrin Talent Report*

P. 200   **Parmi eux Tom Peek :** entretien Greg Link-Tom Peek, 11 mars 2006

COMPORTEMENT N° 3 : CRÉEZ LA TRANSPARENCE

P. 203   **Citation d'Alan Mulally :** Bryce G. Hoffman, American Icon: *Alan Mulally and the Fight to Save Ford Motor Company*, (New York: Currency 2013), p. 62

P. 203   **1 milliard 800 millions de dollars par an :** Eve Tahmincioglu, « Back from the Brink », *Workforce Management*, décembre 2004.

P. 203   **À en croire** *BusinessWeek* **:** Wendy Zellner, « What Was Don Carry Thinking ? », *BusinessWeek* online, 24 avril 2003.

P. 204   **Certains pensent que les syndicats sont le problème :** Richard Wachman, « The man who keeps American in the air », *The Observer*, 29 janvier 2006.

P. 204   **Citation de Jean-Cyril Spinetta :** Sally Bibb et jeremy kourdi, *Trust Matters : For Organisational and Personal Success* (New York, Palgrave Macmillan, 2004), p. 29 [Une question de confiance]

P. 204   **Le seul moyen de faire naître la confiance :** Eve Tahmincioglu, « Back from the Brink », *Workforce Management*, décembre 2004.

P. 205   **Si l'on en croit PwC :** Samuel A. Dipiazza Jr. et Robert G. Eccles, *Building Public Trust : The Future of Corporate Reporting* (New York John Wiley & Sons, 2002), p. 3.

P. 206   **La connaissance du processus :** Phillip Evans et Bob Wolf, « How Toyota and Linux Keep Collaboration Simple », *Harvard Business School Working Knowledge*, 1er août 2005.

P. 207   **Citation de Rollin King :** Catlette et Hadden, *Contented Cows Give Better Milk*, p. 99.

COMPORTEMENT N° 4 : CORRIGEZ VOS ERREURS

P. 212   **Maple Leaf Foods :** « Remarks by Maple Leaf Foods President Michael McCain », TheStar.com, 27 août 2008; Bob Ewing, « Maple Leaf Foods CEO Business Newsmaker of the Year », DigitalJournal.com, 1e janvier 2009.

P. 213   **Le livre Mille Morceaux, de James Frey :** « Winfrey grills "Pieces" author, apologizes for backing book », *USA Today*, 27 janvier 2006, p. 1E.

P. 214   **Doug Wead publie une lettre d'excuses :** entretien de Greg Link avec Doug
          Wead, 27 juin 2006. Voir aussi DOUG WEAD, « I'm Sorry, Mr. President »,
          USA Today, 14 mars 2005, p. 18A.

P. 215   **Citation de Jon Huntsman :** Huntsman, *Winners Never Cheat*, p. 55.

P. 216   **Martin Shkreli :** Zoe Thomas et Tim Swift, « Who Is Martin Shkreli – 'the
          Most Hated Man in America' ? » *BBCNews.com*, 4 août 2017 ; Carolyn Y.
          Johnson, « Pharma Bro Shkreli Stays Silent Before Congress, Calls Lawmakers
          'Imbeciles' in Tweet », *WashingtonPost.com*, 4 février 2016 ; Colleen Long et
          Tom Hays, « Pharma Bro' Martin Shkreli Cries in Court, Is Sentenced to 7
          Years for Securities Fraud », *ChicagoTribune.com*, 9 mars 2018.

P. 217   **sont plus rarement traînés en justice que les autres :** Berkeley Rice, « Why
          Some Doctors Get Sued More Than Others », *Medical Economics*, 11 juillet
          2003. Voir aussi Lindsey Tanner, « Doctors Advised, An Apology a Day Keeps
          the Lawyer Away », Associated Press, 12 novembre 2004.

COMPORTEMENT N° 5 : MONTREZ-VOUS LOYAL

P. 220   **Pour moi, il n'y a rien là que de très logique :** John Marchica, *The Accountable
          Organization : Reclaiming Integrity, Restoring Trust* (Palo Alto : Davies-Black
          Publishing, 2004), p. 167.

P. 220   **La fenêtre et le miroir :** Collins, *Good to Great*, pp. 33-35 (*De la performance
          à l'excellence*).

P. 221   **Citation de Jack Welch :** Welch, *Winning*, p. 71 [Gagner].

P. 221   **Dottie Gandy :** Dottie Gandy, *30 Days to a Happy Employee : How a Simple
          Program of Acknowledgment Can Build Trust and Loyalty at Work* (New York :
          Fireside, 2001), p. 27.

P. 223   **article paru dans le** *USA Today* **:** Richard Willing, « Friends say Alito 'down
          to earth' despite success », *USA Today*, 2 novembre 2005, p. 5A.

COMPORTEMENT N° 6 : MONTREZ DES RÉSULTATS

P. 227   **Citation de Dave Ulrich :** Frances Hesselbein, Marshall Goldsmith, and
          Richard Beckhard, eds., *The Leader of the Future: New Visions, Strategies and
          Practices for the Next Era* (San Francisco: Jossey-Bass, 1996), pp. 212–13.

P. 230   **Citation de Peter Lowe :** James Watson, « Building the trust in today's
          industry », *Computing*, 7 octobre 2004.

P. 231   **Ma façon de créer la confiance :** *ibid.*

P. 231   **Citation de J. P. Rangaswami :** *ibid.*

COMPORTEMENT N° 7 : AMÉLIOREZ-VOUS

P. 235 **Citation de Liz Wiseman :** *DisrupTV Episode 0011: Featuring Sharo Wienbar & Liz Wiseman,* April 20, 2016.

P. 236 **Compagnie suédoise LEGO :** Jonathan Ringen, « How Lego Became the Apple of Toys », FastCompany.com, 8 janvier 2015; Statista.com.

P. 238 **Elon Musk :** Lance Ulanoff, « Elon Musk: Secrets of a Highly Effective Entrepreneur », Mashable.com, April 13, 2012.

P. 239 **Un jeune cadre prometteur d'IBM :** Warren Bennis et Burt Nanus, *Leaders : Strategies for Taking Charge* (New York : HarperCollins, 1985), p. 70.

COMPORTEMENT N° 8 : AFFRONTEZ LA RÉALITÉ

P. 242 **Citation de Max DePree :** Max Depree, *Leadership Is an Art* (New York : Bantam Doubleday, 1989), p. 11.

P. 242 **Kathleen Ryan, auteur d'ouvrages sur le management :** Kathleen D. Ryan et Daniel K. Oestreich, *Driving Fear out of the Workplace : How to Overwhelm the Invisible Barriers to Quality, Productivity and Innovation.* (San Francisco : Jossey-Bass Publishers, 1991), pp. 77-90.

P. 243 **« You must never confuse » :** Collins, *Good to Great* [De la performance à l'excellence], p. 85.

P. 243 **« the Stockdale Paradox » :** Collins, *Good to Great* [De la performance à l'excellence], p. 86.

P. 243 **Confront Reality is Cheryl Bachelder :** Cheryl Bachelder, *Dare to Serve,* (Oakland, CA: Berrett-Koehler Publishers, 2015) [Oser servir]; entretien avec l'auteur, 16 décembre, 2016.

P. 246 **Citation d'Ed Catmull :** Ed Catmull avec Amy Wallace, *Creativity, Inc.* (New York : Random House 2014) [Créativité, Inc.].

P. 247 **Seuls 39 % :** Mercer Human Resource Consulting, *2005 What's Working Survey,* New York, 2005.

P. 247 **Citation de Sheryl Sandberg :** entretien de Sheryl Sandberg interview avec le Chef de la Gestion des Talents à Liberty Mutual, Melanie Foley, 27 avril 2017.

P. 247 **Affronter la dure réalité, mais sans jamais perdre la foi :** Collins, *From Good to Great* [De la performance à l'excellence], p. 81.

COMPORTEMENT N° 9 : PRÉCISEZ LES ATTENTES

P. 253 **Les relations qui reposaient avant tout sur la confiance :** LogicaCMG and Warwick Business School outsourcing study.

P. 253   **Citation de Dan Jorndt :** Collins, *From Good to Great* [De la performance à l'excellence], p. 32.

P. 254   **Citation de Peter Aceto :** Twitter, @PeterAceto, 26 novembre 2013.

P. 254   **Études réalisées par AMA/HRI :** American Management Association/Human Resource Institute, *AMA/HRI Business Ethics Survey 2005*, New York, 2006.

COMPORTEMENT N° 10 : EXIGEZ DES COMPTES

P. 259   **Sondage Golin/Harris 2002 :** « Trust in American Business », 2002.

P. 259   **Culture de la responsabilisation :** Dipiazza et Eccles, *Building Public Trust*, p. 4.

P. 260   **Métaphore de Jim Collins sur la fenêtre et le miroir :** Collins, *From Good to Great* [De la performance à l'excellence], pp. 33-35.

P. 261   **Durant toute ma carrière :** Scott Waddle et Ken Abraham, *The Right Thing* (Brentwood, TN, Integrity Publishers, 2002), pp. 200-201.

P. 262   *USA Today* **résuma dans un gros titre la déposition de Brown :** Andrea Stone, « Ex-FEMA chief blames locals », *USA Today*, 28 septembre 2005, p. Al.

P. 262   **Même titre sur CNN.com :** « Brown puts blame on Louisiana officiais », CNN.com, 28 septembre 2005.

P. 263   **Citation de J. Willard Marriott :** J. Willard Marriott, « Money. Talent and the Devil by the Tail ». *Management Review*, janvier 1985.

P. 265   **Anne Mulcahy le raconte au magazine** *Fortune* **:** Betsy Morris, « The Accidental CEO », *Fortune*, 23 juin 2003.

COMPORTEMENT N° 11 : COMMENCEZ PAR ÉCOUTER

P. 270   **Peter Drucker dresse la liste des huit pratiques :** Peter Drucker, L'Efficacité, objectif n° 1 des cadres, Les Éditions d'organisation.

P. 271   **Citation de Charles Cawley :** *Barry, Wisdom for a Young CEO*, p. 52.

P. 271   **Lorsque Mike Garrett est devenu président :** entretiens de l'auteur avec Mike Garrett, 12 décembre 2003 et 1er mai 2006.

P. 272   **Citation de Jack M. Greenberg :** Barry, *Wisdom for a Young CEO*, p. 56.

P. 272   **Citation de Gary Chapman :** Gary Chapman, *The Five Love Languages : How to Express Heartfelt Commitment to Your Mate* (Chicago : Northfield Publishing, 1992), p. 15 [Les langages de l'amour].

P. 273   **Pour reprendre un mot d'Heinrich Pierer :** *Barry, Wisdom for a Young CEO*, p. 76.

P. 273   **55 % par le langage du corps :** Albert Mehrabian, *Silent Messages : Implicit Communication of Emotions and Attitudes* (Belmont, CA : Wadsworth, 1981). Voir aussi Wikipedia.org.

COMPORTEMENT N° 12 : TENEZ VOS ENGAGEMENTS

P. 276 **Richard Liu Qiangdong :** dans une vidéo produit par FranklinCovey-produced video, *Leading with Integrity*, 2018.

P. 278 **Citation de John Mackey :** John Mackey's Blog, WholeFoodsMarket.com, « Creating the High Trust Organization », 2 mars 2010.

P. 279 **Facteur de destruction n° 1 de la confiance :** World Economic Forum, « Voice of the People », Survey, 2002. (Gallup International et Environics International).

P. 281 **Les mots grecs** *chronos* **et** *kairos* **:** Stephen R. Covey, Roger Merrill et Rebecca Merrill, *First Things First : To Live, to Love, to Learn, to Leave a Legacy* (New York, Simon & Schuster, 1994), p. 27 [Priorité aux priorités : Vivre, aimer, apprendre et transmettre]

COMPORTEMENT N° 13 : SACHEZ FAIRE CONFIANCE

P. 286 **J'ai décidé que nous allions collaborer dans les négociations :** Patricia Sellers, « Procter & Gamble », Fortune, 21 février 2005, p. 98.

P. 288 **Facturer jusqu'à 2.000 dollars sans autorisation préalable :** entretien de l'auteur avec Horst Schulze, 26 avril 2006.

P. 288 **Magasins Nordstrom :** Nordstrom, Règlement intérieur.

P. 289 **Citation de Gordon Forward :** entretien de Gordon Forward avec Fred Luthans, « Conversation with Gordon Forward », *Organizational Dynamics*, vol. 20, n° 1, pp. 63-72.

P. 289 **l'exemple de Warren Buffett :** Patricia Sellers, « How Warren Buffett Manages His Managers », *Fortune*, 12 octobre 2009.

P. 290 **Vous devez comprendre :** panel TGCF transcrite sur audio, General Counsel Forum, 19 novembre 2010.

P. 290 **Citation de Charlie Munger :** Andrew Ross Sorkin, « Berkshire's Radical Strategy : Trust », NYTimes.com, 5 mai 2014.

P. 291 **Citation de Robert Galvin Jr. :** Joseph F. McKenna, « Bob Galvin Predicts Life After Perfection », *Industry Week*, 21 janvier 1991, pp. 12–15.

LA TROISIÈME VAGUE — LA CONFIANCE ORGANISATIONNELLE : LE PRINCIPE D'ALIGNEMENT

P. 300 **Citation de Peter Drucker :** Peter Drucker, « Managing Oneself », Harvard Business Review, mars-avril 1999.

P. 304 **Citation de John O. Whitney :** Whitney, *The Trust Factor*, p. 14.

P. 304 **Citation de Kouzes et Posner :** James M. Kouzes et Barry Z. Posner, *The Leadership Challenge* (San Francisco : Jossey-Bass, 2003), p. 247.

P. 306   **David Neeleman, PDG de JetBlue :** James Wynbrandt, *Flying High : How JetBlue Founder and CEO David Neeleman Beats the Competition. Even in the World's Most Turbulent Industry* (Hoboken, NJ : John Wiley & Sons, 2004), pp. 207-208. Voir aussi l'entretien de Greg Link avec Jenny Dirvin, JetBlue corporate communications, 27 juin 2006.

P. 307   **Citation de Henk Broeders :** Robert Galford et Anne Seibold Drapeau, *The Trusted Leader : Bringing Out the Best in Your People and Your Company* (New York : The Free Press, 2002), p. 242.

P. 307   **Hewlett Packard « avait une confiance entière » en ses salariés :** *The HP Way : How Bill Hewlett and I Built Our Company* (New York : Harper Business, 1995), p. 135. Voir aussi Peter Burrows, Hewlett & Packard : « Architects of the Info Age », *BusinessWeek Online*, 29 mars 2004.

P. 308   **Voici ce qu'on peut lire au recto de celle-ci :** Nordstrom, Règlement intérieur.

P. 308   **Selon David Sirota :** David Sirota, et al., *The Enthusiastic Employee*, p. 121.

P. 308   **L'entreprise de fabrication française FAVI :** sur une vidéo produite par FranklinCovey, *Propensity to Trust*, 2015.

P. 313   **Citation de John Kotter :** *Fast Company*, mai 2005.

P. 314   **Citation de David Packard :** *The HP Way*, p. 135.

P. 316   **60 à 80 % :** Paul D. Nielsen, « About Us: From Director and CEO Paul D. Nielsen », Carnegie Mellon Software Engineering Institute, SEI.CMU.edu.

P. 317   **Les « ennemis internes » :** Lawrence B. Macregor Serven, *The End of Office Politics as Usual : A Complete Strategy for Creating a More Productive and Profitable Organization* (New York : Amacom, 2002), pp. 1-10, 36-44.

P. 318   **Le coût de la démotivation aux États-Unis :** « Be Nice : It's Good for Business », gmj.gallup.com, 12 août 2004.

P. 318   **96 % des salariés :** ibid.

P. 318   **Les recherches de Gallup révèlent :** Buckingham et Coffman, First, Break All the Rules, p. 33.

P. 318   **Citation de Great Place to Work Institute:** « The Business Case for a High-Trust Culture », Great Place to Work 2016.

P. 320   **C'est pourquoi Colleen Barrett affirmait :** Marchica, *The Accountable Organization*, pp. 166-167.

P. 320   **jusqu'à 500% :** Sondage GartnerG2, « GartnerG2 says Retail Financial Services Companies Must Make Customer Retention No. 1CRM Priority, » 8 août 2002.

P. 320   **Association of Certified Fraud Examiners:** « Report to the Nations : 2018 Global Study on Occupational Fraud and Abuse », ACFE 2018.

P. 322   **Étude Watson Wyatt 2002 :** Watson Wyatt, *WorkUSA study*, 2002.

P. 322 **Selon une étude :** Étude de Great Place to Work Institute et Russell Investment Group des "100 Meilleurs Lieux de Travail » (100 Best Companies to Work For) 15 mars 2005.

P. 322 **Les salariés sont ravis d'avoir la liberté :** Geoff Colvin, « The 100 Best Companies to Work For 2006 », *Fortune*, 11 janvier 2006.

P. 323 **une étude datée de 2015 :** « Building Workplace Trust 2014/15 », *Interaction Associates*.

P. 323 **Comme le disait John Brennan, PDG de Vanguard Investments :** Fred Reichheld, *Loyalty Rides : How Today's Leaders Build Lasting Relationships* (Boston : Harvard Business School Press, 2001), p. 29.

P. 323 **PDG d'Apple Tim Cook :** Verne G. Kopytoff and David Streitfeld, « Big Shoes at Apple, but Maybe Not Unfillable », NYTimes.com, 25 août 2011.

P. 323 **Citation de Jeff Bezos :** Lettre de Jeff Bezos Letter aux Actionnaires, 2015, Amazon.com.

P. 324 **Étude de The How Report :** « The How Report: A Global, Empirical Analysis of How Governance, Culture and Leadership Impact Performance », LRN, 2016.

P. 325 **Nous avons découvert que les contrats :** LogicaCMG-Warwick Business School study.

P. 325 **Les meilleurs partenariats :** Rodd Wagner and Gale Muller The Power of Two (New York : Gallup Press 2009), p. 77-78.

P. 326 **95 % du temps :** Karl Moore, « Strategy Without Execution Is Hallucination ! » Forbes.com, 31 mai 2012.

P. 326 **Élue idée n° 1 par les lecteurs du magazine Strategy + Business :** Art Kleiner, « Our 10 Most Enduring Ideas », strategy + business, 12 décembre 2005.

P. 326 **Dans une enquête de 2006 :** FranklinCovey-Coca-Cola Retail Research Council study, 2006.

P. 326 **Les entreprises à haut niveau de confiance suscitent une loyauté :** Reichheld, *Loyalty Rules* ; and Frederick F. Reichheld, *The Loyalty Effect : The Hidden Force Behind Growth, Profits, and Lasting value* (Boston : Harvard Business School Press, 1996) [L'effet loyauté].

P. 327 **Le docteur Larry Ponemon :** *Privacy Trust Survey for Online Banking*, Watchfire Inc. and the Ponemon Institute, 2005.

P. 327 **Citation de Jim Burke :** James Burke, Harvard Business School Working Knowledge, 27 octobre 2003.

LA QUATRIÈME VAGUE — LA CONFIANCE DU MARCHÉ : LE PRINCIPE DE RÉPUTATION

P. 333 **Construire la confiance à travers le monde** : Al Golin, *Trust or Consequences : Build Trust Today or Lose Your Market Tomorrow* (New York : AMACOM, 2004)?

P. 333 **Citation de Robert Eckert** : discours inaugural d'Eckert à l'UCLA, 2004.

P. 334 **Citation de Seth Godin** : Seth Godin, *Permission Marketing: Turning Strangers into Friends and Friends into Customers* (New York: Simon & Schuster, 1999) p. 91 [Permission marketing : Les leçons d'Internet en marketing].

P. 335 **Je le respecte et je crois son intégrité sans équivalent** : Del Jones, « Buffett maintains respect of fellow CEOs », *USA Today*, 30 mars 2005, p. B2.

P. 336 **La liste des entreprises les plus admirées au monde** : Anne Fisher, « Most Admired Companies », *Fortune*, 6 mars 2006, pp. 65-124, voir le site web Fortune.com pour les multinationales.

P. 336 **Étude de Korn Ferry** : Korn Ferry Institute, « The World's Most Admired Companies 2018 », KornFerry.com, 22 janvier 2018.

P. 336 **Selon un sondage Golin/Harris de 2003** : Golin/Harris study, « Trust in American Business", 2003.

P. 337 **Baromètre de confiance Edelman** : Edelman, Annual Edelman Trust Barometer, 2006, www.edelman.com.

P. 337 **Citation de Hank Paulson** : Gostick et Telford, The Integrity Advantage, p. 54.

P. 338 **Le quotient de réputation annuel 2018** : « The Reputations of the Most Visible Companies », TheHarrisPoll.com

P. 339 **Citation d'Ellen Ryan Mardiks** : dossier de presse Golin-Harris AME Info, 27 avril 2003.

P. 340 **Recommanderiez-vous cette marque à un ami ? adapté de Frederick Reichheld,** *The Ultimate Question : Driving Good Profits and True Growth* (Boston : Harvard Business School Press, 2006), p. 28 [La Question décisive: Recommanderiez-vous notre entreprise à vos amis?]

P. 341 **Domino's Pizza** : James F. Peltz, « Domino's Pizza Stock Is Up 5,000% Since 2008. Here's Why », LATimes.com, 15 mai 2017.

P. 342 **VMI (Vendor Managed Inventory):** extrait d'un interview de Barry Rellaford avec Carl Hall de Datalliance, avril 2018.

P. 342 **St. Jude Children's Research Hospital** : About Us, stjude.org.

P. 343 **Citation de Roberto Goizueta** : Roberto Goizueta, *Network News*, une publication de Coca-Cola Company, avril 1997.

LA CINQUIÈME VAGUE — LA CONFIANCE SOCIÉTALE : LE PRINCIPE DE CONTRIBUTION

P. 345   **Fin avril 1992, le procès de Rodney King :** Al Golin, *Trust or Consequences*, pp. 15-16. Voir aussi Richard Martin, « Thugs maul LA restaurants », Nation's Restaurant News, 11 mai 1992.

P. 347   **Citation de Thomas Friedman :** Friedman, *La Terre est plate.*

P. 347   **Personnes de l'année :** Nancy Gibbs, « The Good Samaritans », *Time*, 26 décembre 2005.

P. 347   **Deux semaines plus tard, Warren Buffett annonçait :** Elliot Blair Smith, « Buffett pledges $37.1B to charity », *USA Today*, 26 juin 2006, p. 1A.

P. 349   **dépassant 500 millions de dollars:** Newmansown.com.

P. 349   **The Skoll Foundation:** About Skoll, Skoll.org.

P. 349   **Citation de Deborah Dunn :** Christine Canabou, « Fast Talk : Hail, global citizens ! », *Fast Company*, janvier 2004.

P. 350   **La Grameen Bank au Bangladesh :** « UN Declares 2005 the International Year of Microcredit », Globalization101.0rg, 22 août 2005.

P. 350   **Clients qui ont appris à faire confiance à de parfaits étrangers :** « eBay's Founder Starts Giving », *Fortune*, 28 novembre 2005, p. 49.

P. 350   **Call me:** extrait d'une vidéo produite par FranklinCovey-produced, *Ripple Effect* , 2015.

P. 352   **Citation d'Alan Greenspan :** Témoignage d'Alan Greenspan devant le Comité des banques, du logement et des affaires urbaines, Sénat américain, 16 juillet 2002.

P. 353   **Paul Dolan, PDG de Fetzer Vineyards :** Paul Dolan, *True to Our Roots : Fomenting a Business Revolution* (Princetown, NJ : Bloomberg Press, 2003), p. 62. Voir aussi John Elkington, *Cannibals with Forks : The Triple Bottom Line of the 21st Century Business* (Stony Creek, CT : New Society Publishers, 1988).

P. 353   **L'évolution du capitalisme :** James Surowiecki, « A Virtuous Cycle », *Forbes*, 23 décembre 2002.

P. 353   **Patricia Aburdene :** Patricia Aburdene, Megatrends 2010 : *The Rise of Conscious Capitalism* (Chariottesville, VA : Hampton Roads Publishing Company, 2005), p. 36.

P. 353   **Six des sept mégatendances qu'Aburdene relève :** ibid.

P. 354   **Citation de Tachi Kiuchi :** Canabou, *Fast Company*, janvier 2004.

P. 354   **L'étiquette « socialement irresponsable » :** Sondage de Mercer Investment Consulting, « Survey : Majority of Investment Managers Link Corporate Responsibility to Asset Performance », GreenBiz.com, 17 mars 2006.

P. 354   **Seul un petit nombre de clients :** Carol Hymowitz, « Asked to Be Charitable, More CEOs Seek to Aid Their Business as Well », *Wall Street Journal*, 22 février 2005, p. Bl.

P. 354   **Citation de Shelley Lazarus :** ibid.

P. 357   **Citation d'Indra Nooyi :** Indra Nooyi, « The CEO of the Future », discours au Club économique de Washington (Economic Club of Washington), 12 mai 2009.

PLACER JUDICIEUSEMENT SA CONFIANCE

P. 365   **Comme le remarquait Stephen Carter :** Stephen L. Carter, *Civility : Manners, Mords, and the Etiquette of Democracy* (New York : HarperCollins Publishers, 1998), p. 62.

P. 376   **Citation de Doug Conant :** Doug Conant, entretien avec l'auteur, 21 avril 2006.

RESTAURER LA CONFIANCE QUAND ELLE A ÉTÉ DÉTRUITE

P. 378   **La vérité c'est qu'il est impossible :** Steven Robbins, « Truth and Trust : They Go Together », *Harvard Business School Working Knowledge*, 25 avril 2005.

P. 383   **Une étude Watson Wyatt de 2002 :** Watson Wyatt, WorkUSA 2002 and Work USA 2004/2005.

P. 384   **La république d'Irelande :** Eoin Burke-Kennedy, « US Investment in Ireland Totals $310bn, Report Finds », TheIrishTimes.com, 3 mars 2016.

P. 384   **Premier Ministre Bertie Ahern :** Richard Rapaport, « When Irish IT Is Smiling," Forbes.com, 31 mai 1999.

P. 384   **De bons amis célébraient leur 25e anniversaire de mariage :** Kristen Anderson et Ron Zemke, *Tales of Knock Your Socks Off Service : Inspiring Staries of Outstanding Customer Service* (New York AMACOM, 1998), pp. 27-28.

P. 385   **Le PDG Phil Knight a pris des mesures pour corriger ses erreurs :** Nike Report Review Committee, *Corporate Responsibility Report*, nikebiz.com, 2004, p. 2.

P. 385   **au numéro 29 de la liste:** "100 Best Corporate Citizens 2017," *Corporate Responsibility Magazine*.

P. 393   **Libéré après vingt-sept années d'emprisonnement :** Nelson Mandela, *Un long chemin vers la liberté*, Livre de Poche, 1996.

UNE PROPENSION À LA CONFIANCE

P. 397   **Citation de Jim Burke :** « Management Review », *American Management Association*, 1er octobre 1996, vol. 85, n° 10.

P. 397   **100 meilleures entreprises où travailler :** Robert Levering and Milton Moskowitz, *The 100 Best Companies to Work for in America* (Reading, MA : Addison-Wesley, 1983).

P. 399   **Donne à ce gars la direction d'un magasin, il est prêt :** Sam Walton et John Huey, *Made in America : My Story* (New York : Doubleday, 1992) p. 142.

P. 400   **Citation de l'Institut du meilleur cadre de travail :** Great Place to Work Institute, greatplacetoworkcom.

P. 402   **Voici comment l'historien H. A. Guerber relate cet épisode :** H. A. Guerber, *The Story of the Greeks* (New York : American Book Company, 1896), pp. 240-241.

9 781633 538160